MOURAT-BEY.

# VOYAGES

DANS

# LA BASSE ET LA HAUTE ÉGYPTE,

PENDANT

LES CAMPAGNES DE BONAPARTE,

EN 1798 ET 1799.

## PAR VIVANT DENON,

ET LES SAVANTS ATTACHÉS À L'EXPEDITION DES FRANÇAIS.

EDITION ORNÉE DE CXVIII. PLANCHES EN TAILLE-DOUCE.

À LONDRES :

CHEZ CHARLES TAYLOR, HATTON GARDEN, ET SHERWOOD, NEELY, ET JONES, PATERNOSTER ROW.

1817.

# A BONAPARTE.

Joindre l'éclat de votre nom à la splendeur des monuments d'Egypte, c'est rattacher les fastes glorieux de notre siecle aux temps fabuleux de l'histoire ; c'est réchauffer les cendres des Sésostris et des Menès*, comme vous conquérants, comme vous bienfaiteurs.

L'Europe, en apprenant que je vous accompagnois dans l'une de vos plus mémorables expéditions recevra mon ouvrage avec un avide intérêt. Je n'ai rien négligé pour le rendre digne du héros à qui je voulois l'offrir.

VIVANT DENON.

---

\* Dans la grande édition originale, imprimée par Didot aîné, on lit *Mendès*, au lieu de *Menès*. J'ai rétabli le texte, suivant ce que je crois avoir été l'intention du voyageur. Ménès ayant été le premier roi, et en quelque sorte le fondateur de l'Egypte, tandis que Mendès était une divinité que les Egyptiens adoraient sous la forme d'un *bouc* ; ce ne peut être qu'au premier que le voyageur a voulu assimiler le conquérant. Cette erreur typographique a fourni aux ennemis du général Bonaparte le sujet de quelques mauvaises plaisanteries. Elle a été copiée par les savans traducteurs qui ont rédigé l'édition Anglaise.

# AVIS DE L'ÉDITEUR.

JUSQU'À ce jour, toutes les relations des voyageurs qui ont décrit l'Egypte, ont été reçues avec avidité, et les éditions de leurs voyages ont été successivement et rapidement enlevées, ainsi que les traductions qui en ont été faites presque dans toutes les langues.

Cependant les récits de ces voyageurs, et surtout de ceux qui avaient parcouru la Haute-Egypte, étaient si imparfaits; leurs moyens de visiter, d'examiner, et de représenter les monumens que ce pays recele encore, étaient si bornés, que leurs relations servaient plutôt à exciter la curiosité qu'à la satisfaire.

A l'intérêt général que ce pays inspire, soit par l'importance que lui donnent sa fertilité et sa situation, soit par les souvenirs historiques qu'il retrace à l'imagination, se joint en ce moment l'intérêt des grands événemens militaires dont il vient d'être le théâtre; aussi la curiosité est-elle doublement excitée lorsqu'il paraît aujourd'hui quelque nouvelle publication sur l'Egypte. Deux grandes nations y ont paru tour-à-tour victorieuses. Elles aimeront toujours à revoir les images des lieux et des monumens témoins de leurs exploits, tandis que leurs savans y chercheront de nouveaux sujets d'étude. Par quelle fatalité se fait-il que des rivalités d'ambition

d'ambition condamnent irrévocablement ce beau pays, ce grand domaine des artistes du monde entier, ce berceau des sciences, cette magnifique école encore subsistante d'architecture et de sculpture, à la destruction, à la misere et à la barbarie ? En vain les amis des arts s'étaient flattés d'un arrangement qui leur aurait permis d'aller interroger ces mystérieuses constructions aux lieux qui les ont vu s'élever, et qui semblent encore fiers d'en porter le vénérable fardeau ; il faut y renoncer ; le charme est détruit ; la porte de l'Egypte vient de se refermer une autre fois sur l'Europe, et le dernier soldat Britannique qui évacuera Alexandrie, pourra dire : *voi che vorreste entrare, perdete via ogni speranza* \*.

Honneur soit donc rendu à ceux qui viennent aujourd'hui nous soulever la plus grande partie du voile qui nous cachait encore l'Egypte.

Honneur

---

\* Un homme de lettres m'a communiqué un état qu'il s'était amusé à faire de la dépense que coûteraient, et du nombre de jours que prendraient, la route de Londres à Thebes et le retour de Thebes à Londres, par des diligences, paquebots, et coches d'eau réguliers. En voici le résumé :

| | | |
|---|---|---|
| De Londres à Paris | 5 jours | 6 louis d'or. |
| De Paris à Lyon | 5 jours | 6 do. |
| De Lyon à Marseille, partie par le Rhône | 6 jours | 5 do. |
| Paquebot de Marseille à Alexandrie | 18 do. | 10 do. |
| D'Alexandrie au Caire par le Canal et le Nil | 4 do. | 2 do. |
| Du Caire à Thebes | 10 do. | 6 do. |
| | 48 | 35 |
| Séjour à Thebes, au Caire, à Alexandrie, etc. | 24 do. | 30 do. |
| Retour à Londres. | 48 do. | 35 do. |
| Total | 120 jours | 100 louis. |

Cet ami des arts avait l'intention de fonder et de tenir à Thebes, un caravanserai, ou une auberge à l'Européenne.

Honneur à M. Denon qui, au péril de sa vie, est allé le premier de tous les savants de l'expédition de Bonaparte, au milieu du fracas des batailles, et dans l'incertitude du succès, visiter et dessiner des monumens qui ont fait l'admiration et l'étonnement des siecles passés.

Il n'entre point dans mon objet de discuter ici le mérite ou l'extravagance de cette expédition. Contentons-nous de jouir de ses résultats dans le magnifique ouvrage qu'elle a déjà produit, en attendant l'ouvrage plus magnifique encore que prépare la Commission des arts et des sciences de l'Institut d'Egypte.

Les talents de M. Denon sont déjà jugés par toute l'Europe. Sa touche fine et spirituelle, l'exactitude de ses dessins, l'agrément de sa maniere, étaient connus par les ouvrages qu'il a publiés antérieurement ; et il passait généralement pour un des meilleurs dessinateurs existans. Ce dernier ouvrage met le comble à sa réputation d'artiste. On a peine à concevoir comment un homme seul a pu, en si peu de tems, et dans des circonstances tellement pénibles et fatigantes, exécuter un travail aussi prodigieux, et le rendre public d'une maniere aussi brillante, en un espace de tems aussi court, (deux ans après son retour).

La gravure a répondu aux talens du dessinateur. Si la réputation des Bertaux, des Coiny et des Malbête n'était pas déjà faite, les planches qu'ils ont gravées pour ce voyage leur assureraient l'immortalité.

Quoique le style du voyageur soit souvent négligé, le journal du voyage n'en est pas moins rempli de charmes. M. Denon a su mêler l'enthousiasme avec la précision, et la gaîté avec l'érudition. Le récit de ses marches, celui des batailles dont il a été témoin, est vif, animé et plaisant, sans être dépourvu de sensibilité. On distinguera surtout la franchise et la candeur avec lesquelles il peint les excès de l'armée Française d'Egypte.

On lui a reproché avec juste raison d'avoir écrit le journal de son Voyage, sans aucune division dans les matieres, sans aucun repos, sans aucun chapitre, même sans table qui puisse faciliter la recherche des objets sur lesquels le lecteur peut désirer de revenir.

J'ai essayé de remédier à cet oubli, en divisant par des intitulés en Italique, les divers objets que ce journal présente successivement.

Après avoir ainsi fait la part des éloges que méritent l'écrivain, le dessinateur et les graveurs, il m'est pénible d'en venir à la critique : mais il est impossible de passer sous silence la maniere défectueuse dont l'impression de l'ouvrage a été conduite. La dissonance de cette partie de l'exécution avec les autres, est choquante; et elle a d'autant plus droit de surprendre que c'est le premier imprimeur de France, le célebre Didot aîné, auquel la partie typographique a été confiée.

D'abord, le format, qui n'est propre par son énormité à entrer dans aucune bibliotheque, présente des marges inutiles d'une étendue prodigieuse, qui font croire que l'on a eu intention de spéculer sur l'empressement des lecteurs à se procurer le texte, afin de leur vendre surabondamment une quantité de papier blanc, et d'associer ainsi l'intérêt de l'ouvrage à l'intérêt du marchand. Il n'est pas nécessaire de faire un livre colossal parce qu'on y décrit des colosses.

L'inconvénient de la grandeur de cette publication se fait encore sentir en Angleterre d'une autre maniere. Les droits qui sont établis sur l'importation des livres étrangers, se perçoivent en raison de leur poids; aussi a-t-il fallu vendre cet ouvrage à Londres sur le pied de 21 guinées; et sans doute il y sera bientôt à 25, et peut-être 30, car les deux premieres éditions de Paris en ont été enlevées aussitôt qu'elles ont été achevées, et l'on n'aura bientôt plus que des planches retouchées.

En second lieu, l'incorrection du texte est au delà de ce que l'on peut imaginer, lorsque l'on voit des caracteres si beaux et si larges, et des
feuilles

feuilles tirées avec autant de soin : nous pourrions en donner un errata de deux pages\*. Outre cela, les dates sont souvent erronées, et les noms propres des mêmes villes y sont presque toujours écrits de plusieurs manieres différentes.

La difficulté de lire cette édition a obligé d'en faire une petite en trois volumes in 12mo., pour ceux qui craindraient de se disloquer le col, de se casser les reins, ou de se crever les yeux, en lisant l'original.

Cette petite édition a l'inconvénient d'être encore plus défectueuse que l'autre ; car, outre les mêmes fautes, elle en a qui lui sont propres, notamment à la page 41, où la derniere ligne de la page 22 de la grande édition a été totalement oubliée.

Dans l'impossibilité où j'étais de copier toutes les planches de l'édition de Paris, et voulant faire une édition de ce voyage plus portative et moins dispendieuse que l'original, j'ai choisi de préférence les dessins qui intéressent le plus les artistes et les savants. J'ai mis de côté les vues inutiles des côtes de la Méditerrannée, les représentations des batailles des Français et des Mamelouks, les vues des villes Egyptiennes modernes, les costumes et les portraits des personnages principaux du pays qui ont eu des relations avec l'armée Française, comme étant d'un intérêt beaucoup inférieur : mais je crois n'avoir rien omis des monumens de l'antiquité, ainsi qu'on en jugera par la nomenclature qui suit. Il suffit de dire que mes planches ont été gravées par MM. Landseer, Roffe, Middiman, Armstrong, Smith, Conte, Newton,

---

\* Parmi ces fautes, je citerai ici l'équivoque ridicule qui se trouve dans la préface (Mendès au lieu de Menès) ; et puis, page 91, ligne 30, la plaine *des moines* pour la plaine des *Momies* (en Anglais *the Plain of the Monks*, édition de M. Phillips), page 22, ligne derniere, *avaries* pour *avanies;* page 30, ligne 3, *changea* et *rendit* pour *changerent* et *rendirent;* page 137, ligne 33, *supérioté* pour *supériorité;* page 173, ligne 7, les caisses de *moines* pour des caisses des *momies;* page 205, ligne 24, *j'ai crus* pour *je crus;* ailleurs, *celle* pour *celui*, etc.

Newton, Mitan, Poole, Audinet, Cardon, Wise, Pollard, &c., pour que l'on soit assuré d'avance qu'elles sont au moins égales à l'original, lorsqu'elles ne lui sont pas supérieures.

J'ai préféré la carte d'Egypte tirée de l'ouvrage du général Reynier, à celle du voyage original; il ne peut pas y avoir deux opinions sur la supériorité de la premiere.

Enfin, j'ai joint à cet ouvrage environ un demi-volume de découvertes et de descriptions ultérieures, publiées tout récemment par les savants de l'expédition d'Egypte; ce qui assure à mon édition un avantage remarquable sur les petites éditions Françaises et Anglaises du Voyage de M. Denon, lesquelles ont été faites à la hâte, et dont aucune n'est digne de ce bel ouvrage.

# NOTICE DES PLANCHES,

## DU VOYAGE DANS LA BASSE ET LA HAUTE EGYPTE.

### ATLAS, IN FOLIO.

FRONTISPICE. DENON.
Pl. 1. Carte générale de l'Egypte Inférieure, dressée d'après les Observations astronomiques des Ingénieurs employés à l'Armée d'Orient, à laquelle on a joint la Carte de la Haute-Egypte, d'après Danville.
2. Vue auprès d'Alexandrie—Vue de l'Obelisque de Cléopâtre—Vue du grand Pharillon—Vue du Port-Neuf d'Alexandrie.
3. Vue de l'Intérieur de la Mosquée de St. Athanase—Plan—Mesures de la Colonne de Pompée et de l'Obélisque de Cléopâtre.
4. Vues d'Aboukir.
5. Ruines de Canope.—Ruines de Sann.
6. Vues des Pyramides de Gizéh et de Saccarah. —Intérieur de la Pyramide ouverte de Gizéh.
7. Le Sphinx à Gizéh.—Entrée de la grande Pyramide de Gizéh.
8. Pyramide d'Hillahoun.—Pyramide de Meidoum. —Pyramides de Ssakarah.
9. Vue de Bénécé—Ruines d'Oxyrinchus à Bénécé.
10. Vue et Plan du Monastere blanc.
11. Ruines du Temple d'Hermopolis.
12. Tombeaux Antiques dans les Carrieres de la Haute-Egypte.—Tombeau Egyptien à Lycopolis.
13. Vues du Temple de Tentyris.
14. Vue géometrale du Portique du Temple de Tentyris.
15. Porte intérieure du Temple de Tentyris.
16. Vue d'un Temple de Thebes à Kournou.
17. Vue de la Nécropolis de Thebes—Vue du Memnonium—Plans des Tombeaux des Rois.
18. Vue des Ruines de Thebes à Karnaq—Autre Vue de Karnaq.

Pl. 19. Statues dites de Memnon.
20. Vue du Memnonium—Temples de Thebes à Médinet-à-Bou.
21. Palais et Temples de Thebes à Médinet-à-Bou —Vue de Thebes.
22. Vue d'un Temple de Louqssor, avec un ouragan.
23. Plan du Temple de Louqssor.
24. Vue d'un Temple de Thebes à Louqssor.
25. Vue de l'Entrée de Louqssor et de ses deux Obélisques.
26. Vue de Louqssor à la pointe du jour.—Autre Vue de Louqssor.
27. Plan du Temple de Karnaq.—Plan du Memnonium.
28. Plans des Temples à Médinet-à-Bou.—Plan du grand Temple d'Apollinopolis.
29. Vues et Plan du Temple d'Hermontis.
30. Temple voisin d'Esné ou Latopolis.—Ruines d'un des Temples de l'Isle Eléphantine.
31. Temple de Latopolis ou Esné—Contra-Latopolis.
32. Vue et Plan du Portique de Latopolis à Esné.
33. Vue d'Edfou, ou Apollinopolis Magna, du Sud au Nord.—La même Vue, du Nord ou Sud.
34. Intérieur du Temple d'Apollinopolis, à Edfou.
35. Temple d'Apollinopolis Magna, à Edfou.
36. Vue d'Apollinopolis Parva, aujourd'hui Qouss. —Inscription Grècque sur le listel du couronnement de la porte.
37. Vue de l'Isle Eléphantine.—Ruines d'un des Temples d'Eléphantine.
38. Plan des Temples de Philée.
39. Vue de l'Isle de Philée.—Vues des Temples dans l'Isle de Philée.
40. Vue de l'Isle de Philée de l'Est à l'ouest. Autre Vue de Philée.

*[handwritten note: Planches manquantes dans l'Appendix.]*

Pl. 41. Vue d'un Temple près Chnubis.—Vue d'Ombos.
42. Vue des Ruines de Chnubis.—Antinoë vue du Nil.
43. Tombeaux dans les Carrieres de Silsilis.—Figures sculptés dans les Tombeaux.
44. Divers Chapiteaux de Colonnes Egyptiennes.
45. Divers Chapiteaux de Colonnes Egyptiennes.
46. Réunion de divers Fragmens d'Architecture Egyptienne.
47. Détails du Temple de Tentyris.
48. Planisphere du petit Appartement sur le Temple de Tentyris.
49. Zodiaque du Plafond du Portique de Tentyris.
50. Antiquités Egyptiennes.
51. Face orientale des deux Obelisques de Louqsor.—Patere Egyptienne antique.
52. Caracteres hiéroglyphiques, pris dans differens Temples d'Egypte.
53. Coëffures Egyptiennes antiques.
54. Vases Egyptiens.
55. Peintures dans les Tombeaux des Rois à Thebes.
56. Frises emblématiques de differens Temples Egyptiens.
57. Frises emblématiques de differens Temples Egyptiens.
58. Plan de la Ville et des Environs du Caire.
59. Vues des grandes Pyramides de Gizéh.
60. Plan des Pyramides de Gizéh.—Elevation et Coupe de la grande Pyramide dite le Chéops.
61. Enseignes Militaires, Bâton augural, et autres Emblémes.
62. Tableaux Hiéroglyphiques.
63. Tableaux Hiéroglyphiques.
64. Tableaux Hiéroglyphiques.
65. Tableaux Hiéroglyphiques.
66. Tableaux Hiéroglyphiques.
67. Tableaux Hiéroglyphiques trouvés sur un Manuscrit.
68. Tableaux Hiéroglyphiques.
69. Tableaux Hiéroglyphiques.
70. Face intérieure d'un Temple dans l'Isle Eléphantine.
71. Tableaux Hiéroglyphiques.
72. Hiéroglyphes qui sont au Portique du Temple de Tentyris.
73. Bas-reliefs historiques du Temple de Karnaq à Thebes.
74. Bas-rèlief historique d'un Temple près Médinet-à-Bou à Thebes.
75. Fragments d'Hiéroglyphes de grandeur naturelle.
76. Manuscrit Egyptien.
77. Manuscrit Egyptien.
78. Manuscrit Egyptien.

Pl. 79. Manuscrit trouvé dans l'Envelope d'une Momie.
80. Antiquités Egyptiennes.
81. Antiquités Egyptiennes.
82. Momies d'Ibis.
83. Antiquités Egyptiennes.
84. Obélisque d'Heliopolis.
85. Ruines d'Alexandrie.
86. Costumes Egyptiens.
87. Portraits. ( 1 à 22.)
88. Portraits. (23 à 38.)
89. Portraits. (39 à 56.)
90. Portraits. (57 à 62.)
91. Portraits, (63 à 70.) et Animaux.
92. Repas Arabe.—Conseil Arabe.
93. Maniere de passer le Nil.—Une Assemblée de Cheikhs.—Barbier Egyptien dans sa Boutique.—Maniere de faire le Macaroni.
94. Vue de Rosette.
95. Vues de la Basse Egypte.
96. Vue d'une Mosquée près Rosette.—Vue du Jardin de l'Institut au Caire.
97. Calidji ou Canal, qui conduit l'eau au Caire.—L'Aqueduc qui conduit l'eau du Nil au Caire.
98. Le Vieux Caire.—Le Mekias.
99. Vue du Port de Boulaq.—Batten-el-baqarah, où le Ventre de la Vache.
100. Vue générale de la Ville et des Environs du Caire.
101. Le Couvent de la Chaîne.
102. Vue de Syene.—Vue de Minieh.
103. Vue de Benisouef.—Vue de Siout.
104. Entrée du Nil en Egypte.—Cataractes du Nil.
105. Rochers de granit près l'Isle de Philée.—Roche de Granit.
106. Blocs de Granit (2)—Carrieres de Granit.—Rochers de Granit.
107. Vue de la Ville de Mocca.—Vue de Gedda.
108. Plan de la Bataille des Pyramides.
109. Plan de la Bataille d'Aboukir, le 27 Juillet, 1799.
110. M. Denon dans le désert de la Haute-Egypte, se préparant à dessiner les Ruines d'Hieroconpolis.

*PLANCHES DANS L'APPENDIX, 4to.*

111. FRONTISPICE. MOURAT-BEY.
112. Vue d'Abou Mandour, pa. 46.
113. Antiquités près d'Aboukir, 66.
114. Sphinx près d'Aboukir—Colosse près d'Aboukir, 67.
115. Ruines de Canope, 68.
116. Obelisque de Cléopâtre—Colonne de Pompée, cxxxix.
117. Tente des Bedouins, clxxxv.

# PRÉFACE.

Le principal objet d'un auteur, lorsqu'il se décide à faire une préface, est de donner une idée de son ouvrage. Je remplirai cette espece de devoir en insérant ici le Discours que je me proposois de lire à l'Institut du Caire, à mon retour de la Haute-Egypte.

" Vous m'avez dit, Citoyens, que l'Institut attendoit de moi que je lui rendisse compte de mon Voyage dans la Haute-Egypte, en lui faisant lecture, dans différentes séances, du journal qui doit accompagner les dessins que j'ai rapportés. L'envie de répondre au vœu de l'Institut hâtera la rédaction d'une foule de notes que j'ai prises, sans autre prétention que de ne rien oublier de tout ce que chaque jour offroit à ma curiosité. Je parcourois un pays que l'Europe ne connoît guere que de nom; tout y devenoit donc important à décrire; et je prévoyois bien qu'à mon retour chacun m'interrogeroit sur ce qui, en raison de ses études habituelles ou de son caractère, exciteroit davantage sa curiosité. J'ai dessiné des objets de tous les genres; et si je crains ici de fatiguer ceux à qui je montre mes nombreuses productions,

ductions, parcequ'elles ne leur retracent que ce qu'ils ont sous les yeux, arrivé en France, je me reprocherai peut-être de ne les avoir pas multipliées encore davantage, ou, pour mieux dire, je gémirai de ce que les circonstances ne m'en ont laissé ni le temps ni les facilités. Si mon zele a mis en œuvre tout ce que j'ai de moyens, ils ont été puissamment secondés par le général en chef, en qui les plus vastes conceptions ne font oublier aucun détail. Comme il savoit que le but de mon voyage étoit de visiter les monuments de la Haute-Egypte, il me fit partir avec la division qui devoit en faire la conquête. J'ai trouvé dans le général Desaix un savant, un curieux, un ami des arts; j'en ai obtenu toutes les complaisances que pouvoient lui permettre les circonstances. Dans le général Belliard, j'ai trouvé égalité de caractère, de l'amitié, des soins inaltérables; de l'aménité dans les officiers; une cordiale obligeance dans tous les soldats de la vingt-unieme demi-brigade; enfin je m'étois identifié de telle sorte au bataillon qu'elle formoit, et au milieu duquel j'avois, si l'on peut s'exprimer ainsi, établi mon domicile, que j'oubliois le plus souvent que je faisois la guerre, ou que la guerre étoit étrangere à mes occupations.

" Comme on avoit à poursuivre un ennemi toujours à cheval, les mouvements de la division ont toujours été imprévus et multipliés. J'étois donc obligé quelquefois de passer rapidement sur les monuments les plus intéressants; quelquefois, de m'arrêter où il n'y avoit rien à observer. Mais, si j'ai senti la fatigue des marches infructueuses, j'ai éprouvé aussi qu'il est souvent avantageux de prendre un premier apperçu des grandes choses avant de les détailler; que si elles éblouissent d'abord par

leur

leur nombre, elles se classent ensuite dans l'esprit par la réflexion ; que s'il faut conserver avec soin les premieres impressions, ce n'est qu'en l'absence de l'objet qui les a fait naître qu'on peut les bien examiner, les analyser. J'ai pensé aussi qu'un artiste voyageur, en se mettant en marche, devoit déposer tout amour-propre de métier ; qu'il ne doit pas s'occuper de ce qui peut ou non composer un beau dessin, mais de l'intérêt que devra généralement inspirer l'aspect du lieu qu'il se propose de dessiner. J'ai déjà été récompensé de l'abandon que j'ai fait de cet amour-propre par la complaisante curiosité que vous avez mise, Citoyens, à observer avidement le nombre immense des dessins que j'ai rapportés ; dessins que j'ai faits le plus souvent sur mon genou, ou debout, ou même à cheval : je n'ai jamais pu en terminer un seul à ma volonté, puisque pendant toute une année je n'ai pas trouvé une seule fois une table assez bien dressée pour y poser une regle.

" C'est donc pour répondre à vos questions que j'ai fait cette multitude de dessins, souvent trop petits, parceque nos marches étoient trop précipitées pour attaquer les détails des objets dont je voulois au moins vous apporter et l'aspect et l'ensemble. Voilà comme j'ai pris en masse les pyramides de Ssakharah, dont j'ai traversé l'emplacement au galop pour aller me fixer un mois dans les maisons de boüe de Bénisouef. J'ai employé ce temps à comparer les caracteres, dessiner les figures, les costumes des différents peuples qui habitent maintenant l'Egypte, leurs fabriques, le gisement de leurs villages.

" Je vis enfin le portique d'Hermopolis ; et les grandes masses de ses ruines me donnerent la premiere image de la splendeur de l'architecture colossale des Egyptiens : sur chaque rocher qui compose cet édifice il me sembloit voir gravé, *Postérité, éternité.*

" Bientôt après Denderah (Tintyris) m'apprit que ce n'étoit point dans les seuls ordres Dorique, Ionique, et Corinthien, qu'il falloit chercher la beauté de l'architecture ; que par-tout où existoit l'harmonie des parties, là étoit la beauté. Le matin m'avoit amené près de ses édifices, le soir m'en arracha plus agité que satisfait. J'avois vu cent choses ; mille m'étoient échappées : j'étois entré pour la premiere fois dans les archives des sciences et des arts. J'eus le pressentiment que je ne devois rien voir de plus beau en Egypte ; et vingt voyages que j'ai faits depuis à *Denderah* m'ont confirmé dans la même opinion. Les sciences et les arts unis par le bon goût ont décoré le temple d'Isis : l'astronomie, la morale, la métaphysique, ont ici des formes, et ces formes décorent des plafonds, des frises, des soubassements, avec autant de goût et de grâce que nos sveltes et insignifians arabesques enjolivent nos boudoirs.

" Nous avancions toujours. Je l'avouerai, j'ai tremblé mille fois que Mourâd-bey, las de nous fuir, ne se rendît, ou ne tentât le sort d'une bataille. Je crus que celle de Samanhout alloit être la catastrophe de ce grand drame : mais, au milieu du combat, il pensa que le désert nous seroit plus fatal que ses armes ; et Desaix vit encore fuir l'occasion de le détruire, et moi renaître l'espoir de le poursuivre jusqu'au-delà du tropique.

" Nous marchâmes sur Thebes, Thebes dont le seul nom remplit l'imagination de vastes souvenirs. Comme si elle avoit pu m'échapper, je la dessinai du plus loin que je pus l'appercevoir ;

cevoir ; et je crus sentir en faisant ce dessin que vous partageriez un jour le sentiment qui m'animoit. Nous devions la traverser rapidement ; à peine on appercevoit un monument, qu'il falloit le quitter.

" Là étoit un colosse qu'on ne pouvoit mesurer que de l'œil et d'après le sentiment de surprise que sa vue occasionnoit ; à droite, des montagnes creusées et sculptées ; à gauche, des temples, qui, à plus d'une lieue, paroissoient encore d'autres rochers ; des palais, d'autres temples dont j'étois arraché ; et je me retournois pour chercher machinalement ces cent portes, expression poétique par laquelle Homere a voulu d'un seul mot nous peindre cette ville superbe, chargeant le sol du poids de ses portiques, et dont la largeur de l'Egypte pouvoit à peine contenir l'étendue. Sept voyages n'ont pas suffi à la curiosité que m'avoit inspirée cette premiere journée ; ce ne fut qu'à la quatrieme que je pus toucher à l'autre rive du fleuve.

" Plus loin, Hermontis m'auroit semblé superbe, si je ne l'eusse trouvée presque aux portes de Thebes. Le temple d'Esné, l'ancienne *Latopolis*, me parut la perfection de l'art chez les Egyptiens, une des plus belles productions de l'antiquité ; celui d'Edfu (ou Apollinopolis Magna), un des plus grands, des plus conservés, et le mieux situé de tous les monuments de l'Egypte : en son état actuel il paroît encore une forteresse qui la domine.

" Ce fut là que le sort de mon voyage fut décidé, et que nous nous mîmes irrévocablement en marche pour Syené (Assuan) ; c'est dans cette traversée de désert que pour la premiere fois je sentis le poids des années, que je n'avois pas

comptées

comptées en m'engageant dans cette expédition ; mon courage plus que mes forces me porta jusqu'à ce terme. Là je quittai l'armée pour rester avec la demi-brigade qui devoit tenir Mourâd-bey dans le désert. Fier de trouver à ma patrie les mêmes confins qu'à l'empire Romain, j'habitai avec gloire les mêmes quartiers des trois cohortes qui les avoient jadis défendus. Pendant vingt-deux jours que je restai dans ce lieu célebre je pris possession de tout ce qui l'avoisinoit. Je poussai mes conquêtes jusque dans la Nubie, au-delà de Philœ, île délicieuse, dont il fallut encore arracher les curiosités à ses farouches habitants ; six voyages et cinq jours de siége m'ouvrirent enfin ses temples. Sentant toute l'importance de vous faire connoître le lieu que j'habitois, toutes les curiosités qu'il rassembloit, j'ai dessiné jusqu'aux rochers, jusqu'aux carrieres de granit, d'où sont sorties ces figures colossales, ces obélisques plus colossales encore, ces rochers couverts d'hiéroglyphes. J'aurois voulu vous rapporter, avec les formes, des échantillons de tout ce qu'elles contiennent d'intéressant. Ne pouvant faire la carte du pays, j'ai dessiné à vol-d'oiseau l'entrée du Nil dans l'Egypte, les vues de ce fleuve roulant ses eaux à travers les aiguilles granitiques, qui semblent avoir marqué les limites de la brûlante Ethiopie, et d'un pays plus heureux et plus tempéré. Laissant pour jamais ces âpres contrées, je me rapprochai de la verdoyante Eléphantine, le jardin du tropique : je recherchai, je mesurai tous les monuments qu'elle conserve, et quittai à regret ce paisible séjour, où des occupations douces m'avoient rendu la santé et les forces.

"Sur la rive droite du Nil je trouvai *Ombos*, la ville du Crocodile, celle de Junon Lucine, Coptos, près de laquelle il

fallut

fallut défendre ce que je rapportois de richesses, du fanatisme atroce des Mekkyns.

" Etabli à Kénéh, j'accompagnai ceux qui traverserent le désert pour aller à Kosséïr mettre une barriere à de nouvelles émigrations de l'Arabie. Je vis ce que l'on pourroit appeler la coupe de la chaîne du Moqatham, les bords stériles de la mer Rouge : j'appris à connoître, à révérer cet animal patient que la nature semble avoir placé dans cette région pour réparer l'erreur qu'elle a commise en créant un désert. Je révins à Kénéh, d'où je partis successivement pour retourner à Edfoù, à Esné, à Hermontis, à Thebes, à Denderah; à Edfoù, à Thebes encore, toutes les fois qu'on envoyoit un détachement, et par-tout où il étoit envoyé. Si l'amour de l'antiquité a fait souvent de moi un soldat, la complaisance des soldats pour mes recherches en a fait souvent des antiquaires. C'est dans ces derniers voyages que j'ai visité les tombeaux des rois ; que j'ai pu prendre dans ces dépôts mystérieux une idée de l'art de la peinture chez les Egyptiens, de leurs armes, de leurs meubles, de leurs ustensiles, de leurs instruments de musique, de leurs cérémonies, de leurs triomphes ; c'est dans ces derniers voyages que je suis parvenu à m'assurer que les hiéroglyphes sculptés sur les murailles n'étoient pas les seuls livres de ce peuple savant. Après avoir trouvé sur des bas-reliefs des personnages dans l'action d'écrire, j'ai trouvé encore ce rouleau de papyrus, ce manuscrit unique qui a déjà fait l'objet de votre curiosité ; frêle rival des pyramides, précieux gage d'un climat conservateur, monument respecté par le temps, et que quarante siecles placent au rang du plus ancien de tous les livres.

C'est

" C'est dans ces dernieres excursions que j'ai cherché, par des rapprochements, à compléter cette volumineuse collection de tableaux hiéroglyphiques ; c'est en pensant à vous, Citoyens, et à tous les Savants de l'Europe, que je me suis trouvé le courage de copier avec une scrupuleuse exactitude les détails minutieux de tableaux secs, dénués de sens, et qui ne devoient avoir pour moi de l'intérêt qu'avec le secours de vos lumieres.

" A mon retour, Citoyens, chargé de mes ouvrages, dont le poids s'étoit journellement augmenté, j'ai oublié la fatigue qu'ils m'avoient coûtée, dans la pensée qu'achevés sous vos yeux, et à l'aide de vos conseils, je pourrois quelque jour les utiliser pour ma patrie, et vous en faire un digne hommage."

# VOYAGE

DANS

## LA BASSE ET LA HAUTE ÉGYPTE.

―――――――――――

*Introduction.—Départ de Paris, et de Toulon.—*
*Arrivée devant Malte.*

J'AVOIS toute ma vie désiré de faire le voyage d'Egypte ; mais le temps, qui use tout, avoit usé aussi cette volonté. Lorsqu'il fut question de l'expédition qui devoit nous rendre maîtres de cette contrée, la possibilité d'exécuter mon ancien projet en réveilla le désir ; un mot du héros qui commandoit l'expédition décida de mon départ ; il me promit de me ramener avec lui ; et je ne doutai pas de mon retour. Dès que j'eus assuré le sort de ceux dont l'existence dépendoit de la mienne, tranquille sur le passé, j'appartins tout à l'avenir. Bien persuadé que l'homme qui veut constamment une chose acquiert dès-lors la faculté de parvenir à son but, je ne songeai plus aux obstacles, ou du moins je sentis au-dedans de moi tout ce qu'il falloit pour les surmonter ; mon cœur palpitoit, sans qu'il me fût possible de me rendre compte si cette émotion étoit de la joie ou de la tristesse ; j'allois errant, évitant tout le monde, m'agitant sans objet, sans prévoir ni rassembler rien de ce qui alloit m'être si utile dans un pays si dénué de toutes ressources. Le brave et malheureux *du Falga* m'associa mon neveu. Combien je fus reconnoissant de ce bienfait ! emmener un être aimable en m'éloignant de tout ce que j'aimois, c'étoit empêcher la chaîne de mes affections de se rompre, c'étoit conserver à mon âme l'exercice de sa sensibilité, c'étoit un acte qui caractérisoit la délicatesse de ce brave et savant homme.

Je m'étendrai peu sur mon voyage de Paris jusqu'au port désigné pour l'embarquement. Nous arrivâmes à Lyon sans sortir de voiture ; là nous nous embarquâmes sur le Rhône jusqu'à Avignon. Je pensois, en voyant les belles rives de la Saône, les pittoresques bords du Rhône, que, sans jouir de ce qu'ils possedent, les hommes vont chercher bien loin des aliments à leur insatiable curiosité. J'avois vu la Néva, j'avois vu le Tibre, j'allois chercher le Nil ; et cependant je n'avois pas trouvé en Italie de plus belles antiquités qu'à Nîmes, Orange, Beaucaire, S.-Remi, et Aix. Je cite cette derniere ville, parceque nous y restâmes une heure, et que je m'y baignai dans une chambre et dans une baignoire où, depuis le proconsul Sextus, on n'avoit rien changé que le robinet.

Nous perdimes un jour à Marseille : nous en partimes le 14 Mai, 1798, pour Toulon ; et, le 15, j'étois en mer sur la frégate la *Junon*, destinée avec deux autres frégates à éclairer la route, et former l'avant-garde.

Le vent étoit contraire ; la sortie fut difficile : nous abordâmes deux autres bâtiments ; pronostic fâcheux : un Romain seroit rentré ; mais ce Romain auroit eu tort, car le hasard, qui nous sert presque toujours mieux que nous ne nous servons nous-mêmes, en ne me laissant rien faire comme je voulois, en me conduisant aveuglément à tout ce que je voulois faire,

me

me mit dès ce moment aux avant-postes, que je ne devois pas quitter de toute l'expédition.

Le 16, nous ne fimes que des bordées.

Le 17, vers le soir, nous découvrimes quatre voiles ; elles manœuvroient sous nôtre vent en ordre de bataille : on ordonna le branlebas ; le *branlebas !* mot terrible dont on ne peut se faire idée, quand on n'a pas été en mer : silence, terreur, appareil de carnage, appareil de ses suites, plus funestes que le carnage même, tout est là sous les yeux réuni sur un même point ; la manœuvre et les canons sont les seuls objets de la sollicitude, et les hommes ne sont plus qu'accessoires. La nuit vint, et non pas la tranquillité ; nous la passâmes à notre poste. Au jour, nous n'avions rien perdu de l'avantage des vents : nous ne pouvions juger si c'étoient des vaisseaux ou des frégates ; ils étoient quatre, et nous trois ; tous nos bas-agrès étoient embarrassés de trains d'artillerie : dans l'après-midi la commandante nous ordonna de la suivre en ordre de bataille, et assura son pavillon d'un coup de canon : les bâtiments inconnus arborerent pavillon espagnol. La nuit arrivoit, on nous laissa coucher : à trois heures du matin on nous éveilla avec l'ordre de se préparer au combat.

Je n'étois pas fâché de commencer une expédition par quelque chose de brillant ; mais j'avois bien quelque peur d'échanger le Nil contre la Tamise. Nous n'étions plus qu'à une portée de canon, lorsque la commandante envoya un canot, qui après une heure, nous rapporta que nous avions également inquiété quatre frégates espagnoles, qui ne venoient pas plus que nous chercher l'ennemi.

Le 20, à la pointe du jour, le vent passa au nord-ouest : la flotte et le convoi se mirent en mouvement, et à midi la mer en fut couverte. Quel spectacle imposant ! jamais pompe nationale ne peut donner une plus grande idée de la splendeur de la France, de sa force, de ses moyens ;

et peut-on, sans la plus vive admiration, songer à la facilité, à la promptitude avec laquelle fut préparée cette grande et mémorable expédition ! On vit accourir avec enthousiasme dans les ports des milliers d'individus de toutes les classes de la société. Presque tous ignoroient quelle étoit leur destination : ils quittoient femmes, enfants, amis, fortune, pour suivre Bonaparte, et par cela seul que Bonaparte devoit les conduire.

Le 21, l'*Orient* sortit enfin du port, et nous commençâmes à marcher par un bon vent ; chaque bâtiment prit ses positions en ordre de marche. Nous nous mimes en avant ; ensuite venoit le général avec ses avisos et les vaisseaux de ligne ; le convoi suivoit la côte entre les isles d'Hieres et du Levant : le soir, le vent fraîchit ; le *Franklin* fut démâté de son hunier d'artimon ; deux frégates de notre division furent envoyées pour avertir le convoi de Gênes qui devoit nous joindre ; et, le 23 au matin, nous nous trouvâmes par le travers de la Corse à la hauteur de St. Florent.

Nous dirigions sur le cap Corse, marchant à l'est, abandonnant à notre gauche Gênes et le rivage Ligurien. Notre ligne militaire avoit une lieue d'étendue, et le demi-cercle que formoit le convoi en avoit tout au moins six. Je comptai cent soixante bâtimens, sans pouvoir tout compter.

Le 24, au matin, nous avions dépassé le cap Corse ; le convoi filoit en bon ordre ; nos vaisseaux étoient par le travers du cap Corse et de l'isle Capraya. J'en dessinai le détroit.

Le convoi qui étoit resté sous le vent du cap, ne put le doubler de la journée, et nous restâmes à l'attendre sur le cap même ; à une lieue de la terre. Je fis un dessin du cap.

Le 25, au matin, la division légere se trouva par le travers de la côte orientale de la Corse, vis-à-vis de Bastia, dont je distinguai fort bien la rade et le port : j'en fis le dessin. La ville me parut jolie, et le territoire d'un aspect moins sauvage que le reste de l'isle : j'en fis un dessin. L'isle d'Elbe d'Elbe est un rocher de fer, dont les mines cristallisées offrent toutes les couleurs du prisme. Ce rocher est partagé en trois souverainetés: la seigneurie et les mines sont au prince de Piombino; à gauche, Porto-Ferraio appartient au grand-duc de Toscane; à droite, Porto-Longone est au roi de Naples *.

Je fis aussi le dessin de la partie sud-ouest de Capraya, qui n'est de ce côté qu'un rocher escarpé inabordable. Il appartient aux Génois, qui y ont un château et un mouillage à la partie orientale.

A 5 heures, nous avions à l'est l'isle Pianose, qui n'est qu'un plateau d'une lieue d'étendue; elle ne s'élève qu'à quelques pieds au-dessus de la surface de la mer; ce qui en fait un écueil très-dangereux de nuit pour tout pilote qui ne connoît pas ces parages; elle est entre l'Elbe et Monte-Christo, rocher inculte, abandonné aux chevres sauvages. A l'ouest de cette isle, le vent nous manquoit, et notre pesant convoi ne cheminoit plus.

Quand le calme s'établit, l'oisiveté développe toutes les passions des habitants d'un vaisseau, fait naître tous les besoins superflus, et les querelles pour se les procurer. Les soldats vouloient manger le double, et se plaignoient; les plus avides vendoient leurs effets ou en faisoient des loteries; d'autres, encore plus pressés de jouir, jouoient, et perdoient plus en un quart-d'heure qu'ils ne pouvoient payer en toute leur vie: après l'argent venoient les montres; j'en ai vu six ou huit sur un coup de dés. Lorsque la nuit faisoit treve à ces jouissances violentes, un mauvais violon, un plus mauvais chanteur, charmoient sur le pont un nombreux auditoire: un peu plus loin, un conteur énergique attachoit l'attention d'un grouppe de soldats,

* D'après le dernier traité de paix avec Naples, la possession de l'isle est assurée à la France.

soldats, toujours prêts à s'emporter contre celui qui auroit troublé le récit des prodiges de valeur et des aventures merveilleuses de Tranche-Montagne ; car le héros étoit toujours un soldat ; ce qui rendoit toutes les aventures aussi probables qu'intéressantes pour les auditeurs.

Cependant nos provisions diminuoient, et nous restions toujours sur les mêmes parages.

Le 26, nous étions encore par le travers du Monte-Christo, et de la rive orientale de la Corse. Je fis la vue de cette derniere. Cette partie de l'isle me parut la plus riante et la mieux cultivée.

Le 27, au point du jour, nous nous trouvâmes devant les bouches de Bonifacio. Notre convoi étant rassemblé, nous eussions fait bonne route, si on n'avoit pas été obligé de mettre en panne pour attendre les divisions d'Ajaccio et de Civita-Vecchia. La *Diane* et un aviso leur avoient été dépêchés ; nous avions reçu l'ordre de croiser en avant, de questionner et de reconnoître les bâtiments.

Le 28, au matin, nous avions perdu toute terre de vue. La journée du 9 se passa dans une parfaite stagnation. Le calme d'une croisiere en mer ressemble au sommeil que procure l'opium dans l'ardeur de la fievre ; le mal a été suspendu, mais on n'a rien gagné sur la maladie.

Le 30, on nous laissa marcher. Le convoi d'Ajaccio nous avoit joints, et l'on n'attendoit plus celui de Civita-Vecchia ; nous avions perdu de vue la Corse, et nous nous trouvions vis-à-vis de l'isle de Talara.

La Sardaigne n'est pas aussi élevée que la Corse : ces deux isles l'une au bout de l'autre paroissent une prolongation de la chaîne des Alpes qui aboutit au golfe de Gênes, ainsi que la chaîne de l'Apennin, celle des Vosges, et toutes les autres chaînes secondaires, qui ne sont que des diramations divergentes du même noyau. A midi, on nous signala un ordre par écrit : nous avions tellement besoin d'événements que ce fut une fête à bord ;

à bord ; cet ordre étoit de marcher sur Cagliari, et de revenir à Porto-Vecchio, si l'ennemi supérieur en forces nous y avoit prévenus.

Le 31 Mai et le 1er Juin, nous ne pûmes profiter du vent, la flotte n'ayant fait que des bordées : le soir, la *Badine* nous rejoignit, nous apportant l'espoir presque certain de trouver la mer libre à la pointe de Cagliari. Le soir, je dessinai cette pointe.

Jusqu'au 5 il n'y eut rien de nouveau. Nos provisions s'achevoient ; notre eau fétide ne pouvoit plus être chauffée ; les animaux utiles disparoissoient, et ceux qui nous mangeoient centuploient.

Le 6, nous reçumes l'ordre d'une nouvelle formation ; ce qui nous fit penser que décidément nous nous mettions en marche, et que nous allions faire canal. La *Diane* marchoit en avant : nous passions ses signaux à l'*Alceste*, qui les transmettoit au *Spartiate*, de là à l'*Aquilon*, et enfin à l'*Amiral*. Vers les 8 heures nous nous trouvâmes dans l'ordre que je viens de décrire. En cas que la *Diane* chassât un vaisseau ennemi, les cinq bâtiments de la flotte légere devoient forcer de voiles pour les rejoindre. Nous vimes de petits dauphins à notre proue ; mais, à notre grand regret, ils disparurent pendant que nous nous disposions à les harponner. Je les observai de très près ; leur marche ressemble au tangage d'un bâtiment ; ils sortent ainsi de l'eau, et s'élancent à vingt pieds en avant ; leur forme est élégante, et leurs mouvements rapides ressemblent plutôt à la gaieté d'une joûte, qu'ils n'annoncent la voracité d'un animal qui cherche une proie. Le soir, le vent fraîchit, et, passant de l'est à l'ouest, rassembla de telle sorte le convoi, que je crus voir Venise, et que tous ceux qui connoissoient cette ville s'écrierent, *C'est Venise qui marche !* Au soleil couchant nous découvrimes Martimo, et reçumes ordre de rallier le convoi, au milieu duquel nous passâmes la nuit comme dans une ville ambulante.

Le 7, nous reprimes l'ordre de la veille. Je dessinai le Martimo, rocher

rocher qui semble être un môle à la pointe occidentale de la Sicile : c'est un des points de reconnoissance de la Méditerranée, et c'étoit un de ceux où nous pouvions trouver les Anglais. Le vent fraîchit, et nous faisions deux lieues à l'heure ; c'est dans ces cas qu'on oublie les inconvénients de la mer pour ne voir que l'avantage d'en faire l'agent d'une marche de quarante mille hommes, sans halte ni relais. A une heure, nous étions par le travers de Martimo, à une lieue de ce rocher, découvrant la Favaniane, autre rocher qui est devant Trapany, et le Mont-Erix, qui domine cette ville, célèbre par un temple de Vénus, et par la maniere dont on y offroit des sacrifices à cette déesse. J'avois autrefois visité le Mont-Erix, et j'y avois cherché son temple, la ville du même nom, renommée par la beauté des femmes qui l'habitoient : mais, malgré ma jeunesse et l'imagination de cet âge, je n'avois pu voir qu'un méchant village, quelques substructions du temple, et les squelettes des anciennes beautés. Je fis un dessin de la Favaniane, du Mont-Erix, et d'une partie de la côte de Sicile.

Ce pays agréable, cultivé, abondant, consoloit nos yeux de l'aspect âpre des côtes de Corse et des rochers qui les avoisinent : ils avoient un charme de plus pour moi, celui des souvenirs ; la Sicile étoit pour mon imagination une ancienne propriété : je pouvois appercevoir, à travers les vapeurs de l'atmosphere, Marsala, l'ancienne Lilibée, d'où les Grecs et les Romains voyoient sortir de Carthage les flottes qui venoient les attaquer. Plus loin, j'entrevoyois les campagnes vertes et riantes de Mazzarra, la ville de Motia, que les Syracusains attacherent à la terre par une jetée, pour y aller combattre les Carthaginois ; et mon imagination, suivant la côte, revoit les aspects de Sélinonte, de ses temples, de ses colonnes debout ressemblant encore à des tours, et plus loin l'hospitaliere Agrigente. Nous faisions trois lieues à l'heure ; et mon rêve alloit se réaliser, lorsqu'on nous signala de nous rapprocher de l'armée pour passer la nuit avec elle. Je

fis,

fis, en soupirant de regret, un dessin de ce que je voyois de ces heureuses côtes : c'étoit un dernier hommage, et, suivant toute apparence, ce fut un éternel adieu.

La nuit fut belle. J'avois recommandé qu'on m'éveillât si l'on voyoit encore la terre au point du jour : à trois heures et demie j'étois sur le pont, et les premiers rayons du jour me firent voir que toute l'armée et le convoi faisant canal avoient marché sur Malte. La Sicile disparut. J'apperçus au sud-ouest, ou plutôt je jugeai le gisement de la Pantellerie aux nues orageuses dont elle s'enveloppe perpétuellement, honteuse sans doute d'avoir de tout temps servi aux vengeances des gouvernements : les Romains y exiloient leurs illustres proscrits ; elle recele encore les prisonniers d'état du roi de Naples.

Le 8, le ciel fut clair ; mais un vent foible nous fit faire peu de chemin ; et une chasse que nous fimes sur un bâtiment inconnu nous sépara de la flotte, que nous ne pûmes rejoindre. On vit un poisson d'environ 80 pieds de long.

La nuit fut calme, et le point du jour du 20 nous retrouva dans la même position où nous avoit laissés le soleil couchant. Nous vimes au nord-est l'Etna se découper sur l'horizon ; j'en reconnus les contours dans tous leurs développements ; la fumée s'échappoit par son flanc oriental, et accusoit une éruption par une bouche accidentelle ; il étoit à 50 lieues de nous, et paroissoit encore plus grand que les montagnes de la côte du midi, qui n'en étoit qu'à 12. A peine le soleil fut-il à quelques degrés d'élévation, qu'il disparut avec l'ombre qui marquoit son contour.

Nous apperçumes le Gozo à six heures ; le soir nous le distinguâmes parfaitement qui rougissoit à l'horizon à 7 lieues de distance : nous nous mimes en panne pour passer la nuit et attendre le convoi. A la pointe du jour, je revis encore l'Etna, dont la fumée s'étendoit sur le ciel à plus de

20 lieues de distance comme un long voile de vapeurs. Nous étions alors à 53 lieues de l'isle.

Tous les bâtiments armés passerent à la pouppe du général. Nous n'avions pas encore approché de l'*Orient* depuis notre départ : cette évolution avoit quelque chose de si auguste et de si imposant que, malgré le plaisir que nous avions de nous revoir, nous n'ajoutâmes pas une phrase au bon jour qu'à voix basse nous nous dîmes en passant.

Le 9, nous tournâmes à la partie nord du Gozo ; c'est un plateau élevé, taillé à pic, et sans abordage : nous cotoyâmes ensuite la partie orientale à demi-portée de canon. Ce côté, qui paroît d'abord aussi aride que l'autre, est cependant cultivé en coton ; toutes les petites vallées sont autant de jardins.

Vers le milieu de l'isle, il y a un gros village, sous lequel est une batterie, et au sommet le plus élevé un château casematé, fort bien bâti.

A huit heures, on signala des voiles ; on en distinguoit trente : étoit-ce la flotte ennemie ? on envoya reconnoître ; c'étoit enfin la division du général Desaix, le convoi de Civita-Vecchia, qui avoit suivi la côte d'Italie, passé le détroit de Messine, et nous avoit précédés de quelques jours devant Malte.

De même que l'avalanche, qui s'est grossie en roulant des neiges, menace dans sa chûte accélérée par sa masse d'entraîner les forêts et les villes, ainsi notre flotte, devenue immense, portoit sans doute l'effroi sur tous les parages qui venoient à la découvrir. La Corse avertie n'avoit ressenti d'autre émotion que celle qu'inspire un aussi grand spectacle ; la Sicile fut épouvantée ; Malte nous parut dans la stupeur. Mais n'anticipons pas sur les événements.

*Prise*

### Prise de Malte.

A cinq heures, nous passâmes devant le Cumino et le Cuminotto, qui sont deux islots qui séparent le Gozo de Malte, et composent avec ces deux derniers toute la souveraineté du Grand-Maître. Il y a plusieurs petits châteaux pour garder les islots des Barbaresques, et les empêcher de s'y établir lorsque les galères de Malte ont fini leur croisière. Une de nos barques alloit y aborder ; on lui refusa de mettre à terre : son canot fit le tour, et en sonda les mouillages. A six heures, nous vîmes Malte, dont l'aspect ne m'imposa pas moins d'admiration que la première fois que je l'avois vue : deux seules méchantes barques vinrent nous proposer du tabac à fumer. La nuit vint ; aucune lumière ne parut dans la ville ; notre frégate étoit par le travers de l'entrée du port à moins d'une portée de canon du fort S. Elme ; on ordonna de mettre toutes les embarcations en mer. A neuf heures, on nous signala de prendre position ; le vent étoit presque nul. L'armée fit des signaux de nuit relatifs à ces mouvements, et à ceux du convoi ; on tira des fusées, puis le canon ; ce qui fit éteindre jusqu'à la dernière lumière du port. Notre capitaine étoit allé à bord du général ; mais il garda le secret sur les ordres qu'il y avoit reçus.

Le 22, à quatre heures du matin, entraînés par les courants, nous étions sous le vent de l'isle, dont nous voyions la partie de l'est ; il n'y avoit point encore de vent. Je fis une vue de toute l'isle, du Gose, et des deux islots, pour avoir une idée de la forme générale de ce grouppe et de sa surface sur toute la ligne horizontale de la mer.

Il s'éleva une petite brise ; on en profita pour former une ligne demi-circulaire, et dont une extrémité aboutissoit à la pointe Ste. Catherine, et l'autre à une lieue à gauche de la ville, et en bloquoit le port ; nous

mimes

mîmes le centre par le travers des forts S.-Elme et S.-Ange. Le convoi étoit allé mouiller entre les isles de Cumino et du Gose. Un moment après on entendit un coup de canon qui partoit du fort Ste.-Catherine, et qui étoit dirigé sur les barques qui s'approchoient de la côte, et le débarquement que commandoit Desaix : tout de suite un autre coup se fit entendre du château qui domine la ville ; sur le même château l'étendard de la religion fût déployé ; en même temps, à l'autre extrémité de la circonvallation de nos bâtiments, des chaloupes mettoient à terre des soldats et des canons : à peine formés sur le rivage, ils marcherent sur deux postes, dont la garnison se replia après un moment de résistance. Alors les batteries de tous les forts commencèrent à tirer sur les débarquemens et sur nos bâtimens. J'en fis le dessin. Les forts continuerent à tirer jusqu'au soir avec une précipitation imprudente qui déceloit le trouble et la confusion. A dix heures, nous vimes nos troupes gravir le premier monticule, et marcher sur les derrieres de la *Cité-Vialette*, pour s'opposer à une sortie qu'avoient faite les assiégés : ils furent repoussés jusques dans les murs et sous les batteries ; la fusillade ne cessa qu'à la nuit fermée. Cette tentative de la part des chevaliers unis à quelques gens de la campagne eut une funeste issue : il y avoit eu du mouvement dans la ville, et la populace massacra plusieurs chevaliers à leur rentrée.

Le vent tomboit : nous profitâmes du reste de la brise pour nous rapprocher des vaisseaux, dans la crainte de nous trouver par un calme plat à la disposition de deux galeres Maltaises, qui étoient venu mouiller à l'entrée du port. J'étois toujours sur le pont, et, la lunette à la main, j'aurois pu faire de là le journal de ce qui se passoit dans la ville, et noter, pour ainsi dire, le degré d'activité des passions qui en dirigeoient les mouvements. Le premier jour tout étoit en armes : les chevaliers en grande tenue, une communication perpétuelle de la ville aux forts, où

l'on

l'on faisoit entrer toutes sortes de provisions et de munitions ; tout annonçoit la guerre : le second jour, le mouvement n'étoit plus que de l'agitation ; il n'y avoit qu'une partie des chevaliers en uniforme ; ils se disputoient et n'agissoient plus.

Le 12, à la pointe du jour, je retrouvai tout dans le même état où je l'avois laissé : on continua un feu lent et insignifiant. Bonaparte étoit revenu à bord ; le général Reynier, qui s'étoit emparé du Gose, lui avoit envoyé des prisonniers ; après se les être fait nommer, il leur dit d'un ton indigné : Puisque vous avez pu prendre les armes contre votre patrie, il falloit savoir mourir ; je ne veux point de vous pour prisonniers ; vous pouvez retourner à Malte tandis qu'elle ne m'appartient pas encore.

Une barque sortit du port ; nous envoyâmes un canot la héler, et la conduire au général. Quand je vis cette petite barque portant à sa pouppe l'étendard de la religion, cheminant humblement sous ces remparts qui avoient victorieusement résisté deux années à toutes les forces de l'orient commandées par le terrible Dragus ; quand je me peignis cette masse de gloire, acquise et conservée pendant des siecles, venant se briser contre la fortune de Bonaparte, il me sembla entendre frémir les mânes des Lisle-Adam, des Lavalette, et je crus voir le temps faire à la philosophie, le plus illustre sacrifice de la plus auguste de toutes les illusions.

A onze heures, il se présenta une seconde barque avec le drapeau parlementaire : c'étoient des chevaliers qui quittoient Malte ; ils ne vouloient point être comptés parmi ceux qui avoient tenté de résister. On put juger par leurs discours que les moyens des Maltais se réduisoient à peu de chose. A quatre heures, la *Junon* étoit à une demi-portée ; j'observai tous les forts, et j'y voyois moins d'hommes que de canons.

Les portes des forts étoient fermées ; ils n'avoient plus de communication avec la ville ; ce qui faisoit voir la méfiance et la mésintelligence qui existoient entre les habitants et les chevaliers. L'aide-de-camp Junot fut
envoyé

envoyé avec l'ultimatum du général. Quelques moments après une députation de douze commissaires Maltais se rendit à l'*Orient*. Nous nous trouvions parfaitement vis-à-vis de la ville, percée du nord au sud, et dont nous avions la vue dans toute la longueur des rues ; elles étoient aussi éclairées alors qu'elles avoient été obscures la nuit de notre arrivée.

Le 13 au matin, nous apprimes que l'aide-de-camp du général avoit été reçu avec acclamation par les habitants. Avec ma lunette je distinguai que la grille qui fermoit le fort S¹.-Elme paroissoit assaillie par une multitude de gens du peuple : ceux qui étoient dedans étoient assis sur les parapets des batteries sans proférer une parole, dans l'attitude de gens qui attendent avec inquiétude. A onze heures et demie, nous vimes partir de l'*Orient* la barque parlementaire qui y étoit restée la nuit; et en même temps, nous reçumes l'ordre d'arborer le grand pavillon ; un moment après, on nous signala que nous étions maîtres de Malte.

Cette isle devenoit une échelle entre notre pays et celui que nous allions conquérir ; elle achevoit la conquête de la Méditerranée, et jamais la France n'étoit arrivée à un si haut degré de puissance. A cinq heures nos troupes entrerent dans les forts, et furent saluées par la flotte, de cinq cents coups de canon.

Nous étions sortis les premiers de Toulon, nous entrâmes les derniers à Malte ; nous ne pûmes aller à terre que le 14 au matin. Je connoissois cette ville surprenante ; je ne fus pas moins frappé, la seconde fois, de l'aspect imposant qui la caractérise.

On hésite en géographie si l'on doit attacher Malte à l'Europe ou à l'Afrique. La figure des Maltais, leur caractère moral, la couleur, le langage, doivent décider la question en faveur de l'Afrique.

Français et Maltais, tous étoient très surpris de se trouver sur le même sol ; chez nous c'étoit de l'enthousiasme, chez eux de la stupéfaction.

On délivra tous les esclaves turcs et arabes ; jamais la joie ne fut prononcée

noncée d'une maniere plus expressive : lorsqu'ils rencontroient les Français, la reconnoissance se peignoit dans leurs yeux d'une maniere si touchante, qu'à plusieurs reprises elle me fit verser des larmes ; ce fut un vrai bonheur que j'éprouvai à Malte. Pour prendre une idée de leur extrême satisfaction dans cette circonstance, il faut savoir que leur gouvernement ne les rachetoit et ne les échangeoit jamais, que leur esclavage n'étoit adouci par aucun espoir : ils ne pouvoient pas même rêver la fin de leurs peines.

J'allai chercher mes anciennes connoissances : je revis avec un plaisir nouveau les belles peintures à fresque du Calabrese dont les voûtes de l'église de S.-Jean sont décorées, et le magnifique tableau de Michel-Ange-de-Caravage, dans la sacristie de la même église. J'allai à la bibliotheque ; et j'y vis un vase étrusque, trouvé au Gose, de la plus belle espece et pour la terre et pour la peinture. Je fis le dessin d'un vase de verre d'une très grande proportion, celui d'une lampe, trouvée de même au Gose, celui encore d'une espece de disque votif en pierre, portant en bas-relief, sur l'une de ses faces, un sphynx avec la patte sur une tête de bélier : le travail n'en est pas précieux, mais il y a trop de style pour laisser douter que ce morceau ne soit antique ; le reste des curiosités est gravé dans le Voyage pittoresque d'Italie.

On avoit trouvé depuis quelques mois une sépulture près la cité, dans un lieu appelé Earbaceo.

Le quatrieme jour, le général nous donna un souper où furent admis les membres des autorités nouvellement constituées. Ils virent avec autant de surprise que d'admiration l'élégance martiale de nos généraux, cette assemblée d'officiers rayonnants de santé, de vie, de gloire, et d'espérance ; ils furent frappés de la physionomie imposante du général en chef, dont l'expression agrandissoit la stature.

Le mouvement qui avoit régné dans la ville à notre arrivée avoit fait

fermer

fermer les cafés et autres lieux publics : les bourgeois, encore étonnés des événements, se tenoient clos dans leurs maisons ; nos soldats, la tête échauffée par le soleil et par le vin, avoient épouvanté les habitants, qui avoient fermé leurs boutiques et caché leurs femmes. Cette belle ville, où nous ne voyions que nous, nous parut triste ; ces forts, ces châteaux, ces bastions, ces formidables fortifications qui sembloient dire à l'armée que rien ne pouvoit plus l'arrêter et qu'elle n'avoit plus qu'à marcher à la victoire, la firent retourner avec plaisir à bord. Le vent s'opposoit cependant à notre sortie ; j'en profitai pour faire trois vues de l'intérieur du port.

La journée du 19 se passa à courir des bordées devant le port.

Le matin du 20, le général sortit, laissant dans l'isle quatre mille hommes de troupes, commandés par le général Vaubois, deux officiers de génie et d'artillerie, un commissaire civil, et enfin tous ceux qui, poussés par une inquiete curiosité, s'étoient embarqués sans trop de réflexion, qui, par une suite de leur inconstance ou de leur inconséquence, s'étoient dégoûtés sur la route, et qui, fatigués des inconvénients inséparables des voyages, les comptoient au nombre des injustices, qu'à les en croire, on leur faisoit éprouver. J'en ai vu qui, peu touchés des beautés de Malte, de la commodité des ports, et de l'avantage de sa situation, trouvoient ridicule qu'un rocher sous le climat de l'Afrique ne fût pas aussi verd que la vallée de Montmorency : comme si chaque contrée n'avoit pas reçu des dons particuliers de la nature ! Voyager n'est-ce pas en jouir ? et ne les détruit-on pas en cherchant à les comparer ?

Si l'aspect de Malte est aride, peut-on voir sans admiration que la plus petite colline qui recele quelque peu de terre soit toujours un jardin aussi délicieux qu'abondant, où l'on pourroit acclimater toutes les plantes de l'Asie et de l'Afrique ? Cette espece de premiere serre-chaude pourroit servir à en alimenter une autre à Toulon, et, par degré, en amener les

produc-

productions jusqu'à Paris, sans leur avoir fait éprouver les secousses trop vives qu'occasionne l'extrême différence des climats : peut-être y naturaliseroit-on une grande partie des plantes exotiques que nous faisons venir à grands frais chaque année dans nos serres, qui y languissent la seconde année, et y périssent la troisieme. Les expériences déjà faites sur les animaux me semblent venir à l'appui de ce système de graduation.

*Départ de Malte. — La Flotte Française échappe dans une Brume à l'Escadre de l'Amiral Nelson. — Arrivée devant Alexandrie.*

Toute la journée du 20 Juin fut employée à rassembler l'armée, l'escadre légere, et les convois. Vers les six heures on signala de se mettre en ordre de marche : le mouvement fut général dans tous les sens, et produisit la confusion.

Obligés de céder le passage à l'*Amiral*, nous nous apperçumes un peu tard que la frégate la *Léoben* venoit sur nous : l'officier de quart prétendoit que la *Léoben* avoit tort, et s'en tint strictement à la tactique ; le capitaine, plus occupé de sauver la frégate contre la regle que de donner un tort à la *Léoben*, ordonna une manœuvre ; l'officier en ordonna une autre : il y eut un moment d'inertie ; il ne fut plus temps d'opérer. Je conçus notre danger à la contraction de toute la personne de notre capitaine : Nous aborderons ! nous allons aborder ! nous abordons ! furent les trois mots prononcés consécutivement ; et le temps de les prononcer celui qu'il falloit pour décider de notre sort. Les bâtimens s'approchent, les agrès s'engagent, se déchirent ; une demi-manœuvre de la *Léoben* nous fait présenter son flanc, et le choc est amorti par des roues de trains d'artillerie attachées contre son bordage ; elles sont fracassées : les cris de quatre cents

per-

personnes, les bras étendus vers le ciel, me font croire un instant que la *Léoben* est la victime de ce premier choc; nous voulons faire un mouvement pour éviter ou diminuer le second, nous trouvons à tribord l'*Artémise* qui nous arrivoit dans le sens contraire, et, en avant, la proue d'un vaisseau de 74, que nous n'eumes pas le temps de reconnoître. L'effroi fut à son comble; nous étions devenus un point où tous les dangers se concentroient à la fois. Le second mouvement de la *Léoben* nous présentoit la partie de l'avant; sa vergue de misene entra sur notre pont. Cet incident, qui pouvoit être funeste à bien du monde, tourna à notre avantage; les matelots, et notamment les Turcs qui nous étoient arrivés, se jeterent sur cette vergue, et firent de tels efforts pour la repousser, que le coup, qui n'étoit point appuyé par le vent, fut amorti; et cette fois nous en fumes quittes pour un trou fait dans la partie haute de notre bordage par l'ancre de la *Léoben*. L'*Artémise* avoit glissé à notre pouppe; le vaisseau avoit avancé; les efforts pour le débarrasser de la vergue de la *Léoben* l'avoient repoussé au large, et tous ces dangers, qui s'étoient amoncelés sur nous comme les nuées pendant l'orage, se dissiperent encore plus promptement. Il ne nous resta que la fureur de notre officier de quart, qui auroit voulu que nous eussions tous péri, pour prouver à son camarade que c'étoit lui qu'il falloit accuser. Nous dûmes notre salut à la foiblesse du vent, et aux trains d'artillerie qui affoiblirent le premier choc. Deux bâtiments marchands qui se heurtent peuvent se faire quelque mal, mais non s'anéantir: il n'en est pas de même de deux vaisseaux de guerre; il est bien rare que l'un ou l'autre ne périsse, et souvent tous les deux.

Le 21, nous eumes toute la journée un calme plat, et toute la chaleur du soleil de la fin de Juin au trente-cinquieme degré.

Dans la nuit, une brise nous mit en pleine route. L'ordre de la marche fut changé.

Le

Le 22, on mit le convoi en avant, l'armée derriere, et nous sur le flanc gauche.

Les 23, 24, et 25, nous eumes un temps fait, vent arriere, qui nous eût menés à Candie, si nous n'eussions pas eu notre convoi qu'il falloit attendre à tout moment.

Les vents de nord et de nord-est sont les vents alizés de la Méditerranée pendant les trois mois de Juin, Juillet et Août ; ce qui rend la navigation de cette saison délicieuse pour aller au sud et à l'ouest, mais ce qui en même temps fait dépendre du hasard tous les retours, parcequ'il faut les faire dans les mauvaises saisons.

Du 25 au 26, nous fimes quarante-huit lieues par une brise qui étoit presque du vent. On nous fit signal à onze heures de faire chasse pour trouver la terre ; nous découvrimes la partie de l'ouest de Candie à quatre heures. Je vis le mont Ida de vingt lieues ; je le dessinai à quinze. Je n'en voyois que le sommet et la base, le reste de l'isle se perdant dans la brume ; mais je craignois qu'elle ne m'échappât dans la nuit, et de n'avoir pas pris le contour de la montagne où naquit Jupiter, et qui fut la patrie de presque tous les dieux.

J'aurois eu le plus grand désir de voir le royaume de Minos, de chercher quelques vestiges du labyrinthe ; mais ce que j'avois prévu arriva, l'excellent vent que nous avions nous tint éloignés de l'isle.

Le 27, à cinq heures, je trouvai que nous avions cheminé dans la direction de la côte de l'est sans nous en approcher ; le vent avoit été si fort pendant la nuit que tout le convoi étoit dispersé : nous passâmes toute la matinée à le rassembler, et à diminuer de voiles pour l'attendre. C'étoit pendant cette manœuvre que, par une brume épaisse, le hasard nous déroboit à la flotte Angloise, qui, à six lieues de distance, gouvernant à l'ouest, alloit nous cherchant à la côte du nord.

Le soir du 28, on nous signala de passer à pouppe de l'*Orient*. Il seroit aussi difficile de donner que de prendre une idée exacte du sentiment que nous éprouvâmes à l'approche de ce sanctuaire du pouvoir, dictant ses décrets, au milieu de trois cents voiles, dans le mystere et le silence de la nuit : la lune n'éclairoit ce tableau qu'autant qu'il falloit pour en faire jouir. Nous étions cinq cents sur le pont, on auroit entendu voler une mouche ; la respiration même étoit suspendue. On ordonna à notre capitaine de se rendre à bord du commandant. Quelle fut ma joie à son retour, lorsqu'il nous dit que nous étions dépêchés en avant pour aller chercher notre consul à Alexandrie, et savoir si on étoit instruit de notre marche, et quelles étoient les dispositions de cette ville à notre égard ; qu'il nous étoit réservé d'aborder les premiers en Afrique pour y recueillir nos compatriotes, et les mettre à l'abri du premier mouvement des habitants à l'approche de la flotte. Dès cet instant nous déployâmes toutes les voiles pour faire le plus vite qu'il nous seroit possible les soixante lieues qui nous restoient à parcourir ; mais le vent nous manqua toute la nuit du 28 au 29 : nous eumes quelques heures de brise, et le reste du temps nous ne fimes de chemin que par le mouvement donné à la mer, et les courants qui portoient sur le point que nous devions atteindre.

Notre mission, après avoir prévenu les Francs de se tenir sur leurs gardes, étoit de venir retrouver l'armée qui devoit croiser, et nous attendre à six lieues du cap Brûlé. A midi, nous étions à trente lieues d'Alexandrie ; à quatre heures les gabiers crierent *terre ;* à six nous la vimes du pont : nous eumes toute la nuit la brise ; à la pointe du jour je vis la côte à l'ouest, qui s'étendoit comme un ruban blanc sur l'horizon bleuâtre de la mer. Pas un arbre, pas une habitation ; ce n'étoit pas seulement la nature attristée, mais la destruction de la nature, mais le silence et la mort. La gaieté de nos soldats n'en fut pas altérée ; un d'eux dit à son camarade en lui montrant

trant le désert : Tiens, regarde, voilà les six arpents qu'on t'a décrétés. — Le rire général que fit éclater cette plaisanterie peut servir de preuve que le courage est désintéressé, ou du moins qu'il a sa source dans de plus nobles sentiments.

Ces parages sont périlleux dans les temps d'orage et dans les brumes de l'hiver, parcequ'alors la côte basse disparoît, et qu'on ne l'apperçoit que lorsqu'il n'est plus temps de l'éviter. Mais le bonheur qui nous accompagnoit nous laissa maîtres de manœuvrer sur le cap Durazzo, que nous cherchions en tirant à l'est quart de sud.

A dix lieues du cap, à cinq d'Alexandrie, nous vimes une ruine que l'on appelle la Tour-des-Arabes ; à midi j'en fis un dessin. Cette ruine me parut un carré bastionné ; à quelque distance il y a une tour. J'aurois bien désiré pouvoir mieux en distinguer les détails, juger si c'est une fabrique arabe, ou si sa construction est antique, et à quelle antiquité elle appartient ; si c'est la Taposiris des anciens, que Procope nous donne comme le tombeau d'Osiris, ou le Chersonesus de Strabon, ou bien Plinthine, dont le golfe tiroit son nom. La garnison d'Alexandrie a poussé depuis des reconnoissances jusqu'à ce poste ; mais les rapports purement militaires de ces reconnoissances n'ont pu porter aucune lumière sur l'origine de ces ruines, et n'ont fait qu'augmenter la curiosité qu'inspirent leur masse et leur étendue. En général toute cette côte de l'ouest, contenant la petite et la grande Syrte de la Cyrénaïque, autrefois très habitée, qui a eu des républiques, des gouvernements particuliers, est à présent une des contrées les plus oubliées de l'univers, et n'est plus rappelée à notre mémoire que par les superbes médailles qui nous en restent.

De droite et de gauche notre terre promise nous parut plus aride encore que celle des Juifs. Il est vrai que jusqu'alors elle ne nous avoit pas coûté si cher ; que, s'il ne nous avoit pas plu des cailles toutes rôties, notre

manne

manne ne s'étoit pas corrompue, que nous n'avions pas eu de coliques ardentes, et que nous avions encore conservé tout ce qui étoit tombé aux Israélites ; mais au reste les Arabes Bédouins, qui errent sur ces côtes, auroient pu équivaloir à ces fléaux, et nous devenir aussi funestes. On assure cependant que depuis vingt ans ils ont fait un accord avec la factorerie d'Alexandrie, par lequel, après plus ou moins d'avanies, ils rendent les naufragés pour vingt piastres par tête, au lieu de les tuer, comme ils faisoient plus anciennement.

Le lieutenant, que l'on dépêcha à terre, partit à une heure après midi ; il n'avoit pas le pied dans le canot que nous attendions son retour et comptions les instants.

Je fis, de trois lieues de distance, une vue d'Alexandrie.

Nous voyions avec la lunette le drapeau tricolor sur la maison de notre consul : je me figurois la surprise qu'il alloit éprouver, et celle que nous ménagions au schérif d'Alexandrie pour le lendemain.

Quand les ombres du soir dessinerent les contours de la ville, que je pus distinguer ces deux ports, ces grandes murailles flanquées de nombreuses tours, qui n'enferment plus que des mornes de sables, et quelques jardins où le verd pâle des palmiers tempere à peine l'ardente blancheur du sol, ce château Turc, ces mosquées, leurs minarets, cette célebre colonne de Pompée, mon imagination se reporta sur le passé ; je vis l'art triompher de la nature, le génie d'Alexandre employer la main active du commerce pour planter sur une côte aride les fondements d'une ville superbe, et la choisir pour y déposer les trophées des conquêtes du monde ; les Ptolomées y appeler les sciences et les arts, et y rassembler cette bibliotheque à la destruction de laquelle la barbarie a employé des années : c'est là, me disois-je, pensant à Cléopâtre, à César, à Antoine, que l'empire de la gloire a cédé à l'empire de la volupté : je voyois ensuite l'igno-

rance

rance farouche s'établir sur les ruines des chefs-d'œuvre des arts, achevant de les consumer, et n'ayant cependant pu défigurer encore les beaux développements qui tenoient aux grands principes de leurs premiers plans. Je fus tiré de cette préoccupation, de ce bonheur de rêver devant de grands objets, par un coup de canon tiré de notre bord, pour appeler à l'ordre un bâtiment qui avoit mis tout au vent pour entrer malgré nous à Alexandrie, et y porter sans doute l'avis de notre marche : la nuit le déroba bientôt à nos recherches. Notre inquiétude sur le canot augmentoit à chaque moment, et se changeoit en terreur. A minuit, nous entendîmes appeler avec des voix effrayées ; et bientôt nous vîmes entrer notre consul et son drogman, échappant au sabre vengeur et à l'effroi répandu dans le pays. Ils nous apprirent qu'une flotte de quatorze vaisseaux de guerre Anglois n'avoit quitté que la veille au soir le mouillage d'Alexandrie ; que les Anglois avoient déclaré qu'ils nous cherchoient pour nous combattre : ils avoient été pris pour des François ; et tout le pays, déjà averti de nos projets, et instruit de la prise de Malte, s'étoit aussitôt soulevé ; on avoit fortifié les châteaux, ajouté des milices aux troupes réglées, et rassemblé une armée de Bédouins (ce sont les Arabes errants, que les habitants poursuivent, mais avec lesquels ils s'allient lorsqu'ils ont à combattre un ennemi commun).

La présence des Anglois avoit noirci notre horizon. Quand je me rappelai que trois jours auparavant nous regrettions que le calme nous retînt, et que sans lui nous serions tombés dans la flotte ennemie, à laquelle nous aurions découvert la nôtre, je me vouai dès-lors au fatalisme, et me recommandai à l'étoile de Bonaparte.

Le schérif n'avoit consenti au départ du consul qu'en le faisant accompagner par des mariniers d'Alexandrie, qui devoient l'y ramener : ils parloient la langue Franque, et entendoient l'Italien ; je causai avec eux : ils

ajou-

ajouterent à ce que le consul avoit dit, que les Anglois avoient fait route à l'est pour aller nous chercher à Chipre, où ils croyoient que nous étions restés.

Nous marchions à la rencontre de notre flotte : la premiere pointe du jour nous fit découvrir la premiere division du convoi ; à sept heures, nous arrivâmes à bord de l'*Orient*.

J'avois été chargé d'accompagner le consul d'Alexandrie ; nous avions à dire au général ce qui pouvoit le plus vivement l'intéresser dans une circonstance aussi critique : on avoit vu les Anglois, ils pouvoient arriver à chaque instant ; le vent étoit très fort, le convoi mêlé à la flotte, et dans une confusion qui eût assuré la défaite la plus désastreuse si l'ennemi eût paru. Je ne pus pas remarquer un mouvement d'altération sur la physionomie du général. Il me fit répéter le rapport qu'on venoit de lui faire ; et après quelques minutes de silence il ordonna le débarquement.

*Débarquement au Fort Marabou.—Prise d'Alexandrie.*

Les dispositions furent d'approcher le convoi de terre autant que le pouvoit permettre le danger de faire côte dans un moment où le vent étoit aussi fort ; les vaisseaux de guerre formoient un cercle de défense en dehors ; toutes les voiles furent amenées, et les ancres jetées. A peine avions-nous fait cette opération que nous eumes ordre d'aller croiser devant la ville aussi près que le vent pourroit nous le permettre, et de faire de fausses attaques pour faire diversion.

Le vent avoit encore augmenté ; la mer étoit si forte que nous travaillâmes en vain tout le reste du jour pour lever l'ancre. La nuit fut trop orageuse pour faire cette opération sans risquer de nous abattre, et couler

bas

bas les embarcations et les transports, qui effectuoient le débarquement avec une peine et des dangers inouis : les chaloupes prenoient un à un et à la volée ceux qui descendoient des vaisseaux ; lorsqu'elles en étoient encombrées, les vagues menaçoient à chaque instant de les engloutir, ou bien, poussées par le vent, elles se rencontroient ou en abordoient d'autres ; et, après avoir échappé à tous ces dangers, en arrivant près de la côte elles ne savoient comment y toucher sans se rompre contre les brisants. Au milieu de la nuit une embarcation qui ne pouvoit plus gouverner passa à notre pouppe, et nous demanda du secours : le danger où je sentois ceux dont elle étoit chargée me causa une émotion d'autant plus vive que je croyois reconnoître la voix de chacun de ceux qui crioient. Nous jetâmes un cable à ces malheureux ; mais à peine l'eurent-ils atteint qu'il fallut le couper ; les vagues faisant heurter l'embarcation contre notre bâtiment menaçoient de l'ouvrir. Les cris qu'ils jeterent au moment où ils se sentirent abandonnés retentirent jusqu'au fond de nos âmes ; le silence qui succéda y apporta encore de plus funestes pensées. L'effroi étoit redoublé par les ténebres, et les opérations étoient aussi lentes qu'elles étoient désastreuses. Cependant, le 2 Juillet, à six heures du matin, il y eut assez de troupes à terre pour attaquer et prendre un petit fort appelé le Marabou. Là fut planté le premier pavillon tricolor en Afrique.

Le 3, la mer étoit meilleure : nous appareillâmes tandis que la plage se couvroit de nos soldats. A midi, ils étoient déjà sous les murs d'Alexandrie ; le centre à la colonne de Pompée, derriere de petits mornes formés des débris de l'ancienne ville. Ces vieilles murailles n'offrirent à la valeur de nos soldats qu'une suite de breches : une colonne s'ébranla, toutes les autres se déployerent, marcherent, et attaquerent en même temps ; en approchant de mauvais fossés, elles découvrirent plus de murailles qu'on n'en avoit vu d'abord : un feu d'une vivacité extraordinaire de la part des assiégés

assiégés étonna un moment nos troupes, mais ne ralentit point leur impétuosité : on chercha sous le feu de l'ennemi l'approche la plus praticable ; on la trouva à l'angle de l'ouest, où étoit l'antique port de Kibotos ; on monta à l'assaut : Kléber, Menou, Lescale, furent renversés par des coups de feu, et par la chûte des pans de murailles. Koraïm, schérif d'Alexandrie, qui combattoit par-tout, prit Menou renversé pour le général en chef blessé à mort, ce qui soutint encore un moment le courage des assiégés. Personne ne fuyoit ; il fallut tout tuer sur la brèche, et deux cents des nôtres y resterent.

Notre frégate eut ordre de protéger l'entrée du convoi dans le vieux port ; et je saisis cette occasion pour aller à terre. Un ancien préjugé avoit établi que dès qu'un vaisseau franc entreroit dans le port vieux, l'empire d'Alexandrie seroit perdu pour les Musulmans ; pour le moment, notre canot vérifia la prophétie.

Il me seroit impossible de rendre ce que j'éprouvai en abordant à Alexandrie : il n'y avoit personne pour nous recevoir ou nous empêcher de descendre ; à peine pouvions-nous déterminer quelques mendiants, accroupis sur leurs talons, à nous indiquer le quartier-général ; les maisons étoient fermées ; tout ce qui n'avoit osé combattre avoit fui, et tout ce qui n'avoit pas été tué se cachoit de crainte de l'être, selon l'usage oriental. Tout étoit nouveau pour nos sensations, le sol, la forme des édifices, les figures, le costume, et le langage des habitants. Le premier tableau qui se présenta à nos regards fut un vaste cimetiere, couvert d'innombrables tombeaux de marbre blanc sur un sol blanc : quelques femmes maigres, et couvertes de longs habits déchirés, ressembloient à des larves qui erroient parmi ces monuments ; le silence n'étoit interrompu que par le sifflement des milans qui planoient sur ce sanctuaire de la mort. Nous passâmes de là dans des rues étroites et aussi désertes. En traversant Alexandrie, je me
rappelai

rappelai, et je crus lire la description qu'en a faite Volney; forme, couleur, sensation, tout y est peint à un tel degré de vérité, que, quelques mois après, relisant ces belles pages de son livre, je crus que je rentrois de nouveau à Alexandrie. Si Volney eût décrit ainsi toute l'Egypte, personne n'auroit jamais pensé qu'il fût nécessaire d'en tracer d'autres tableaux, d'en faire de dessin.

Dans toute la traversée de cette longue ville si mélancolique, l'Europe et sa gaieté ne me fut rappelée que par le bruit et l'activité des moineaux. Je ne reconnus plus le chien, cet ami de l'homme, ce compagnon fidele et généreux, ce courtisan gai et loyal ; ici sombre égoïste, étranger à l'hôte dont il habite le toit, isolé sans cesser d'être esclave, il méconnoît celui dont il défend encore l'asyle, et sans horreur il en dévore la dépouille. L'anecdote suivante achevera de développer son caractere.

Le jour où je descendis à terre, n'ayant point apporté de linge pour changer, je voulois aller sur la frégate la *Junon*, que je croyois placée à l'entrée du port ; je prends une petite barque turque, et nous voguons vers ce point. Arrivés à la frégate, nous vimes que ce n'étoit pas la *Junon*; on nous en montra une autre en rade à une demi-lieue de là. Le soleil se couchoit ; les deux tiers du chemin étoient faits ; je pouvois coucher à bord : nous voilà de nouveau en route. Ce n'étoit point encore la *Junon* : elle croisoit au large. Il nous fallut donc revenir; mais le vent avoit fraîchi ; les vagues étoient devenues si hautes que nous ne voyions plus qu'à la dérobée la terre qu'il nous falloit regagner. Mon homme me mit au timon pour ne s'occuper que de la voile.

Je n'appercevois qu'à peine la direction qu'il me falloit garder ; et je commençai alors à sentir que c'étoit un véritable abandon de soi-même de se trouver à cette heure livré aux vents, au milieu d'une mer agitée, seul avec un homme qui, comme tous ses concitoyens, pouvoit bien, sans injustice,

tice, haïr les Français, et vouloir s'en venger. J'affectai de la confiance, de la gaieté même, je fis bonne contenance ; et enfin nous touchâmes au rivage, objet de tous mes vœux. Mais il étoit onze heures, j'étois encore à une demi-lieue du quartier ; j'avois à traverser une ville prise d'assaut le matin, et dont je ne connoissois pas une rue. Aucune offre de récompense ne put persuader mon homme de quitter son bateau pour m'accompagner. J'entrepris seul le voyage, et, bravant les mânes des morts, je traversai le cimetiere ; c'étoit le chemin que je savois le mieux : arrivé aux premieres habitations des vivants, je fus assailli de meutes de chiens farouches, qui m'attaquoient des portes, des rues, et des toits ; leurs cris se répercutoient de maison en maison, de famille en famille ; cependant je pus m'appercevoir que la guerre qui m'étoit déclarée étoit *sans coalition,* car dès que j'avois dépassé la propriété de ceux dont j'étois assailli, ils étoient repoussés par ceux qui étoient venus me recevoir à la frontiere. Ignorant l'abjection dans laquelle ils vivoient, je n'osois les frapper, dans la crainte de les faire crier, et d'ameuter aussi les maîtres contre moi. L'obscurité n'étoit diminuée que par la lueur des étoiles, et la transparence que la nuit conserve toujours dans ces climats. Pour ne pas perdre cet avantage, pour échapper aux clameurs des chiens, et suivre une route qui ne pouvoit m'égarer, je quittai les rues, et résolus de longer le rivage ; mais des murailles et des chantiers qui arrivoient jusqu'à la mer me barroient le passage ; enfin passant dans la mer pour éviter les chiens, escaladant les murs pour éviter la mer lorsqu'elle devenoit trop profonde, mouillé, couvert de sueur, accablé de fatigue et d'épouvante, j'atteignis à minuit une de nos sentinelles, bien convaincu que les chiens étoient la sixieme et la plus terrible des plaies d'Egypte.

En arrivant le matin au quartier-général, je trouvai Bonaparte entouré des grands de la ville et des membres de l'ancien gouvernement ; il en

recevoit

recevoit le serment de fidélité : il dit au schérif Koraïm : Je vous ai pris les armes à la main; je pourrois vous traiter en prisonnier ; mais vous avez montré du courage ; et, comme je le crois inséparable de l'honneur, je vous rends vos armes, et pense que vous serez aussi fidele à la république que vous l'avez été à un mauvais gouvernement. Je remarquai dans la physionimie de cette homme spirituel une dissimulation ébranlée et non vaincue par la généreuse loyauté du général en chef : il ne connoissoit pas encore nos moyens, et ne savoit pas assez si tout ce qui s'étoit passé n'étoit pas un coup de main ; mais quand il vit 30 mille hommes et des trains d'artillerie à terre, il s'attacha à capter Bonaparte, il ne quitta plus le quartier-général. Bonaparte étoit couché qu'il étoit encore dans son antichambre ; chose bien remarquable dans un Musulman.

Le premier dessin que je fis fut le port neuf, depuis le petit Farillon jusqu'au quartier des Francs, qui étoit, au temps de Cléopâtre, le quartier délicieux où son palais étoit bâti, et où étoit le théâtre.

Le 5, au matin, j'accompagnai le général dans une reconnoissance : il visita tous les forts, c'est-à-dire des ruines, de mauvaises constructions, où de mauvais canons gisoient sur quelques pierres qui leur servoient d'affût. Les ordres du général furent d'abattre tout ce qui étoit inutile, de ne raccommoder que ce qui pouvoit servir à empêcher l'approche des Bédouins ; il porta toute son attention sur les batteries qui devoient défendre les ports.

*Monumens d'Alexandrie.*

Nous passâmes près de la colonne de Pompée. Il en est de ce monument comme de presque toutes les réputations, qui perdent toujours dès qu'on s'approche de ce qui en est l'objet. Elle a été nommée colonne de
Pompée

Pompée dans le quinzieme siecle, où les connoissances commençoient à se réveiller de leur assoupissement : les savants, plutôt que les observateurs, se hâterent à cette époque d'assigner un nom à tous les monuments ; et ces noms passerent sans contradiction de siecle en siecle ; la tradition les consacra. On avoit élevé à Alexandrie un monument à Pompée ; il ne se trouvoit plus, on crut le retrouver dans cette colonne. On en a fait depuis un trophée à Septime Sévere ; cependant elle est élevée sur des décombres de l'ancienne ville, et au temps de Septime Sévere, la ville des Ptolomées n'étoit point encore en ruine. Pour faire à cette colonne une fondation solide on a piloté un obélisque, sur le culot duquel on a posé un vilain piédestal, qui porte un beau fût, surmonté d'un chapiteau corinthien lourdement ébauché.

Si le fût de cette colonne, en le séparant du piédestal et du chapiteau a fait partie d'un édifice antique, il en atteste la magnificence et la pureté de l'exécution ; il faut donc dire que c'est une belle colonne, et non un beau monument ; qu'une colonne n'est point un monument ; que la colonne de Ste-Marie-Majeure, bien qu'elle soit une des plus belles qui existent, n'a point le caractere d'un monument, que ce n'est qu'un fragment ; et que si les colonnes Trajane et Antonine sortent de cette catégorie, c'est qu'elles deviennent des cylindres colossales, sur lesquels est fastueusement déroulée l'histoire des expéditions glorieuses de ces deux empereurs, et que, réduites à leurs simples traits et à leur seule dimension, elles ne seroient plus que de lourds et tristes monuments.

Les fondations de la colonne de Pompée étant venues à se déchausser, on a cru ajouter à leur solidité en adaptant à la premiere fondation deux fragments d'obélisque en marbre blanc, le seul monument de cette matiere que j'aie vu en Egypte.

Des fouilles faites à l'entour de la colonne donneroient sans doute des
lumieres

lumieres sur son origine ; le mouvement du terrain et les formes qu'il laisse voir encore attestent d'avance que les recherches ne seroient pas vaines : elles découvriroient peut-être la substruction et l'*atrium* du portique auquel a appartenu cette colonne, qui a été l'objet de dissertations faites par des savants qui n'en ont vu que des dessins, ou n'en ont eu que des descriptions de voyageurs ; et ces voyageurs ne leur ont pas dit qu'on trouvoit près de là des fragments de colonne de même matiere et de même diametre ; que le mouvement du sol indique la ruine et l'enfouissement de grands édifices, dont les formes se distinguent à la surface, tels qu'un carré d'une grande proportion, et un grand cirque, dont on pourroit, quoiqu'il soit recouvert de sable et de débris, mesurer encore les principales dimensions.

Après avoir observé que la colonne dite *de Pompée* est d'un style et d'une exécution très pure, que le piédestal et le chapiteau ne sont pas de même granit ; que le fût, que le travail en est lourd et ne semble être qu'une ébauche ; que la fondation, faite de débris, annonce une construction moderne ; on peut conclure que ce monument n'est point antique, et que son érection peut appartenir également au temps des empereurs Grecs, ou à celui des califes, puisque, si le piédestal et le chapiteau sont assez bien travaillés pour appartenir à la premiere de ces époques, ils n'ont pas assez de perfection pour que l'art dans la seconde n'ait pu atteindre jusque-là.

Des fouilles dans cet endroit pourroient aussi déterminer l'enceinte de la ville au temps des Ptolomées, lorsque son commerce et sa splendeur changerent son premier plan et la rendirent immense : celle des califes, qui existe encore en fut une réduction, quoiqu'elle enferme aujourd'hui des campagnes et des déserts : cette circonvallation fut construite de débris, car leurs édifices rappellent toujours la destruction et le ravage ; les chambranles et les someses des portes qu'ils ont faites à leurs enceintes et à leurs

forte-

forteresses ne sont que des colonnes de granit, qu'ils n'ont pas même pris la peine de façonner à l'usage qu'ils leur ont donné ; elles paroissent n'être restées là que pour attester la magnificence et la grandeur des édifices dont elles sont les débris ; d'autres fois ils ont fait entrer cette immensité de colonnes dans la construction de leurs murailles, pour en redresser et niveler l'assise ; et comme elles ont résisté au temps, elles ressemblent maintenant à des batteries. Au reste ces constructions Arabes et Turques, ouvrages des besoins de la guerre, offrent une confusion d'époques et de différentes industries dont on ne voit peut-être nulle part ailleurs d'exemples plus frappants et plus rapprochés. Les Turcs sur-tout, ajoutant l'ineptie à la profanation, ont mêlé au granit non seulement la brique et la pierre calcaire, mais des madriers, et jusqu'à des planches, et de tous ces éléments, si peu analogues et si étrangement amalgamés, ont présenté l'assemblage monstrueux de la splendeur de l'industrie humaine, et de sa dégradation.

En revenant de la colonne vers la ville moderne, nous traversâmes celle des Arabes, ou celle qui étoit enceinte par leurs murs ; car ce n'est maintenant qu'un désert parsemé de quelques enclos, qui sont des jardins dans les mois de l'inondation, et qui dans les autres temps conservent plus ou moins d'arbres et de légumes en proportion de la grandeur de la citerne qu'ils renferment : cette citerne est le principe de leur existence ; si elle tarit, les jardins redeviennent des décombres et du sable.

A la porte de chacun de ces jardins, il y a des monuments d'une piété touchante ; ce sont des réservoirs d'eau que la pompe remplit toutes les fois qu'on la met en mouvement, et qui offrent au voyageur qui passe de quoi satisfaire le premier besoin dans ce climat brûlant, la soif.

On rencontre à chaque pas des regards de ces citernes qui se communiquent, et dont les soupiraux sont couronnés de la base ou du chapiteau d'une colonne antique creusée, et servant de margelle.

Il suffit, pour la fabrication d'une nouvelle citerne, de creuser et de revêtir des réservoirs à plusieurs étages, de faire ensuite une saignée, et de la prolonger jusqu'à ce qu'elle rencontre une autre excavation; dès-lors elle reçoit le bénéfice commun du débordement, qui remplit, par l'effet du niveau que cherchent les eaux, tout le vide qui lui est présenté. La grande piscine, ou conserve d'eau d'Alexandrie, est une des grandes antiquités du temps moyen de l'Egypte, et un des plus beaux monuments de ce genre, soit par sa grandeur, soit par l'intelligence de sa construction : quoiqu'une partie soit dégradée et que l'autre ait besoin de réparation, elle contient encore assez d'eau pour suffire à la consommation des hommes et des animaux pendant deux années. Nous arrivâmes le mois avant celui où elle alloit être renouvelée, et nous la trouvâmes très fraîche et très bonne.

Nous fumes attirés par une ruine rougeâtre, que les catholiques appellent la maison de Ste. Catherine la savante, celle qui épousa le petit Jésus, quatre cents ans après sa mort : la construction en est Romaine ; les canaux enduits de stalactites, annoncent que ce devoit être des thermes.

Nous vinmes ensuite à l'obélisque dit de Cléopâtre ; un autre, renversé à côté, indique qu'ils décoroient tous deux une des entrées du palais des Ptolomées, dont on voit encore des ruines à quelques pas de là. L'inspection de l'état actuel de ces obélisques, et les cassures, qui existoient lors même qu'ils ont été dressés dans cet endroit, prouvent qu'ils étoient déjà fragments à cette époque, et apportés de Memphis ou de la Haute Egypte. Ils pourroient facilement être embarqués, et devenir en France un trophée de la conquête, trophée très caractéristique, parce qu'ils sont à eux seuls un monument, et que les hiéroglyphes dont ils sont couverts doivent les rendre préférables à la colonne de Pompée, qui n'est qu'une colonne un peu plus grande que celles qu'on trouve partout. On a depuis fouillé la base de cet obélisque, et l'on a trouvé qu'il posoit sur une dale : les piédestaux,

F

destaux, qu'on a toujours ajoutés en Europe à cette espece de monument, sont un ornement qui en change le caractere. Le trait que j'en ai donné, fait connoître l'état de cet obélisque depuis la fouille.

Je fis un dessin pittoresque de ces deux obélisques, ainsi que des paysages et monuments qui les avoisinent : en observant le monument Sarrasin qui est auprès, je trouvai que le soubassement appartenoit à un édifice Grec ou Romain; on y distingue encore des chapiteaux de colonnes engagées, d'ordre Dorique, dont les fûts vont se perdre au-dessous du niveau de la mer. Strabon a dit que les bases du palais de Ptolomée étoient battues par les vagues : ces débris pourroient tout à la fois attester la vérité du rapport de Strabon et donner le gisement de ce palais.

En revenant au fond du port par le bord de la mer, on trouve des débris de fabriques de tous les temps, également maltraités par la vague et par les siecles. On y distingue des restes de bains, dont il existe encore plusieurs chambres, fabriquées postérieurement dans des murailles plus anciennes. Ces fabriques me parurent Arabes; et pour les conserver, on a fait une espece de pilotis en colonnes, qui ressemblent maintenant à des batteries rasantes; leur nombre immense prouve combien étoient magnifiques les palais qu'elles ont décorés. Lorsqu'on a dépassé le fond du port, on trouve de grandes fabriques Sarrasines, qui ont quelques détails de magnificence et d'un mélange de goût qui embarrasse l'observateur : des frises, ornées de triglyphes Doriques, surmontées de voûtes à ogives, doivent faire croire que ces fabriques ont été construites de fragments antiques que les Sarrasins ont mêlés au goût de leur architecture. Les portes de ces édifices peuvent donner la mesure de l'indestructibilité du bois de sicomore, qui est resté dans son entier, tandis que le fer dont elles étoient revêtues a cédé au temps et a disparu entierement. Derriere cette espece de forteresse sont des thermes Arabes, décorés de toutes sortes de détails de

magnificence : nos soldats, qui les avoient trouvés tout chauffés, s'y étoient établis pour faire la lessive, et en avoient suspendu l'usage. Je renvoie donc à un autre moment la description des bains de cette espece, et à celle qu'en a faite Savary, l'idée de volupté qu'on en doit prendre.

Auprès de ces bains est une des principales mosquées, autrefois une primitive église sous le nom de St. Athanase. Cet édifice, aussi délabré que magnifique, peut donner une idée de l'incurie des Turcs pour les objets dont ils sont le plus jaloux. Avant notre arrivée ils n'en laissoient pas approcher un chrétien, et préféroient y avoir une garde plutôt que d'en raccommoder les portes : dans l'état où nous les avons trouvées, elles ne pouvoient ni fermer ni rouler sur leurs gonds.

Au milieu de la cour de cette mosquée, un petit temple octogone renferme une cuve de breche Egyptienne d'une beauté incomparable, soit par sa nature, soit par les innombrables figures hiéroglyphiques dont elle est couverte en-dedans comme en-dehors ; ce monument, qui est sans doute un sarcophage de l'antique Egypte, sera peut-être illustré par des volumes de dissertations. Il eût fallu un mois pour en dessiner les détails ; je n'eus que le temps d'en prendre la forme générale ; et je dois ajouter qu'il peut être regardé comme un des morceaux les plus précieux de l'antiquité, et une des premieres dépouilles de l'Egypte, dont il seroit à désirer que nous pussions enrichir un de nos musées. Mon enthousiasme fut partagé par Dolomieux lorsque nous découvrimes ensemble ce précieux monument.

Ce fut des galeries des minarets de cette mosquée que je fis un dessin où l'on voit à vol d'oiseau tout le développement du port neuf. Tout près de la mosquée sont trois colonnes debout, dont aucun voyageur n'a parlé. Il seroit intéressant de fouiller à leur base : au fini du travail de ces colonnes on peut juger qu'elles ont fait partie de quelques monuments antiques ; mais leur espacement exagéré doit faire penser qu'elles ne sont pas placées

à leur

à leur destination primitive : quoi qu'il en soit, elles sont les restes d'un grand et magnifique édifice.

Nous allâmes de là jusqu'à la porte de Rosette, qui est fortifiée, et où s'étoient défendus les Turcs lors de notre arrivée. Un grouppe de maisons y forme une espèce de bourg, qui laisse un espace vide d'une demi-lieue entre cette partie de la ville et celle qui avoisine les ports. Toutes les horreurs de la guerre existoient encore dans ce quartier. J'y fis une rencontre qui m'offroit le plus frappant de tous les contrastes : une jeune femme, blanche et d'un coloris de roses, au milieu des morts et des débris, étoit assise sur un catalecte encore tout sanglant; c'étoit l'image de l'ange de la résurrection : lorsqu'attiré par un sentiment de compassion je lui témoignai ma surprise de la trouver si isolée, elle me répondit avec une douce ingénuité qu'elle attendoit son mari pour aller coucher dans le désert; ce n'étoit encore qu'un mot pour elle, elle y alloit coucher comme à un autre gîte. On peut juger par-là du sort qui attendoit les femmes auxquelles l'amour avoit donné le courage de suivre leurs maris dans cette expédition.

*Marche de l'Armée, d'Alexandrie sur le Caire.—Trait de Jalousie.—Mirage.—Combat de Chebreise.*

LA plupart des divisions, en descendant du navire, n'avoient fait que traverser Alexandrie pour aller camper dans le désert. Il fallut s'occuper aussi d'abandonner Alexandrie, ce point si important dans l'histoire, où les monuments de toutes les époques, où les débris des arts de tant de nations sont entassés pêle-mêle, et où les ravages des guerres, des siecles,

et

et d'un climat humide et salin, ont apporté plus de changement et de destruction qu'en aucune autre partie de l'Egypte.

Bonaparte, qui s'étoit emparé d'Alexandrie avec la même rapidité que St. Louis avoit pris Damiette, n'y commit pas la même faute : sans donner le temps à l'ennemi de se reconnoître, et à ses troupes celui de voir la pénurie d'Alexandrie et son âpre territoire, il fit mettre en marche les divisions à mesure qu'elles débarquoient, et, sans leur laisser le temps de prendre des renseignements sur les lieux qu'elles alloient occuper. Un officier, entre autres, disoit à sa troupe au moment du départ : Mes amis, vous allez coucher à Béda; vous entendez : à Béda; cela n'est pas plus difficile que cela : marchons, mes amis, et les soldats marcherent. Il est sans doute difficile de citer un trait plus frappant de naïveté d'une part et de confiance de l'autre : c'est avec ce courage insouciant qu'on entreprend ce que d'autres n'osent projeter, et qu'on exécute ce qui paroît inconcevable. Plus curieux qu'étonnés ils arrivent à Béda, qu'ils devoient croire un village bâti, peuplé comme les nôtres ; ils n'y trouvent qu'un puits comblé de pierres, au travers desquelles distilloit un peu d'eau saumâtre et bourbeuse ; puisée avec des gobelets, elle leur fut distribuée, comme de l'eau-de-vie, à petite ration. Voilà la premiere étape de nos troupes dans une autre partie du monde, séparés de leur patrie par des mers couvertes d'ennemis, et par des déserts mille fois plus redoutables encore ; et cependant cette étrange position ne flétrit ni leur courage ni leur gaieté.

Si l'on veut avoir la mesure du despotisme domestique des orientaux, si l'on ne craint pas de frémir de l'atrocité de la jalousie, quand elle a pour appui un préjugé reçu, et quand la religion absout de ses emportements, qu'on lise l'anecdote suivante.

Le second jour de marche de nos troupes au départ d'Alexandrie, quelques soldats rencontrerent, près de Béda, dans le désert, une jeune femme

le

le visage ensanglanté ; elle tenoit d'une main un enfant en bas âge, et l'autre main égarée alloit à la rencontre de l'objet qui pouvoit la frapper ou la guider. Leur curiosité est excitée ; ils appellent leur guide, qui leur servoit en même temps d'interprete ; ils approchent, ils entendent les soupirs d'un être auquel on a arraché l'organe des larmes ; une jeune femme, un enfant au milieu d'un désert ! Etonnés, curieux, ils questionnent : ils apprennent que le spectacle affreux qu'ils ont sous les yeux est la suite et l'effet d'une fureur jalouse : ce ne sont pas des murmures que la victime ose exprimer, mais des prieres pour l'innocent qui partage son malheur, et qui va périr de misere et de faim. Nos soldats, émus de pitié, lui donnent aussitôt une part de leur ration, oubliant leur besoin près d'un besoin plus pressant ; ils se privent d'une eau rare dont ils vont manquer tout-à-fait, lorsqu'ils voient arriver un furieux, qui de loin repaissant ses regards du spectacle de sa vengeance, suivoit de l'œil ces victimes ; il accourt arracher des mains de cette femme ce pain, cette eau, cette derniere source de vie que la compassion vient d'accorder au malheur : Arrêtez ! s'écrie-t-il ; elle a manqué à son honneur, elle a flétri le mien ; cet enfant est mon opprobre, il est le fils du crime. Nos soldats veulent s'opposer à ce qu'il la prive du secours qu'ils viennent de lui donner ; sa jalousie s'irrite de ce que l'objet de sa fureur devient encore celui de l'attendrissement ; il tire un poignard, frappe la femme d'un coup mortel ; saisit l'enfant, l'enleve, et l'écrase sur le sol ; puis, stupidement farouche, il reste immobile, regarde fixement ceux qui l'environnent, et brave leur vengeance.

Je me suis informé s'il y avoit des lois répressives contre un abus d'autorité aussi atroce ; on m'a dit qu'il avoit *mal fait* de la poignarder, parceque si Dieu n'avoit pas voulu qu'elle mourût, au bout de quarante jours on auroit pu recevoir la malheureuse dans une maison, et la nourrir par charité.

La division Kléber, commandée par Dugua, avoit pris la route de
Rosette

Rosette pour protéger la flotille qui étoit entrée dans le Nil. L'armée acheva de se mettre en marche, les 6 et 7 Juin, par Birket et Demenhour : les Arabes en attaquent les avant-postes, en harcellent le reste ; la mort devient la peine du traîneur. Desaix est au moment d'être pris pour être resté cinquante pas derriere la colonne ; Le Mireur, officier distingué, et qui, par l'effet d'une distraction mélancolique, n'avoit pas répondu à l'invitation qu'on lui avoit faite de se rapprocher, est assassiné à cent pas des avant-postes ; l'adjudant-général Galois est tué en portant un ordre du général en chef ; l'adjudant Delanau est fait prisonnier à quelques pas de l'armée en traversant un ravin : on met un prix à sa rançon ; les Arabes s'en disputent le partage, et, pour terminer le différent, brûlent la cervelle à cet intéressant jeune homme.

Les Mamelouks étoient venus au-devant de l'armée Françoise : la premiere fois qu'elle les vit ce fut près de Demenhour ; ils ne firent que la reconnoître, et cette apparition, ainsi que le combat insignifiant de Chebreise, donna leur mesure à nos soldats, et leur ôta cette émotion incertaine qui tient de la terreur, et que donne toujours un ennemi inconnu. De leur côté, n'ayant vu dans notre armée que de l'infanterie, sorte d'arme pour laquelle ils avoient un souverain mépris, ils emporterent la certitude d'une victoire aisée, et ne tourmenterent plus notre marche, déjà assez pénible par sa longueur, par l'ardeur du climat, et les souffrances de la soif et de la faim, auxquelles il faut encore ajouter les tourments d'un espoir toujours trompé et toujours renaissant ; en effet c'étoit sur des tas de blé que nos soldats manquoient de pain, et avec l'image d'un vaste lac devant les yeux qu'ils étoient dévorés par la soif. Ce supplice d'un nouveau genre a besoin d'être expliqué, puisqu'il est l'effet d'une illusion qui n'a lieu que dans ces contrées : elle est produite par le *mirage* des objets saillants sur les rayons obliques du soleil réfractés par l'ardeur de la terre
embrâsée ;

embrâsée ; ce phénomene offre tellement l'image de l'eau, qu'on y est trompé la dixieme fois comme la premiere ; il attise une soif d'autant plus ardente que l'instant où il se manifeste est le plus chaud du jour. J'ai pensé qu'un dessin n'en donneroit pas l'idée, puisqu'il ne pourroit jamais être que la représentation d'une ressemblance ; mais, pour y suppléer, il faut lire un rapport fait à l'institut du Caire, et inséré dans les mémoires imprimés par Didot l'aîné, dans lequel le citoyen Monge a décrit et analysé ce phénomene avec la sagacité et l'érudition qui caractérisent ce savant.

Les villages étoient désertés à l'approche de l'armée, et les habitants en emportoient tout ce qui auroit pu l'alimenter.

Les pasteques furent le premier soulagement que le sol de l'Egypte offrit à nos soldats, et ce fruit fut consacré dans leur mémoire par la reconnoissance. En arrivant au Nil ils s'y jeterent tout habillés pour se désaltérer par tous les pores.

Lorsque l'armée eut dépassé Rahmanieh, ses marches sur les bords du fleuve devinrent moins pénibles. Nous ne la suivrons pas dans toutes ses stations ; nous dirons seulement que le 20 Juillet elle vint coucher à Amm-el-Dinar ; elle en partit le lendemain avant le jour ; après douze heures de marche elle se trouva près Embabey, où les Mamelouks étoient rassemblés ; ils y avoient un camp retranché, entouré d'un mauvais fossé, défendu par trente-huit pieces de canon.

### Bataille des Pyramides.

Dès qu'on eut découvert les ennemis, l'armée se forma : lorsque Bonaparte eut donné ses derniers ordres, il dit, en montrant les pyramides :
Allez,

Allez, et pensez que du haut de ces monuments quarante siecles nous observent... Desaix, qui commandoit l'avant-garde, avoit dépassé le village ; Reynier suivoit à sa gauche ; Dugua, Vial et Bon, toujours à gauche, formoient de demi-cercle en se rapprochant du Nil. Mourat-bey, qui vint nous reconnoître, et qui ne vit point de cavalerie, dit qu'il alloit nous tailler comme *des citrouilles* (ce fut son expression) : en conséquence le corps le plus considérable des Mamelouks, qui étoit en avant d'Embabey, s'ébranla, et vint charger la division Dugua avec une rapidité qui lui avoit à peine laissé le temps de se former ; elle les reçut avec un feu d'artillerie qui les arrêta ; et par un *à gauche* ils allerent tomber jusque sur les baïonnettes de la division Desaix ; un feu de file nourri et soutenu produisit une seconde surprise : ils furent un moment sans détermination ; puis, tout-à-coup voulant tourner la division, ils passerent entre celle de Reynier et celle de Desaix, et reçurent le feu croisé de toutes deux ; ce qui commença leur déroute. N'ayant plus de projet, une partie retourna sur Embabey, l'autre alla se retrancher dans un parc planté de palmiers, qui se trouvoit à l'occident des deux divisions, et d'où on les envoya déloger par des tirailleurs ; ils prirent alors la route du désert des pyramides. Ce furent eux qui dans la suite nous disputerent la haute Egypte. Pendant ce temps les autres divisions, en s'approchant du village, se trouvoient dans le cas d'être endommagées par l'artillerie du camp retranché : on résolut de l'attaquer ; il fut formé deux bataillons, tirés de la division Bon et Menou, et commandés par les généraux Rampon et Marmont, pour marcher sur le village, et le tourner à l'aide du fossé : le bataillon Rampon leur paroît facile à envelopper et à détruire ; il est attaqué par ce qui restoit de Mamelouks dans le camp. Ce fut là que le feu fut le plus vif et le plus meurtrier ; ils ne concevoient pas notre résistance (ils ont dit depuis qu'ils nous avoient crus liés ensemble) : en effet la meilleure cavalerie de l'orient, peut-être du

G monde

monde entier, vint se rompre contre un petit corps hérissé de baïonnettes; il y en eut qui vinrent enflammer leur habit au feu de notre mousqueterie, et qui, blessés mortellement, brûlerent devant nos rangs. La déroute devint générale : ils voulurent retourner dans leur camp; nos soldats les y suivirent et y entrerent pêle-mêle avec eux; leurs canons furent pris ; toutes les divisions qui s'approchoient en entourant le village leur ôtoient tous moyens de retraite ; ils voulurent longer le Nil; un mur qui y arrivoit transversalement les arrêta et les refoula ; alors ils se jeterent dans le fleuve pour aller rejoindre le corps d'Ibrâhim-bey, qui étoit resté vis-à-vis pour couvrir le Caire : dès-lors ce ne fut plus un combat, mais un massacre ; l'ennemi sembloit défiler pour être fusillé, et n'échapper au feu de nos bataillons que pour devenir la proie des eaux. Au milieu de ce carnage, en levant les yeux, on pouvoit être frappé de ce contraste sublime qu'offroit le ciel pur de cet heureux climat : un petit nombre de François, sous la conduite d'un héros, venoit de conquérir une partie du monde ; un empire venoit de changer de maître ; l'orgueil des Mamelouks achevoit de se briser contre les baïonnettes de notre infanterie. Dans cette grande et terrible scene, qui devoit avoir de si importants résultats, la poussiere et la fumée troubloient à peine la partie la plus basse de l'atmosphere ; l'astre du jour roulant sur un vaste horizon achevoit paisiblement sa carriere ; sublime témoignage de cet ordre immuable de la nature qui obéit à d'éternels décrets dans ce calme silencieux qui la rend encore plus imposante. C'est ce que j'ai cherché à peindre dans le dessin que j'ai fait de ce moment.

La relation officielle du général Berthier, où les mouvements militaires sont circonstanciés de la maniere la plus lucide et la plus savante, servira encore d'explication au plan de cette bataille, plan qui doit acquérir un prix particulier par les corrections qu'a bien voulu y faire Bonaparte lui-même dans la disposition des corps, et la détermination de leurs mouvements.

### Tournée de l'Auteur dans le Delta.—Le Bogaze.—Rosette.

Le général Menou étoit resté blessé à Alexandrie : il devoit aller organiser le gouvernement à Rosette, et faire une tournée dans le Delta. Avant de se rendre au Caire, il m'avoit engagé à l'accompagner dans cette marche : je me décidai d'autant plus volontiers à faire ce voyage, que je pensois d'avance qu'il ne pouvoit être très intéressant qu'autant qu'on le feroit avant celui de la haute Egypte ; j'accompagnois d'ailleurs un homme aimable, instruit, et mon ami depuis long-temps.

Nous nous embarquâmes sur un aviso dans le port neuf d'Alexandrie ; nous manœuvrâmes tout le jour : mais nos capitaines, ne connoissant ni les courants, ni les brisants, ni les bas-fonds de ce port, après avoir évité la pointe du Diamant, penserent nous échouer au rocher du petit Pharillon, et nous ramenerent mouiller à l'entrée du port pour repartir le lendemain. Je fis le dessin du château, bâti dans l'isle Pharus, sur l'emplacement de ce fameux monument si utile et si magnifique, cette merveille du monde, qui, après avoir pris le nom de l'isle sur lequel il avoit été élevé, le transmit à tous les monuments de ce genre.

Nous repartimes le lendemain sous d'aussi mauvais auspices que la veille. A peine fûmes-nous à quelques lieues en mer, que le vent étant devenu très fort, le général Menou fut pris d'un vomissement convulsif qui pensa lui coûter la vie, en le faisant tomber de sa hauteur, la tête sur la culasse d'un canon. Aucun de nous ne pouvoit juger du danger de la large blessure qu'il s'étoit faite : il avoit perdu connoissance ; nous mîmes en délibération si on le conduiroit sur l'*Orient*, qui étoit mouillé avec la flotte à Aboukir, et vis-à-vis duquel nous nous trouvions dans le moment.

Nos marins croyoient que quelques heures nous suffiroient pour nous rendre dans le Nil : nous choisimes ce parti, qui devoit finir les angoisses du général. Malgré le tourment de notre situation et le roulis du bâtiment, je parvins à dessiner une petite vue qui donne une idée du mouillage de notre flotte devant Aboukir, de ce promontoire célebre autrefois par la ville de Canope et toutes ses voluptés, aujourd'hui si fameux par toutes les horreurs de la guerre. Quelques heures après nous nous trouvâmes, sans le savoir, à une des bouches du Nil, ce que nous reconnumes au tableau le plus désastreux que j'aie vu de ma vie. Les eaux du Nil repoussées par le vent élevoient à une hauteur immense des ondes qui étoient perpétuellement refoulées et brisées par le courant du fleuve avec un bruit épouvantable ; un de nos bâtiments qui venoit de faire naufrage, et que la vague achevoit de rompre, fut le seul indice que nous eûmes de la côte ; plusieurs autres avisos dans la même situation que nous, c'est-à-dire dans la même confusion, se rapprochoient pour se consulter, s'évitoient pour ne pas se briser, et ne pouvoient s'entendre que par des cris encore plus épouvantables. Il n'y avoit point de pilote côtier ; nous ne savions plus qu'aviser ; le général alloit toujours en empirant: nous imaginâmes d'aller reconnoître le bogaze ou la barre du fleuve ; le canot fut mis à la mer, et le chef de bataillon Bonnecarrere et moi nous nous y jetâmes comme nous pûmes. A peine eûmes-nous quitté notre bord que nous nous trouvâmes au milieu des abymes, sans voir autre chose que la cime recourbée des vagues qui de toutes parts menaçoient de nous engloutir ; à mille toises de l'aviso nous ne pouvions plus le rejoindre : le mal de mer commençoit à me tourmente ; il étoit question d'attendre d'une maniere indéfinie, et de passer ainsi la nuit. Je m'enveloppois de mon manteau pour ne plus rien voir de notre déplorable situation, lorsque nous passâmes sous les eaux d'une felouque, où j'apperçus un malheureux qui, en descendant dans une

embar-

embarcation, étoit resté suspendu à une corde ; fatigué des efforts qu'il faisoit pour se soutenir dans cette périlleuse position, ses bras s'alongeoient, et le laissoient aller dans ceux de la mort, que je voyois ouverts pour le recevoir. J'éprouvai à ce spectacle une telle révolution que mes évanouissements cesserent : je ne criois pas, je hurlois ; les matelots mêloient leurs cris aux miens : ils furent enfin entendus de ceux du bâtiment ; d'abord on ne savoit ce que nous voulions ; on chercha de tous côtés avant de venir au secours du malheureux dont les dernieres forces expiroient ; on le découvre à la fin . . . . on eût encore le temps de le sauver.

Le moment que nous avoit fait perdre cet événement, et les efforts que nous avions faits pour nous tenir au vent en cas que cet homme tombât à la mer, nous avoient fait prendre assez de hauteur pour regagner notre aviso ; nous l'escaladâmes assez heureusement, et nous nous retrouvâmes au même point d'où nous étions partis sans savoir plus que tenter. Le vent se calma un peu, mais la mer resta grosse : la nuit vint ; elle fut moins orageuse.

Le général étoit trop mal pour prendre lui-même une résolution : nous tinmes de nouveau conseil, et nous résolumes de le mettre de notre mieux dans le canot, pensant que le bâtiment naufragé et les brisants nous serviroient de guide, et qu'en les évitant également nous entrerions dans le Nil : cela nous réussit ; au bout d'une heure de navigation nous nous trouvâmes à l'angle de la côte, et tournant tout-à-coup à droite, nous voguâmes dans le plus paisible lit du plus doux de tous les fleuves, et une demi-heure après au milieu du plus frais et du plus verdoyant de tous les pays : c'étoit exactement sortir du Ténare pour entrer par le Léthé dans les Champs-Elysées. Ceci étoit encore plus vrai pour le général, qui étoit déjà sur son séant, et ne nous laissoit d'inquiétude que sur la profondeur de sa blessure, qu'aucun de nous n'avoit osé sonder.

Nous

Nous trouvâmes bientôt à notre droite un fort, et à notre gauche une batterie, qui, autrefois construite pour défendre l'embouchure du Nil, en est maintenant à une lieue ; ce qui pourroit donner la mesure de la progression de l'alluvion du fleuve. En effet, la construction de ces forts ne remonte pas au-delà de l'invention de la poudre, et ils n'ont par conséquent pas plus de trois cents ans. Je fis rapidement deux dessins de ces deux points.

Le premier, à l'ouest du fleuve, présente un château carré, flanqué de grosses tours aux angles, avec des batteries dans lesquelles étoient des canons de vingt-cinq pieds de longueur; le second n'est plus qu'une mosquée, devant laquelle étoit une batterie ruinée, dont un canon, du calibre de vingt-huit pouces, ne servoit plus qu'à procurer d'heureux accouchements aux femmes lorsqu'elles venoient l'enjamber pendant leur grossesse.

Une heure après, nous découvrimes, au milieu des forêts de dattiers, de bananiers, et de sycomores, Rosette, placée sur les bords du Nil, qui sans les dégrader, baigne tous les ans les murailles de ses maisons. J'en fis la vue avant d'y aborder.

Rascid, que les Francs ont nommé Rosette, ou Rosset, a été bâtie sur la branche et près de la bouche Bolbitine, non loin des ruines d'une ville de ce nom, qui devoit être située à un coude du fleuve, où est à présent le couvent d'Abou-Mandour, à une demi-lieue de Rosette : ce qui pourroit appuyer cette opinion, ce sont les hauteurs qui dominent ce couvent, et qui doivent avoir été formées par des atterrissements ; ce sont encore quelques colonnes et autres antiquités trouvées en faisant, il y a une vingtaine d'années, des réparations à ce couvent.

Léon d'Afrique dit que Rascid fut bâtie par un gouverneur d'Egypte, sous le regne des califes ; mais il ne dit ni le nom du calife, ni l'époque de la fondation.

Rosette n'offre aucun monument curieux. Son ancienne circonvalla-

tion

Vue d'Abou-Mandour, d'après Sonnini. Pa. 46.

A. Couvent d'Abou-Mandour. B. Bateaux du pays. C. Le Delta. D. Village. E. Bois de Dattiers.

tion annonce qu'elle a été plus grande qu'elle n'est à présent ; on reconnoît sa premiere enceinte aux buttes de sables qui la couvrent de l'ouest au sud, et qui n'ont été formées que par les murailles et les tours qui servent aujourd'hui de noyaux à ces atterrissements. Ainsi qu'à Alexandrie, la population de cette ville va toujours en décroissant. On y bâtit peu, et ce qui s'y construit ne se fait plus que des vieilles briques des édifices qui tombent en ruine, faute d'habitants et de réparations. Les maisons, mieux bâties en général que celles d'Alexandrie, sont cependant si frêles encore, que, si elles n'étoient épargnées par le climat qui ne détruit rien, il n'existeroit bientôt plus une maison à Rosette ; les étages, qui vont toujours en avançant l'un sur l'autre, finissent presque par se toucher ; ce qui rend les rues fort obscures et fort tristes. Les habitations qui sont le long du Nil n'ont pas cet inconvénient ; elles appartiennent pour la plupart aux négociants étrangers. Cette partie de la ville seroit d'un embellissement facile ; il n'y auroit qu'à construire sur la rive du fleuve un quai alternativement rampant et revêtu : les maisons, outre l'avantage d'avoir vue sur la navigation, ont encore l'aspect riant des rives du Delta, isle qui n'est qu'un jardin d'une lieue d'étendue.

Cette isle devint d'abord notre propriété, notre promenade, et enfin le parc où nous nous donnions le plaisir de la chasse ; lequel étoit doublé par celui de la curiosité, puisque chaque oiseau que nous tuions étoit une nouvelle connoissance.

Je pus remarquer que les habitants de la rive gauche du Nil, c'est-àdire les habitants du Delta, étoient plus doux et plus sociables : je crois qu'il faut en attribuer la cause à plus d'abondance, et à l'absence des Arabes Bédouins, qui, ne traversant jamais le fleuve, les laissent dans un état de paix que les autres n'éprouvent dans aucun moment de leur vie.

*Arabes*

*Arabes cultivateurs.—Arabes Bédouins.*

En observant les causes on est presque toujours moins porté à se plaindre des effets. Peut-on reprocher aux Arabes cultivateurs d'être sombres, défiants, avares, sans soins, sans prévoyance pour l'avenir, lorsque l'on pense qu'outre la vexation du possesseur du sol qu'ils cultivent, de l'avide bey, du cheikh, des Mamelouks, un ennemi errant, toujours armé, guette sans cesse l'instant de lui enlever tout ce qu'il oseroit montrer de superflu ? L'argent qu'il peut cacher, et qui représente toutes les jouissances, dont il se prive, est donc tout ce qu'il peut croire véritablement à lui ; aussi l'art de l'enfouir est-il sa principale étude : les entrailles de la terre ne le rassurent pas : des décombres, des haillons, toute la livrée de la misere, c'est en ne présentant que ces tristes objets aux regards de ses maîtres qu'il espere soustraire ce métal à leur avidité ; il lui importe d'inspirer la pitié : me pas le plaindre, ce seroit le dénoncer ; inquiet en amassant ce dangereux argent, troublé quand il le possede, sa vie se passe entre le malheur de n'en point avoir, ou la terreur de se le voir ravir.

Nous avions à la vérité chassé les Mamelouks ; mais, à notre arrivée, éprouvant toutes sortes de besoins, en les chassant, ne les avions-nous pas remplacés ? et ces Arabes Bédouins, mal armés, sans résistance, n'ayant pour rempart que des sables mouvants, de ligne que l'espace, de retraite que l'immensité, qui pourra les vaincre ou les contenir ? Tâcherons-nous de les séduire en leur offrant des terres à cultiver ? mais les paysans d'Europe qui deviennent chasseurs cessent sans retour de travailler la terre ; et le Bédouin est le chasseur primitif ; la paresse et l'indépendance sont les bases de son caractere ; et pour satisfaire et défendre l'un et l'autre, il

s'agite

s'agite sans cesse, et se laisse assiéger et tyranniser par le besoin. Nous ne pouvons donc rien proposer aux Bédouins qui puisse équivaloir à l'avantage de nous voler; et ce calcul est toujours la base de leurs traités.

L'envie, fléau dont n'est pas exempt le séjour même du besoin, plane encore sur les sables brûlants du désert. Les Bédouins guerroient avec tous les peuples de l'univers, ne haïssent et ne portent envie qu'aux Bédouins qui ne sont pas de leur horde; ils s'engagent dans toutes les guerres, ils se mettent en mouvement dès qu'une querelle intérieure ou un ennemi étranger vient troubler le repos de l'Egypte; et, sans s'attacher à l'un ou à l'autre des partis, ils profitent de leur querelle pour les piller tous deux. Lorsque nous descendîmes en Afrique, ils se mêloient parmi nous, enlevoient nos traîneurs, et eussent pillé les Alexandrins, s'ils fussent venus se faire battre hors de leurs murailles. Là où est le butin, là est l'ennemi des Bédouins: toujours prêts à traiter, parce qu'il y a des présents attachés aux stipulations; ils ne connoissent d'engagement que la nécessité. Leur cruauté n'a cependant rien d'atroce: les prisonniers qu'ils nous ont faits, en retraçant les maux qu'ils avoient soufferts dans leur captivité, les consideroient plutôt comme une suite de la maniere de vivre de cette nation que comme un résultat de la barbarie; des officiers, qui avoient été leurs prisonniers, m'ont dit que le travail qu'on avoit exigé d'eux n'avoit rien eu d'excessif ni de cruel; ils obéissoient aux femmes, chargeoient et conduisoient les ânes et les chameaux; il falloit à la vérité camper et décamper à tout moment; tout le ménage étoit plié, et l'on étoit en route dans un quart-d'heure au plus: au reste ce ménage consistoit en un moulin à bled et à café, une plaque de fer pour cuire les galettes, une grande et une petite cafetiere, quelques outres, quelques sacs à grains, et la toile de la tente qui servoit d'enveloppe à tout cela. Une poignée de bled rôti, et douze dattes étoient la ration commune des jours de marche, et quelque peu d'eau, qui, vû sa rareté, avoit servi à tout avant que d'être bue ; mais ces officiers, n'ayant eu l'âme flétrie par aucun mauvais traitement, ils ne conservoient aucun souvenir amer d'une condition malheureuse qu'ils n'avoient fait que partager.

Sans préjugé de religion, sans culte extérieur, les Bédouins sont tolérants : quelques coutumes révérées leur servent de lois ; leurs principes ressemblent à des vertus qui suffisent à leurs associations partielles, et à leur gouvernement paternel.

Je dois citer un trait de leur hospitalité : un officier François étoit depuis plusieurs mois le prisonnier d'un chef d'Arabes ; son camp surpris la nuit par notre cavalerie, il n'eut que le temps de se sauver ; tentes, troupeaux, provisions, tout fut pris. Le lendemain, errant, isolé, sans ressource, il tire de ses habits un pain, et en donnant la moitié à son prisonnier, il lui dit : Je ne sais quand nous en mangerons d'autre ; mais on ne m'accusera point de n'avoir pas partagé le dernier avec l'ami que je me suis fait. Peut-on haïr un tel peuple, quelque farouche que d'ailleurs il puisse être ? et quel avantage lui donne sur nous cette sobriété comparée aux besoins que nous nous sommes faits ? comment persuader ou réduire de pareils hommes ? n'auront-ils pas toujours à nous reprocher de semer de riches moissons sur les tombeaux de leurs ancêtres ?

*Insurrections dans le Delta.—Incendie de Salmié.—Repas Egyptien.*

TANT que nous n'avions pas été maîtres du Caire, les habitants des bords du Nil, regardant notre existence comme très précaire en Egypte, s'étoient soumis en apparence à notre armée lors de son passage ; mais, ne

doutant

doutant point qu'elle ne se fondît bientôt devant leurs invincibles tyrans, ils s'étoient permis, soit pour qu'ils leur pardonnassent de s'être soumis, soit pour se livrer à leur esprit de rapine, de courir et de tirer sur les barques que nous envoyions à l'armée, et sur celles qui en revenoient : quelques bateaux furent obligés de rétrograder, après avoir reçu pendant plusieurs lieues de chemin des coups de fusil, notamment des habitants des villages de Metubis et Tfemi. On envoya contre eux un aviso et quelques troupes : j'étois de cette expédition ; les instructions étoient pacifiques ; nous acceptâmes leurs soumissions, et emmenâmes des otages. Je fis, pendant les pourparlers qu'exigea notre traité, les vues de Metubis et de Tfemi.

Quelques jours après, une autre barque partit pour le Caire : on n'entendit plus parler de ceux qui la montoient ; et ce ne fut que par les gens du pays que nous sûmes qu'ils avoient été attaqués au-delà de Fua ; qu'après avoir été tous blessés, leurs conducteurs s'étoient jetés à l'eau ; que, livrés au courant, ils avoient échoué ; qu'arrêtés et conduits à Salmie, ils y avoient été fusillés. Le général Menou se crut obligé de faire un grand exemple. Nous partimes donc avec deux cents hommes sur un demi-chebek et des barques ; nous mimes à terre à une demi-lieue de Salmie ; un détachement tourna le village, un autre suivit le bord du fleuve ; la troisieme division, qui devoit achever la circonvallation, étoit restée engravée à deux lieues au-dessous. Nous trouvâmes les ennemis à cheval, en bataille, devant le village ; ils nous attaquerent les premiers, et chargerent jusque sur les baïonnettes : les principaux ayant été tués à la premiere décharge, et se voyant entourés, ils furent bientôt en déroute ; la troisieme division, qui devoit fermer la retraite, n'étant point arrivée à temps, le cheikh et tous les combattants s'échapperent. Le village fut livré au pillage pendant le reste du jour, et au feu dès que la nuit fut venue : les flammes et des coups de canon tant que durerent les ténebres avertirent à dix lieues à la ronde que notre vengeance avoit été complete et terrible. J'en fis un dessin à la lueur de l'incendie.

Nous revinmes à Fua, où nous fumes reçus en vainqueurs qui savoient mettre des bornes à leurs vengeances : tous les cheikhs de la province avoient été convoqués, et s'étoient assemblés ; ils entendirent avec respect et résignation le manifeste qui leur fut lu concernant l'expédition, et les bases sur lesquelles alloit s'établir la nouvelle organisation de Salmie. On nomma un ancien cheikh à la place de celui que les François venoient de déposséder et de proscrire ; il fut envoyé pour rassembler les habitants épars, et amener une députation, qui arriva le troisieme jour. Le détachement qui avoit conduit le vieux cheikh avoit été reçu avec acclamation. Les députés nous dirent en arrivant qu'ils avoient reconnu la paternité dans la main qui s'étoit appesantie sur eux ; qu'ils voyoient bien que nous ne leur voulions point de mal, puisque nous n'avions tué que neuf coupables, et brûlé que le quart du village : ils ajouterent que le feu étoit éteint, que la maison du cheikh émigré étoit détruite, et qu'ils avoient offert le reste des poules et des oies aux soldats qui étoient venus terminer les remords qui les tourmentoient depuis trois semaines.

Nous établimes une poste ordinaire à Salmie d'accord avec les arrondissements avoisinants, et nous achevâmes notre expédition par une tournée du département. Dans chaque village nous étions reçus d'une maniere plus que féodale ; c'étoit le principal personnage du pays qui nous recevoit, et faisoit payer notre dépense aux habitants. Il falloit connoître les abus avant d'y remédier ; séduits d'ailleurs par la facilité que le hasard nous offroit d'observer les coutumes d'un pays dont nous allions changer les mœurs, nous laissions faire encore pour cette fois.

Une maison publique, qui presque toujours avoit appartenu au Mamelouk, lóuk, ci-devant seigneur et maître du village, se trouvoit en un moment meublée, à la mode du pays, en nattes, tapis, et coussins ; un nombre de serviteurs apportoit d'abord de l'eau fraîche parfumée, des pipes et du café ; une demi-heure après, un tapis étoit étendu ; tout autour on formoit un bourlet de trois ou quatre especes de pain et de gâteaux, dont tout le centre étoit couvert de petits plats de fruits, de confitures, et de laitage, la plupart assez bons, sur-tout très parfumés. On sembloit ne faire que goûter de tout cela ; effectivement en quelques minutes ce repas étoit fini : mais deux heures après le même tapis étoit couvert de nouveau d'autres pains et d'immenses plats de riz au bouillon gras et au lait, de demi-moutons mal rôtis, de grands quartiers de veaux, des têtes bouillies de tous ces animaux, et de soixante autres plats tous entassés les uns sur les autres : c'étoient des ragoûts aromatisés, herbes, gelées, confitures, et miel non préparé. Point de siéges, point d'assiettes, point de cuillers ni de fourchettes, point de gobelets ni de serviettes ; à genoux sur ses talons, on prend le riz avec les doigts, on arrache la viande avec ses ongles, on trempe le pain dans les ragoûts, et on s'en essuie les mains et les levres ; on boit de l'eau au pot : celui qui fait les honneurs boit toujours le premier ; il goûte de même le premier de tous les plats, moins pour vous prouver que vous ne devez pas le soupçonner que pour vous faire voir combien il est occupé de votre sûreté, et le cas qu'il fait de votre personne. On ne vous présente une serviette qu'après le dîner, lorsqu'on apporte à laver les mains ; ensuite l'eau de rose est versée sur toute la personne ; puis la pipe et le café.

 Lorsque nous avions mangé, les gens du second ordre du pays venoient nous remplacer, et étoient eux-mêmes très rapidement relevés par d'autres : par principe de religion un pauvre mendiant étoit admis, ensuite les serviteurs, enfin tous ceux qui vouloient, jusqu'à ce que tout fût mangé. S'il manque à ces repas de la commodité et cette élégance qui aiguillonne
l'appétit,

l'appétit, on peut en admirer l'abondance, l'abandon hospitalier, et la frugalité des convives, que le nombre des plats ne retient jamais plus de dix minutes à table.

### Bataille Navale d'Aboukir.

Le 1er d'Août, au matin, nous étions maîtres de l'Egypte, de Corfou, de Malte; treize vaisseaux de ligne rendoient cette possession contiguë à la France, et n'en faisoient qu'un empire. L'Angleterre ne croisoit dans la Méditerranée qu'avec des flottes nombreuses qui ne pouvoient s'approvisionner qu'avec des embarras et des dépenses immenses.

Bonaparte, sentant tout l'avantage de cette position, vouloit, pour le conserver, que notre flotte entrât dans le port d'Alexandrie; il avoit promis deux mille sequins à celui qui en donneroit le moyen : des capitaines de bâtimens marchands avoient, dit-on, trouvé une passe dans le port vieux; mais le mauvais génie de la France conseilla et persuada à l'amiral de s'embosser à Aboukir, et de changer en un jour le résultat d'une longue suite de succès.

Le 1er, après-midi, le hasard nous avoit conduits à Abou-Mandour, couvent dont j'ai déja parlé, et qui, depuis Rosette, est le terme d'une jolie promenade sur le bord du fleuve : arrivés à la tour qui domine le monastere, nous appercevons vingt voiles ; arriver, se mettre en ligne, et attaquer, fut l'affaire d'un moment. Le premier coup de canon se fit entendre à cinq heures ; bientôt la fumée nous déroba les mouvemens des deux armées ; mais à la nuit nous pûmes distinguer un peu mieux, sans pouvoir cependant nous rendre compte de ce qui se passoit. Le danger que nous courions d'être enlevés par le plus petit corps de Bédouins ne put nous

distraire

distraire de l'avide attention qu'excitoit en nous un événement d'un si grand intérêt. Le feu roulant et redoublé étoit perpétuel ; nous ne pouvions douter que le combat ne fût terrible, et soutenu avec une égale opiniâtreté. De retour à Rosette, nous montâmes sur les toits de nos maisons ; vers dix heures, une grande clarté nous indiqua un incendie ; quelques minutes après une explosion épouvantable fut suivie d'un silence profond : nous avions vu tirer de gauche à droite sur l'objet enflammé, et, par suite de raisonnement, il nous sembloit que ce devoient être les nôtres qui avoient mis le feu ; le silence qui avoit succédé devoit être la suite de la retraite des Anglois, qui pouvoient seuls continuer ou cesser le combat, puisque seuls ils disposoient de la liberté de l'espace. A onze heures un feu lent recommença : à minuit le combat étoit de nouveau engagé ; il cessa à deux heures du matin : à la pointe du jour j'étois aux postes avancés, et, dix minutes après, la canonnade fut rétablie ; à neuf heures un autre vaisseau sauta ; à dix heures quatre bâtiments, les seuls restés entiers, et que nous reconnumes François, traverserent à toutes voiles le champ de bataille, dont ils nous paroissoient maîtres, puisqu'ils n'étoient ni attaqués ni suivis. Tel étoit le fantôme produit par l'enthousiasme de l'espérance.

Je passois ma vie à la tour d'Abou-Mandour ; j'y comptois vingt-cinq bâtiments, dont la moitié n'étoit plus que des cadavres mutilés, et dont le reste se trouvoit dans l'impossibilité de manœuvrer pour les secourir : trois jours nous restâmes dans cette cruelle incertitude. La lunette à la main j'avois dessiné les désastres, pour me rendre compte si le lendemain n'y apporteroit aucun changement : nous repoussions l'évidence avec la main de l'illusion ; mais le bogaze fermé, mais la communication d'Alexandrie interceptée, nous apprirent que notre existence étoit changée ; que, séparés de la métropole, nous étions devenus colonies, obligés jusqu'à la paix d'exister de nos moyens : nous apprimes enfin que la flotte Angloise avoit

doublé

doublé notre ligne, qui n'avoit point été assez solidement appuyée contre l'isle qui devoit la défendre; que les ennemis, prenant par une double ligne nos vaisseaux l'un après l'autre, cette manœuvre, qui invalidoit l'ensemble de nos forces, en avoit rendu la moitié spectatrice de la destruction de l'autre; que c'étoit l'*Orient* qui avoit sauté à dix heures; que c'étoit l'*Hercule* qui avoit sauté le lendemain; que ceux qui commandoient les vaisseaux le *Guillaume Tell* et le *Généreux*, et les frégates la *Diane* et la *Justice*, voyant les autres au pouvoir de l'ennemi, avoient profité du moment de sa lassitude pour échapper à ses coups réunis. Nous apprimes enfin que le 1er Août avoit rompu ce bel ensemble de nos forces et de notre gloire; que notre flotte détruite avoit rendu à nos ennemis l'empire de la Méditerranée, empire que leur avoient arraché les exploits inouïs de nos armées de terre, et que la seule existence de nos vaisseaux nous auroit conservé.

*Bogaze.—Alluvions du Nil.—Fournisseurs.—Tallien.— Correspondances interceptées, &c.*

NOTRE position avoit entierement changé: dans la possibilité d'être attaqués, nous fumes obligés à des préparatifs de défense; on fortifia l'entrée du Nil, on établit une batterie sur une des isles, on visita tous les points.

Dans une de nos reconnoissances nous retournâmes au bogaze ou barre du Nil: il étoit à cette époque presque à sa plus grande hauteur; et nous fumes dans le cas de voir les efforts de son poids contre les vagues de la mer, qui dans cette saison sont poussées douze heures de chaque jour par le vent de nord dans le sens opposé au cours du fleuve: il résulte de ce

combat

combat un bourrelet de sables, qui s'exhausse avec le temps, devient une isle qui partage le cours du fleuve, et lui forme deux bouches qui ont chacune leurs brisants ; le remoux de ces brisants rapporte au rivage une partie du sable que le courant avoit entraîné, et, par cette alluvion, les deux bouches se resserrent peu-à-peu jusqu'à ce que l'une d'elles l'emportant sur l'autre, la moins forte s'obstrue, devient terre ferme avec l'isle ; et à la bouche qui reste se reforme bientôt un autre bourrelet, une isle, deux bouches nouvelles, etc. etc. N'est-ce pas là comme on peut le plus naturellement rendre compte de l'antique géographie des bouches du Nil, expliquer le voyage de Ménélas dans Homere, le changement du Delta, dont l'emplacement a pu d'abord être un golfe, puis une plage, puis une terre cultivée, couverte de villes superbes et de riches moissons, coupée de canaux, qui, desséchant ou arrosant avec intelligence le sol, portoient l'abondance sur toute la surface de ce pays nouveau ? Puis, par le laps de temps, les fléaux des révolutions, et leurs résultats funestes, des points de desséchements se seront manifestés ; des parties auront été abandonnées, d'autres seront devenues salines ; des lacs se seront formés, détruits, et reproduits avec des formes nouvelles ; les canaux obstrués auront changé de cours, se seront perdus ; et aujourd'hui, dans nos recherches incertaines, nous demandons où étoient les bouches de Canope, de Bolbitine, de Bérénice, etc. etc.

Les premiers végétaux qui croissent sur les alluvions sont trois à quatre especes de soudes : les sables s'amoncellent contre ces plantes ; elles s'élevent de nouveau sur l'amoncellement : leur dépérissement est un engrais qui fait croître des joncs ; ces joncs élevent encore le sol et le consolident : le dattier paroît, qui, par son ombre, y conserve l'humidité, et acheve d'y apporter l'abondance, ainsi qu'on peut le voir aux environs du château de Racid, dont, au temps de Selim, le canon tiroit en mer, et qui maintenant

tenant se trouve à une lieue du rivage, entouré de forêts de palmiers, sous lesquels croissent d'autres arbres fruitiers, et tous les légumes de nos jardins les plus abondants.

Dans cette expédition je vis, à l'embouchure du fleuve, nombre de pélicans et de gerboises. En observant le château de Racid, je remarquai qu'il avoit été construit de membres d'anciens édifices ; qu'une partie des pierres des embrâsures de canon étoient de beaux grès de la Haute Egypte, couvertes encore d'hiéroglyphes. En visitant les souterrains, nous y trouvâmes une espece de magasin, composé d'armes abandonnées ; c'étoient des arbaletes, des arcs et fleches, avec des casques et des épées de la forme de celles des croisés. En fouillant ces magasins, nous délogeâmes des chauves-souris grosses comme des pigeons : nous en tuâmes plusieurs ; elles avoient toutes les formes de la roussette.

Depuis la perte de notre flotte, ce qu'il y avoit de troupes à Rosette avoit été disséminé en petites garnisons dans les châteaux et les batteries : on avoit été obligé d'établir une caravane d'Alexandrie à Rosette par Aboukir et le désert, pour entretenir la communication de ces deux villes : des soldats étoient employés à protéger ces caravanes contre les Arabes : il en restoit trop peu à Rosette pour le service de la place, et la défense en cas d'attaque ; il fut donc question de former une milice de ce qu'il y avoit de voyageurs, de spéculateurs, et d'hommes inutiles, incertains, errants, irrésolus, qui arrivoient d'Alexandrie, ou qui revenoient déjà du Caire : ces amphibies, corrompus par les campagnes d'Italie, ayant ouï parler des moissons Egyptiennes comme des plus abondantes de l'univers, avoient pensé que la prise de possession d'un tel pays étoit la fortune toute faite des préoccupants ; d'autres, curieux, blasés, l'esprit fasciné par les récits de Savary, étoient partis de Paris pour venir chercher de nouvelles voluptés au Caire ; d'autres, spéculateurs, pour fournir l'armée, pour

observer

observer, faire venir et vendre à haut prix ce qui pourroit manquer à la colonie; et cependant les beys avoient emporté tout ce qu'il y avoit d'argent et de magnificence au Caire; le peuple avoit achevé le pillage des maisons opulentes avant notre entrée dans cette ville; Bonaparte ne vouloit point de fournisseurs, et la flotte marchande se trouvoit bloquée par les Anglois: toutes ces circonstances jetoient un voile sombre sur l'Egypte pour tous ces voyageurs, étonnés de se trouver captifs, déçus de leurs projets, et obligés de concourir à la défense et à l'organisation d'un établissement qui ne devoit plus faire que la fortune et la gloire de la nation en général: ils écrivoient en France de tristes récits, que les Anglois interceptoient, et qui contribuoient à les tromper sur notre situation. Les Anglois se complaisoient à croire que nous mourions de faim, nous renvoyoient nos prisonniers, pour hâter l'époque de notre destruction, imprimoient dans leurs gazettes que la moitié de notre armée étoit à l'hôpital, que la moitié de l'autre moitié étoit obligée de conduire le reste qui étoit aveugle; tandis que cependant la Haute Egypte nous fournissoit en abondance le meilleur bled, et la Basse le plus beau riz; que le sucre du pays coûtoit la moitié moins qu'en France; que des troupeaux innombrables de buffles, bœufs, moutons, et chevres, tant des cultivateurs que des Arabes pasteurs, fournissoient abondamment à une consommation nouvelle au moment même de l'invasion, ce qui nous assuroit pour l'avenir abondance et superflu: tandis que, pour le luxe de nos tables, nous pouvions ajouter toutes especes de volailles, poissons, gibiers, légumes et fruits. Voilà cependant ce que l'Egypte offroit d'objets de première nécessité à ces détracteurs, à qui il falloit de l'or pour réparer l'abus qu'ils en avoient fait, et qui, n'en trouvant point, ne voyoient plus autour d'eux que des sables brûlants, un soleil perpétuel, des puces et des cousins, des chiens qui les empêchoient de dormir, des maris intraitables, des femmes voilées ne leur montrant que des gorges éternelles.

Mais abandonnons au vent cette nuée de papillons qui affluent toujours où brille une premiere lueur : voyons nos triomphes et la paix rouvrir la porte d'Alexandrie, y amener de sages et industrieux cultivateurs, d'utiles négociants, des colons enfin, qui, sans s'effrayer de ce que l'Afrique ne ressemble pas à l'Europe, observeront qu'en Egypte un homme, pour trois sous, peut avoir autant qu'il lui en faut pour un jour du meilleur riz du monde; qu'une partie des terres qui ont cessé d'être inondées peuvent être rendues à la culture par l'arrosement, que des moulins à vent feroient monter plus haut que les moulins à pots qu'on y emploie, et qui consomment tant de bœufs, occupent tant de bras ; que les isles du Nil et la plus grande partie du Delta n'attendent que des colons Américains pour produire les plus belles cannes à sucre sur un sol qui ne dévorera pas les hommes; en s'approchant du Caire et par-delà, ils verront qu'il n'y a qu'à améliorer pour rivaliser avec toutes les plantations d'indigo et de coton de toutes especes ; qu'en faisant une fortune sage et sûre, ils habiteront sous un ciel pur et sain, sur le bord d'un fleuve d'une espece presque miraculeuse, et dont on ne peut achever de nombrer les avantages : ils verront une colonie nouvelle avec des villes toutes bâties, des travailleurs adroits accoutumés à la peine et tout acclimatés, avec lesquels, en peu d'années, et à l'aide des canaux qui sont tous tracés, ils créeront de nouvelles provinces, dont l'abondance future n'est pas problématique, puisque l'industrie moderne ne fera que leur rendre leur ancienne splendeur.

A l'égard de nos soldats insouciants, ils se moquerent de nos marins qui avoient été battus : imaginerent que Mourat-bey avoit un chameau blanc chargé d'or et de diamants ; et il ne fut plus question que de Mourat-bey et de son chameau blanc. Pour moi, j'avois

à

à voir la Haute Egypte, et j'ajournai à penser sur notre situation jusqu'à ce que mon voyage fût fini.

*Voyage de Rosette à Alexandrie par Terre.—Caravane.—Plage d'Aboukir, vue après la Bataille navale.—Ruines de Canope.*

Notre tournée dans le Delta se retardoit par les affaires qui survenoient au général Menou : je résolus d'employer ce retard à revenir sur mes pas refaire par terre la partie dont je n'avois apperçu que les côtes en venant d'Alexandrie par mer ; je profitai d'une caravane pour aller chercher les ruines de Canope.

Il s'étoit joint nombre de gens du pays à l'escorte de cette caravane : à la chûte du jour, lorsqu'en sortant de la ville elle commença à se développer sur le tapis jaunâtre et lisse des monticules sablonneux qui environnent Rosette, elle produisit l'effet le plus pittoresque et le plus imposant; les grouppes de militaires, ceux des marchands dans leurs différents costumes, soixante chameaux chargés, autant de conducteurs Arabes, les chevaux, les ânes, les piétons, quelques instruments militaires, offroient là vérité d'un des plus beaux tableaux du Benedetto, ou de Salvator Rose. Dès que nous eûmes descendu les monticules et dépassé les palmiers, nous entrâmes, au jour expirant, dans un vaste désert, où la ligne horizontale n'est brisée que par quelques petits monuments en briques, qui sont destinés à empêcher le voyageur de se perdre dans l'espace, et sans lesquels la plus petite erreur dans l'ouverture d'angle le feroit aboutir par une ligne prolongée à un but bien éloigné de celui où il tendoit. Nous marchions, dans le silence du désert et des ténebres, sur une croute de sel qui consolidoit un peu le sable mouvant : un détachement ouvroit la marche ; ensuite venoient les voyageurs, puis les bêtes de somme ; un autre détachement militaire assuroit le convoi contre les Arabes voltigeurs, qui, lorsqu'ils n'ont pas les forces nécessaires pour attaquer de front, viennent quelquefois enlever les traîneurs à vingt pas de la caravane.

A minuit, nous arrivâmes au bord de la mer. La lune en se levant éclaira une scene nouvelle ; quatre lieues de rivage couverts de nos débris nous donnerent la mesure de la perte que nous avions faite à la bataille d'Aboukir. Les Arabes errants, pour avoir quelques clous ou quelques cercles de fer, brûloient, tout le long de la côte, les mâts, les affûts, les embarcations, encore tout entieres, fabriquées à grands frais dans nos ports, et dont les débris même étoient encore des trésors sur des parages si avares de telles productions. Les voleurs fuyoient à notre approche ; il ne restoit que les cadavres des malheureuses victimes, qui, portés et déposés sur un sable mou dont ils étoient à demi-couverts, étoient restés dans des pauses aussi sublimes qu'effrayantes. L'aspect de ces objets funestes avoit par degré fait tomber mon ame dans une sombre mélancolie ; j'évitois ces spectres effrayants ; et tous ceux que je rencontrois, par leurs attitudes variées, arrêtoient mes regards, et apportoient à ma pensée des impressions diverses : il n'y avoit que quelques mois que tous ces êtres, jeunes, pleins de vie, de courage et d'espoir, avoient été, par un noble effort, arrachés à des larmes que j'avois vu répandre, aux embrassements de leurs meres, de leurs sœurs, de leurs amantes, aux foibles étreintes de leurs jeunes enfants : tous ceux à qui ils étoient chers, me disois-je, et qui, cédant à leur ardeur, les laissèrent s'éloigner, font encore des vœux pour leur succès et leur retour ; avides des nouvelles de leur triomphe, ils leur préparent des fêtes, ils content

les

les instants, tandis que les objets de leur attente gisent sur un rivage étranger, desséchés par un sable brûlant, le crâne déjà blanchi. . . . . Quel est ce squelette tronqué ? est-ce toi, intrépide Thévenard ? impatient d'abandonner au fer secourable des membres fracassés, tu n'aspires plus qu'à l'honneur de mourir à ton poste ; une opération trop lente fatigue ton ardeur inquiete : tu n'as plus rien à attendre de la vie, mais tu peux encore donner un ordre utile, et tu crains d'être prévenu par la mort. Un autre spectre succede ; son bras enveloppe sa tête qui s'enfonce dans le sable : mort au combat, les remords semblent survivre à ta courageuse fin : as-tu quelques reproches à te faire ? tes membres tronqués attestent ton courage ; devois-tu donc être plus que brave ? est-ce que les ruines que la vague disperse autour de toi sont entassées par tes erreurs ? et mon ame, émue en abandonnant tes restes, ne peut-elle leur donner qu'une stérile pitié ? Quel est cet autre, assis, les jambes emportées ? il semble par sa contenance arrêter un moment la mort dont il est déjà la proie ! c'est toi, sans doute, courageux Dupetithouars ; reçois le tribut de l'enthousiasme que tu m'inspires : tu meurs, mais tes yeux en se fermant n'ont pas vu ton pavillon abattu, et ta derniere parole a été l'ordre aux batteries que tu commandois, de tonner sur l'ennemi de la patrie : adieu ; un tombeau ne couvrira pas ta cendre, mais les larmes du héros qui te regrette sont le trophée impérissable qui va placer ton nom au temple de mémoire. Quel est celui-ci dans cette attitude tranquille de l'homme vertueux, dont la derniere action a été dictée par la sagesse et le devoir ? il regarde encore la flotte Angloise ; semblable à Bayard, il veut expirer la face tournée du côté de l'ennemi ; sa main est étendue vers des ossements tendres et presque déjà détruits ; je distingue cependant un col alongé, et des bras étendus : c'est toi, jeune héros, aimable Casabianca ; ce ne peut être

que

que toi ; la mort, l'inflexible mort, t'a réuni à ton pere, que tu préféras à la vie ; sensible et respectable enfant, le temps te promettoit la gloire ; la piété filiale a préféré la mort : reçois nos larmes, le prix de tes vertus.

Le soleil avoit chassé les ombres, et n'avoit point encore dissipé la teinte sombre de mes pensées ; cependant la caravane en s'arrêtant m'avertit que nous étions au bord du lac qui sépare la plaine du désert de la presqu'isle au bout de laquelle est bâti Aboukir. Ce vaste et profond lac est l'ancienne bouche Canopite, que le Nil a abandonnée, et dont la mer, en y entrant sans obstacle, a par son poids refoulé les rives et rélargi le lit : ce mal toujours croissant menace de détruire l'isthme qui attache Aboukir à la terre ferme, et sur lequel coule le canal qui porte les eaux à Alexandrie. Les princes Arabes ont tenté de construire une digue, qui n'a jamais été finie, ou qui, trop foible, a cédé aux efforts de la vague, poussée pendant une partie de l'année par les vents du nord ; il ne reste de cette digue que deux jetées sur les rives respectives. Le plan topographique de cette partie peu connue de l'Egypte, et toujours mal tracée sur toutes les cartes, procureroit le moyen de raisonner efficacement sur les dangers qui peuvent résulter du mouvement de la mer, et d'apporter les remedes nécessaires à la sûreté du canal important qui amene les eaux du Nil à Alexandrie.

L'embarcation difficile du canal de la Madié nous rendit ce petit trajet presque aussi long que tout le reste de la route. J'en fis le dessin. Nous trouvâmes à l'autre rive les premiers travaux d'une batterie que nous élevions pour protéger ce moyen de communication, que la présence de l'ennemi rendoit mal assurée sans cette précaution. A peine fumes-nous passés que nous en eumes la preuve ; car un brick et un aviso Anglois, venant pour troubler notre marche, nous tirerent sept à huit

coups

coups de canon; notre silence leur fit croire que nous n'avions rien à leur répondre; en conséquence, quelques heures après nous vimes se détacher de l'escadre Angloise douze embarcations, et les deux bâtimens du matin qui venoient à toutes voiles sur nos travaux. Nous crûmes qu'ils alloient tenter une descente; mais ils se contenterent de jeter l'ancre près de la batterie, et, lorsque la nuit fut venue, de nous canonner : nous attendimes la lune; et dès qu'elle nous eut assurés de leur position, nous commençâmes à leur répondre d'une maniere apparemment si avantageuse, qu'au quatrieme coup de canon ils couperent les cables, laisserent leur ancre, et disparurent.

Après avoir traversé la bouche du lac, en suivant deux sinus bordés de monticules sablonneux, j'arrivai enfin au faubourg d'Aboukir, qui ressemble beaucoup à la ville, dont il est séparé par un espace de cent cinquante pas : les deux ensemble peuvent être composés de quarante à cinquante mauvaises baraques en ruines, qui coupent en deux parties la presqu'isle, au bout de laquelle est bâti le château : cette forteresse a quelque apparence de loin ; mais les bastions s'en écrouleroient au troisieme coup des coulevrines qui sont sur les remparts, où elles semblent moins braquées qu'oubliées ; il y en a une en bronze de quinze pieds, portant boulet de cinquante livres. Il a fallu jeter bas une partie des batteries pour former avec les décombres une plate-forme assez solide pour y placer quatre de nos canons de 36 : cette précaution ne me parut pas d'une grande utilité, les bâtimens et embarcations susceptibles de porter du canon à battre des murailles ne pouvant s'approcher de ce promontoire à cause des rescifs et des rochers qui le couronnent. Une descente hostile ne se feroit pas là ; et, une fois effectuée, le château ne pourroit tenir, et ne pourroit même servir de logement ou de magasin que dans le cas où l'on construiroit en avant des lignes pour en

K défendre

défendre l'approche ; mais en tout il me parut qu'il seroit préférable de détruire le château, de combler les fontaines, d'épargner ainsi une garnison, inutile quand il n'y a point d'ennemi, et qui doit être toujours bloquée ou prisonniere de guerre dès l'instant qu'il aura pu effectuer une descente.

Je fis le dessin à vol d'oiseau de la presqu'isle.

Je trouvai dans l'embrâsure de la porte du château quatre grandes pierres de porphyre d'un verd foncé, et deux pierres longues de granit statuaire le plus compact ; à la seconde porte, je trouvai, avec quatre autres pierres, un membre d'entablement dorique, portant des triglyphes d'une grande proportion et d'une belle exécution : ces fragmens, avec quelques traces de substructions à la pointe du rocher, sont les seules antiquités que j'aie pu découvrir à Aboukir, dont l'emplacement n'a jamais pu changer, puisque le sol est une plate-forme calcaire qui s'élevé au-dessus de la mer, et n'est attachée à la terre que par un isthme trop étroit pour qu'une ville considérable y ait été bâtie : ce n'a donc jamais pu être que le fort ou le château en mer de Canope ou d'Héraclée, que Strabon place là ou près de là. J'avois passé devant des fontaines une demi-lieue avant d'arriver à Aboukir; on me vanta leur construction : j'y retournai ; je ne trouvai que trois puits quarrés de fabrique Arabe; ils sont entourés de hauteurs qui contiennent certainement des ruines contre lesquelles est amoncelée une quantité immense de tessons de pots de terre cuite, mêlés aux sables du désert apportés par le vent. Sont-ce des tours Arabes enfouies ? étoient-ce des fabriques de pots ? sont-ce les ruines d'Héraclée ? quelques morceaux de granit sur la plate-forme, de la plus grande éminence, me feroient préférer cette derniere opinion.

Le lendemain, je longeai, avec un détachement, la côte de l'ouest,

inter-

Antiquités près d'Aboukir, d'après Sonnini.

interrogeant toutes les sinuosités et les plus petites éminences; car, dans la Basse Egypte, elles recelent toutes les antiquités, lesquelles en sont presque toujours le noyau. Après trois quarts-d'heure de marche, je trouvai dans le fond de la seconde anse une petite jetée formée de débris colossales: quel plaisir j'éprouvai en appercevant d'abord un fragment d'une main, dont la premiere phalange, de quatorze pouces, appartenoit à une figure de trente-six pieds de proportion ! Le granit, le travail, et le style de ce morceau, ne me laisserent nul doute qu'il ne remontât aux anciennes époques Egyptiennes; au mouvement de cette main, à quelque autre débris qui l'avoisine, et d'après la seule habitude de voir des figures Egyptiennes, dont la pose offre si peu de variété, on peut reconnoître dans ce fragment une Isis tenant un nilometre : il seroit facile d'emporter ce morceau ; mais déplacé il perdroit presque tout son prix. Près de là plusieurs membres d'architecture attestent par leur dimension qu'ils ont appartenu à un grand et bel édifice d'ordre dorique : les vagues couvrent et frappent depuis bien des siecles ces débris sans les avoir défigurés : il semble que c'est le sort attaché à tous les monuments Egyptiens de résister également aux hommes et au temps. Plus avant dans la mer, on voit mêlé aux fragments du colosse celui d'un sphinx, dont la tête et les jambes de devant sont tronquées, autant que les madrepores et les petits coquillages ont pu m'en laisser juger; il est d'un style et d'un ciseau Grecs et n'est point de granit, mais d'un grès ressemblant au marbre blanc, et d'une transparence que je n'ai jamais vue qu'en Egypte à cette matiere; il avoit treize à quatorze pieds de proportion. A quelque distance, au milieu des débris d'entablements semblables à ceux que j'ai décrits, est une autre figure d'Isis, assez conservée pour qu'on puisse en reconnoître la pose ; ses jambes sont rompues, mais le morceau est à côté : cette figure est

est en granit, et a dix pieds de proportion. Tous ces débris semblent avoir été mis là pour former une jetée, et servir de brisant devant un édifice détruit ; mais qui, à en juger par ses substructions, ne peut être que le reste d'un bain pris sur la mer, et dont le rocher coupé trace encore le plan. La partie que ne couvre pas la mer conserve des conduits d'eau bâtis en briques, et recouverts en ciment et en pozzolane. Tout cela n'ayant pas assez de saillie pour en faire un dessin qui fût une vue, j'en ai tracé une espece de plan pittoresque qui donnera l'image des ruines et des fragments que je viens de décrire.

A quatre cents toises de là, en rentrant dans les terres, toujours tirant sur Alexandrie, on trouve plusieurs substructions construites en briques ; et, quoiqu'on n'en puisse pas faire de plan, on juge, par quelques fragments de constructions soignées, qu'elles faisoient partie d'édifices importants. Près de là on trouve plusieurs chapiteaux corinthiens en marbre, trop fruste pour être mesurés, mais qui doivent avoir appartenu à des bases de même matiere, et qui donnoient à la colonne vingt pouces de diametre. Plus loin, une grande quantité de tronçons de colonnes de granit rose, canelés, tous de même grosseur, de même matiere, travaillés avec le même soin, sont les incontestables ruines d'un grand et superbe temple d'ordre dorique. D'après ce que nous a transmis Strabon sur cette partie de l'Egypte, d'après tout ce que je viens de décrire, et notamment ces derniers fragments, il ne me resta aucun doute que ce ne fussent là les ruines de Canope, et celles de son temple bâti par les Grecs, dont le culte rivalisoit avec celui de Lampsaque : ce temple miraculeux où les vieillards retrouvoient la jeunesse ; et les malades, la santé. Le bain dont j'ai donné la vue étoit peut-être un des moyens que les prêtres employoient pour opérer ces prodiges.

Le

Le sol n'a rien conservé de l'antique volupté canopite; quelques éminences de sables et des ruines en brique, de grandes pierres de granit quarrées, sans hiéroglyphes ni formes qui attestent à quel genre d'édifice et à quel siecle elles ont appartenu, enfin de petites vallées, aussi arides que les monticules dont elles sont formées, sont tout ce qui reste de cette ville, jadis si délicieuse, et qui n'offre plus qu'un aspect triste et sauvage. Il est vrai que le canal dont parle Strabon, qui communiquoit d'Alexandrie à Eleusine, et qui par un embranchement arrivoit à Canope, et y apportoit la fraîcheur, a disparu de telle sorte qu'on ne peut en distinguer la trace, ni même concevoir la possibilité de son existence : il ne reste d'eau aux environs que dans quelques puits ou cîternes, si étroites et si obscures, qu'on ne peut en mesurer ni les dimensions ni la profondeur ; elles recelent cependant encore de l'eau : enfin cette ville, qui rassembloit toutes les délices, où affluoient tous les voluptueux, n'est plus maintenant qu'un désert que traversent quelques chacals et des Bédouins : je n'y trouvai point des derniers; mais je vis un chacal, que j'eusse pris pour un chien, si je n'avois eu le temps d'examiner très-distinctement son nez pointu et ses oreilles dressées, sa queue plus longue, traînante, et garnie de poil comme celle du renard, à qui il ressemble beaucoup plus qu'au loup, quoique le chacal soit regardé comme le loup d'Afrique. Ne pouvant abuser de l'escorte qui m'avoit accompagné, je repris la route d'Aboukir : j'y trouvai des dépêches pour le général en chef ; on alloit expédier un détachement pour les porter : je ne pus me défendre du plaisir que me faisoit éprouver l'occasion qui s'offroit de quitter un lieu si triste. Pendant le séjour que j'y avois fait, je n'avois jamais pu éloigner de ma pensée que ce château étoit une prison d'état dans laquelle j'étois relégué ; ce rocher exigu, battu continuellement des vagues, le bruit
importun

importun qui en résulte, le sifflement des vents, la blancheur du sol qui fatigue la vue, tout dans ce triste séjour afflige et flétrit l'âme : en le quittant, il me sembla que j'échappois à tous les tourments d'une tyrannique captivité.

Je me mis en route par une nuit obscure ; j'en fus quitte pour marcher dans la mer, m'écorcher dans les halliers, et tomber par fois dans les débris épars sur le rivage ; mais à trois heures du matin j'arrivai à Rosette, et j'allai me reposer voluptueusement, je ne dirai pas dans mon lit, je n'en avois pas vu depuis mon départ de France, mais dans une chambre fraîche, sur une natte propre.

### Célébration de l'Anniversaire de la Naissance de Mahomet.

LE jour de l'anniversaire de la naissance de Mahomet étoit arrivé : nous vîmes avec surprise qu'on ne faisoit aucun préparatif pour célébrer cette fête, la plus solennelle de l'année hégirienne. Vers le soir, le général Menou envoya chercher le moufti, dont notre arrivée avoit augmenté les honneurs et les honoraires ; ses réponses furent évasives : les autres municipaux questionnés dirent qu'ils avoient proposé les préparatifs d'usage, mais que, ne pouvant agir qu'en second dans une chose qui étoit du département de leur collegue le moufti, ils avoient été obligés d'attendre des ordres à cet égard. Le prêtre fut dévoilé : courtisan, il demandoit et obtenoit chaque jour une nouvelle faveur ; mais l'occasion s'étoit présentée de faire croire au peuple que nous nous opposions à ce qui étoit un des actes les plus sacrés de son culte, il l'avoit saisie : il fut déjoué à la maniere orientale ; on lui signifia qu'il

falloit

falloit que la fête eût lieu à l'instant : sur l'observation que l'on n'auroit jamais assez de temps pour faire les préparatifs, le général lui dit que si ce qui restoit de temps ne suffisoit pas pour ordonner la fête, il suffiroit pour conduire le moufti aux fers. La fête fut proclamée dans un quart-d'heure ; la ville fut illuminée, et les chants de piété furent unis à ceux de l'alégresse et de la reconnoissance.

Après souper, nous fûmes invités à nous rendre dans le quartier du premier magistrat civil, où nous trouvâmes dans la rue tout l'appareil d'une fête Turque : la rue étoit la salle d'assemblée, qui s'alongeoit ou se raccourcissoit suivant le nombre des assistants ; une estrade couverte de tapis fut occupée par les personnes distinguées ; des feux, joints à une quantité de petites lampes et de grands cierges, formoient une bizarre illumination ; d'un côté, il y avoit une musique guerriere, composée de petits hautbois courts et criards, de petites timbales, et de grands tambours albanois ; de l'autre, étoient des violons, des chanteurs ; et au milieu, des danseurs Grecs, des serviteurs chargés de confitures, de café, de sirop, d'eau de rose, et de pipes : tout cela complétoit l'appareil de la fête.

Dès que nous fûmes placés, la musique guerriere commença : une espece de coryphée jouoit deux phrases de musique que les autres répétoient en chœur à l'unisson ; mais, soit faute de mouvement dans l'air, soit manie de le broder, la seconde mesure étoit déjà une cacophonie aussi désagréable pour des oreilles bien organisées qu'enchanteresse pour celles des Arabes. Ce que je remarquai, c'est que le coryphée reprenoit toujours le même chant avec l'importance et l'enthousiasme d'un improvisateur inspiré, et, quand ses nerfs sembloient ne pouvoir plus supporter l'exaltation de l'expression qu'il vouloit y mettre, le chœur venoit à son secours, et toujours avec la même dissonance ; les violons, plus supportables, jouoient

ensuite

ensuite des refrains, où un peu de mélodie étoit noyé dans des ornements superflus : la voix nasarde d'un chanteur inspiré venoit ajouter encore à la fastidieuse mollesse des semi-tons du violon, qui, évitant sans cesse la note du ton, tournoit autour de la seconde, et terminoit toujours par la sensible, comme dans les seguidilles Espagnoles : ceci pourroit servir à prouver que le séjour des Arabes en Espagne y a naturalisé ce genre de chant : après le couplet, le violon reprenoit le même motif avec de nouvelles variations, que le chanteur déguisoit de nouveau par un mouvement pointé, jusqu'à faire perdre entierement le motif, et n'offrir plus que le délire d'une expression sans principe et sans rhythme : mais c'étoit là ce qui ravissoit toujours de plus en plus les auditeurs. La danse, qui suivit, fut du même genre que le chant ; ce n'étoit ni la peinture de la joie ni celle de la gaieté, mais celle d'une volupté qui arrive très rapidement à une lasciveté, d'autant plus dégoûtante, que les acteurs, toujours masculins, expriment de la maniere la plus indécente les scenes que l'amour même ne permet aux deux sexes que dans l'ombre du mystere.

*Caractere physique des Cophtes, des Arabes, des Turcs, des Grecs, des Juifs, etc.—Femmes Egyptiennes.*

DE petites affaires éloignoient sans cesse notre grande tournée, et retardoient ce qui faisoit l'objet de mon voyage. Obligé de rapprocher mes observations autour de moi, je remarquai combien, dans la variété des figures, il étoit facile de distinguer les races des individus qui composoient la population de Rosette ; je pensai que cette ville, entrepôt de commerce, devoit naturellement rassembler toutes les nations qui couvrent le sol de l'Egypte, l'Egypte, et devoit les y conserver plus séparées et plus caractérisées que dans une grande ville, comme le Caire, où le relâchement des mœurs les croise et les dénature. Je crus donc reconnoître évidemment dans les Cophtes l'antique souche Egyptienne, espece de Nubiens basanés, tels qu'on en voit les formes dans les anciennes sculptures : des fronts plats, surmontés de cheveux demi-laineux ; les yeux peu ouverts, et relevés aux angles ; des joues élevées, des nez plus courts qu'épatés, la bouche grande et plate, éloignée du nez et bordée de larges levres ; une barbe rare et pauvre ; peu de grâce dans le corps ; les jambes arquées et sans mouvement dans le contour, et les doigts des pieds alongés et plats. Je dessinai la tête de plusieurs individus de cette race : le premier étoit un prêtre ignorant et ivrogne ; le second, un calculateur adroit, fin et délié : ce sont les qualités morales qui caractérisent ces anciens maîtres de l'Egypte. On peut assigner la premiere époque de leur dégradation à la conquête de Cambyse, qui, vainqueur jaloux et furieux, régna par la terreur, changea les lois, persécuta le culte, mutila ce qu'il ne put détruire, et, voulant asservir, avilit sa conquête : la seconde époque fut la persécution de Dioclétien, lorsque l'Egypte fut devenue catholique ; cette persécution, que les Egyptiens reçurent en martyrs fideles, les prépara tout naturellement à l'asservissement des Mahométans. Sous le dernier gouvernement, ils s'étoient rendus les courtiers et les gens d'affaires des beys et des kiachefs; ils voloient tous les jours leurs maîtres : mais ce n'étoit là qu'une espece de ferme, parce qu'une avanie leur faisoit rendre en gros ce qu'ils avoient amassé en détail ; aussi employoient-ils encore plus d'art à cacher ce qu'ils avoient acquis qu'ils n'avoient mis d'impudeur à l'acquérir.

Après les Cophtes viennent les Arabes, les plus nombreux habitants de l'Egypte moderne. Sans y avoir plus d'influence, ils semblent être là pour peupler le pays, en cultiver les terres, en garder les troupeaux, ou en être eux-mêmes les animaux ; ils sont cependant vifs et pleins de physionomie ; leurs yeux, enfoncés et couverts, sont étincelants de mouvement et de caractere ; toutes leurs formes sont anguleuses ; leur barbe courte et à meches pointues ; leurs levres minces, ouvertes, et decouvrant de belles dents ; les bras musclés ; tout le reste plus agile que beau, et plus nerveux que bien conformé. C'est dans la campagne, et sur-tout chez les Arabes du désert que se distinguent les traits caractéristiques que je viens d'énoncer : il faut cependant en distinguer trois classes bien différentes ; l'Arabe pasteur, qui semble être la souche originelle, et qui ressemble au portrait que je viens de faire, et les deux autres qui en dérivent ; l'Arabe Bédouin, auquel une indépendance plus exaltée et l'état de guerre dans lequel il vit donnent un caractere de fierté sauvage, et l'Arabe cultivateur, le plus civilisé, le plus corrompu, le plus asservi, le plus avili par conséquent, le plus varié de forme et de caractere, comme on peut le remarquer dans les têtes de cheihks ou chefs de village, les fellahs ou paysans, les boufackirs ou mendiants, enfin dans les manœuvres, qui forment la classe la plus abjecte.

Les Turcs ont des beautés plus graves avec des formes plus molles ; leurs paupieres épaisses laissent peu d'expression à leurs yeux ; le nez gras, de belles bouches bien bordées, et de longues barbes touffues, un teint moins basané, un cou nourri, toute l'habitude du corps grave et lourde, en tout une pesanteur, qu'ils croient être noblesse, et qui leur conserve un air de protection, malgré la nullité de leur autorité : à parler en artiste, on ne peut faire de leur beauté que la beauté d'un Turc. Il n'en est pas de même des Grecs, qu'il faut déjà classer au nombre des étrangers formant des especes de colléges séparés des indigenes ; leurs belles projections, leurs yeux pleins de finesse et d'esprit, la délicatesse et la souplesse de leurs traits et de leur caractere, rappellent tout ce que notre imagination se figure de leurs ancêtres, et tout ce que leurs monuments nous ont transmis de leur

élégance

élégance et de leur goût. L'avilissement où on les a réduits, par la peur qu'inspire encore la supériorité de leur esprit, a fait d'un grand nombre d'eux d'astucieux fripons; mais rendus à eux-mêmes, ils arriveroient peut-être bientôt jusqu'à n'être plus, comme autrefois, que d'adroits ambitieux. C'est la nation qui désire le plus vivement une révolution de quelque part qu'elle vienne. Dans une cérémonie (c'étoit la premiere prise de possession de Rosette) un jeune Grec s'approcha de moi, me baisa l'épaule, et, le doigt sur ses levres, sans oser proférer une parole, me glissa mystérieusement un bouquet qu'il m'avoit apporté: cette seule démonstration étoit un développement tout entier de ses sensations, de sa position politique, de ses craintes, et de ses espérances. Ensuite viennent les Juifs, qui sont en Egypte ce qu'ils sont par-tout; haïs, sans être craints; méprisés et sans cesse repoussés, jamais chassés; volant toujours, sans devenir très riches, et servant tout le monde en ne s'occupant que de leur propre intérêt. Je ne sais si c'est parcequ'ils sont plus près de leur pays que leur caractere physique est plus conservé en Egypte, mais il m'a paru frappant : ceux qui sont laids ressemblent aux nôtres; les beaux, surtout les jeunes, rappellent le caractere de tête que la peinture a conservé à Jésus-Christ; ce qui prouveroit qu'il est de tradition, et n'a pas pour époque le quatorzieme siecle et le renouvellement des arts. Les Juifs disputent aux Cophtes, dans les grandes villes d'Egypte, les places dans les douanes, les intendances des riches, enfin tout ce qui tient aux calculs et aux moyens d'amasser et de cacher une fortune bien ou mal acquise.

Une autre race d'hommes, nombreuse en individus, a des traits caractéristiques très prononcés; ce sont les Barabras ou gens d'en-haut, qui sont des habitants de la Nubie, et des frontieres de l'Abyssinie. Dans ces climats brûlants, la nature avare leur a refusé tout superflu; ils n'ont ni graisse ni chair, mais seulement des nerfs, des muscles, et des tendons, plus élastiques que forts ; ils font par activité et par lesteté ce que les autres font par puissance : il semble que l'aridité de leur sol ait pompé la portion de substance que la nature leur devoit ; leur peau luisante est d'un noir transparent et ardent, semblable absolument à la patine des bronzes de l'autre siecle ; ils ne ressemblent point du tout aux Negres de l'ouest de l'Afrique ; leurs yeux sont profonds et étincelants, sous un sourcil surbaissé ; leurs narines larges, avec le nez pointu, la bouche évasée sans que les levres soient grosses, les cheveux et la barbe rares et par petits flocons : ridés de bonne heure, et restant toujours agiles, l'âge ne se prononce chez eux qu'à la blancheur de la barbe ; tout le reste du corps est grêle et nerveux : leur physionomie est gaie ; ils sont vifs et bons : on les emploie le plus ordinairement à garder les magasins, et les chantiers de bois : ils se vêtissent d'une piece de laine blanche, gagnent peu, se nourrissent de presque rien, et restent attachés et fideles à leurs maîtres.

Le pélerinage de la Mecke fait traverser l'Egypte à toutes les nations de l'Afrique qui sont désignées sous le nom de Maugrabins, ou gens de l'ouest. C'étoit le moment du retour de la caravane : Bonaparte, qui avoit fait tous ses efforts pour la faire arriver complete au Caire, n'avoit pu empêcher Ibrâhim-bey, qui se sauvoit en Syrie, d'arriver avant lui dans le désert, et d'attaquer la caravane à Belbeis, d'en partager les trésors avec les Arabes et l'émir Adgis, qui devoient la protéger ; Ibrâhim-bey ne laissa passer jusqu'à nous que les dévots mendiants, qui nous arriverent par pelotons de deux à trois cents, composés de toutes les nations d'Afrique, depuis Fez jusqu'à Tripoli : ils étoient dans un tel état de fatigue qu'ils se ressembloient tous : aussi maigres que les pays qu'ils venoient de traverser sont arides, ils étoient aussi exténués que des prisonniers qu'on auroit oubliés dans les fers. C'est l'impulsion, c'est le ressort de l'opinion qui rend sans doute l'homme le plus fort de tous les animaux : quand on pense à l'espace que viennent

de

de parcourir ces pélerins, à tout ce qu'ils ont eu à souffrir dans cette immense et terrible traversée, on reste convaincu qu'un but moral peut seul faire affronter tant de fatigues si douloureuses, que l'enthousiasme d'un sentiment pieux, que la considération attachée au titre d'adgis ou *pélerins,* que portent avec orgueil ceux qui font le voyage de la Mecke, sont les leviers qui peuvent seuls mouvoir l'indolence orientale, et la porter à une telle entreprise ; il faut y ajouter cependant le droit que s'arrogent les adgis de conter et faire croire le reste de leur vie aux autres musulmans tout ce qu'ils ont pu voir, et tout ce qu'ils n'ont pas vu. Ne pourrois-je pas être accusé d'un peu d'*adgisme,* dans le voyage que j'entreprends, et de braver des difficultés pour faire partager mon enthousiasme ? mais ma propre curiosité rassure ma conscience ; j'ai pour moi auprès des autres le peu de séduction de mon style, et la naïveté de mes dessins : et si tout cela ne suffit pas pour me cautionner, on pourra quelque jour ajouter ma figure desséchée à celles des deux adgis que j'ai dessinés.

On nous avoit aussi envoyé quatorze Mamelouks prisonniers, dont sans doute le quartier-général ne savoit que faire : je fus curieux de les observer, sans réfléchir que ce n'est point une nation, mais un ramassis de gens de tous les pays ; aussi, dans le petit nombre de ceux qui nous arrivoient, je n'en trouvai pas un qui eût une physionomie assez caractérisée pour mériter d'être dessiné ; il y avoit cependant des Mingreliens et des Géorgiens ; mais soit que la nature les eût déshérités de ce qu'elle a départi de beauté à leur contrée, soit que les femmes en soient dotées plus avantageusement, j'attendis que d'autres individus m'en offrissent des traits plus caractéristiques. J'ajournai aussi le plaisir de dessiner des Egyptiennes au moment où notre influence sur les mœurs de l'orient pourroit lever le voile dont elles se couvrent : mais quand même, ce qui n'est pas à présumer, les hommes nous sacrifieroient leurs préjugés sur cet article, la coquetterie

des

des vieilles, plus scrupuleuses sur tout ce qui tient à l'honneur, exigeroit encore long-temps de leurs jeunes compagnes l'austérité dont elles furent victimes dans leur bel âge. Ce que j'ai pu remarquer, c'est que les filles qui ne sont point nubiles, et pour lesquelles la rigueur n'existe pas encore, retracent assez en général les formes des statues Egyptiennes de la déesse Isis : les femmes du peuple, qui ont plus soin de se cacher le nez et la bouche que toutes les autres parties du corps, découvrent à tout moment, non des attraits, mais quelques beaux membres dispos, conservant un à-plomb plus leste que voluptueux : dès que leurs gorges cessent de croître elles commencent à tomber, et la gravitation est telle qu'il seroit difficile de persuader jusqu'où quelques unes peuvent arriver : leur couleur, ni noire ni blanche, est basanée et terne : elles se tatouent les paupières et le menton sans que cela produise un grand effet : mais je n'ai pas encore vu de femmes porter plus élégamment un enfant, un vase, des fruits, et marcher d'une maniere plus leste et plus assurée. Leur draperie longue ne seroit pas sans noblesse, si un voile en forme de flamme de navire, qui part des yeux et pend jusqu'à terre, n'attristoit tout l'ensemble du costume jusqu'à le faire ressembler au lugubre habit de pénitent.

 Un homme riche du pays qui m'avoit quelques obligations voulut m'en témoigner sa reconnoissance en m'invitant chez lui : vu mon âge et ma qualité d'étranger, il crut qu'il pouvoit, pour me fêter mieux, me faire déjeûner avec son épouse. Elle étoit mélancolique et belle : le mari, négociant, savoit un peu d'Italien, et nous servoit d'interprète : sa femme, éblouissante de blancheur, avoit des mains d'une beauté et d'une délicatesse extraordinaires ; je les admirai, elle me les présenta : nous n'avions pas grand'chose à nous dire ; je caressois ses mains ; elle, très embarrassée de ce qu'elle feroit ensuite pour moi, me les laissoit, et moi, je n'osois les lui rendre dans la crainte qu'elle crût que je m'en étois lassé : je ne sais comment

ment cette scene eût fini, si, pour nous tirer d'embarras, on ne nous eût apporté les rafraîchissements; on les lui remettoit, et elle me les offroit d'une maniere toute particuliere et qui avoit une sorte de grâce. Je crus appercevoir que son insouciante mélancolie n'étoit qu'un air de grande dame qui, selon elle, devoit la rendre supérieure à toutes les magnificences dont elle étoit entourée et couverte. Avant de la quitter, j'en fis rapidement un petit dessin. Je dessinai aussi une autre femme; celle-ci étoit une naturelle du pays qu'avoit épousée un Franc : elle parloit Italien, elle étoit douce et belle, elle aimoit son mari; mais il n'étoit pas assez aimable pour qu'elle ne pût aimer que lui : jaloux, il lui suscitoit à tout moment de bruyantes querelles; soumise, elle renonçoit toujours à celui qui avoit été l'objet de sa jalousie : mais le lendemain nouveau grief; elle pleuroit encore, se repentoit; et cependant son mari avoit toujours quelque motif de gronder. Elle demeuroit vis-à-vis de mes fenêtres; la rue étoit étroite, et par cela même j'étois tout naturellement devenu le confident et le témoin de ses chagrins. La peste se déclara dans la ville : ma voisine étoit si communicative qu'elle devoit la prendre et la donner; effectivement elle la prit de son dernier amant, la donna fidelement à son mari, et ils moururent tous trois. Je la regrettai; sa singuliere bonté, la naïveté de ses désordres, la sincérité de ses regrets, m'avoient intéressé, d'autant que, simple confident, je n'avois à la quereller ni comme mari ni comme amant, et qu'heureusement je n'étois point à Rosette lorsque la peste désola ce pays.

*Tournée*

### Tournée dans le Delta.—Almés.

Nous partîmes enfin pour le Delta, pour cette tournée si long-temps attendue, où nous allions fouler un terrain neuf pour tout Européen, et même pour tous autres que les habitans : car les Mamelouks alloient rarement jusqu'au centre du Delta se faire payer le miri, ou organiser les avanies. Nous partîmes le 11 Septembre après midi; nous traversâmes le Nil en bateau, le général Menou, le général Marmont, une douzaine de savans ou artistes, et un détachement de deux cents hommes d'escorte. On avoit cru tout prévoir, et ce que l'on avoit oublié étoit l'essentiel. Les chevaux que nous devions monter n'avoient de la race Arabe que les vices; les voyageurs qui n'étoient point écuyers, et qui n'avoient que l'alternative d'un cheval sans bride ou d'un âne sans bât, hésitoient s'ils se mettroient en route, ou renonceroient à un voyage qu'ils avoient désiré si ardemment et commencé avec tant d'enthousiasme : cependant, peu-à-peu tout s'arrangea, et nous nous mîmes en marche. Nous traversâmes les villages de Madie, Elyeusera, Abouguéridi, Melahoué, Abouserat, Ralaici, Bereda, Ekbet, Estaone, Elbat, Elsezri, Souffrano, Elnegars, Madie-di-Berimbal; et nous arrivâmes à Berimbal à la nuit fermée. Je place ici la nomenclature peu intéressante de tous ces villages, pour donner une idée de la population de quatre lieues de pays, et de l'abondance d'un sol qui nourrit tant d'habitans et porte tant d'habitations, sans compter ce qu'il fournit au possesseur titulaire, qui pour le plus souvent fait sa résidence dans la capitale. A Madie-di-Berimbal nos chameaux tomberent dans le canal; nous ne fûmes rassemblés qu'à minuit : on ne nous attendoit plus ;

nos hardes et nos provisions étoient toutes mouillées : après un souper difficile à obtenir, nous nous couchâmes comme nous pûmes vers les deux heures du matin. Le lendemain, après nous être séchés, nous nous rendîmes à Métubis en deux heures de marche, rencontrant autant de villages que la veille.

Le général avoit un travail à faire avec les cheikhs des environs, un éclaircissement à prendre, et une explication à avoir sur des fautes passées : il fut résolu que nous ne nous mettrions en route que le lendemain ; Métubis offroit d'ailleurs sous quelques rapports un aliment à la curiosité : il est possible d'abord qu'elle ait été bâtie sur les ruines de l'antique Métélis ; et, d'un autre côté, par la licence connue et permise de ses mœurs, elle a succédé à Canope, et à la même réputation. Nos recherches furent vaines quant aux antiquités ; tout ce que nous y trouvâmes de granit étoit employé à moudre le grain, et paroissoit y avoir été apporté d'autre part pour être consacré à cet usage : on nous parloit de ruines au Sud-Est, à une lieue et demie ; il étoit tard, notre intérêt se reporta sur l'autre curiosité ; nous demandâmes en conséquence aux cheikhs de nous faire amener des almés, qui sont des especes de bayaderes semblables à celles des Indes : le gouvernement du pays, des revenus duquel elles faisoient peut-être partie, mettoit quelque difficulté à leur permettre de venir ; souillées par les regards des infideles, elles pouvoient diminuer de réputation, perdre même leur état : ceci peut donner la mesure de l'objection d'un Franc dans l'esprit d'un Musulman, puisque ce qu'il y a de plus dissolu chez eux peut encore être profané par nos regards ; mais quelques vieux torts à réparer, la présence d'un général, et sur-tout de deux cents soldats, leverent les obstacles ; elles arriverent, et ne nous laisserent point appercevoir qu'elles eussent partagé les considérations politiques et les scru-

M pules

pules religieux des cheikhs. Elles nous disputerent cependant avec assez de grâce ce que nous aurions pu croire devoir être les moindres faveurs, celles de découvrir leurs yeux et leur bouche, car le reste fut livré comme par distraction ; et bientôt on ne pensa plus avoir quelque chose à nous cacher, tout cela cependant à travers des gazes colorées et des ceintures mal attachées, qu'on raccommodoit négligemment avec une folie qui n'étoit pas sans agrément, et qui me parut un peu Française. Elles avoient amené deux instruments, une musette, et un tambour, fait avec un pot de terre, que l'on battoit avec les mains : elles étoient sept ; deux se mirent à danser, les autres chantoient avec accompagnement de castagnettes, en forme de petites cimbales de la grandeur d'un écu de six livres : le mouvement par lequel elles les choquoient l'une contre l'autre donnoit infiniment de grâce à leurs doigts et à leurs poignets. Leur danse fut d'abord voluptueuse ; mais bientôt elle devint lascive, ce ne fut plus que l'expression grossiere et indécente de l'emportement des sens ; et, ce qui ajoutoit au dégoût de ces tableaux, c'est que dans les moments où elles conservoient le moins de retenue, un des deux musiciens dont j'ai parlé venoit, avec l'air bête du Gilles de nos parades, troubler d'un gros rire la scene d'ivresse qui alloit terminer la danse.

Elles buvoient de l'eau-de-vie à grands verres comme de la limonade ; aussi, quoique toutes jolies et jeunes, elles étoient fatiguées et flétries excepté deux, qui ressembloient en beau d'une maniere si frappante à deux de nos femmes célebres à Paris, que ce ne fut qu'un cri lorsqu'elles se découvrirent le visage : la grâce est tellement un pur don de la nature que Josophina et Hanka, qui n'avoient reçu d'autre éducation que celle réservée au plus infâme métier dans la plus corrompue des villes, avoient, lorsqu'elles ne dansoient plus, toute la délicatesse

licatesse des manieres des femmes à qui elles ressembloient, et la caressante et douce volupté qu'elles réservent sans doute pour ceux à qui elles prodiguent leurs secretes faveurs. Je l'avouerai, j'aurois voulu que Josephina ne se fût pas permis de danser comme les autres.

Malgré la vie licencieuse des almés, on les fait venir dans les harems pour instruire les jeunes filles de tout ce qui peut les rendre plus agréables à leurs maris ; elles leur donnent des leçons de danse, de chant, de grâce, et de toutes sortes de recherches voluptueuses. Il n'est pas étonnant qu'avec des mœurs où la volupté est le principal devoir des femmes, celles qui font profession de galanterie soient les institutrices du beau sexe : elles sont admises dans les fêtes que se donnent les grands entre eux ; et lorsqu'un mari veut bien quelquefois réjouir l'intérieur de son harem, il les fait aussi appeler.

Le lendemain l'antiquité eut son tour. Nous allâmes à Qoùm-êl-Hhamar, c'est-à-dire la *Montagne-Rouge,* nom qui vient sans doute du monticule de briques de cette couleur dont cette ruine est formée : elle ne conserve aucun caractere ; ce peut être celle d'une ville antique sans monuments, comme celle d'un village moderne, rebelle aux Mamelouks, et détruit par eux : nous ne trouvâmes aucun vestige d'antiquité, malgré le désir de Dolomieu et le mien d'y reconnoître l'ancienne Métélis, capitale du nome de ce nom. Le pays que nous découvrîmes à la partie orientale au-delà de Comé-Lachmâ jusqu'au lac Bérélos n'étoit qu'un marais inculte. Nous vînmes dîner à Sindion, et coucher à Foua. Le lendemain nous allâmes à El-Alavi, à Thérafa : nous quittâmes la route pour aller au Nord-Est visiter des ruines considérables, appelées encore pour la même raison Qoùm-Hhamar-êl-Médynéh ; étoit-ce Cabaza capitale du nome Cabasite, ou la Naucratis qu'avoient bâtie les Mylésiens ? Nous ne fûmes pas plus heureux que la veille:

même nature de décombres ; car on ne peut pas donner un autre nom à ce nombre de tessons sans forme, à ces tas de briques dont il n'y avoit pas une d'entiere. Nous découvrîmes de là à-peu-près deux lieues carrées de terrains arides et incultes : ce qui nous désenchanta un peu sur la fécondité générale du sol du Delta. Si c'étoient là les ruines d'une des deux villes que je viens de nommer, leur situation étoit triste, et on peut assurer qu'elles ne possédoient aucun grand monument : quoique l'espace qu'elles occupoient fut considérable, on n'y distingue que quelques canaux d'irrigation, mais aucune trace d'un canal de navigation. Nous revînmes très peu satisfaits de nos recherches ; nous n'avions pas même recueilli assez de renseignements pour nous aider à l'avenir dans celles que nous pourrions entreprendre. Nous avions quitté le détachement pour faire cette excursion : accompagnés seulement de quelques guides, nous cheminâmes en droite ligne sur Desouk, qui étoit notre rendez-vous ; nous passâmes par Gabrith, village fortifié de murailles et de tours, particularité qui distingue ceux qui ne sont pas sur le bord du Nil au-delà de Foua. Le territoire étoit aussi moins cultivé ; le sol, plus élevé et plus difficile à arroser avec des roues, attendoit l'inondation pour être semé en bled et en maïs, auxquels rien ne devoit succéder : dans les parties de terrain de cette nature, dès que les récoltes sont faites, la terre, abandonnée au soleil, se gerce, et n'offre plus à l'œil que l'image d'un désert. Nous traversâmes Salmie, où nous pûmes distinguer tous les désastres qu'avoit causés notre vengeance, sans pouvoir remarquer sur la physionomie des habitans qu'ils en eussent conservé quelque dangereux ressentiment ; je ne pouvois cependant me rappeler sans émotion que je me trouvois à-peu-près seul sur la même place où j'avois vu tomber quelques jours auparavant les principaux habitans du pays : nous étions ensemble comme des gens qui ont eu un

procès,

procès, mais dont les comptes sont arrêtés. J'ai remarqué d'ailleurs que pour tout ce qui est des événements de la guerre les orientaux n'en conservent point de rancune : ils ajouterent de bonne grace et fort loyalement un guide à celui qui nous conduisoit à Mehhâl-êl-Malek et au canal de Ssa'ïdy.

Le canal de Ssa'ïdy est assez grand pour porter des bateaux du Nil au lac de Bérélos : Desouk, village considérable, n'en est qu'à une demi-lieue ; une mosquée, révérée de tout l'orient deux fois dans l'année, y amene en dévotion deux cents mille ames ; les almés s'y rendent de toutes les parties de l'Egypte ; et le plus grand miracle que fasse Ibrâhym, si révéré à Desouk, est de suspendre la jalousie des Musulmans pendant le temps de cette espece de fête, et d'y laisser jouir les femmes d'une liberté dont on assure qu'elles profitent dans toute l'extension imaginable.

On avoit préparé un palais, disoit-on, pour le général ; nous y fumes tous logés : il consistoit en une cour, une galerie ouverte, et une chambre qui ne fermoit pas. Je pris le moment où le général Menou donnoit audience par la fenêtre aux principaux du pays assemblés dans la cour, tandis qu'on apportoit le déjeûner qu'ils nous avoient fait préparer, pour en faire un dessin.

Le jour après devoit être consacré à visiter ce qui restoit de villages du gouvernement du général Menou dans la province de Sharkié. Dans cette tournée nous devions passer à Sanhour-êl-Medin, où l'on nous avoit dit qu'il y avoit une quantité de ruines. Etoit-ce Saïs ? Toujours séduits, notre espoir s'étoit accru par le nom de êl-Medin, qui veut dire la grande, et qui pouvoit lui avoir été conservé à cause de son antiquité, ou de l'ancienne grandeur de Saïs, qui, selon Strabon, étoit la métropole de toute cette partie inférieure de l'Egypte. Nous traversâmes une grande plaine altérée qui attendoit d'heure en heure le Nil, qui arrivoit déjà par mille rigoles.

Sanhour-êl-Medin ne nous offrit encore que des dévastations, et pas une
ruine

ruine qui eût une forme : le peu de fragments en grès et granit que nous rencontrâmes ne pouvoit nous attester que quelques siècles d'antiquité ; nos recherches obstinées dans tous les environs furent également vaines : nous revînmes coucher à Desouk sans rien rapporter.

Le lendemain notre marche se dirigea au Nord-Est, et vers l'intérieur du Delta. Après avoir traversé de nouveau Sanhour-êl-Medin, nous passâmes de grands canaux de chargement, que nous jugeâmes, à la qualité des eaux, devoir prendre leurs sources au lac de Bérélos.

Au-delà de ces canaux nous trouvâmes le pays déjà tout inondé, quoi-qu'il fût élévé de 4 pieds plus haut que celui que nous venions de quitter : l'irrigation, dirigée et retenue par des digues sur lesquelles nous marchions alors, devoit les surpasser pour arroser à leur tour les terres que nous avions parcourues ; ces digues servoient de communication aux différents villages, qui s'élevoient au-dessus des eaux comme autant d'isles : cette circonstance détachant tous les objets, notre curiosité se flattoit de ne rien laisser échapper d'intéressant. On nous avoit promis des antiquités à Schaabas-Ammers : nous marchions sur ce village par une digue étroite qui partageoit, en serpentant, deux mers d'inondation ; nous avions devancé le détachement d'une lieue, pour avoir plus de temps à donner à nos observations : un guide à cheval, deux guides à pied, un jeune homme de Rosette, les deux généraux Menou et Marmont, un médecin interprète, un artiste dessinateur, et moi, formions le premier grouppe en avant ; Dolomieu, tirant par la bride un cheval vicieux, et plusieurs serviteurs étoient restés à quelque distance en arrière : nous observions la position avantageuse et pittoresque de Kafr-Schaabas, faubourg en avant de Schaabas, lorsque tout-à-coup nous vîmes revenir à toute bride le médecin disant, *Ils nous attendent avec des fusils ;* on nous crioit *Erga, En arrière.* Nos guides voulurent entrer en explication ; mais on répondit par une fusillade, qui heureusement, quoique

faite

faite de très près, n'atteignit aucun de nous : nous voulûmes parlementer de nouveau ; mais une seconde décharge nous apprit qu'il ne falloit pas laisser casser les jambes de nos chevaux qui étoient notre seule ressource. En nous retournant, nous apperçûmes une autre troupe armée qui, par un chemin couvert par l'eau, marchoit pour nous couper la seule route que nous pussions suivre. Dans ce moment le dessinateur, frappé de cette terreur funeste qui ôte toutes les facultés physiques et morales, se laisse tomber de son cheval sur lequel il ne pouvoit plus se tenir : en vain nous voulons le faire remonter, le prendre en croupe, ou l'engager à empoigner la queue d'un de nos chevaux ; son heure est sonnée, sa tête est perdue ; il crie, sans être maître d'un seul de ses mouvements, sans vouloir accepter aucun secours. Ceux qui avoient tiré sur nous s'avançoient ; pour prévenir d'être cernés, nous n'avions que le temps d'échapper au galop tout à travers les balles qui nous arrivoient de tous côtés : nous rencontrons le second grouppe, et Dolomieu monté sur son cheval rétif et dont la bride s'étoit rompue ; il me reste heureusement assez de temps pour la lui rattacher ; le hasard me paie aussitôt de ce service, car pendant le temps que je remonte à cheval je vois Dolomieu tomber dans un trou, où j'aurois été submergé, et d'où il parvint à se retirer, grace à sa taille gigantesque. Je prends un autre chemin, franchis une digue que nos ennemis avoient rompue ; l'eau couvroit déjà le terrain que nous avions traversé, et de toutes parts des courants le parcouroient dans tous les sens comme autant de torrents : dispersés, nous rejoignons chacun de notre côté le détachement, avec lequel nous revenons sur Kafr-Ammêrs, que dans notre colère nous croyions emporter d'un coup de main. Il étoit quatre heures après midi lorsque nous arrrivâmes devant le village ; quarante hommes retranchés dans un fossé firent feu sur nous, et nous manquerent ; nous ne fûmes pas plus heureux dans la riposte : ils se retirerent cependant vers une autre troupe qui les attendoit sous les murailles ; car

nous

nous apperçumes alors que ce faubourg étoit une petite forteresse formée de quatre courtines avec quatre tours aux angles, à l'une desquelles étoit attaché un château; ce petit fort étoit séparé de Schaabas par un canal rempli d'eau, et une esplanade de mille toises. Le chef-lieu avoit arboré pavillon blanc; mais le faubourg continuoit de tirer sur nous: notre premiere attaque fut sans succès; l'officier chargé de la diriger, emporté par son cheval, étoit tombé dans l'eau, et sa troupe s'étoit débandée pour courir sur des habitants qui emportoient leurs effets : les deux généraux coururent pour remédier à ce désordre et rallier la troupe; nous fûmes par ce mouvement obligés de passer sous les tours et sous le feu de l'ennemi, plusieurs soldats furent tués ou blessés. Nous tournâmes la forteresse; une des tours n'avoit pas été armée, nous enfonçâmes une des portes de la ville qu'elle défendoit : trente soldats et le général entrerent : ce dernier et moi étions les deux seuls à cheval, et les maisons étoient si basses que nous nous trouvâmes le point de mire des trois côtés de la place : au même instant que j'avertissois le général Menou qu'on l'ajustoit, son cheval fut tué comme d'un coup de foudre, et par sa chûte le précipita dans un trou : je le crus mort; je lui portois des secours impuissants, lorsque le général Marmont et quelques volontaires vinrent m'aider à le tirer de là : le feu étoit violent de part et d'autre; mais les assiégés étoient couverts, bien armés, et tiroient juste depuis qu'ils pouvoient poser leur fusil. Plusieurs morts et douze blessés nous obligerent à la retraite. Nous attaquâmes avec plus d'ordre la tour paralele à celle dont nous nous étions emparés: d'abord ils y perdirent plusieurs hommes, et l'abandonnerent; on commença à mettre le feu aux maisons pour approcher du fort; huit des nôtres furent blessés à l'attaque de la porte; la position devenoit fâcheuse, nous avions laissé trente hommes à la garde des équipages, et il nous restoit peu de monde. A l'entrée de la nuit, les assiégés pousserent des cris affreux, auxquels les

habitants

habitants des villages circonvoisins répondirent par des hurlements : bientôt des rassemblements s'avancerent ; nous entendions concerter les moyens de se joindre ; nous les laissâmes approcher, et, après une décharge faite au juger, nous entendîmes les cris de guerre se changer en cris de douleur, et la retraite s'effectuer. Bientôt après il nous arriva une députation du village de Schaabas, qui fut suivie du cheihk lui-même avec les drapeaux : il nous dit que les gens à qui nous avions affaire étoient des brigands atroces avec lesquels nous ne devions pas espérer de traiter : un homme du pays, que nous avions délivré à Malte, lui servoit d'interprete ; il nous dit en confidence que, si nous n'emportions pas la place dans la nuit, au jour nous ne serions pas assez de monde, que les gens des environs nous couperoient la retraite, et que nous serions tous tués. Pendant qu'il nous faisoit ce récit, sa belle physionomie étoit accompagnée d'un air de compassion si vrai, que, sans réfléchir autrement aux suites de ce qu'il nous annonçoit, par un instinct machinal, toujours étranger à toute circonstance, je me mis à dessiner sa tête. Les avis du cheihk étoient d'autant mieux fondés qu'un nombre de blessés à transporter sur une chaussée étroite et rompue rendoit la retraite difficile à couvrir et à défendre. Pendant qu'on s'occupoit des moyens qui pouvoient être les moins désastreux pour sortir avant le jour de la position critique où nous nous trouvions, les assiégés feignirent dans les ténèbres d'appeler et de recevoir des secours, firent un grand feu sur leur flanc qu'ils vouloient conserver, et, abandonnant aux flammes toutes leurs possessions, effectuerent leur retraite dans le plus profond silence ; nous n'entendîmes de bruit que lorsqu'ils furent obligés d'entrer dans l'eau : nous tirâmes au hasard ; et quelques chameaux qu'ils avoient abandonnés, et qui revinrent au village, nous avertirent de leur fuite. Maîtres du champ de bataille, nous achevâmes de brûler tout ce qui pouvoit prendre feu ; les soldats se consolerent de la

fatigue

fatigue de la journée et de la nuit en chargeant sur deux cents ânes deux ou trois milles poulets et pigeons, et emmenant sept à huit cents moutons : mais à nous autres amateurs il ne restoit rien qui pût nous dédommager de ce que cette malencontre faisoit perdre à notre curiosité ; notre espérance étoit déçue, et notre expédition avortée ; nous n'avions pris que des notes peu intéressantes, et obtenu que des apperçus fort incertains et presque nuls. A la pointe du jour nous nous remîmes en route, sans trouver d'autres obstacles que ceux qu'on nous avoit préparés la veille. Je fis un dessin de Kafr-Schaabas-Ammers, où je représentai cette petite forteresse à la pointe du jour, fumant encore de l'incendie de la nuit. Il est évident que pour faire une pareille tournée il falloit du canon, et que par les retardements nous avions perdu la saison où on en pouvoit traîner après soi.

Le général Dugua m'a donné depuis deux plans topographiques de la Basse Egypte, que j'ai cru devoir faire graver : l'un représente les ruines de Tanis, aujourd'hui Sann ou Tanach, près le lac Menzaléh, et sur le canal de Moëz ; l'autre est la ruine d'un temple près Beibeth. N'ayant point été sur les lieux, tout ce que j'ajouterois de descriptions pourroit être autant d'erreurs.

Nous revînmes à Rosette : les membres de l'institut qui y étoient restés avoient reçu l'ordre du général en chef de rejoindre ceux qui étoient au Caire, pour organiser les travaux et les séances de cette assemblée. Je m'embarquai le lendemain avec mes camarades : en quittant la province de Rosette nous quittâmes ce que le Delta a de plus riant ; quand on a passé Rahmanié, les sables du désert s'approchent quelquefois jusqu'à la rive gauche du fleuve, la campagne se dépouille, les arbres deviennent rares, l'horizon n'offre qu'une ligne dont il est presque impossible d'offrir l'aspect. Je fis le dessin d'Alcan, village dont les habitants avoient massacré

l'aidel'aide-de-camp Julien et vingt-cinq volontaires : le village avoit été brûlé, les habitants chassés ; des volées innombrables de pigeons restoient sur les décombres, et sembloient ne vouloir point abandonner des habitations qui paroissoient n'avoir été construites que pour eux. Je dessinai aussi le village de Demichelat : on peut remarquer dans ces deux villages que le talus pyramidal du style Egyptien antique, l'ordonnance des plans, et la simplicité des couronnements, se sont conservés encore quelquefois dans les constructions les plus modernes et les plus frêles, et donnent une gravité historique aux paysages de l'Egypte, que l'on ne trouve nulle part ailleurs.

*Arrivée au Caire.—Visite aux Pyramides.—Maison de Mourat Bey.*

A PLUS de dix lieues du Caire nous découvrîmes la pointe des pyramides qui perçoit l'horizon ; bientôt après nous vîmes le Mont-Katam, et vis-à-vis, la chaîne qui sépare l'Egypte de la Libye, et empêche les sables du désert de venir dévorer les bords du Nil : dans ce combat perpétuel entre ce fleuve bienfaisant et ce fléau destructeur on voit souvent cette onde aride submerger des campagnes, changer leur abondance en stérilité, chasser l'habitant de sa maison, en couvrir les murailles, et ne laisser échapper que quelques sommités de palmiers, derniers témoins de sa végétante existence, qui ajoute encore au triste aspect du désert l'affligeante pensée de la destruction. Je me trouvois heureux de revoir des montagnes, de voir des monuments dont l'époque, dont l'objet de la construction, se perdoient également dans la nuit des siecles : mon ame étoit émue du grand spectacle de ces grands objets ; je regrettois de voir la nuit étendre ses voiles sur ce tableau aussi imposant aux yeux qu'à l'imagination ; elle me déroba la vue de la pointe du Delta, où, dans le nombre des vastes projets sur l'Egypte, il étoit question de bâtir une nouvelle capitale. Au premier rayon du jour, je retournai saluer les pyramides ; j'en fis plusieurs dessins : je me complaisois sur la surface du Nil, à son plus haut point d'élévation, de voir glisser les villages devant ces monuments, et composer à tout moment des paysages dont elles étoient toujours l'objet et l'intérêt. J'aurois voulu les montrer avec cette couleur fine et transparente qu'elles tiennent du volume immense d'air qui les environne ; c'est une particularité que leur donne sur tous les autres monuments la supériorité extraordinaire de leur élévation ; la grande distance d'où elles peuvent être apperçues les fait paroître diaphanes, du ton bleuâtre du ciel, et leur rend le fini et la pureté des angles que les siecles ont dévorés.

Vers les neuf heures, le bruit du canon nous annonça et le Caire et la fête du premier de l'année que l'on y célébroit : nous vîmes d'innombrables minarets ceindre le Mont-Katam, et sortir des jardins qui avoisinent le Nil ; le vieux Caire, Boulac, Roda, se groupant avec la ville, y ajoutent le charme de la verdure, lui donnent sous cet aspect une grandeur, des beautés, et même des agréments: mais bientôt l'illusion disparoît ; chaque objet se remettant pour ainsi dire à sa place, on ne voit plus qu'un tas de villages, que l'on a rassemblés là on ne sait pourquoi, les éloignant d'un beau fleuve pour les rapprocher d'un rocher aride.

A peine arrivé chez le général en chef, j'appris qu'il partoit à l'heure même un détachement de deux cents hommes pour protéger les curieux qui n'avoient pas encore vu les pyramides : je gémissois de n'avoir pas su quelques heures plutôt cette expédition, et je croyois que voir des objets aussi importants sans s'être muni de ce qui pouvoit mettre dans le cas de les observer avec fruit, ce n'étoit que céder à une curiosité vaine ; j'étois d'ailleurs si fatigué des deux voyages que je venois de faire, que tous mes

muscles

muscles me déconseilloient d'en entreprendre un troisieme, et je regardois comme prudent d'ajourner ma curiosité jusqu'au moment où les astronomes devoient aller faire leurs observations dans ces lieux si célebres.

Au sortir de table le général dit : On ne peut aller aux pyramides qu'avec une escorte, et on ne peut pas y envoyer souvent un détachement de deux cents hommes. Cet entraînement qu'exercent certains esprits sur l'esprit des autres détruisit tous mes raisonnéments ; cet entraînement qui m'avoit fait venir en Egypte me fit partir pour les pyramides, et, sans rentrer chez moi, je m'acheminai au vieux Caire ; je rejoignis en route des camarades avec lesquels je traversai le Nil. Nous arrivâmes à la nuit fermée à Gizeh : je ne savois où je coucherois ; mais déterminé à bivouacquer, ce fut une bonne fortune qui me parut tenir de l'enchantement de me trouver tout-à-coup sur de beaux divans de velours, dans une salle où le parfum de la fleur d'orange nous étoit apporté par un zéphyr rafraîchi sous des berceaux d'arbres touffus : je descendis dans le jardin, qui, au clair de la lune, me parut digne des descriptions de Savary. Cette maison étoit la maison de plaisance de Mourat-bey : je l'avois entendu déprécier, je ne la voyois qu'après le passage d'une armée victorieuse : et cependant je ne pus m'empêcher d'éprouver que, si l'on ne veut rien détruire par d'inutiles comparaisons, les jouissances orientales ont bien leur mérite, et qu'on ne peut refuser ses sens à l'abandon voluptueux qu'elles inspirent. Ce ne sont ici ni nos longues et fastueuses allées Françoises, ni les tortueux sentiers des jardins Anglois, de ces jardins où, pour prix de l'exercice qu'ils obligent de faire, on obtient et la faim et la santé. En orient, un exercice vain est retranché du nombre des plaisirs ; du milieu d'un grouppe de sycomores, dont les branches surbaissées procurent une ombre plus que fraîche, on entre sous des tentes ou des kiosques ouverts à volonté sur des taillis d'orangers et de jasmins : ajoutons à cela des jouissances, qui ne nous sont

encore

encore qu'imparfaitement connues, mais dont on peut concevoir la volupté : tel est, par exemple, le charme que l'on doit éprouver à être servi par de jeunes esclaves chez qui la souplesse des formes est jointe à une expression douce et caressante ; là, sur de moëlleux et immenses tapis, couverts de carreaux, nonchalamment couché près d'une beauté préférée, enivré de désirs, de santé, de fumée de parfums, et de sorbet, présentés par une main que la mollesse a consacrée de tout temps à l'amour ; près d'une jeune favorite, dont la pudeur ombrageuse ressemble à l'innocence, l'embarras à la timidité, l'effroi de la nouveauté au trouble du sentiment, et dont les yeux languissants, humides de volupté, semblent annoncer le bonheur et non l'obéissance, il est bien permis sans doute au brûlant Africain de se croire aussi heureux que nous. En amour tout le reste n'est-il pas convention ? A la vérité, nous nous sommes créé avec elle encore un autre bonheur ; mais n'est-ce point aux dépens de la réalité ? Ah ! oui : le bonheur se trouve toujours près de la nature ; il existe par-tout où elle est belle, sous un sycomore en Egypte comme dans les jardins de Trianon, avec une Nubienne comme avec une Françoise ; et la grâce qui naît de la souplesse des mouvements, de l'accord harmonieux d'un ensemble parfait, la grâce, cette portion divine, est la même dans le monde entier, c'est la propriété de la nature également départie à tous les êtres qui jouissent de la plénitude de leur existence, quel que soit le climat qui les a vus naître. Ce n'est point ici le bonheur d'un Mamelouk que j'ai voulu peindre ; il faut toujours écarter de ses tableaux les monstruosités ; et, si l'on se permet quelquefois d'en faire une esquisse, ce doit être une caricature qui en inspire le mépris et le dégoût.

L'officier qui commandoit l'escorte se trouva être un de mes amis ; il me désigna dans le petit nombre de ceux qui devoient entrer dans les pyramides : on étoit trois cents. Le lendemain au matin on se

chercha,

chercha, on s'attendit ; on partit tard, comme il arrive toujours dans les grandes associations. Nous croisâmes dans les terres par des canaux d'arrosement ; après bien des bordées dans le pays cultivé, nous arrivâmes à midi sur le bord du désert, à une demi-lieue des pyramides : j'avois fait en route plusieurs esquisses de leurs approches, et une vue de la maison de Mourat-bey. A peine avions-nous quitté les barques que nous nous trouvâmes dans des sables : nous gravîmes jusqu'au plateau sur lequel posent ces monuments ; quand on approche de ces colosses, leurs formes anguleuses et inclinées les abaissent et les dissimulent à l'œil ; d'ailleurs comme tout ce qui est régulier n'est petit ou grand que par comparaison, que ces masses éclipsent tous les objets environnants, et que cependant elles n'égalent pas en étendue une montagne ( la seule grande chose que tout naturellement notre esprit leur compare ), on est tout étonné de sentir décroître la premiere impression qu'elles avoient fait éprouver de loin ; mais dès qu'on vient à mesurer par une échelle connue cette gigantésque production de l'art, elle reprend toute son immensité : en effet cent personnes qui étoient à son ouverture lorsque j'y arrivai me semblerent si petites qu'elles ne me parurent plus des hommes. Je crois que pour donner, en peinture comme en dessin, une idée des dimensions de ces édifices, il faudroit dans la juste proportion représenter sur le même plan que l'édifice une cérémonie religieuse analogue à leurs antiques usages. Ces monuments, dénués d'échelle vivante, ou accompagnés seulement de quelques figures sur le devant du tableau, perdent et l'effet de leurs proportions et l'impression qu'ils doivent faire. Nous en avons un exemple de comparaison en Europe dans l'église de S.-Pierre de Rome, dont l'harmonie des proportions, ou plutôt le croisement des lignes, dissimule la grandeur, dont on ne prend une idée que lorsque rabais-

sant

sant sa vue sur quelques célébrants qui vont dire la messe suivis d'une troupe de fideles, on croit voir un grouppe de marionettes voulant jouer Athalie sur le théâtre de Versailles : un autre rapprochement de ces deux édifices, c'est qu'il n'y avoit que des gouvernements sacerdotalement despotes qui pussent oser entreprendre de les élever, et des peuples stupidement fanatiques qui dussent se prêter à leur exécution. Mais, pour parler de ce qu'ils sont, montons d'abord sur un monticule de décombres et de sables, qui sont peut-être les restes de la fouille du premier de ces édifices que l'on rencontre, et qui servent aujourd'hui à arriver à l'ouverture par laquelle on peut y pénétrer ; cette ouverture, trouvée à-peu-près à soixante pieds de la base, étoit masquée par le revêtissement général, qui servoit de troisieme et derniere clôture au réduit silencieux que receloit ce monument : là commence immédiatement la premiere galerie ; elle se dirige vers le centre et la base de l'édifice ; les décombres, que l'on a mal extraits, ou qui, par la pente, sont naturellement retombés dans cette galerie, joints au sable que le vent du nord y engouffre tous les jours, et que rien n'en retire, ont encombré ce premier passage, et le rendent très incommode à traverser. Arrivé à l'extrémité, on rencontre deux blocs de granit, qui étoient une seconde cloison de ce conduit mystérieux : cet obstacle a sans doute étonné ceux qui ont tenté cette fouille ; leurs opérations sont devenues incertaines ; ils ont entamé dans le massif de la construction ; ils ont fait une percée infructueuse, sont revenus sur leurs pas, ont tourné autour des deux blocs, les ont surmontés, et ont découvert une seconde galerie, ascendante, et d'une roideur telle qu'il a fallu faire des tailles sur le sol pour en rendre la montée possible. Lorsque par cette galerie on est parvenu à une espece de palier, on trouve un trou, qu'on est convenu d'appeler *le puits*, et l'embouchure

d'une

d'une galerie horizontale, qui mene à une chambre, connue sous le nom de *chambre de la reine*, sans ornements, corniche, ni inscription quelconque : revenu au palier, on se hisse dans la grande galerie, qui conduit à un second palier, sur lequel étoit la troisieme et derniere clôture, la plus compliquée dans sa construction, celle qui pouvoit donner le plus d'idée de l'importance que les Egyptiens mettoient à l'inviolabilité de leur sépulture. Ensuite vient la chambre royale, contenant le sarcophage : ce petit sanctuaire, l'objet d'un édifice si monstrueux, si colossal en comparaison de tout ce que les hommes ont fait de colossal. Si l'on considere l'objet de la construction des pyramides, la masse d'orgueil qui les a fait entreprendre paroît excéder celle de leur dimension physique ; et de ce moment l'on ne sait ce qui doit le plus étonner de la démence tyrannique qui a osé en commander l'exécution, ou de la stupide obéissance du peuple qui a bien voulu prêter ses bras à de pareilles constructions : enfin le rapport le plus digne pour l'humanité sous lequel on puisse envisager ces édifices, c'est qu'en les élevant les hommes aient voulu rivaliser avec la nature en immensité et en éternité, et qu'ils l'aient fait avec succès, puisque les montagnes qui avoisinent ces monuments de leur audace sont moins hautes et encore moins conservées.

Nous n'avions que deux heures à être aux pyramides : j'en avois employé une et demie à visiter l'intérieur de la seule qui soit ouverte ; j'avois rassemblé toutes mes facultés pour me rendre compte de ce que j'avois vu ; j'avois dessiné, et mesuré autant que le secours d'un seul pied-de-roi avoit pu me le permettre ; j'avois rempli ma tête : j'espérois rapporter beaucoup de choses ; et, en me rendant compte le lendemain de toutes mes observations, il me restoit un volume de questions à faire. Je revins de mon voyage harassé au moral comme au physique,

physique, et sentant ma curiosité sur les pyramides plus irritée qu'elle ne l'étoit avant d'y avoir porté mes pas.

Je n'eus que le temps d'observer le sphinx, qui mérite d'être dessiné avec le soin le plus scrupuleux, et qui ne l'a jamais été de cette manière. Quoique ses proportions soient colossales, les contours qui en sont conservés sont aussi souples que purs : l'expression de la tête est douce, gracieuse et tranquille, le caractere en est Africain : mais la bouche, dont les levres sont épaisses, a une mollesse dans le mouvement et une finesse d'exécution vraiment admirables ; c'est de la chair et de la vie. Lorsqu'on a fait un pareil monument, l'art étoit sans doute à un haut degré de perfection ; s'il manque à cette tête ce qu'on est convenu d'appeler du style, c'est-à-dire les formes droites et fieres que les Grecs ont données à leurs divinités, on n'a pas rendu justice ni à la simplicité ni au passage grand et doux de la nature que l'on doit admirer dans cette figure; en tout, on n'a jamais été surpris que de la dimension de ce monument, tandis que la perfection de son exécution est plus étonnante encore.

J'avois entrevu des tombeaux, de petits temples décorés de bas-reliefs et de statues, des tranchées dans le rocher qui pouvoient avoir formé des stylobates aux pyramides, et donné de l'élégance à leur masse ; il m'avoit paru rester tant d'objets d'observations à faire, qu'il auroit fallu encore bien des séances comme celle-ci pour entreprendre de faire autre chose que des esquisses, et dissiper enfin le nuage mystérieux qui semble avoir de tout temps voilé ces symboliques monuments. On est presque également incertain et de l'époque où ils ont été violés, et de celle où ils ont été construits : celle-ci, déjà perdue dans la nuit des siecles, ouvre un espace immense aux annales des arts; et, sous ce rapport, on ne peut trop admirer la précision de l'appareil

des

des pyramides, et l'inaltérabilité de leur forme, de leur construction, et dans des dimensions si immenses, qu'on peut dire de ces monuments gigantesques qu'ils sont le dernier chaînon entre les colosses de l'art et ceux de la nature.

Hérodote rapporte qu'on lui avoit conté que la grande pyramide, celle dont je viens de parler, étoit le tombeau de Chéopes; que la pyramide voisine étoit celui de son frere Cephrenes qui lui avoit succédé; qu'il n'y avoit que celle de Chéopes qui eût des galeries intérieures; que cent mille hommes avoient été occupés vingt ans à la bâtir; que les travaux qu'avoit exigés cet édifice avoient rendu ce prince odieux à son peuple, et que, malgré les corvées qu'il avoit exigées de ses sujets, les seules dépenses de la nourriture des ouvriers étoient montées si haut, qu'il avoit été obligé de prostituer sa fille pour achever le monument; enfin que, du surplus de ce qu'avoit rapporté cette prostitution, la princesse avoit trouvé de quoi bâtir la petite pyramide qui est vis-à-vis, et qui lui servit de sepulture. Ou les princesses Egyptiennes qui se prostituoient se faisoient alors payer bien cher, ou l'amour filial étoit porté à un haut degré dans cette fille de Chéopes, puisque, dans son enthousiasme, elle avoit montré encore plus de dévouement que n'en exigeoit son pere, et avoit recueilli de quoi bâtir pour son compte une autre pyramide. Que de travaux pendant sa vie pour s'assurer un asyle de repos après sa mort! Il faut dire aussi que Chéopes, ayant fermé les temples pendant son regne, n'avoit pas trouvé après sa mort de panégyristes parmi les prêtres historiens de l'Egypte, et qu'Hérodote, notre premiere lumiere sur ce pays, s'étoit laissé conter bien des fables par ces prêtres.

*Description*

*Description du Caire.—Palais de Joseph.—Maison des Beys.— Tombeaux des Califes.*

J'étois au Caire depuis près d'un mois, et je cherchois encore cette ville superbe, cette cité sainte, grande parmi les grandes, ce délice de la pensée, dont le faste et l'opulence font sourire le prophete ; car c'est ainsi qu'en parlent les Orientaux. Je voyois effectivement une innombrable population, de longs espaces à traverser, mais pas une belle rue, pas un beau monument : une seule place vaste, mais qui a l'air d'un champ ; c'étoit Lelbequier, celle où demeuroit le général Bonaparte, qui, dans le moment de l'inondation, a quelque agrément par sa fraîcheur et les promenades que l'on y fait la nuit en bateau ; des palais ceints de murs, qui attristent plus les rues qu'ils ne les embellissent ; l'habitation du pauvre plus négligée qu'ailleurs ajoute à ce que la misere a d'affligeant par-tout ce qu'ici le climat lui permet d'incurie et de négligence : on est toujours tenté de demander quelles étoient donc les maisons où habitoient les vingt-quatre souverains. Cependant, lorsqu'on a pénétré dans ces especes de forteresses, on y trouve quelques commodités, quelques recherches de luxe et d'agréments, de jolis bains en marbre, des étuves voluptueuses, des salons en mosaïques, au milieu desquels sont des bassins et des jets-d'eau ; de grands divans, composés de tapis peluchés, de larges estrades matelassées, couvertes d'étoffes riches, et entourées de magnifiques coussins ; ces divans occupent ordinairement les trois côtés de chacun des fonds de la chambre : les fenêtres, quand il y en a, ne s'ouvrent jamais, et le jour qui en vient est obscurci par des verres de couleur devant des grilles réticu-

laires

laires très serrées ; le jour principal vient ordinairement d'un dôme au milieu du plafond. Les Musulmans, étrangers à tous les usages que nous faisons de la lumiere, se donnent très peu de soin de se la procurer : il semble en général que toutes leurs coutumes invitent au repos ; les divans, où l'on est plutôt couché qu'assis, où l'on est bien, et d'où se lever est une affaire ; les habillements, dont les hauts-de-chausses sont des jupes où les jambes sont engagées ; les grandes manches qui couvrent huit pouces au-delà du bout des doigts ; un turban avec lequel on ne peut baisser la tête ; leur habitude de tenir d'une main une pipe de la vapeur de laquelle ils s'enivrent, et de l'autre un chapelet dont ils passent les grains dans leurs doigts ; tout cela détruit toute activité, toute imagination : ils rêvent sans objet, font sans goût chaque jour la même chose, et finissent par avoir vécu sans avoir cherché à varier la monotonie de leur existence. Les êtres qui ont besoin de se livrer à quelques travaux ne sont pas très différents des grands dont je viens de parler ; ils ont accoutumé ceux-ci à ne rien attendre de leur industrie hors de ce qui est la routine ordinaire : aussi n'en sortent-ils jamais, n'inventent-ils aucun moyen pour faire mieux, ne recherchent-ils pas même ceux qui sont inventés, et rejettent-ils tous ceux qui les obligent à se tenir debout, chose pour laquelle ils ont le plus d'aversion ; le menuisier, le serrurier, le charpentier, le maréchal, travaillent assis ; le maçon même éleve un minaret sans jamais être debout : comme les sauvages, ils n'ont guere qu'un outil ; on est tout étonné de ce qu'ils en savent faire ; on seroit tenté même de leur croire de l'adresse si, vous ramenant sans cesse à leur coutume, ils ne vous forçoient bientôt à penser que, semblables à l'insecte dont on admire le travail, ce n'est qu'un instinct dont il n'est pas en eux de s'écarter. Le despotisme, qui commande toujours et ne récompense jamais, n'est-il pas la

source

source et la cause permanente de cette stagnation de l'industrie ? J'ai vu depuis, dans la Haute Egypte, les Arabes artisans, éloignés de leur maître, venir chercher nos soldats manufacturiers, travailler avec eux, nous offrir leurs services, et, sûrs d'un salaire proportionné, s'efforcer de nous satisfaire, et recommencer leurs travaux pour y parvenir ; regarder avec enthousiasme l'effet du moulin à vent, et voir battre le mouton avec le saisissement de l'admiration : un secret sentiment de paresse leur inspiroit peut-être cette admiration pour ces deux machines qui suppléent à tout ce qui nécessite leurs plus grands travaux, l'obligation d'élever les eaux, et de faire des digues pour les retenir ? Ils bâtissent le moins qu'ils peuvent ; ils ne réparent jamais rien : un mur menace ruine, ils l'étayent ; il s'éboule, ce sont quelques chambres de moins dans la maison ; ils s'arrangent à côté des décombres : l'édifice tombe enfin, ils en abandonnent le sol, ou, s'ils sont obligés d'en déblayer l'emplacement, ils n'emportent les plâtras que le moins loin qu'ils peuvent ; c'est ce qui a élevé autour de presque toutes les villes d'Egypte et particulièrement du Caire, non pas des monticules, mais des montagnes, dont l'œil du voyageur est étonné, et dont il ne peut tout d'abord se rendre compte. J'ai fait la vue de ces montagnes.

Il y a quelques édifices considérables au Caire, que je crois qu'il faut attribuer au temps des califes, tels que le palais de Joseph, le puits de Joseph, les greniers de Joseph, dont tous les voyageurs ont parlé, et quelques uns en laissant subsister la tradition populaire que ces monuments sont dûs aux soins prévoyants du Joseph de Putiphar : il faudroit pour cela que le Caire fût aussi ancien que Memphis, et qu'alors il y eût eu déjà des villes ruinées près de cette ville, puisque ces palais sont bâtis de ruines plus antiques : au reste, ces édifices portent les caracteres de tout ce qu'ont bâti les Musulmans dans cette région, c'est-à-dire qu'ils offrent un mélange de magnificence, de misere, et d'ignorance ; ces demi-barbares prenoient, pour

élever

élever des constructions colossales, tous les matériaux qui étoient le plus à leur portée, et les employoient à mesure qu'ils les trouvoient sous leurs mains. L'aqueduc qui apporte de l'eau du vieux Caire au château, après lui avoir fait faire mille soixante toises de chemin, seroit un édifice à citer, si dans sa longueur il n'étoit vicié de toutes ces inconséquences.

Le château, bâti sans plan, sans vrais moyens de défense, a cependant quelques parties assez avantageusement disposées; le pacha y étoit logé, ou plutôt enfermé; la seule piece remarquable de son quartier est la salle du divan où s'assembloient les beys, et qui a été souvent le lieu des scenes sanglantes de ce gouvernement orageux. On y voit aussi le puits de Joseph, taillé dans le roc à deux cents soixante-neuf pieds de profondeur : Norden en a donné tous les détails. Le palais de Joseph, dont je viens de faire mention, est d'une belle conception dans son plan : je n'ai pu voir sans une espece d'admiration l'emploi que les architectes Arabes ont su faire des fragments antiques qu'ils ont fait entrer dans leur construction, et avec quelle adresse ils y ont mêlé quelquefois des ornements de leur goût.

A présent que les Turcs ne trouvent plus sous leurs mains de colonnes de l'ancienne Egypte, qu'ils continuent d'élever des mosquées sans démolir celles qui s'écroulent, ils chargent les Francs de leur faire venir des colonnes à la douzaine : ceux-ci les achetent de toute grandeur à Carare ; arrivées, les architectes Musulmans les garnissent de cercles de fer à leur astragale, et leur font porter les arcs des portiques des mosquées. Les ornements Sarrasins qui commencent au départ de ces colonnes d'un style Grec mesquin en composent un mélange d'architecture du goût le plus détestable qu'on puisse imaginer : leurs minarets et leurs tombeaux sont les seules fabriques où ils aient conservé le style Arabe dans toute son intégrité ; si l'on n'y retrouve pas ce qui doit être la beauté de l'architecture, la rassurante solidité, du moins on y voit avec plaisir des ornements qui font richesse, sans offrir

de

de pesanteur, et une élégance si bien combinée, qu'elle ne rappelle jamais l'idée de la sécheresse et de la maigreur. Le cimetiere des Mamelouks en est un exemple : en sortant des masures du Caire, on est tout étonné de voir une autre ville toute de marbre blanc, où des édifices, élevés sur des colonnes couronnées de dômes, ou de palanquins peints, sculptés et dorés, forment un ensemble grâcieux et riant ; il ne manque que des arbres à cette retraite funebre pour en faire un lieu de délices : enfin il semble que les Turcs qui bannissent la gaieté de par-tout veuillent encore l'enterrer avec eux.

### Insurrection au Caire.

J'ÉTOIS au moment d'achever le dessin de ce sanctuaire de la mort, si ridiculement festonné, lorsque j'entendis des cris,; je crus d'abord que c'étoit un enterrement qui, selon l'usage, étoit suivi par des pleureuses à gages ; mais je vis bientôt qu'au lieu de se lamenter ces femmes fuyoient, et me faisoient signe de les suivre : l'idée du fléau du pays me vint à l'esprit ; mais découvrant un grand espace, et ne voyant point d'Arabes ni rien qui pût y ressembler, je me remis à dessiner. A peine assis, je vis fuir les hommes aussi ; et me trouvant isolé assez loin de nos postes, je pensai qu'il étoit plus prudent de m'en rapprocher : je trouvai quelque agitation dans les rues, de la surprise dans les regards de ceux qui me fixoient. Arrivé à la maison, j'apprends qu'il y a du bruit dans la ville, que le commandant vient d'être assassiné ; des fusillades se font entendre : le palais de l'institut, attenant à la campagne, situé au milieu de grands jardins où l'on jouissoit d'une tranquillité délicieuse en temps de paix, dans les circonstances fâcheuses devenoit un quartier abandonné, et le premier attaqué par les

Arabes,

Arabes, s'ils étoient appelés par les gens du pays, ou s'ils venoient pour leur compte ; du côté de la ville, il étoit voisin de la partie du peuple la plus pauvre, et conséquemment la plus à craindre. Nous apprîmes que la maison du général Caffarelli venoit d'être pillée, que plusieurs personnes de la commission des arts y avoient péri : nous fîmes la revue de ceux qui manquoient parmi nous ; quatre étoient absents ; une heure après nous sûmes par nos gens qu'ils avoient été massacrés. Nous n'avions point de nouvelles de Bonaparte ; la nuit arrivoit ; les fusillades étoient partielles ; les cris s'entendoient de toutes parts ; tout annonçoit un soulevement général. Le général Dumas, revenant de poursuivre les Arabes, avoit fait un grand carnage des rebelles en rentrant dans la ville ; il avoit coupé la tête d'un chef des séditieux pendant qu'il haranguoit le peuple ; mais toute une moitié de la ville et la plus populeuse s'étoit barricadée ; plus de quatre mille habitants étoient retranchés dans une mosquée ; deux compagnies de grenadiers avoient été repoussées, et le canon n'avoit pu pénétrer dans les rues étroites et tortueuses ; les pierres, les lances trouvoient leur victime sans qu'on vît d'ennemis : le général nous envoya un détachement qu'il fut obligé de nous retirer à minuit : ce qui exagéra pour l'institut le danger de sa situation. La nuit fut assez calme, car les Turcs n'aiment point à se battre quand il fait noir, et se font un cas de conscience de tuer leurs ennemis dès que le soleil est couché : par un autre principe, moi, ayant toujours pensé que, dans les cas périlleux, dès que la prévoyance est inutile elle n'est plus qu'une vaine inquiétude, et me fiant sur la terreur des autres pour être éveillé en cas d'alerte, j'allai me coucher. Le lendemain la guerre recommença avec les premiers rayons du jour : on nous envoya des fusils ; tous les savants se mirent sous les armes ; on nomma des chefs ; chacun avoit son plan, mais personne ne

P       croyoit

croyoit devoir obéir. Dolomieu, Cordier, Delisle, Saint-Simon, et moi, nous étions logés loin des autres ; notre maison pouvoit être pillée par qui auroit voulu en prendre la peine : soixante hommes venoient d'arriver au secours de nos confreres : rassurés sur leur compte, nous prîmes le parti d'aller nous retrancher chez nous de maniere à tenir quatre heures au moins, si l'on nous attaquoit avec des forces ordinaires, et attendre ainsi le secours que notre feu auroit sans doute appelé. Nous crûmes un moment être investis ; nous avions vu fuir tous les paisibles habitants ; les cris s'entendoient sous nos murs, et les balles siffloient sur nos terrasses ; nous les démolissions pour écraser avec leurs matériaux ceux qui seroient venus pour enfoncer nos portes ; dans un cas extrême, l'escalier, par où l'on pouvoit nous atteindre, étoit devenu une machine de guerre à ensevelir tous nos ennemis à la fois : nous jouissions de nos travaux, lorsqu'enfin la grosse artillerie du château vint faire la diversion après laquelle je soupirois ; elle produisit tout l'effet que j'en attendois : la consternation succéda à la fureur : on ne pouvoit battre la mosquée ; mais elle devint le seul point de rassemblement des ennemis, tout le reste demanda grâce ; la mosquée même fut tournée, une batterie lui apprit que chez nous la guerre ne cessoit pas avec le jour : ils leverent leurs barricades, crurent pouvoir faire une sortie, furent repoussés, et se rendirent. Le reste de la nuit fut calme ; le lendemain nous fûmes libres.

Nous venions de conquérir le Caire, qui la premiere fois n'avoit fait que se rendre au vainqueur des Mamelouks : les apathiques et timides Egyptiens avoient souri au départ de ceux qui les vexoient par des injustices et des avanies sans nombre ; mais bientôt ils avoient regretté leurs tyrans, quand il avoit fallu payer leurs libérateurs ; revenus de leur premiere terreur, ils avoient écouté contre nous leur moufti, et, animés par un

enthou-

enthousiasme fanatique, ils avoient conspiré dans le silence. Il eût peut-être fallu livrer sans exception au trépas tous ceux dont les yeux avoient vu se replier des compagnies de François ; mais la clémence avoit devancé le repentir : aussi l'esprit de vengeance ne fut point étouffé par la consternation ; c'est ce que je lus le lendemain dans l'attitude et dans l'expression de la physionomie des mécontents ; je sentis que si avant la journée du 22 Octobre nous étions déjà circonscrits par un cercle d'Arabes, un cercle plus étroit venoit de nous enceindre, et que désormais nous ne marcherions plus qu'à travers de nos ennemis. On arrêta, on punit quelques traîtres, mais on rendit les mosquées qui avoient été l'asyle du crime ; et l'orgueil des coupables s'investissoit de cette condescendance : le fanatisme ne fût pas terrassé par la terreur ; et, quelque danger que l'on pût faire envisager à Bonaparte, rien ne put altérer le sentiment de bonté qu'il déploya dans cette circonstance : il voulut être aussi clément qu'il auroit pu être terrible ; et le passé fut oublié, tandis que nous comptions des pertes nombreuses et importantes.

Le général Dupuis, excellent capitaine, qui, pendant deux ans dans les brillantes campagnes d'Italie, avoit bravé tous les dangers dont est semée la carriere de la gloire, est assassiné dans une reconnoissance par un coup lâchement asséné ; un couteau au bout d'un bâton, lancé par l'embrasure d'une fenêtre, lui coupe l'artere du bras, et il expire au bout de quelques instants : le jeune et brave Sulkowsky, à peine guéri des blessures dont l'avoit couvert le combat chevaleresque de Salayer, va reconnoître l'ennemi, le voit, l'attaque, malgré la disproportion du nombre, le culebute, le poursuit, tombe dans une embuscade ; son cheval percé d'une lance se renverse sur lui, et il est écrasé par celui qui vole à son secours : ainsi finit un des officiers les plus distingués de l'armée ; observateur dans les marches,

marches, chevalier dans les combats, la plume délassoit ses mains des fatigues des armes; il venoit de décrire la marche sur Belbeys avec autant de grâce et d'intérêt qu'un autre en auroit pu mettre à raconter les combats qu'il y avoit soutenus, les blessures glorieuses qu'il y avoit reçues: ambitieux de la gloire, ce jeune étranger avoit cru ne la trouver que dans nos bataillons; captivant la vivacité de son caractere, il avoit mesuré ses mouvements sur ceux de celui qu'il avoit choisi pour maître; il poussoit l'envie d'en être distingué, jusqu'à la jalousie; et la tâche qu'il s'étoit proposée donnoit la mesure de ce qu'on pouvoit attendre de lui. J'avois été confident des passions de sa jeunesse; je l'étois de sa noble ambition; elle étoit belle et grande; c'étoit par l'étude, c'étoit par un mérite réel qu'il vouloit parvenir. Il n'y avoit que quelques heures que, dans un épanchement amical, il venoit de m'intéresser par son énergie, lorsque la nouvelle de sa mort vint flétrir et froisser mon âme; c'étoit un des officiers que je pouvois le plus aimer, et ce fut peut-être sa perte qui jeta un voile triste sur la victoire du 22 Octobre.

Si la populace, quelques grands, et tous les dévots se montrerent fanatiques et cruels dans la révolte du Caire, la classe moyenne, celle où dans tous les pays résident la raison et les vertus, fut parfaitement humaine et généreuse, malgré les mœurs, la religion, et la langue, qui nous rendoient si étrangers les uns aux autres: tandis que des galeries des minarets on excitoit saintement au meurtre, tandis que la mort et le carnage parcouroient les rues, tous ceux dont les François habitoient les maisons s'empressoient de les sauver, de les cacher, de venir au-devant de leurs besoins: une vieille dame du quartier où nous demeurions nous fit dire que notre mur étoit mitoyen, que si nous étions attaqués nous n'avions qu'à l'abattre, et que son harem seroit notre asyle; un voisin, sans que

nous

nous l'en eussions prié, nous fit des provisions aux dépens des siennes, tandis qu'on ne trouvoit rien à acheter dans la ville, et que tout annonçoit la disette : il ôta tous les signes qui pouvoient faire remarquer notre demeure, et vint fumer devant notre porte pour écarter les assaillants, en leur faisant croire que la maison étoit à lui : deux jeunes gens, poursuivis dans la rue, sont enlevés par des personnes inconnues, et portés dans une maison ; ils se regardent comme des victimes réservées à un tourment d'une cruauté plus réfléchie ; ils deviennent furieux ; leurs ravisseurs, ne pouvant espérer de se faire comprendre, leur livrent leurs enfants, comme des gages sinceres de la douceur et de la bienfaisance de leurs intentions. On pourroit citer nombre d'autres anecdotes d'une sensibilité aussi délicate, qui rattachent à l'humanité dans les moments où elle semble briser tous ses liens. Si le grave musulman réprime l'expression de sensibilité qu'ailleurs on se feroit gloire de manifester, c'est qu'il veut conserver la noble austérité de son caractere. Mais passons à d'autres objets.

*Caves de Saccara.—Momies d'Ibis.—Psylles.*

On venoit d'ouvrir des caves à Saccara, on avoit trouvé dans une chambre sépulchrale plus de cinq cents momies d'Ibis, on m'en avoit donné deux ; je ne pus pas tenir au désir d'en ouvrir une : le citoyen Geoffroi et moi nous nous mîmes seuls à une table avec tous les moyens de procéder tranquillement à son ouverture ; et, pour ne pas laisser vieillir mes idées sur cette opération, et n'en pas perdre une circonstance, je me mis en devoir d'en dessiner chaque développement, et d'en faire une espece de procès-verbal.

... Il existe une variété très sensible dans le soin donné à ces embaumemens d'oiseaux ; il n'y a que le pot de terre qui soit le même pour tous. Cette inégalité de soin dans des momies prises dans la même cave prouve qu'il y avoit aussi, comme pour les hommes, variété dans le prix de l'opération, par conséquent que c'étoient des particuliers qui faisoient cette dépense, et qu'ainsi il est à présumer que les oiseaux embaumés n'avoient pas été également nourris dans quelques temples ou par quelques colléges de prêtres en reconnoissance des services que rendoit l'espece. S'il en eût été des oiseaux comme du dieu Apis, un seul individu auroit suffi, et on ne trouveroit pas de ces pots par milliers. On doit donc croire que l'ibis, destructeur de tous les reptiles, devoit être en vénération dans un pays où ils abondoient à une certaine époque de l'année ; et, comme la cicogne en Hollande, cet oiseau s'apprivoisant aussi par l'accueil qu'on lui faisoit, chaque maison avoit les siens affidés, auxquels après leur mort chacun, suivant ses moyens, donnoit les honneurs de la sépulture. Hérodote dit qu'on lui avoit conté que dans les premiers temps connus il y en avoit en abondance ; qu'à mesure que les marais de la Haute Egypte s'étoient desséchés, ils avoient gagné la Basse pour suivre leur pâture ; ce qui s'accorderoit assez avec ce que rapportent les voyageurs que l'on en voit encore quelquefois au lac Menzaléh. Si l'espece avoit déjà diminué du temps d'Hérodote, il n'est pas étonnant que son existence devienne presque problématique de nos jours. Hérodote raconte que les prêtres d'Héliopolis lui avoient dit qu'à la retraite des eaux du Nil il arrivoit, par les vallées qui séparent l'Egypte de l'Arabie, des nuées de serpens ailés, que les ibis alloient au-devant de ces serpens et les dévoroient ; il ajoute qu'il n'avoit pas vu les serpens ailés, mais qu'il étoit allé dans les vallées, et avoit trouvé des squelettes innombrables de ces monstres. Je crois, n'en déplaise au patriarche de l'histoire, que l'ibis n'avoit pas besoin qu'on lui créât des

dragons

dragons d'Arabie pour le rendre intéressant à l'Egypte qui produit d'elle-même tant de reptiles mal-faisants; mais le respectable Hérodote étoit Grec, et il aimoit le merveilleux.

Il n'est plus question de serpents ailés en Egypte; mais cet animal y conserve encore quelque prestige. J'étois chez le général en chef un jour qu'on y introduisit des psylles : on leur fit plusieurs questions relativement au mystere de leur secte, et la relation qu'elle a avec les serpents auxquels ils paroissent commander; ils montroient plus d'audace que d'intelligence dans leurs réponses : on vint à l'expérience : Pouvez-vous connoître, leur dit le général, s'il y a des serpens dans ce palais? et, s'il y en a, pouvez-vous les obliger de sortir de leur retraite? Ils répondirent par une affirmation sur les deux questions : on les mit à l'épreuve; ils se répandirent dans les appartements; un moment après ils déclarerent qu'il y avoit un serpent; ils recommencerent leur recherche pour découvrir où il étoit, prirent quelques convulsions en passant devant une jarre placée à l'angle d'une des chambres du palais, et indiquerent que l'animal étoit là; effectivement on le trouva. Ce fut un vrai tour de Comus; nous nous regardâmes, et convînmes qu'ils étoient fort adroits.

Toujours curieux d'observer les moyens que les hommes emploient pour commander à l'opinion, j'avois regretté de ne m'être pas trouvé à Rosette à la procession de la fête d'Ibrâhym, où les convulsions des psylles sont pour le peuple la partie la plus intéressante de cette fonction religieuse : pour me dédommager je m'adressai au chef de la secte, qui étoit concierge de l'okel ou auberge des Francs; je le flattai : il me promit de me rendre spectateur de l'exaltation d'un psylle auquel il auroit *soufflé l'esprit*, c'étoient ses expressions. Il crut dans ma curiosité reconnoître un prosélyte, et me proposa de m'initier : j'acceptai; mais ayant appris que dans la cérémonie de réception le grand maître crachoit dans la bouche du néophyte,

cette

cette circonstance refroidit ma vocation, et je sentis qu'elle ne résisteroit pas à cette épreuve ; je donnai de l'argent au concierge, et le grand-prêtre me promit de me faire voir un inspiré. Effectivement le moment arriva ; le chef de la secte me vint trouver avec tout le sérieux de sa suprématie : il étoit vêtu d'une longue robe, dont la magnificence étoit relevée par le dépenaillement des trois initiés qui l'accompagnoient, et qui n'avoient que quelques haillons sur le corps.

Ils avoient apporté des serpents ; ils les sortirent d'un grand sac de cuir où ils les tenoient, et les firent se dresser et siffler en les irritant. Je remarquai que la lumière étoit principalement ce qui causoit leur irritation, car dès qu'on les remettoit dans le sac leur colère cessoit, et ils ne cherchoient plus à mordre ; ils avoient cela de particulier qu'au-dessous de leur tête, dans la longueur de six pouces, la colere dilatoit leur peau de la largeur de la main. Je vis parfaitement que je ne craignois pas plus la morsure des serpents que les psylles ; car ayant bien remarqué comment en les attaquant d'une main, ils les saisissoient avec l'autre tout auprès de la tête, j'en fis, à leur grand scandale, tout autant qu'eux, et sans danger. On passa de ce jeu au grand mystere : un des psylles prit un des serpents à qui il avoit d'avance rompu la mâchoire inférieure, et dont il ratissa encore les gencives jusqu'à l'amputation totale du palais ; cela fait, il l'empoigna avec l'affectation de l'emportement, s'approcha du chef, qui, avec celle de la gravité, lui accorda le souffle ; c'est-à-dire qu'après quelques paroles mystérieuses il lui souffla dans la bouche ; à l'instant l'autre, saisi d'une sainte convulsion, les bras et les jambes crispés, les yeux hors de la tête, se mit à déchirer l'animal avec les dents ; et ses deux acolythes, touchés de ce qu'il paroissoit souffrir, le retenant avec peine, lui arracherent de la main le serpent, qu'il ne vouloit pas leur abandonner ; dès qu'il en fut séparé il resta comme stupide : le chef s'approcha de lui,

marmotta

marmotta quelques mots, reprit l'esprit par aspiration, et il redevint dans son état naturel ; mais celui qui s'étoit saisi du serpent, tourmenté de l'ardeur de consommer le mystere, vint aussi demander le souffle, et comme il étoit plus vigoureux que le premier, ses cris et ses convulsions furent encore plus forts et plus ridicules. Je me crus assez initié ; et cette grossiere jonglerie finit.

Cette secte des psylles remonte dans ces contrées à la plus haute antiquité : elle existoit particulierement dans la Cyrénaïque ; le dieu Knuphis, ou l'architecte de l'univers, selon Strabon et Eusebe, étoit adoré à Eléphantine sous la figure d'un serpent. Depuis le serpent d'Eden jusqu'à celui d'Achmin, dont nous parle Savary, ce reptile jouit d'une célébrité non interrompue : après avoir été la tentation de notre premiere mere, on lui fit lâcher la pomme, se mordre la queue, et il fut l'emblême de l'éternité ; on le fit monter le long d'un bâton, et il devint le dieu de la santé ; les Egyptiens en attacherent deux autour d'un globe, pour représenter peut-être l'équilibre du système du monde ; les Indiens le mirent à la main de toutes leurs divinités : nous en avons fait la justice, nous en avons fait la prudence : le serpent d'airain chez les Hébreux ; celui d'Elcrme et le serpent Python chez les Grecs ; et tout récemment le dévirgineur Harridi chez les Musulmans, etc. : et cependant tant d'illustrations n'ont rien changé au principe de modestie de ce sage animal ; il continue de chercher l'obscurité, il fuit l'éclat, et il n'éleve sa tête qu'à la moitié de sa grandeur. Pourquoi donc cette célébrité ? pourquoi ce culte unanimement accordé à ce reptile ? Il a suivi le précepte de l'Ecriture : Humilie-toi, et tu seras élevé ; il a rampé, et il est parvenu.

*Anes.*

*Anes.*

Les chameaux sont les charrettes du Caire; ils y apportent toutes les provisions, et en remportent les ordures: les chevaux de selle y tiennent lieu de voitures, et les ânes de fiacres; on en trouve dans toutes les rues de tout bridés, et toujours prêts à partir. Cet animal, sérieux en Europe, toujours plus triste à mesure qu'il s'approche du nord, est en Egypte dans le climat qui lui est propre; aussi semble-t-il y jouir de la plénitude de son existence: sain, agile et gai, c'est la plus douce et la plus sûre monture qu'on puisse avoir; il va tout naturellement l'amble ou le galop, et, sans fatiguer son cavalier, lui fait traverser rapidement les longs espaces qu'il faut parcourir au Caire. Cette maniere d'aller me paroissoit si agréable que je passois ma vie sur les ânes: peu de temps après mon arrivée, j'étois connu de tous ceux qui les louent; ils étoient au fait de mes habitudes, portoient mon porte-feuille et ma chaise à dessiner, et me servoient d'écuyers tout le jour: en leur payant courses doubles, ils montoient d'autres ânes; et j'allois ainsi aussi vîte qu'avec les meilleurs chevaux, et beaucoup plus long-temps. C'est de cette maniere que, dans mes promenades, j'ai fait les dessins du canal qui amene l'eau du Nil au Caire à l'époque de l'inondation.

Chargé par l'institut d'un rapport sur des colonnes qui sont près du vieux Caire, je fis,

1.º Le dessin de l'aqueduc;

2.º Les tombeaux des califes à l'est du Caire, hors des murs;

3.º Une vue du vieux Caire;

4.º Une autre vue du vieux Caire;

5.º Une vue de Boulac;

6.º Une

6.° Une autre vue des tombeaux des califes ;
7.° Une attaque d'Arabes ;
8.° Une vue du jardin de l'institut.

*Départ du Caire pour la Haute Egypte.—Pyramides de Ssakharah et de Medoun.—Arbre Sacré.—Desaix.—Mourad-Bey— Bataille de Sédiman.*

J'ÉTOIS fort bien au Caire ; mais ce n'étoit pas pour être bien au Caire que j'étois sorti de Paris. Il arriva une caravane Arabe ; elle venoit du Mont-Sinaï ; elle apportoit du charbon, de la gomme, et des amandes ; elle étoit composée de cinq cents hommes, et sept cents chameaux ; c'étoit une maniere bien dispendieuse d'apporter des marchandises qui devoient produire si peu d'argent : mais ils avoient besoin de choses qu'ils ne pouvoient trouver ailleurs, et ils n'avoient que du charbon à donner en échange : quelques uns des leurs avoient essayé d'escorter des Grecs, un mois auparavant, pour savoir si les François, maîtres du Caire, ne mangeoient pas les Arabes ; on les avoit bien traités, ils arriverent en caravanes. Le général en chef désiroit que quelqu'un profitât de leur retour pour prendre connoissance de la route de Tor : je fus tenté de faire celle des Israélites ; j'offris au général d'entreprendre ce voyage pourvu qu'il assurât mon retour : il me dit qu'il garderoit le chef de la caravane en ôtage : il rioit à mon imagination de penser que de là à douze jours je connoîtrois et j'aurois dessiné les sites de la partie merveilleuse de l'expédition de Moïse depuis son départ de Memphis jusqu'à son arrivée dans le désert de Pharan ; que, sans y rester quarante ans, j'aurois vu en peu de jours le Mont-Sinaï, tra-

versé

versé un des points de la terre dont les annales remontent le plus haut, le berceau de trois religions, la patrie de trois législateurs qui ont gouverné l'opinion du monde, sortis tous trois de la famille d'Abraham.

A la premiere proposition que je fis au chef des Arabes, il me dit que pour tout l'or du monde il ne se chargeroit pas de moi ; que ce seroit risquer ma vie, celle des moines du Mont-Sinaï, et celle de tous les individus de la caravane, parceque deux tribus puissantes, les Ovadis et les Ayaidis, avoient des vengeances à tirer des François. Comme je venois rendre compte de ma mission au général en chef, il donnoit des ordres pour envoyer un convoi à Desaix : je voulois partir pour l'orient ; je lui demandai un passe-port pour le sud, et quelques heures après j'étois déjà en chemin.

Le lendemain, à la pointe du jour, nous nous trouvâmes à une lieue de Ssakharah, n'ayant fait, faute de vent, que quatre lieues dans la nuit. Je fis un dessin de ce que je voyois des pyramides de Ssakharah, qui paroissent occuper l'espace de deux lieues. Quoiqu'éloigné du fleuve, je pus distinguer que la plus proche, de grandeur moyenne, est à gradins élevés ; viennent ensuite d'autres petites pyramides presque détruites: à une demi-lieue de celles-ci, il y en a une qui paroît avoir autant de base que la plus grande de celles de Gizeh, mais moins d'élévation ; elle est très bien conservée : à une autre demi-lieue de cette derniere il y en a une qui est la plus grande de toutes celles de Ssakharah ; sa forme est irréguliere, c'est-à-dire que la ligne de son arrête a la courbure d'une console renversée : tout près de celle-ci il y en a une petite ; et plus proche du Nil une autre absolument en ruine, et qui n'a plus la forme que d'un rocher gris-brun ; sa couleur est produite par les matériaux, qui me parurent être de brique non cuite : je crois que

le

le rivage du fleuve nous en cachoit encore d'autres plus petites. Cette multitude de pyramides, la plaine des momies, les caves des ibis, tout prouve que le territoire de Ssakharah étoit la Nécropolis au sud de Memphis, et le faubourg opposé à celui-ci, où sont les pyramides de Gizeh, une autre ville des morts, qui terminoit Memphis au nord, et qui donne encore aujourd'hui la mesure de son étendue.

L'après midi, vis-à-vis Missenda, nous vîmes encore une pyramide fort grande, mais si fruste que dans tout autre pays que l'Egypte, à la grande distance d'où on la voit du Nil, on la prendroit pour un monticule : une lieue plus loin il y en a encore une et plus grande et plus déformée.

Les petites isles qui sont à cette hauteur étoient couvertes de canards, de hérons, et de pélicans.

Vers le soir nous vîmes la pyramide de Medoun, entre les villages de Rigga et Caffr-êl-Risk.

Nous arrivâmes dans la nuit à Saoyé : le général Belliard m'offrit obligeamment de partager sa demeure : c'étoit bien partager un infiniment petit; nos lits occupoient toute notre chambre; on les ôtoit pour mettre la table, et on ôtoit la table lorsque nous avions quelque toilette à faire. Cette association fut aussi heureuse qu'étroite, car nous ne nous quittâmes plus de la campagne; je désire qu'il ait conservé de moi un souvenir aussi agréable que celui que m'ont laissé sa douceur, son égalité, et l'amabilité inaltérable de son caractère. La seconde nuit, notre cuisine éboula, ainsi que notre écurie ; mais, aussi phlegmatiques que des Musulmans, nous ne désemparâmes pas ; et d'ailleurs malgré cet accident, cette maison étoit encore la meilleure et la plus apparente du village. Dans cette partie de l'Egypte toutes les constructions sont faites de boue et de paille hachée cuite au soleil : les escaliers,

liers; les embrasures, les fours, les ustensiles, et les ameublements sont de même matiere ; de sorte que, s'il étoit possible qu'il y eût un changement momentanée dans l'ordre que la nature a fixé inperturbablement en Egypte, s'il arrivoit, par exemple, que des vents extraordinaires arrêtassent et fissent dissoudre un des groupes de nuages que le vent du nord pousse dans l'été contre les montagnes de l'Abyssinie, les villes et villages seroient délayés et liquéfiés en quelques heures, et l'on pourroit semer sur leur emplacement : mais, grâce au climat, une maison bâtie d'une maniere aussi frêle dure la vie d'un homme ; ce qui suffit à celui dont le fils doit racheter de son souverain le sol qu'il a déjà payé.

Le lendemain de mon arrivée, une colonne de trois cents hommes alloit lever *le miri* ou l'imposition territoriale, et une réquisition de chevaux et de buffles : nous suivions en cela les manieres des Mamelouks, qui pour le même objet faisoient chacun dans la province qui lui étoit départie la même promenade militaire, en campant au-devant des villes et villages se nourrissant à leurs dépens jusqu'à l'acquittement de ce qu'ils avoient à recevoir. Cela rappelle ce que Diodore de Sicile dit des Egyptiens, qu'ils se croyoient dupes de payer ce qu'ils devoient, avant d'être battus pour y être contraints. Je pus remarquer que, sans jamais refuser, il n'y avoit sorte de moyens ingénieux qu'ils n'employassent pour retarder de quelques heures le désaisissement de leur argent.

Les mouvements de cette colonne devenoient un moyen avantageux de faire des découvertes et d'observer les particularités de l'intérieur du pays : cette premiere course m'approcha de la pyramide de Medoun, que j'avois vue de loin ; je n'en étois plus qu'à une demi-lieue, mais cet espace étoit traversé par le canal Jusef et un autre petit canal, et
nous

nous n'avions point de bateau ; avec une excellente lunette et le plus beau temps je pus en observer les détails, comme si je l'avois touchée : bâtie sur une plate-forme secondaire de la chaîne Libyque, sa forme est de cinq gradins en retraite ; la pierre calcaire dont elle est construite étant plus ou moins friable, sa base et son premier gradin sont plus dégradés que tous les autres, et, dans le milieu de l'élévation du second, il y a plusieurs assises qui ont éprouvé la même dégradation. En passant du village de Médoun à celui de Sapht je fus dans le cas d'observer trois faces de cette pyramide ; il paroît qu'on a tenté une fouille au second gradin du côté du Nord : les décombres, recouverts de sables, s'élèvent jusqu'à la hauteur de cette fouille, et ne laissent voir que les angles du premier gradin ; la ruine absolue commence au troisieme, dont il reste à-peu-près le tiers : la hauteur totale de ce qui existe de cette pyramide me parut être à-peu-près de deux cents pieds.

Tout le pays que nous avions parcouru étoit abondant, semé de bled, de sainfoin, d'orge, de feves, de lentilles, et de doura ou sorgo, qui est une espece de millet dont la culture est presque générale dans la Haute Egypte. Pendant que le grain de cette plante est en lait, les paysans le font griller comme le maïs : ils en mâchent la canne verte comme celle du sucre ; la feuille nourrit le bétail, la moëlle seche sert d'amadou ; la canne remplace le bois pour cuire et chauffer le four ; du grain on fait de la farine, et de cette farine on fait des gâteaux ; et rien de tout cela n'est bon.

Entre Medoun et Sapht, je trouvai les ruines d'une mosquée parmi lesquelles étoient de grandes colonnes de marbre cipolin : seroient-ce des débris de l'ancienne Nicopolis ? au reste je ne trouvai aux environs aucun arrachement de mur qui indiquât l'existence d'aucune antiquité.

De

De Sapht nous allâmes à un hameau, qui en est tout près, et qui est une espèce de forteresse de boue : cette retraite féodale est formée d'une enceinte traversée par quelques rues alignées ; dans cette enceinte est un petit château qui servoit de demeure au kiachef, le tout crenelé, avec un chemin couvert criblé de meurtrieres : le kiachef avoit émigré, ses satellites étoient dispersés, et leurs maisons étoient pillées ; les habitants des villages voisins avoient saisi cette occasion de prendre une revanche.

A notre seconde sortie nous allâmes à Meimound, village très riche, de dix mille habitants ; il est entouré, comme tous les autres, de monceaux d'ordures et de décombres, qui, dans un pays de plaine, forment autant de montagnes d'où l'on découvre tout le pays d'alentour : aussi les crêtes de ces monticules sont-elles chaque soir couvertes d'une partie des habitants, qui, accroupis, y respirent l'air, fument leur pipe, et observent si la plaine est tranquille. L'inconvénient de ces tas d'ordures, c'est d'offusquer les villages, de les rendre mal-sains en les privant d'air, d'empâter les yeux des habitants d'une poussiere fangeuse, mêlée de brins de paille imperceptibles, et d'être une des nombreuses causes des maux d'yeux dont l'Egypte est affligée.

De Meimound nous allâmes à El-Eaffer, joli village dans un excellent pays : on y recueille de la gomme, connue sous le nom de gomme Arabique, tirée de l'incision d'un mimosa, appelé épine Egyptienne, ou cassie, portant des boutons d'or très odoriférants : on nous donna à El-Eaffer de beaux chevaux et un bon déjeûner. Nous découvrîmes de là Aboussir, Benniali, Dallaste, Bacher, Tabouch, Bouch, Zeitoun, et Eschmend-êl-Arab. Nous trouvâmes à El-Eaffer une douzaine d'Arabes campés hors du village ; je dessinai la tente du chef, composée de neuf piquets, soutenant un mauvais tissu de laine, sous lequel étoient tous les meubles de son ménage, consistant en une natte, et un tapis de même étoffe que la tente ;

deux

deux sacs, l'un de bled pour le maître, et l'autre d'orge pour la jument; une grande jarre pour serrer les habits ; un moulin à bras pour faire la farine ; une cage à poulets, un vase à faire pondre les poules ; des pots, enfin des cafetieres et des tasses. Les femmes étoient hideuses, ainsi que les enfants. De El-Eaffer nous vînmes à Benniali; on ne nous y donna rien : nous emmenâmes les cheikhs ; et le lendemain on nous amena des chevaux, et on nous compta l'argent du miri. Je fis encore une vue de Zaoyé à sa partie sud, et laissai sans regret cette premiere station pour aller joindre Desaix, que je connoissois, que j'aimois, que je n'allois plus quitter, et dont le sort des opérations alloit être celui de mes voyages. Nous partîmes de Zaoyé, et vînmes coucher à Chendaouych, en repassant par Meimound et Benniali : les premiers arrivés à ce village en avoient trouvé les habitants armés; il en étoit résulté un mal-entendu pour lequel il y avoit eu des coups de fusil tirés; plusieurs d'entre eux avoient été tués : mais on s'étoit expliqué, et tout s'étoit arrangé. Un moment après nous entendîmes de grands cris, qui nous parurent annoncer quelque terrible catastrophe, ou en être la suite ; la hache de nos sapeurs avoit attenté aux branches seches d'un tronc pourri, qui avoit paru à nos soldats très propre à faire bouillir la soupe ; et ce fut bien un autre grief que le premier.

La croyance dans un Etre suprême, quelques principes de morale, enfin tout ce qui est raisonnable suffit à l'homme sage; mais aux passions de l'homme ignorant il faut des divinités intermédiaires, des divinités grossieres, analogues à sa grossiere imagination, des divinités vicieuses, pour ainsi dire, avec lesquelles il puisse traiter de ses habitudes vicieuses. La religion de Mahomet, qui se réduit à des préceptes, ne peut donc suffire à l'ignorance fantastique des Arabes; aussi, malgré leur aveugle respect pour le koran, et leur obéissance absolue pour tout ce qui vient de leur prophete, malgré l'anathême prononcé contre tout ce qui s'en écarte, ils n'ont n'ont pu se soustraire à l'hérésie, et au charme de l'idolâtrie : ils ont donc aussi des saints, auxquels ils n'assignent point de place à part dans leur paradis, où tout est commun, mais auxquels ils élevent des tombeaux, et dont ils réverent la cendre ; et ce qu'il y a d'étrangement stupide, c'est que ces saints ne deviennent l'objet de leur culte qu'après leur avoir servi de risée pendant leur vie. Ils attribuent aux *pauvres d'esprit*, quand ils sont morts, des pouvoirs et des influences : l'un est le père de la lumiere, et guérit le mal des yeux ; un autre est le père de la génération, et préside aux accouchements, etc., etc. La plupart de ces saints, accroupis à l'angle d'une muraille, ont passé leur vie à répéter sans cesse le mot *allah*, et à recevoir sans reconnoissance ce qui a suffi à leur subsistance ; d'autres à se frapper la tête avec des pierres ; d'autres, couverts de chapelets, à chanter des hymnes ; d'autres enfin, tels que les fakirs, à rester immobiles, et absolument nus, sans témoigner jamais la moindre sensation, et attendant une aumône, qu'ils ne demandent point, et dont ils ne remercient jamais. Outre cette idolâtrie, il en est encore d'autres qui ont du rapport avec la magie : ce sont, par exemple, des pierres, des arbres, qui recelent un bon ou un mauvais génie, et qui deviennent sacrés, dont on ne peut rien détacher sans profanation, auxquels on va faire des confidences domestiques, et communiquer ses projets ; le culte en est mystérieux et secret, mais on les révere publiquement. Il y avoit un arbre de ce genre à Chendaouyéh, et c'étoit le danger qu'il avoit couru qui avoit excité la rumeur : j'allai le voir, et je fus frappé de sa décrépitude : il n'y avoit plus qu'une de ses branches qui portât des feuilles, toutes les autres, desséchées et rompues, étoient scrupuleusement conservées à l'endroit où en se détachant du tronc elles étoient tombées sur le sol : j'examinai cet arbre avec attention ; j'y trouvai des cheveux attachés avec des clous, des dents, de petits sacs de cuir, de petits étendards, et tout près des tombeaux, des pierres isolées, un

siége

siége en forme de selle, sous lequel étoit une grosse lampe. Les cheveux avoient été cloués par des femmes pour fixer l'inconstance de leurs maris : les dents appartenoient à des adultes, qui les consacrent pour implorer le retour des secondes ; et de tous les miracles c'est le plus ordinaire, car ils possedent les plus belles et les meilleures dents : les pierres sont votives, afin que la maison que l'on va fabriquer soit toujours habitée par celui qui va la bâtir : le siège est le lieu où se met celui qui adresse son vœu de nuit, après avoir allumé la lampe qui est dessous ; cérémonie à laquelle j'aurois voulu assister pour en faire une vue avec l'effet mystérieux de la nuit. J'ai dessiné cet arbre tel que je l'ai vu ainsi qu'une figure de ces santons, et deux autres de ceux qui sont nus. J'ai aussi dessiné quelques figures particulieres de ces êtres, parmi lesquels il y en a qui sont du plus grand caractere, qui tiennent plutôt à l'élévation de l'histoire qu'aux formes triviales et avilies qui accompagnent d'ordinaire la misere et l'habitude de la mendicité.

A Chendaouyéh, nous bivouacquâmes dans un bois de palmiers, où pour la premiere fois je trouvai du gazon en Egypte. A peine nous étions enveloppés dans nos manteaux, une fusillade nous remit debout ; nous passâmes la nuit à faire la ronde des postes, et à chercher vainement ce qui nous avoit donné cette alerte : je fis un dessin de ce bivouac pittoresque. Le lendemain, nous arrivâmes à Bénésouef.

Desaix avoit été chargé de poursuivre Mourat-bey, et de faire la conquête de la Haute Egypte, où ce dernier s'étoit réfugié après la bataille des pyramides ; le même jour, la division Desaix étoit allé prendre position en avant du Caire ; et lui n'étoit venu dans cette ville que pour prendre les ordres du général en chef, et concerter ses mouvements avec les siens : il en étoit parti le 25 Août avec une flotille qui devoit convoyer sa marche.

Informé qu'une partie des provisions et munitions des Mamelouks étoit

étoit sur des bateaux à Rechuésé, Desaix avoit, malgré l'inondation, marché pour les enlever ; et la vingt-unième légere, ayant traversé huit canaux et le lac Bathen avec de l'eau jusque sous les bras, avoit atteint le convoi à Bénéseh, chassé les Mamelouks qui devoient le défendre, et s'en étoit emparé. Mourat avoit fui dans le Faïoum ; Desaix avoit rejoint sa division à Abougirgé, avoit marché sur Tarout-êl-Cherif, où il avoit pris position à l'entrée du canal Jusef, pour assurer ses communications avec le Caire. Arrivé à Siouth, où les Mamelouks n'avoient osé l'attendre, il avoit essayé de les joindre à Bénéadi, où ils s'étoient retirés avec leurs femmes et leurs équipages : les ayant enfin tous rassemblés dans le Faïoum, il étoit reparti de Siouth pour descendre à Tarout-êl-Cherif ; il y avoit embarqué son armée, lui avoit fait remonter le canal de Jusef, malgré les obstacles inouis qu'offroient les sinuosités de ce canal, malgré les attaques des Mamelouks, et les oppositions des habitants, étonnés de se voir obligés de servir au succès d'opérations qu'ils avoient regardées d'abord comme impossibles. Desaix arriva cependant à la hauteur de Manzoura, sur le bord du désert, où il joignit enfin Mourat : ne pouvant effectuer son embarquement sous le feu de l'ennemi, il fit virer de bord pour revenir à Minkia ; les Mamelouks, encouragés par cette contre-marche, harcellent les barques; des compagnies de grenadiers les chassent et les dispersent : le débarquement s'effectue, les troupes se forment en bataillons quarrés ; on reprend le chemin du désert, accompagné des barques, jusque vis-à-vis de Manzoura. Mourat-bey étoit à deux lieues ; tandis que son arriere-garde nous harcelle, il gagne les hauteurs, où on le voit se déployer avec toute la magnificence orientale. Avec des lunettes on put distinguer sa personne toute resplendissante d'or et de pierreries ; il étoit entouré de tous les beys et kiachefs qu'il commandoit. On marche

droit

droit à lui ; et cette brillante cavalerie, toujours incertaine dans ses opérations, cannonée par deux de nos pieces, les seules qui eussent pu suivre, s'arrête, se replie, et se laisse chasser jusqu'à Elbelamon. En la suivant, on s'étoit éloigné des barques ; nous manquions de vivres, il fallut rétrograder pour venir chercher du biscuit : l'ennemi croit que nous fuyons ; il nous attaque avec des cris qui ressemblent à des hurlements : nos canons en éloignent la masse ; mais les plus déterminés viennent avec leurs sabres braver notre mousqueterie, et enlever deux hommes jusque sous nos baïonnettes ; la nuit seule nous délivre de leur obstination. On regagne les barques, on se charge de biscuit, et après avoir pris quelque repos on se remet en marche. Pendant ce temps, Mourat-bey avoit fait venir à son armée un inconnu qui répandoit la nouvelle que les Anglois avoient détruit ce qu'il y avoit de François à Alexandrie, que les habitants du Caire avoient massacré ceux qui occupoient cette ville, enfin qu'il ne restoit en Egypte que cette poignée de soldats, que l'on avoit vu fuir la veille, et que l'on alloit anéantir : il y eut une fête ordonnée, et dans cette fête un simulacre de combat, où les Arabes représentant les François, avoient ordre de se laisser vaincre ; la fête se termina à la maniere des cannibales, c'est-à-dire qu'ils massacrerent les deux prisonniers qu'ils avoient faits deux jours auparavant.

Desaix avoit appris que Mourat étoit à Sediman, qu'il s'ébranloit pour le joindre et lui livrer bataille ; il résolut de l'attaquer lui-même ; dès que nous eûmes quitté le pays couvert et cultivé, et que sur une surface unie l'œil put nous compter, des cris d'une joie féroce se firent entendre ; mais la journée étoit avancée, les ennemis remirent au lendemain une victoire qu'ils croyoient assurée. La nuit se passa en fêtes dans leur camp ; leurs patrouilles venoient dans les ténebres insulter nos

avant-

avant-postes en contrefaisant notre langage. Au premier rayon du jour, on se forma en bataillon quarré avec deux pelotons aux flancs ; peu de temps après, on vit Mourat-bey à la tête de ses redoutables Mamelouks et huit à dix mille Arabes, couvrant vis-à-vis de nous un horizon d'une lieue d'étendue. Une vallée séparoit les deux armées ; il falloit la franchir pour attaquer ceux qui nous attendoient ; à peine nous voient-ils engagés dans cette position désavantageuse qu'ils nous enveloppent de toutes parts, et nous chargent avec une bravoure qui tenoit de la fureur : notre masse pressée rend leur nombre inutile ; notre mousqueterie les foudroie, et repousse leur premiere attaque : ils s'arrêtent, se replient comme pour prendre du champ, et tombent tous à la fois sur un de nos pelotons ; il en est écrasé ; tout ce qui n'est pas tué, par un mouvement spontanée se jette à terre : ce mouvement démasque l'ennemi pour notre grand quarré ; il en profite et le foudroie : ce coup de feu l'arrête de nouveau, et le fait encore se replier. Ce qui reste du peloton rentre dans les rangs ; on rassemble les blessés. Nous sommes de nouveau attaqués en masse, non plus avec les cris de victoire, mais avec ceux de la rage : la valeur est égale des deux côtés ; ils avoient celle de l'espérance, nous avions celle de l'indignation : nos canons de fusils sont entamés de leurs coups de sabres ; leurs chevaux sont précipités contre nos files, qui n'en sont point ébranlées ; ces animaux reculent à la vue de nos baïonnettes ; leurs maîtres les poussent tournés en arriere, dans l'espoir d'ouvrir nos rangs à force de ruades : nos gens, qui savent que leur salut est dans l'unité de leurs efforts se pressent sans désordre, attaquent sans engager ; le carnage est par-tout, et il n'y a point de mêlée : les tentatives impuissantes des Mamelouks excitent en eux un délire de fureur ; ils lancent contre nous les armes qui n'ont pu autrement nous atteindre, et, comme si ce combat dût être le dernier, nous

les

les voyons jeter fusils, tromblons, pistolets, haches, et masses d'armes; le sol en est jonché. Ceux qui sont démontés se traînent sous les baïonnettes, et viennent chercher avec leur sabre les jambes de nos soldats; le mourant rassemble sa force, et lutte encore contre le mourant, et leur sang, qui se mêle en abreuvant la poussiere, n'a pas appaisé leur animosité. Un des nôtres, renversé, avoit joint un Mamelouk expirant, et l'égorgeoit ; un officier lui dit : Comment, en l'état où tu es, peux-tu commettre une pareille horreur ? Vous en parlez bien à votre aise, vous, lui dit-il, mais moi, qui n'ai plus qu'un moment à vivre, il faut bien que je jouisse un peu.

Les ennemis avoient suspendu leur attaque ; ils nous avoient tué bien du monde ; mais en se repliant ils n'avoient pas fui, et notre position n'étoit pas devenue plus avantageuse : à peine s'étoient-ils retirés, que, nous laissant à découvert, ils firent jouer une batterie de huit canons, qu'ils avoient masquée, et qui, à chaque décharge, emportoit six à huit des nôtres. Il y eut un moment de consternation et de stupeur; le nombre des blessées augmentoit à chaque instant. Ordonner la retraite étoit rendre le courage à l'ennemi et s'exposer à toute sorte de dangers ; différer étoit accroître inutilement le mal et s'exposer à périr tous : pour marcher il falloit abandonner les blessés, et les abandonner étoit les livrer à une mort assurée ; circonstance affreuse dans toutes les guerres, et sur-tout dans la guerre atroce que nous faisions ! Comment donner un ordre ? Desaix, l'âme brisée, reste immobile un instant ; l'intérêt général commanda ; la voix de la nécessité couvrit les cris des malheureux blessés, et l'on marcha. Nous n'avions à choisir qu'entre la victoire ou une destruction totale ; cette situation extrême avoit, tellement rapproché tous les intérêts, que l'armée n'étoit plus qu'un individu, et que pour citer les braves il faudroit nommer tous ceux qui la composoient;

posoient: notre artillerie légere, commandée par le bouillant Tournerie, fit des prodiges d'adresse et de célérité ; et tandis qu'elle démonte en courant quelques canons des Mamelouks, nos grenadiers arrivent; la batterie est abandonnée ; cette cavalerie à l'instant s'étonne, s'ébranle, se replie, s'éloigne, et disparoît comme une vapeur ; cette masse décuple de forces s'évanouit, et nous laisse sans ennemis.

Jamais il n'y eut de bataille plus terrible, de victoire plus éclatante, de résultat moins prévu ; c'étoit un rêve dont il ne restoit qu'un souvenir de terreur : pour la représenter j'en fis deux dessins.

L'avantage réel que nous obtînmes à la bataille de Sediman fut de détacher les Arabes des Mamelouks ; mais nous devons encore compter parmi nos succès la terreur qu'acheva de donner à ces derniers notre maniere de combattre ; malgré la disproportion du nombre, la position désavantageuse où nous nous étions trouvés, malgré les circonstances qui avoient favorisé leurs armes, et qui avoient dû faire croire à notre destruction totale, le résultat du combat n'avoit été pour eux que la perte d'une illusion. Il s'ensuit que Mourat-bey n'espéra plus d'enfoncer les lignes de notre infanterie, ni de tenir contre ses attaques ou de les repousser : aussi ne nous laissa-t-il plus de moyens de le vaincre ; nous fûmes réduits à poursuivre un ennemi rapide et léger, qui, dans son inquiete précaution, ne nous laissoit ni repos ni sécurité. Notre maniere de guerroyer alloit être la même que celle d'Antoine chez les Parthes : les légions Romaines renversant les bataillons, sans compter de vaincus, ne trouvoient de résistance que l'espace que l'ennemi laissoit devant elles ; mais, épuisées de pertes journalieres, fatiguées de victoires, elles tinrent à fortune de sortir du territoire d'un peuple qui, toujours vaincu et jamais subjugué, venoit le lendemain d'une défaite harceler avec une audace toujours renaissante ceux à qui

la

la veille il avoit abandonné un champ de bataille toujours inutile au vainqueur.

La chaleur des jours, la fraîcheur des nuits dans cette saison, avoient affligé l'armée d'un grand nombre d'ophtalmies ; cette maladie est inévitable lorsque de longues marches ou de grandes fatigues sont suivies de bivouacs dans lesquels l'humidité de l'air répercute la transpiration : ces contrastes produisent des fluxions qui attaquent ou les yeux ou les entrailles.

Desaix, pressé de percevoir le miri et de lever des chevaux dans la province dont il vient de s'emparer, laisse trois cents cinquante hommes à Faïoum, et part pour réduire les villages que Mourat-bey avoit soulevés. Pendant qu'il parcourt la province, mille Mamelouks et un nombre de fellahs ou paysans viennent attaquer dans la ville ceux qui y étoient restés malades.

Le général Robin, et le chef de brigade Exuper, atteint aussi de l'ophtalmie, ainsi que ceux qu'il commandoit, font des prodiges de valeur, et repoussent de rue en rue un peuple d'ennemis, après en avoir fait un massacre épouvantable. Desaix rejoint ces braves, et toute l'armée marche sur Bénésouef pour disputer à Mourat-bey le miri de cette riche province.

Arrivé à Bénésouef, Desaix, pour se procurer les moyens de se remettre en campagne, alla au Caire ; il y rassembla et fit partir tout ce qu'il croyoit nécessaire pour assurer ses marches, et forcer Mourat à combattre. Redoutant les délices de la capitale, je restai à Bénésouef ; quelque peu pittoresque qu'il fût, j'en fis le dessin.

*Vallée*

*Vallée des Chariots.—Villages engloutis par le Sable.—Conjectures sur le Cours du Nil.*

Sur la rive gauche du Nil, vis-à-vis de Bénésouef, la chaîne Arabique s'abaisse, s'éloigne, et forme la vallée de l'Araba ou des Chariots, terminée par le Mont-Kolsun, fameux par les grottes des deux patriarches des Cénobites, S. Antoine et S. Paul, les fondateurs de la secte monastique, les créateurs de ce système contemplatif, si inutile à l'humanité, et si long-temps respecté par les peuples trompés. Sur le sol qui couvre les deux grottes qu'habiterent ces deux saints hermites, il existe encore deux monasteres, de l'un desquels on apperçoit, dit-on, le Mont-Sinaï au-delà de la Mer-Rouge. L'embouchure de cette vallée du côté du Nil n'offre qu'une triste plaine, dont une bande étroite sur le bord du fleuve est seule cultivée : au-delà de cette bande, on apperçoit encore quelques restes de villages dévorés par le sable ; ils offrent le spectacle affligeant d'une dévastation journaliere, produite par l'empiétement continuel du désert sur le sol inondé.

Rien n'est triste comme de marcher sur ces villages, de fouler aux pieds leurs toits, de rencontrer les sommités de leurs minarets, de penser que là étoient des champs cultivés, qu'ici croissoient des arbres, qu'ici encore habitoient des hommes, et que tout a disparu ; autour des murs, dans leurs murs, par-tout le silence : ces villages muets sont comme les morts dont les cadavres épouvantent.

Les anciens Egyptiens parlant de cet empiétement de sables le désignoient par l'entrée mystérieuse de Typhon dans le lit de sa belle-sœur Isis inceste qui doit changer l'Egypte en un désert aussi affreux que les

déserts

déserts qui l'avoisinent ; et ce grand événement arrivera lorsque le Nil trouvera une pente plus rapide dans quelques unes des vallées qui le bordent que dans le lit où il coule maintenant, et qu'il éleve tous les jours. Cette idée qui paroît d'abord extraordinaire, devient probable si l'on considere les lieux. L'élévation du Nil, l'exhaussement de ses rives, lui ont fait un canal artificiel, qui auroit déjà laissé le Faïoum sous les eaux, si le calif Jusef n'eût pas élevé des digues sur les anciennes, et creusé un canal d'embranchement au-dessous de Bénésouef, pour rendre au fleuve une partie des eaux que le débordement verse chaque année dans ce vaste bassin. Sans les chaussées faites pour arrêter l'inondation, les grandes crûes ne feroient bientôt qu'un grand lac de toute cette province : c'est ce qui faillit arriver, il y a vingt-cinq ans, par une inondation extraordinaire, dans laquelle le fleuve ayant surpassé les digues d'Hilaon, il y eut à craindre que toute la province ne restât sous les eaux, ou que le Nil ne reprît une route qu'il est presque évident qu'il a déjà tenue dans des siecles bien reculés. C'est donc pour remédier à cet inconvénient qu'on a fabriqué près d'Hilaon une digue graduée, où, dès que l'inondation est arrivée à la hauteur qui arrose cette province sans la submerger, il y a une décharge qui en partage la masse, en fait entrer la quantité nécessaire pour arroser le Faïoum, fait dériver le surplus, et la force à revenir au fleuve par d'autres canaux plus profonds. Si donc l'on osoit hasarder un système, on diroit que, plus anciennement que les temps les plus antiques dont nous avons connoissance, tout le Delta n'étoit qu'un grand golfe dans lequel entroient les eaux de la Méditerranée ; que le Nil passoit à l'ouverture de la vallée qui entre dans le Faïoum ; que par le fleuve sans eau il alloit former le Maréotis, qui en étoit l'embouchure dans la mer, ainsi que le lac Madier l'étoit de la bouche Canopite, et que les lacs de Bérélos et de Menzaléh le sont encore des bouches Sébénitique, Mendeïsienne,

sienne, Tanitique, et Pélusiaque ; que le lac Bahr-Belamé ou le lac sans eau sont les ruines de l'ancien cours de ce fleuve, dans lequel on trouve en pétrification d'irrévocables témoignages de débordement, de végétations, et de travaux humains, qui attestent que ce sol a été exhaussé par le cours du fleuve, et par cette perpétuelle fluctuation des sables qui marchent toujours de l'ouest à l'est; que le Nil, à une certaine époque, trouvant plus de pente au nord qu'au nord-ouest, où il couloit, s'est précipité dans le golfe que nous venons de supposer ; qu'il y a formé d'abord des marais, et puis enfin le Delta. Il résulteroit de là que les premiers travaux des anciens Egyptiens, tels que le lac Mœris, aujourd'hui le lac Bathen et la premiere digue, n'ont été faits d'abord que pour retenir une partie des eaux du débordement, pour en arroser la province d'Arsinoé, qui menaçoit de devenir stérile, et que, dans un temps postérieur, le lac Mœris ou Bathen ne recevant plus assez d'eau et ne pouvant plus arroser le Faïoum, on a été obligé de prendre le fleuve de plus haut, et de creuser le canal Jusef, qui porte sans doute le nom du calife qui aura fait cette grande opération ; mais en même temps, craignant que dans les grandes inondations le Faïoum ne fût inondé sans retour, ce prince aura élevé tout d'un temps de nouvelles digues sur les anciennes telles qu'elles existent maintenant, et fait creuser les deux canaux de Bouche et de Zaoyé, pour faire rentrer dans le fleuve le superflu des eaux.

Les observations sur les nivellements et sur les travaux des Egyptiens aux diverses époques, des plans et des cartes exacts, seront peut-être quelque jour le résultat d'une possession tranquille : ils établiront des certitudes à la place des systêmes ; ils feront connoître à quel degré les Egyptiens se sont de tout temps occupés du régime des eaux, et combien même, dans les siecles d'ignorance, ils ont encore dans cette partie conservé d'intelligence. Après cela, si le Nil continue à appuyer sur sa droite, à grossir,

comme

comme il fait déjà, la branche de Damiette aux dépens de celle de Rosette ; s'il abandonne cette derniere comme il a déjà fait de celle du fleuve sans eau, et ensuite de celle de Canope ; s'il laisse enfin le lac de Bérélos pour se jeter tout entier dans celui de Menzaléh, ou former de nouvelles branches et de nouveaux lacs à la partie orientale de Péluse ; si la nature enfin, toujours plus forte que tout ce qu'on peut lui opposer, a condamné le Delta à devenir un sol aride, les habitants suivront le Nil dans sa marche, et trouveront toujours sur ses rives l'abondance qu'entraînent par-tout ses bienfaisantes eaux.

*Suite de la Description de la Haute Égypte.—Beautés de la Nature.— Conjectures sur le Lac Mœris.—Pyramide d'Hilahoun.*

D'ABORD après le départ de Desaix, nous allâmes faire des reconnoissances, et une tournée pour la levée des contributions : nous visitâmes les villages qui avoisinent l'embouchure du Faïoum, à une demi-lieue à l'ouest de Bénésouef ; nous passâmes le canal ; et, après deux heures de marche, nous arrivâmes à Davalta, beau village, c'est-à-dire beau paysage ; car en Égypte, lorsque la nature est belle, elle est admirable en dépit de tout ce que les hommes y ajoutent, et n'en déplaise aux détracteurs de Savary qui se mettent en fureur contre ses riantes descriptions. Il faut cependant convenir que sans industrie la nature ici crée d'elle-même des bocages de palmiers, sous lesquels se marient l'oranger, le sycomore, l'oponcia, le bananier, l'acacia, et le grenadier ; que ces arbres forment des grouppes du plus beau mélange de feuillage et de verdure ; que lorsque ces bosquets sont entourés à perte de vue par des champs couverts de dura déjà mûr,

de

de cannes à sucre prêtes à être recueillies, de champs de bleds, de lins, et de trefiés, qui tapissent de velours verd les gerçures du sol à mesure que l'inondation se retire; lorsque, dans les mois de notre hiver, on a sous les yeux ce brillant tableau des richesses du printemps qui annonce déjà l'abondance de l'été ; il faut bien dire avec ce voyageur que l'Egypte est le pays que la nature a le plus miraculeusement organisé, et qu'il ne lui manque que des collines ombragées d'où couleroient des ruisseaux, un gouvernement qui rendroit sa population industrieuse, et l'éloignement des Bédouins, pour en faire le plus beau et le meilleur de tous les pays.

En traversant la riche contrée que je viens de décrire, où l'œil découvre vingt villages à la fois, nous arrivâmes à Dindyra, où nous nous arrêtâmes pour coucher. La pyramide d'Hilahoun, située à l'entrée du Faïoum, semble de-là une forteresse élevée pour la commander. Seroit-ce la pyramide de Mendes ? Le canal de Bathen, qui y aboutit, n'est-il pas le Mœris creusé de mains d'hommes, ainsi que le croient Hérodote et Diodore ? car le lac de Birket-êl-Kerun, qui est le Mœris de Strabon et de Ptolomée, ne peut jamais être regardé que comme l'ouvrage de la nature. Quelque accoutumés que nous soyons aux travaux gigantesques des Egyptiens, nous ne pourrions nous persuader qu'ils eussent creusé un lac comme celui de Geneve. Tout ce que les historiens et les géographes anciens ont dit du lac de Mœris est équivoque et obscur : on voit évidemment que ce qu'ils en ont écrit leur a été dicté par ces colléges de prêtres, toujours jaloux de tout ce qui regardoit leur pays, et qui auront jeté d'autant plus facilement un voile mystérieux sur cette province qu'elle étoit écartée de la route ordinaire ; et de là sont venus ce lac creusé de trois cents pieds de profondeur, cette pyramide élevée au milieu, ce fameux labyrinthe, ce palais des cent chambres, ce palais pour nourrir des crocodiles, enfin tout ce qu'il y a de plus fabuleux dans l'histoire des hommes,

hommes, et tout ce qui nous reste d'incroyable dans celle de l'Egypte. Mais, à l'aspect de ce qui existe, on trouve qu'effectivement il y a un canal, qui est celui de Bathen, et qui étoit encore sous l'eau de l'inondation lorsqu'à plusieurs reprises nous nous en sommes approchés ; que la pyramide d'Hilahoun peut être celle de Mendes, qui auroit été bâtie à l'extrémité de ce canal, qui seroit le Mœris ; que le lac Birket-êl-Kerun n'est qu'un dépôt d'eau qui a dû toujours exister, et dont le bassin aura été donné par le mouvement du sol, entretenu et renouvelé chaque année de l'excédent du débordement qui arrose le Faïoum ; les eaux en seront devenues saumâtres à l'époque où le Nil aura cessé de couler par la vallée du fleuve sans eau. Les preuves de ce système sont les formes locales, l'existence du lit d'un fleuve prolongé jusqu'à la mer, ses dépositions et ses incrustations, la profondeur du lac, son extension, sa masse appuyée au nord à une chaîne escarpée, qui court de l'est à l'ouest, et dérive au nord-ouest pour suivre en s'abaissant jusqu'à la vallée du fleuve sans eau ; enfin les lacs de natron, et, plus que tout cela, la chaîne au nord de la pyramide qui ferme l'entrée de la vallée, coupée à pic, comme presque toutes les montagnes dont le courant du Nil s'approche encore aujourd'hui, offrant aux yeux l'aspect d'un fleuve à sec et de ses destructions.

Les ruines que l'on trouve près de la ville de Faïoum sont sans doute celles d'Arsinoé : je ne les ai pas vues, non plus que celles qui sont à la pointe occidentale du lac, près du village de Kasr-Kerun ; mais on m'en a fait voir le plan, et il n'offre que quelques chambres, avec un portique décoré de quelques hiéroglyphes.

La pyramide d'Hilahoun, la plus délabrée de toutes les pyramides que j'aie vues, est aussi celle qui avoit été bâtie avec le moins de magnificence ; sa construction est composée de masses de pierres calcaires, qui servent de noyau à un monceau de briques non cuites : cette frêle construction, anciennè peut-être que les pyramides de Memphis, existe cependant encore, tant le climat de l'Egypte est favorable aux monuments ; ce qui seroit dévoré par quelques uns de nos hivers résiste victorieusement ici au poids destructeur d'une masse de siecles.

### Aventure arrivée à l'Auteur.

Il est des heures malencontreuses où tous les mouvements que l'on fait sont suivis d'un danger ou d'un accident. Comme je revenois de cette tournée pour rentrer à Bénésouef, le général me charge d'aller porter un ordre à la tête de la colonne : je me mets au galop ; un soldat qui marchoit hors des rangs m'entend venir, se tourne à gauche comme je passois à sa droite, et par ce mouvement me présente sa baïonnette que je n'ai plus le temps d'éviter, et dont le coup me souleve de ma selle, et le contre-coup jette le soldat par terre : voilà un savant de moins, dit-il en tombant ; car pour nos soldats en Egypte tout ce qui n'étoit point militaire étoit savant : quelques piastres que j'avois dans la petite poche de la doublure de mon habit m'avoient servi de bouclier ; j'en fus quitte pour un habit déchiré. Arrivé à la tête de la colonne, j'y trouve l'aide-de-camp Rapp : nous étions bien montés, le pas de nos chevaux avoit devancé l'infanterie ; c'étoit à la tombée du jour ; plus on approche du tropique et moins il y a de crépuscule, le soleil plongeant perpendiculairement sous l'horizon, l'obscurité suit immédiatement ses derniers rayons. Les Bédouins infestoient la campagne ; nous appercevons quelques points dans la plaine qui étoit immense ; Rapp me dit, nous sommes mal ici, regagnons la colonne, ou franchissons l'espace, et arrivons à Bénésouef. Je savois que le parti le plus hardi étoit celui que

préféroit

préféroit mon compagnon: j'accepte le dernier; nous piquons des deux, et bravons les Bédouins, dont c'étoit l'heure de la chasse : la course étoit longue; nous doublons le mouvement; mon cheval s'échauffe, et m'emporte; la nuit arrive, elle étoit noire lorsque je me trouve sous les retranchemens de Bénésouef. Je crois pouvoir tenir la même route que le matin; mon cheval bronche, je le releve d'un coup d'éperon; il saute un fossé qu'on avoit fait dans la journée, et je me trouve de l'autre côté, le nez contre une palissade, sans pouvoir avancer ni reculer. Pendant ce temps la sentinelle avoit crié, je n'avois pas entendu ; elle tire, j'appelle en François; elle me demande ce que je fais là, me gronde, me renvoie; et voilà le mal-adroit ou le savant avec un coup de baïonnette, un coup de fusil, querellé, et remené chez lui comme un écolier sorti sans permission de son college.

### *Continuation du Voyage dans la Haute Egypte.—Anecdote.— Canal de Juseph.*

LE 9 Décembre, le général Desaix revint du Caire, amenant douze cents hommes de cavalerie, six pieces d'artillerie, six djermes armées et bastinguées, et deux à trois cents hommes d'infanterie; ce qui faisoit sa division forte de trois mille hommes d'infanterie, douze cents chevaux, et huit pieces d'artillerie légere : il avoit ainsi tout ce qu'il falloit pour suivre, attaquer, et battre Mourat-bey, s'il vouloit se laisser approcher : nous étions pleins de courage et d'espoir. J'étois peut-être le seul qui dans tout cela n'eûs à acquérir ni gloire ni grade; mais je ne pouvois me défendre de m'enorgueillir de mon énergie ; mon amour-propre étoit exalté de marcher avec une armée toute brillante de victoires, d'avoir repris mon poste à l'avant-garde

garde de l'expédition, d'être sorti le premier de Toulon, et de marcher avec l'espoir d'arriver le premier à Siene, enfin de voir mes projets se réaliser, et de toucher au but de mon voyage : en effet ce n'étoit que de là que commençoit la partie importante de mon expédition particuliere ; j'allois défricher, pour ainsi dire, un pays neuf ; j'allois voir le premier, et voir sans préjugé ; j'allois fouler une terre couverte de tout temps du voile du mystere, et fermée depuis deux mille ans à tout Européen. Depuis Hérodote jusqu'à nous, tous les voyageurs, sur les pas les uns des autres, ont remonté rapidement le Nil, n'osant perdre de vue leurs barques, ne s'en éloignant quelques heures que pour aller avec inquiétude à quelques cents toises visiter rapidement les objets les plus voisins ; ils s'en rapportoient à des récits orientaux pour tout ce qui n'est pas sur les bords du fleuve. Encouragé par l'accueil que me faisoit le général en chef, secondé par tous les officiers qui partageoient mon amour pour les arts, je ne craignois plus que de manquer de temps, de crayons, de papier, et de talent : j'étois accoutumé au bivouac, et le biscuit de munition ne m'épouvantoit pas ; je ne craignois de Mourat-bey que de le voir entrer dans le désert, et nous promener de Bénésouef au Faïoum, et du Faïoum à Bénésouef.

Enfin nous partîmes de cette ville le 16 Décembre au soir : le spectacle du départ étoit admirable ; je regrettai d'être trop occupé pour en pouvoir faire un dessin : notre colonne avoit une lieue d'étendue : tout respiroit la joie et l'espérance. A la tombée du jour, nous fûmes attristés par la vue d'une terre en friche, et d'un village abandonné ; le silence de la nuit, un sol inculte, des maisons désertes, combien de tels objets apportent d'idées mélancoliques ! c'est la tyrannie qui commence cette affreuse dépopulation, qu'achevent le désespoir et le crime. Lorsque le maître d'un village a exigé tout ce que le pays peut donner, que la misere des habitants est encore troublée par de nouvelles demandes, réduits au désepoir, ils opposent

la

la force à la force ; dès-lors, en état de guerre, on leur court sus ; et si, en se défendant, ils ont le malheur de tuer quelques satellites de leurs tyrans, il ne leur reste de ressource que la fuite pour sauver leur vie, et le vol pour l'alimenter ; hommes, femmes, enfants, errants, rayés de la société, deviennent la terreur de leurs voisins, ne paroissent dans leurs foyers que furtivement, et, comme des oiseaux de nuit, se servent de leurs murailles comme repaires de leur brigandage, et n'y reparoissent plus que momentanément pour épouvanter ceux qui pourroient vouloir leur succéder. C'est ainsi que ces villages, devenus l'asyle du crime, n'offrent plus aux regards que friches, ruines, silence et désolation.

Nous arrivâmes à El-Beranqah à une heure de nuit ; nous en partîmes dès la pointe du jour ; nous vînmes déjeûner à Bébé, village considérable, qui n'a rien de particulier que de posséder le poignet de S. George, relique très recommandable pour tout pieux chevalier : ici la chaîne Arabique se rapproche si fort du Nil qu'elle ne laisse qu'un ruban verd sur sa rive.

A Miniel-Guidi, nous fumes retardés par des accidents arrivés aux trains de notre artillerie dans les passages des canaux ; nous apprîmes là que les Mamelouks étoient à Fechneh. Pendant que nous attendions assis à l'ombre, on amena au général Desaix un criminel. On crioit, C'est un voleur ; il a volé des fusils aux volontaires, on l'a pris sur le fait ; et nous vîmes paroître un enfant de douze ans, beau comme un ange, blessé au bras d'un large coup de sabre ; il regardoit sa blessure sans émotion : il se présenta d'un air naïf et confiant au général, qu'il reconnut aussitôt pour son juge. O puissance de la grâce naïve ! pas un assistant n'avoit conservé de colere. On lui demanda qui lui avoit dit de voler ces fusils : *Personne ;* qui l'avoit porté à ce vol : *Il ne savoit, le fort, Dieu ;* s'il avoit des parents : *Une mere, seulement, bien pauvre et aveugle ;* le général lui dit que s'il avouoit

avouoit qui l'avoit envoyé, on ne lui feroit rien ; que s'il s'obstinoit à se taire, il alloit être puni comme il le méritoit : *Je vous l'ai dit, personne ne m'a envoyé, Dieu seul m'a inspiré ;* puis mettant son bonnet aux pieds du général : *Voilà ma tête, faites-la couper.* Religion fatale, où des principes vicieux unis au dogme mettent l'homme entre l'héroïsme et la scélératesse ! Pauvre petit malheureux ! dit le général ; qu'on le renvoie. Il vit que son arrêt étoit prononcé ; il regarda le général, celui qui devoit l'emmener, et devinant ce qu'il n'avoit pu comprendre, il partit avec le sourire de la confiance ; sourire qui arriva jusqu'au fond de mon cœur : je fis le mieux que je pus un dessin de cette scene. C'est par des anecdotes qu'on peut faire connoître la morale des nations ; c'est par des anecdotes, plutôt que par des discussions, que l'on peut développer l'influence des religions et des lois sur les peuples.

A cette scene touchante succéda un événement étrange, de la pluie ! elle nous donna pour un instant une sensation qui nous rappela l'Europe et le premier parfum du printemps au 17 Décembre. Quelques moments après on vint nous avertir que les Mamelouks nous attendoient à deux lieues de là avec une armée de paysans : dès-lors alégresse ; bataille pour le soir ou au plus tard pour le lendemain. A l'approche de Fechneh nous découvrîmes un détachement de Mamelouks, qui nous laissa approcher à la demi-portée du canon, et disparut : on nous dit que le gros corps étoit à Saste-Elsayéné, à une lieue plus loin ; les canons se faisoient attendre, leur marche étoit à chaque instant arrêtée par les canaux ; et, malgré la volonté du général de joindre l'ennemi, et de l'attaquer avant même que l'ordre de bataille fût complet, nous ne pûmes arriver à Saste qu'à la nuit ; et il y avoit deux heures que les Mamelouks en étoient sortis. A Saste, nous sûmes qu'ils avoient appris notre marche à la moitié de la journée, dans le moment où les habitants débattoient leurs intérêts sur ce qu'ils exigeoient d'imposition

sition extraordinaire ; et dès-lors ils ne penserent plus qu'à charger leurs chameaux, nous nommant *fléau de Dieu*, envoyé pour les punir de leurs fautes ; et en vérité ils auroient pu employer des expressions moins pieuses.

Ils allumerent des feux qui furent bientôt éteints. Nous partîmes le 18 à la pointe du jour ; ils nous avoient précédés de deux heures, et avoient pris trois lieues d'avance sur nous ; ils marchoient en s'éloignant du Nil, entre le Bar-Juseph et le désert, abandonnant le pays le plus riche de l'univers. Dans cette troisieme traversée, je ne trouvai point ce canal droit comme il est tracé sur toutes les cartes : un nivellement général pourroit seul faire connoître le système et le régime des arrosements, et ce qui appartient à la nature ou aux travaux des hommes dans cette partie intéressante de l'Egypte. Vers le soir, nous traversâmes à gué le canal de Juseph, qui à cet endroit paroît n'être que la partie la plus basse de la vallée, le réceptacle de l'écoulement des eaux, et point du tout l'ouvrage de l'art, qui ne se manifeste nulle part. Le secret sur tout cela est réservé à une grande opération faite en temps de paix, qui pourra déterminer ce qu'il y auroit à faire pour recouvrer les avantages négligés ou perdus de ce mystérieux canal. Ce travail important auroit été celui du général Caffarelli, toujours si ardent pour tout ce qui pouvoit contribuer au bien de tous, si la mort n'eût enlevé dans sa personne un ami tendre au général en chef, un bienfaiteur à l'Egypte entiere.

Au simple examen de ces nivellements, je serois porté à croire que cette partie de l'Egypte est devenue plus basse que les bords exhaussés du Nil, et qu'après l'inondation générale le refoulement des eaux les fait se rassembler dans cette partie. J'ai vu depuis, dans la Haute Egypte, l'effet de la filtration qui s'en opere ; ces eaux, n'ayant dans cette région ni vallées ni canaux pour s'écouler après l'inondation, cette grande masse

pénetre

pénètre l'épaisseur du sol végétable, rencontre une couche de terre glaise, et revient au fleuve par des filons lorsque son décroissement l'a mis au-dessous de la superficie de cette couche. Ne seroit-ce pas à cette même opération de la nature que l'on doit les oasis ?

Nous vîmes des outardes ; elles étoient plus petites que celles d'Europe, ainsi que toutes les especes d'animaux communs aux deux continents. Nous nous approchâmes du désert, *qui marchoit à nous ;* car, comme l'ont dit les anciens Egyptiens, c'est le tyran Thyphon qui envahit sans cesse l'Egypte. Les montagnes étoient encore à deux lieues, et nous touchions aux dunes, qui sont l'ourlet entre les déserts et les terres cultivées. Pendant que nous faisions halte on vint nous dire que les Mamelouks en étoient aux mains avec nos avant-gardes : on fait des nouvelles à Paris d'un quartier à l'autre, on en fait aussi dans une division de l'avant-garde au grand corps ; mais comme à l'armée il n'est jamais permis de les rejeter quand elles sont possibles, celle-ci pressa notre marche : nous ne trouvâmes point l'ennemi, et vînmes coucher près du village de Benachie, dans un joli bois de palmiers.

Le 19, à la pointe du jour, nous nous mîmes en route avec le constant espoir de joindre l'ennemi ; nous apprîmes qu'il avoit marché toute la nuit : l'artillerie appesantissoit notre marche, y mettoit à chaque instant de petits obstacles ; les Mamelouks n'en n'avoient point, et ils avoient encore pour eux le désert, au milieu duquel ils défioient notre ardeur : nous tentâmes de nous y enfoncer ; bientôt nos chevaux de traits furent sur les dents ; nous arrivâmes par cette route à Benesech, où heureusement pour moi on fut obligé de faire halte.

*Benesech*

*Benesech, l'antique Oxyrinchus.—Tableau du Désert.—
Pillage d'Elsack.*

Benesech fut bâti sur les ruines de l'antique Oxyrinchus, capitale du trente-troisieme nome ou province de l'Egypte ; il ne reste de son ancienne existence que quelques tronçons de colonnes en pierre, des colonnes en marbre dans les mosquées, et enfin une colonne debout, avec son chapiteau et une partie de son entablement, qui annoncent que ce fragment faisoit l'angle d'un portique composite. Le désir de dessiner, sur-tout depuis que j'en trouvois rarement l'occasion, m'avoit fait prendre les devants : ce n'étoit pas sans quelque danger que j'étois arrivé seul une demi-heure avant la division ; mais rester après eût été plus périlleux encore : je n'eus donc que le temps de parcourir à cheval et de faire une vue de ce triste pays, et de dessiner la seule colonne debout qui soit restée de son ancienne splendeur : de ce point on apperçoit un monument sorti des mains de la nature et du temps, qui, au lieu d'exciter l'admiration et la reconnoissance, porte dans l'âme un sentiment mélancolique ; Oxyrinchus, autrefois capitale, entourée d'une plaine fertile, éloignée de deux lieues de la chaîne Libyque, a disparu sous le sable ; l'ancien Benesech, au-delà d'Oxyrinchus, a disparu aussi sous le sable ; la nouvelle ville est obligée de fuir ce fléau en lui abandonnant chaque jour quelques habitations, et finira par aller se retrancher au-delà du canal Juseph, au bord duquel il vient encore la menacer. Ce beau canal semble vous offrir ses rives fleuries pour consoler vos yeux des horreurs du désert ; du désert ! nom terrible à qui l'a vu une fois, horizon sans bornes, dont l'espace vous oppresse, dont la surface ne vous présente si elle

elle est unie qu'une tâche pénible à parcourir, où la colline ne vous cache ou ne vous découvre que la décrépitude et la décomposition, où le silence de la non-existence regne seul sur l'immensité. C'est pour cela sans doute que les Turcs vont y placer leurs tombeaux : des tombeaux dans le désert, c'est la mort et le néant.

Fatigué de dessiner, je me livrois, me croyant seul, à toute la mélancolie que m'inspiroit ce tableau, lorsque j'apperçus Desaix dans la même attitude que moi, pénétré des mêmes sensations :

Mon ami, me dit-il, ceci n'est-il point une erreur de la nature ? rien n'y reçoit la vie ; tout semble être là pour attrister ou épouvanter ; il semble que la Providence, après avoir pourvu abondamment les trois parties du monde, a manqué tout-à-coup d'un élément lorsqu'elle voulut fabriquer celle-ci, et que, ne sachant plus comment faire, elle l'abandonna sans l'achever.—N'est-ce pas bien plutôt, lui dis-je, la décrépitude de la partie du monde la plus anciennement habitée ? ne seroit-ce pas l'abus qu'en auroient fait les hommes qui l'a réduite en cet état ? Dans ce désert il y a des vallées, des bois pétrifiés ; il y a donc eu des rivieres, des forêts ; ces dernieres auront été détruites ; dès-lors plus de rosée, plus de brouillards, plus de pluie, plus de riviere, plus de vie, plus rien.

Nous trouvâmes dans les mosquées de Benesech une quantité de colonnes de différents marbres, qui sont sans doute les dépouilles de l'antique Oxyrinchus, mais qui n'avoient point appartenu au temps des Egyptiens.

Nous nous remîmes en chemin en suivant le canal, qui dans cette partie ressemble à la Marne : après une lieue, nous vîmes une explosion considérable dont nous n'entendîmes pas le bruit ; nous pensâmes que c'étoit un signal ; ce ne fut que le surlendemain que nous sûmes que c'étoit une partie de la poudre des Mamelouks qui avoit pris feu : un

quart-

quart-d'heure après, nous nous saisîmes d'un convoi de huit cents moutons, que je crois bien qu'on fit semblant de croire leur appartenir; enfin il consola notre troupe des fatigues de cette grande journée. Nous arrivâmes à Elsack trop tard pour pouvoir sauver ce village du pillage; en un quart-d'heure il ne resta rien dans les maisons, rien dans l'exactitude du mot; les habitants Arabes s'étoient sauvés dans les champs: on leur dit de revenir; ils répondirent froidement: Qu'irions-nous chercher chez nous; ces champs déserts ne sont-ils pas pour nous comme nos maisons? Nous n'avions rien à répondre à cette phrase laconique.

*Suite du Voyage dans la Haute Égypte. — Mynyeh.*

Le lendemain 20 m'offrit rien de très intéressant. Nous trouvâmes le lac Bathen tortueux comme le lac Juseph: le nivellement du sol de l'Égypte nous en donnera quelque jour la coupe, et nous éclaircira l'histoire ténébreuse de ses irrigations tant anciennes que modernes; avant cette opération, tous les raisonnements seroient téméraires et les assertions illusoires. Nous vînmes coucher à Tata, grand village, habité par les Cophtes, et un chef Arabe, qui avoit rejoint Mourat-bey, laissant à notre disposition une belle maison, et des matelas sur lesquels nous passâmes une nuit délicieuse : nous pouvions si rarement dormir avec quelque commodité !

Le lendemain, 21 Décembre, nous traversâmes des champs de pois et de feves déjà en grains, et d'orge en fleur.

A midi, nous arrivâmes à Mynyeh, grande et jolie ville, où il y avoit autrefois un temple à Anubis. Je n'y trouvai point de ruines, mais de belles

belles colonnes de granit dans la grande mosquée, colonnes bien fuselées, avec un astragale très fin : faisoient-elles partie du temple d'Anubis ? je ne sais ; mais elles étoient sûrement d'un temps postérieur à celles des temples de la haute antiquité Egyptienne que j'ai vus dans la suite de mon voyage.

Les Mamelouks étoient partis de la ville de Mynyeh, et avoient manqué d'être surpris par notre cavalerie qui y arriva quelques heures après ; ils avoient été obligés d'abandonner cinq bâtiments armés de dix pieces de canon, et d'un mortier à bombe ; ils en avoient enterré deux autres : plusieurs déserteurs Grecs qui les montoient vinrent nous joindre.

Mynyeh étoit la plus jolie petite ville que nous eussions encore vue ; d'assez belles rues, de bonnes maisons, fort bien situées, et le Nil coulant dans un large et riant bassin. J'en fis un dessin.

De Mynyeh à Come-êl-Caser, où nous couchâmes, la campagne est plus abondante et plus riche que toutes celles que nous avions parcourues, et les villages si nombreux et si rapprochés, qu'au milieu de la plaine j'en comptai vingt-quatre autour de moi ; ils n'étoient point attristés par des monticules de décombres, mais tellement plantés d'arbres touffus, que l'on croyoit voir les tableaux que les voyageurs nous ont transmis des habitations des isles de la Mer-Pacifique.

*Achmounin.—Portique d'Hermopolis.*

Le lendemain, à onze heures, nous nous trouvâmes entre Antinoé et Hermopolis. Je n'étois pas très curieux de visiter Antinoé ; j'avois vu des monuments du siecle d'Adrien, et ce qu'il avoit bâti en Egypte ne pouvoit rien

rien avoir de piquant ni de nouveau pour moi, mais je brûlois d'aller à Hermopolis, où je savois qu'il y avoit un portique célebre ; aussi quelle fut ma satisfaction lorsque Desaix me dit : Nous allons prendre trois cents hommes de cavalerie, et nous courrons à Achmounin, pendant que l'infanterie se rendra à Melaui.

En approchant de l'éminence sur laquelle est bâti le portique, je le vis se dessiner sur l'horizon, et déployer des formes gigantesques : nous traversâmes le canal d'Abou-Assi, et bientôt après, à travers des montagnes de débris, nous atteignîmes à ce beau monument, reste de la plus haute antiquité.

Je soupirois de bonheur : c'étoit, pour ainsi dire, le premier produit de toutes les avances que j'avois faites ; c'étoit le premier fruit de mes travaux ; en exceptant les pyramides, c'étoit le premier monument qui fût pour moi un type de l'antique architecture Egyptienne; les premieres pierres qui eussent conservé leur premiere destination, qui, sans mélange et altération, m'attendissent là depuis quatre mille ans pour me donner une idée immense des arts et de leur perfection dans cette contrée. Un paysan qu'on sortiroit des chaumieres de son hameau, et que l'on mettroit tout d'abord devant un pareil édifice, croiroit qu'il y a un grand intervalle entre lui et les êtres qui l'ont construit : sans avoir aucune idée de l'architecture, il diroit : Ceci est la maison d'un Dieu ; un homme n'oseroit l'habiter. Sont-ce les Egyptiens qui ont inventé et perfectionné un si grand et si bel art ? c'est surquoi il est difficile de prononcer ; mais ce dont je ne puis douter, dès le premier instant que j'apperçus cet édifice, c'est que les Grecs n'avoient rien inventé et rien fait d'un plus grand caractere. La premiere idée qui vint troubler ma jouissance, c'est que j'allois quitter ce grand objet ; c'est que mes moments étoient comptés, et que le dessin que j'allois faire ne pourroit rendre la sensation que j'éprouvois : il falloit du

u 2            temps

temps et un grand talent ; je manquois de l'un et de l'autre ; mais si je n'osois mettre la main à l'œuvre, je n'osois m'éloigner sans emporter avec moi un dessin quelconque, et je ne me mis à l'ouvrage qu'en désirant bien sincèrement qu'un autre plus heureux que moi pût faire un jour ce que j'allois ébaucher.

Si quelquefois le dessin donne un grand aspect aux petites choses, il rapetisse toujours les grandes ; les chapiteaux, qui paroissent pesants, les bases ramincies, qui sont bizarres dans le dessin, ont par leur masse quelque chose d'imposant qui arrête la critique : ici on n'ose adopter ni rejeter ; mais ce qu'il faut admirer, c'est la beauté des lignes principales, la perfection de l'appareil, l'emploi des ornements, qui font richesse de près, sans nuire à la simplicité qui produit le grand. Le nombre immense des hiéroglyphes qui couvrent toutes les parties de cet édifice, non-seulement n'ont point de relief, mais ne coupent aucune ligne, disparoissent à vingt pas, et laissent à l'architecture toute sa gravité. La gravure, plus que la description, donnera une idée précise de ce qui est conservé de cet édifice ; l'explication de l'estampe et le plan achèveront de donner toutes les dimensions que j'ai pu m'en procurer.

Parmi les monticules, à deux cents toises du portique, on voit à demi-enfouis d'énormes quartiers de pierres, et des substructions, qui paroissent être celles d'un édifice auquel appartenoient des colonnes de granit, enfouies, et qu'à peine on distingue à la superficie du sol : plus loin, toujours sur les décombres de la grande Hermopolis, est bâtie une mosquée, où il y a nombre de colonnes de marbre Cipolin, de médiocre grandeur, et toutes retouchées par les Arabes ; ensuite vient le gros village d'Achmounim, peuplé d'environ cinq mille habitants, pour lesquels nous fûmes une curiosité aussi étrange que leur temple l'avoit été pour nous.

Nous

Nous vînmes coucher à Melaui, à une demi-lieue de chemin d'Achmounin. Mais j'entends le lecteur me dire : Quoi! vous quittez déjà Hermopolis, après m'avoir fatigué de longues descriptions de monuments, et vous passez rapidement quand vous pourriez m'intéresser ; qui vous presse ? qui vous inquiete ? n'êtes-vous pas avec un général instruit qui aime les arts ? n'avez-vous pas trois cents hommes avec vous ? Tout cela est vrai ; mais telles sont les circonstances d'un voyage, et tel est le sort du voyageur : le général, très bien intentionné, mais dont la curiosité est bientôt satisfaite, dit au dessinateur : Il y a dix heures que trois cents hommes sont à cheval, il faut que je les loge, il faut qu'ils fassent la soupe avant de se coucher. Le dessinateur entend cela d'autant mieux qu'il est aussi bien las, qu'il a peut-être bien faim, qu'il bivouacque chaque nuit, qu'il est douze à seize heures par jour à cheval, que le désert a déchiré ses paupières, et que ses yeux brûlants et douloureux ne voient plus qu'à travers d'un voile de sang.

*Continuation de la Description de la Haute Egypte.—Melaui.— Bénéadi.—Siouth.—Tombeaux de Licopolis.*

Melaui est plus grande et encore plus jolie que Mynyeh ; les rues en sont droites, son bazard fort bien bâti ; et il y a une spacieuse maison de Mamelouks qui seroit facile à fortifier.

Nous étions rentrés tard ; j'avois perdu du temps à parcourir la ville et à aller chercher mon quartier : j'étois logé hors les murs, et devant une jolie maison qui paroissoit assez commode: le propriétaire, aisé, étoit assis devant la porte ; il me fit voir qu'il avoit fait coucher le général Belliard dans

dans une chambre, et que j'y trouverois place aussi ; il y avoit quelque temps que je couchois dehors ; je fus tenté. A peine endormi, je suis réveillé par une agitation que je prends pour une fievre inflammatoire ; aux prises avec la douleur et le sommeil ; chaque minute, passant de l'effroi d'une maladie grave à l'affaissement de la lassitude ; prêt à m'évanouir, j'entends mon compagnon qui me dit, à moitié endormi, Je suis bien mal ; je lui réponds, Je n'en puis plus : ce dialogue nous réveille tout-à-fait ; nous nous levons, nous sortons de la chambre, et, à la clarté de la lune, nous nous trouvons rouges, enflés, méconnoissables ; nous ne savions que penser de notre état, lorsque, bien éveillés, nous nous appercevons que nous sommes devenus la proie de toutes sortes d'animaux immondes.

Les maisons de la Haute Egypte sont de vastes colombiers dans lesquels le propriétaire se réserve une seule chambre ; il y loge avec ce qu'il a de poules, de poulets, et tout ce que ses animaux et lui produisent d'insectes dévorants : la recherche de ses insectes l'occupe la journée ; la dureté de sa peau brave, la nuit, leur morsure ; aussi notre hôte, qui de bonne foi avoit cru faire merveille, ne concevoit rien à notre fuite. Nous nous débarrassâmes comme nous pûmes des plus affamés de nos convives, en nous promettant bien de ne jamais accepter pareille hospitalité.

Le 23, nous continuâmes de suivre les Mamelouks : ils étoient toujours à quatre lieues de distance ; nous ne pouvions rien gagner sur eux : ils dévastoient autant qu'ils pouvoient le pays qu'ils laissoient entre nous. Vers le soir nous vîmes arriver une députation avec des drapeaux en signe d'alliance ; c'étoient des Chrétiens auxquels ils avoient demandé une contribution de cent chameaux ; et, ces malheureux n'ayant pu les leur donner, ils avoient tué soixante des leurs ; un tel procédé ayant irrité les Chrétiens,

ils

ils avoient de leur côté tué huit Mamelouks, dont ils nous proposoient de nous apporter les têtes : ils parloient tous à la fois, répétoient cent fois les mêmes expressions ; mais heureusement pour nos oreilles l'audience se donnoit dans un champ de luzerne, ce qui offrit un rafraîchissement à la députation, qui se mit à manger de l'herbe comme d'un mets délicieux dont on craint de perdre l'occasion de se rassasier. Sans descendre de cheval, je me mis aussi à dessiner un député comme il venoit d'interrompre sa harangue.

Nous vînmes coucher à Elgansanier, où nous fûmes assez bien logés dans un tombeau de santon.

Le 24, nous marchions sur Mont-Falut, lorsqu'on vint nous dire que les Mamelouks étoient à Bénéadi, où nous courûmes les chercher. Électrisé par tout ce qui m'entouroit, le cœur me battoit de joie toutes les fois qu'il étoit question de Mamelouks, sans réfléchir que j'étois là sans animosité ni rancune contre eux ; que, puisqu'ils n'avoient jamais dégradé les antiquités, je n'avois rien à leur reprocher ; que, si la terre que nous foulions leur étoit mal acquise, ce n'étoit pas à nous à le trouver mauvais ; et qu'au moins plusieurs siecles de possession établissoient leurs droits : mais les apprêts d'une bataille présentent tant de mouvements, forment l'ensemble d'un si grand tableau, les résultats en sont d'une telle importance pour ceux qui s'y engagent, qu'ils laissent peu de place aux réflexions morales ; il n'est plus alors question que de succès : c'est un jeu d'un si grand intérêt, qu'on veut gagner quand on joue.

Nous arrivâmes à Bénéadi, et notre espérance fut encore déçue cette fois : nous n'y trouvâmes que des Arabes, que notre cavalerie chassa dans le désert. Bénéadi est un riche village d'une demi-lieue de long, avantageusement situé pour le commerce des caravanes de Darfour ; possédant un territoire abondant, sa population a toujours été assez nombreuse pour se

trouver

trouver en mesure de composer avec les Mamelouks, et ne pas se laisser rançonner par eux. Il nous parut qu'il falloit temporiser aussi pour le moment, d'autant que les avances amicales qu'on nous y faisoit avoient je ne sais quoi qui ressembloit à des conditions : nous jugeâmes qu'il falloit dissimuler l'insolence de ces procédés sous les dehors de la cordialité. Entourés d'Arabes dont ils ne craignent rien, aux besoins desquels ils fournissent, et dont ils peuvent par conséquent disposer, les habitants de Bénéadi ont une influence dans la province qui les rendoit embarrassants pour une gouvernement quelconque ; ils vinrent au-devant de nous, ils nous reconduisirent au-delà de leur territoire, sans que nous fussions tentés ni les uns ni les autres de passer la nuit ensemble. Nous vînmes coucher à Benisanet.

Le 25, avant d'arriver à Siouth, nous trouvâmes un grand pont, une écluse, et une levée pour retenir les eaux du Nil après l'inondation; ces travaux Arabes, faits sans doute d'après les efremens antiques, sont aussi utiles que bien entendus ; en tout il me paroissoit que la distribution des eaux dans la Haute Egypte étoit faite avec plus d'intelligence que dans la basse, et par des moyens plus simples.

Siouth est une grande ville bien peuplée, sur l'emplacement, suivant toute apparence, de Licopolis ou la ville du Loup. Pourquoi la ville du Loup dans un pays où il n'y a pas de loups, puisque c'est un animal du nord ? étoit-ce un culte emprunté des Grecs ? et les Latins, qui nous ont transmis cette dénomination dans des siecles où l'on s'occupoit peu de l'histoire naturelle, n'ont ils fait aucune différence entre le chakal et le loup ? On ne trouve point d'antiquités dans la ville ; mais la chaîne Libyque, au pied de laquelle elle est bâtie, offre une si grande quantité de tombeaux, qu'il n'est pas possible de douter qu'elle n'occupe le territoire d'une ancienne grande ville. Nous étions arrivés à une heure après midi ; il y eut des vivres à prendre pour l'armée, des malades à envoyer à l'ambulance,

des

des barques et des provisions, que des Mamelouks n'avoient pu emmener, dont il falloit prendre possession : on résolut de coucher. Je commençai par faire un dessin de la Siouth moderne, à une demi-lieue de la chaîne Libyque. Je courus bien vite la visiter ; j'étois si envieux de toucher à une montagne Egyptienne ! J'en voyois deux chaînes depuis le Caire sans avoir pu risquer de gravir aucune d'elles : je trouvai celle-ci telle que je l'avois pressentie, une ruine de la nature, formée de couches horizontales, et régulieres de pierres calcaires, plus ou moins tendres, plus ou moins blanches, entrecoupées de gros cailloux mamelonnés et concentriques, qui semblent être les noyaux ou les ossements de cette longue chaîne, soutenir son existence, et en suspendre la destruction totale : cette dissolution s'opere journellement par l'impression de l'air salin qui pénetre chaque partie de la surface de la pierre calcaire, la décompose, et la fait, pour ainsi dire, couler en ruisseaux de sables, qui s'amoncellent d'abord auprès du rocher, puis sont roulés par les vents, et de proche en proche changent les villages et les champs fertiles en de tristes déserts. Les rochers sont à près d'un quart de lieue de Siouth ; dans cet espace est une jolie maison du kiachef qui géroit pour Soliman-bey. Les rochers sont creusés par d'innombrables tombeaux, plus ou moins grands, décorés avec plus ou moins de magnificence ; cette magnificence ne peut laisser aucun doute sur l'antique proximité d'une grande ville : je dessinai un des principaux de ces monuments, et le plan intérieur. Tous les parvis intérieurs de ces grottes sont couverts d'hiéroglyphes ; il faudroit des mois pour les lire, si on en savoit la langue ; il faudroit des années pour les copier : ce que j'ai pu voir avec le peu de jour qui entre par la premiere porte, c'est que tout ce que les Grecs ont employé d'ornements dans leur architecture, tous les méandres, les enroulements, et ce qu'on appelle vulgairement les Grecques, est ici exécuté avec un goût, une délicatesse exquise. Si une telle exca-

excavation est une seule et même opération, comme la régularité de son plan sembleroit l'indiquer, c'étoit une grande entreprise que la fabrication d'un tombeau : mais il est à croire qu'il servoit à perpétuité à toute une famille, à une race entiere ; qu'on y venoit rendre quelque culte aux morts : car, si l'on n'eût jamais pensé à rentrer dans ces monuments, à quoi eussent servi ces décorations si recherchées, ces inscriptions qu'on n'auroit jamais lues, ce faste ruineux, secret, et perdu ? A diverses époques ou fêtes de l'année, chaque fois qu'on y ajoutoit quelques nouvelles sépultures, il s'y célébroit sans doute quelques *fonctions* funebres où la magnificence des cérémonies étoit jointe à la splendeur du lieu ; ce qui est d'autant plus probable que les richesses des décorations de l'intérieur sont d'un contraste frappant avec la simplicité de l'extérieur, qui est la roche toute brute, ainsi qu'on peut le remarquer dans la vue que j'en ai faite. J'en trouvai une avec un simple salon, qui servoit à une innombrable quantité de sépultures prises en ordre dans les roches ; elle avoit été toute fouillée pour en ravir des momies : j'y en trouvai encore quelques fragments, comme du linge, des mains, des têtes, des os épars. Outre ces principales grottes, il y en a une telle quantité de petites, que la montagne entiere est devenue un corps caverneux et sonore. Plus loin, au sud, on trouve les restes de grandes carrieres, dont les cavités sont soutenues par des pilastres : une partie de ces carrieres a été habitée par de pieux solitaires ; à travers les rochers, dans ces vastes retraites, ils joignoient à l'austere aspect du désert celui d'un fleuve qui dans son cours majestueux répandoit l'abondance sur ses rives. C'étoit l'emblème de leur vie ; avant leur retraite, troubles, richesses, agitations ; et depuis, calme et jouissances contemplatives : la nature muette imitoit le silence auquel ils s'étoient condamnés ; la splendeur constante et auguste du ciel d'Egypte commande avec sévérité une éternelle admiration ; le réveil du jour n'est point réjoui par les cris de joie, les bondissements des animaux ; le chant d'aucun oiseau ne célebre le retour du soleil ;

l'alouette

l'alouette, qui égaie, anime nos guérets, dans ces climats brûlants, crie, appelle, mais ne chante jamais ni ses amours ni son bonheur ; la nature grave et superbe semble n'inspirer que le sentiment profond d'une humble reconnoissance : enfin la grotte du cénobite semble avoir été placée ici par l'ordre et le choix de Dieu même ; tout ce qui devroit animer la nature partage avec lui sa triste et stupéfaite méditation sur cette Providence, distributrice éternelle d'éternels bienfaits.

De petites niches, des revêtissements en stuc, et quelques peintures en rouge, représentant des croix, des inscriptions, que je crus être en langue Cophte, sont les témoignages et les seuls restes de l'habitation de ces austeres cénobites dans ces austeres cellules. Dans la saison où nous les vîmes, rien n'étoit comparable à la verdure de toutes les teintes qui tapissoient les rives du Nil aussi loin que la vue pouvoit s'étendre : entraîné par la curiosité, j'avois tant fait de chemin que je ne pouvois plus me rendre au quartier.

La sortie d'une grande ville est toujours embarrassante pour une armée. Le lendemain nous nous mîmes en marche avant le jour : tous nos guides s'étoient attachés à la même division ; et, laissant errer la nôtre à l'aventure, nous passâmes une partie de la matinée à nous chercher avec inquiétude, et à nous rassembler avec peine. Nous suivions toutes les sinuosités du canal d'Abou-Assi, qui est le dernier de la Haute Egypte, et aussi considérable que pourroit l'être un bras du Nil ; il partage avec ce fleuve le diamètre de la vallée, qui dans cette journée ne me parut pas avoir plus d'une lieue, mais cultivée avec plus de soin et d'intelligence que tout ce que nous avions vu jusqu'alors ; on y a tracé des chemins qui nous firent voir qu'avec très peu de frais on en feroit d'excellents et d'éternels dans un climat où il ne pleut ni ne gele. A toutes les demi-lieues nous trouvions des cîternes, avec un petit monument hospitalier pour donner à boire au passant et à son cheval : je dessinai un des plus considérables de ces petits établissements philantropiques, aussi agréables qu'utiles, qui caractérisent la charité Arabe. Vers le milieu de la journée, nous nous rapprochâmes du désert, où je trouvai trois objets nouveaux : le palmier-doum, qui ressemble par la feuille au palmier-raquette, que nous connoissons, et qui n'a pas, comme le dattier, une seule tige, mais de huit jusqu'à quinze ; son fruit ligneux est attaché par grouppe à l'extrémité des branches principales, d'où partent les touffes qui forment le feuillage de l'arbre ; il est de forme triangulaire et de la grosseur d'un œuf ; sa première enveloppe est spongieuse, et se mange comme le caroube ; sa saveur est mielleuse, et approche du goût du pain-d'épice ; sous cette enveloppe est une écorce dure, et filandreuse comme celle du coco, à qui il ressemble plus qu'à tout autre fruit ; mais il manque absolument de cette partie ligneuse et fine ; sa partie gélatineuse est sans saveur : elle devient d'une grande dureté ; on en fait des grains de chapelets qui prennent la teinture et le poli.

Je vis aussi un petit oiseau charmant, qu'à sa forme et ses habitudes je dois ranger dans la classe des *gobe-mouches* ; il prenoit à chaque instant de ces insectes, avec une adresse admirable : grâce à l'apathie des Turcs, tous les oiseaux chez eux sont familiers ; les Turcs n'aiment rien, mais ne dérangent rien : la couleur de l'oiseau dont il s'agit est verte, claire, et brillante ; la tête dorée, ainsi que le dessus des ailes ; son bec long, noir, et pointu ; et il a à la queue une plume d'un demi-pouce plus longue que les autres : sa grosseur est celle de la petite mésange.

Un peu plus loin, je vis dans le désert des hirondelles d'un gris clair comme le sable sur lequel elles volent ; celles-ci n'émigrent pas, ou vont dans des climats analogues, car nous n'en voyons jamais en Europe de cette couleur : elles sont de l'espèce des cul-blancs.

Après treize heures de marche, nous vînmes coucher à Gamerissiem, malheu-

malheureusement pour ce village ; car les cris des femmes nous firent bientôt comprendre que nos soldats, profitant des ombres de la nuit, malgré leur lassitude, prodiguoient des forces superflues, et, sous le prétexte de chercher des provisions, arrachoient en effet ce dont ils n'avoient pas besoin : volés, déshonorés, poussés à bout, les habitants tombèrent sur les patrouilles qu'on envoyoit pour les défendre, et les patrouilles, attaquées par les habitants furieux, les tuèrent, faute de s'entendre et de pouvoir s'expliquer.... O guerre, que tu es brillante dans l'histoire ! mais vue de près, que tu deviens hideuse, lorsqu'elle ne cache plus l'horreur de tes détails !

Le 27, nous suivîmes le désert, qui étoit bordé par une suite de villages. Malgré le froid que nous éprouvions la nuit, la chaleur du jour et les productions de la terre nous avertissoient que nous approchions du tropique ; l'orge étoit mûre ; le bled en grain, et les melons, plantés en plein champ, étoient déjà en fleurs. Nous vînmes bivouacquer dans un bois près de Narcette.

### Le Couvent-Blanc.—Ptolémaïs.

Le 28, nous traversâmes un désert, et vînmes aboutir à un couvent Cophte, auquel les Mamelouks avoient mis le feu la veille, et qui brûloit encore ; ce qui m'empêcha d'y entrer : mais on en connoîtra les détails par ceux que je vais donner du couvent Blanc, qui lui ressemble, et qui n'est éloigné de l'autre que de vingt minutes de marche, situé de même sous la montagne, et de même au bord du désert ; on appelle le premier le couvent Rouge, parcequ'il est bâti en brique ; l'autre le couvent Blanc, parcequ'il est en pierres de taille de cette couleur : ce dernier avoit été brûlé aussi la veille ;

veille ; mais les moines, en s'enfuyant, avoient laissé la porte ouverte, et quelques serviteurs pour sauver les débris.

On attribue l'érection de cet édifice à Ste.-Hélène ; ce qui est probable à en juger par le plan. Il y avoit sans doute un couvent près de ce temple ; quelques arrachements de mur et des blocs de granit attestent son ancienne existence. A l'aspect de ces monuments on doit penser que si c'est Ste.-Hélène qui les a fait construire, l'empereur Constantin secondoit son zele et mettoit de fortes sommes à sa disposition ; le couvent n'étant point, comme l'église, construit de maniere à pouvoir se clorre et se défendre, aura sans doute été brûlé ou détruit dans quelques circonstances pareilles à celle dont nous venons d'être les témoins : la construction de cette église est telle encore qu'avec un machicouli sur les portes et quelques pieces de canon sur les murailles on s'y défendroit très bien contre les Arabes, et même contre les Mamelouks ; mais, sans armes, ces pauvres moines n'avoient pu opposer que la patience, la résignation, leur sainteté, et surtout leur misere, qui dans toute autre occasion les auroient sauvés ; dans celle-ci, les Mamelouks s'étoient vengés sur des Catholiques des maux qu'ils éprouvoient des Catholiques : comme s'ils pouvoient réparer par un aussi injuste moyen les malheurs dont nous étions la cause ! Nous apperçumes dans les ruines produites par cette catastrophe le charbon qui résultoit de l'incendie de la boiserie du chœur ; et les insatiables besoins de l'insatiable guerre nous firent encore enlever ces débris de la misere, et ces restes de la dévastation dont nous étions la cause.

Depuis l'ancienne destruction du couvent, les moines se sont logés dans la galerie latérale de l'église, si l'on peut appeler des logements les petites huttes qu'ils se sont fabriquées sous ces portiques fastueux ; c'est la misere dans le palais de l'orgueil.

Les

Les peres avoient fui ; nous ne trouvâmes que les freres, couverts de haillons, et à peine revenus de l'agonie qu'ils avoient éprouvée la veille. Pour avoir une idée de la vie, du caractere, et des moyens de subsistance de ces moines, il faut lire ce qu'en a écrit le général Andréossi dans l'excellent mémoire qu'il a donné sur les lacs de Natron, et les couvents d'El-Baramous, de Saint-Ephrem, et de Saint-Macaire ; cet exact et judicieux observateur y a décrit les besoins de ces moines, leur état de guerre continuelle avec les Arabes, les malheurs de leur existence, les causes morales qui les leur font supporter et perpétuent ces établissements.

Pendant qu'on faisoit halte, j'en fis, aussi rapidement qu'il me fut possible, deux vues. L'une est dessinée du couvent Rouge au couvent Blanc, qui indique l'espace qu'il y a entre eux, et la situation de ces deux monasteres appuyés contre le désert, et ayant la vue d'une riche campagne arrosée par le canal d'Abou-Assis : l'autre donne l'idée de l'architecture de ces édifices du quatrieme siecle, par conséquent postérieurs de vingt siecles aux grands monuments Egyptiens, et dont la gravité du style, la corniche et les portes rappellent absolument le genre de cette premiere architecture ; le plan fait voir de belles lignes, excepté dans la partie du chœur, où l'on reconnoît la décadence du bon goût. Nous allâmes bivouacquer à Bonnasse-Boura.

Le 29, nous revînmes sur le Nil, et nous traversâmes le champ de bataille où, dans la derniere guerre des Turcs avec les Mamelouks, Assan-pacha fut battu par Mourat-bey, et où ce dernier, avec cinq mille Mamelouks, renversa et mit en fuite dix-huit mille Turcs et trois mille Mamelouks. Malem-Jacob, le Cophte, qui nous accompagnoit comme intendant des finances, spectateur et acteur de cette bataille, nous en expliqua les détails ; il nous démontroit avec quelle supériorité de talent Mourat avoit

avoit pris ses avantages et en avoit profité ; ce même Mourat-bey devoit rugir de colere d'être obligé de repasser sur le même sol fuyant devant quinze cents hommes d'infanterie. Comme nous raisonnions sur les vicissitudes de la fortune, entraînés par l'intérêt de la conversation, nous avions très imprudemment, comme il nous arrivoit tous les jours, devancé l'armée d'une demi-lieue. Je disois en plaisantant à Desaix qu'il seroit très ridicule de trouver dans l'histoire qu'on lui eût coupé le cou dans une rencontre de cinq à six Mamelouks, et que pour mon compte je serois désolé de laisser ma tête derriere quelques buissons, où elle seroit oubliée : en ce moment nous dépassions Minchie ; l'adjudant Clément vint dire au général qu'il y avoit des Mamelouks dans le village : en effet il en parut deux, puis six, puis dix, puis quatre autres, puis deux autres, puis des équipages ; ils allerent se mettre à une portée de fusil, et nous observoient : rétrograder eût été se faire enlever ; le pays étoit couvert : Desaix prit le parti de faire bonne contenance, de parottre prendre des dispositions ; il avoit quatre fusiliers, qu'il plaçoit alternativement sur tous les points, afin de les multiplier par leurs mouvements ; nous mîmes quelques fossés entre les Mamelouks et nous ; nous gagnâmes du temps ; notre avant-garde parut enfin, et ils se retirerent. On vint nous dire que Mourat nous attendoit devant Girgé ; nous entendîmes de grands cris, nous vîmes s'élever des nuages de poussiere ; Desaix crut avoir obtenu la bataille après laquelle nous courions depuis quatorze jours : je fus envoyé pour faire avancer la colonne d'infanterie ; j'apperçus, en passant au galop, un revêtissement antique sur le bord du Nil, et des rampes à gradins descendant dans deux bassins : étoient-ce les ruines de Ptolémaïs ? . . . . On tira un coup de canon pour faire rejoindre la cavalerie qui avoit couché à une lieue de nous ; après une demi-heure, nous nous trouvâmes en état de défense ou d'attaque : nous marchâmes en bataille sur le rassemblement, qui se dissipa ; les Ma-
.melouks

melouks eux-mêmes disparurent, et nous arrivâmes à Girgé sans avoir joint les ennemis.

Assis près de son bureau, la carte devant lui, l'impitoyable lecteur dit au pauvre voyageur, harassé, poursuivi, affamé, en butte à toutes les miseres de la guerre, Il me faut ici Aphroditopolis, Crocodilopolis, Ptolémaïs ; qu'avez-vous fait de ces villes ? qu'êtes-vous allé faire là, si vous ne pouvez m'en rendre compte ? n'avez-vous pas un cheval pour vous porter, une armée pour vous protéger, un interprete pour questionner ? n'avez-vous pas pensé que je vous honorerois de ma confiance ? — A la bonne heure ; mais veuillez bien, lecteur, songer que nous sommes entourés d'Arabes, de Mamelouks, et que très probablement ils m'auroient enlevé, pillé, tué, si je m'étois avisé d'aller à cent pas de la colonne vous chercher quelques briques d'Aphroditopolis.

Ce quai revêtu, que j'ai vu en passant au galop à Minchie, c'étoit Ptolémaïs ; il n'en reste rien autre chose.

Encore un peu de patience, et nous irons ensemble fouler un sol tout neuf pour les recherches, voir ce qu'Hérodote même n'a décrit que sur des récits mensongers, ce que les voyageurs modernes n'ont pu dessiner et mesurer qu'avec toute sorte d'anxiété, sans oser perdre le Nil et leur barque de vue : en effet ces malheureux voyageurs, rançonnés tour-à-tour et sous toutes sortes de prétextes par les reis, par leur interprete, par tous les cheikhs, kiachefs et pachas, abandonnés des leurs, volés des autres, suspects comme sorciers, tourmentés pour les trésors qu'ils devoient avoir trouvés ou pour ceux qu'ils alloient chercher, obligés en dessinant d'avoir un œil sur tous ceux qui les environnoient, et qui étoient toujours près de se soulever, et d'attenter à l'ouvrage, s'ils n'alloient pas jusqu'à attenter à la personne ; ces voyageurs, dis-je, ne sont pas si coupables de ne pas trans-

Y                                                                                             mettre

mettre tous les détails que l'on pourroit désirer sur ce pays si curieux, mais si dangereux à observer.

Grâce à la courageuse obstination du brave Mourat-bey qui voudra tenter le sort de la guerre, nous irons encore à sa poursuite, et nous entrerons enfin dans la terre promise.

### Girgé.—Notices sur le Darfour, et Tombout.

Girgé, où nous arrivâmes à deux heures après-midi, est la capitale de la Haute Egypte : c'est une ville moderne qui n'a rien de remarquable ; elle est aussi grande que Mynyeh et que Melaui, moins grande que Siouth, et moins jolie que toutes les trois : le nom de Girgé ou Dgirdgé lui vient d'un grand monastere, plus anciennement bâti que la ville, dédié à St. Georges, qui se prononce *Gerge* en langue du pays ; le couvent existe encore, et nous y trouvâmes des moines Européens. Le Nil vient heurter contre les constructions de Girgé, et en démollit journellement une partie ; on n'y feroit qu'avec de grands frais un mauvais port pour les barques : cette ville n'est donc intéressante que par sa position à une distance égale du Caire et de Syene, et par la richesse de son territoire. Nous y trouvâmes tous les comestibles à un très bas prix ; le pain à un sou la livre, douze œufs pour deux sous, deux pigeons à trois sous, une oie de quinze livres pour douze sous. Etoit-ce pauvreté ? non, c'étoit abondance ; car, après un séjour de trois semaines, où plus de cinq mille personnes avoient augmenté la consommation et répandu de l'argent, tout étoit encore au même prix.

Les

Les barques ne nous joignoient pas ; nous manquions de souliers et de biscuit : on s'établit, on fit construire des fours, préparer une caserne pour stationner cinq cents hommes : la troupe se reposa ; et moi j'y trouvai personnellement l'avantage de rafraîchir mes yeux, qui menaçoient de cesser tout-à-fait le service. Je n'avois le secours d'aucun remede ; mais un pot de miel que je trouvai dans la maison d'un cheikh où je logeois, et une jarre de vinaigre, m'en tinrent lieu : je mangeai de ce premier jusqu'à indigestion, et calmai l'ardeur de mon sang en buvant l'autre avec de l'eau et du sucre.

Le 3 Décembre, nous apprîmes que des paysans, séduits par les Mamelouks, se rassembloient derriere nous pour nous attaquer à dos, tandis qu'on leur promettoit de nous attaquer en avant. Il n'y avoit qu'un mois qu'ils avoient volé une caravane de deux cents marchands qui venoient de l'Inde par la Mer-Rouge, Cosseïr, et Qouss ; ils se croyoient des braves : quarante villages insurgés avoient rassemblé six à sept mille hommes ; une charge de notre cavalerie qui en sabra mille à douze cents leur apprit que leur projet ne valoit rien.

Nous trouvâmes à Girgé un prince Nubien : il étoit frere du souverain de Darfour ; il revenoit de l'Inde, et alloit rejoindre un autre de ses freres qui accompagnoit une caravane de huit cents Nubiens de Sennar, avec autant de femmes : des dents d'éléphants et de la poudre d'or étoient les marchandises qu'il portoit au Caire, pour les échanger contre du café, du sucre, des schals et des draps, du plomb, du fer, du séné, et du tamarin. Nous causâmes beaucoup avec ce jeune prince, qui étoit vif, gai, ardent et spirituel ; sa physionomie peignoit tout cela : il étoit plus que bronzé ; les yeux très beaux et bien enchâssés ; le nez peu relevé, mais petit ; la bouche fort épatée, mais point plate ; les jambes comme tous les Africains, grêles et arquées : il nous dit que son frere étoit allié du roi de Bournou, qu'il

commer-

commerçoit avec lui, et qu'il faisoit une guerre perpétuelle avec ceux du Sennar ; il nous dit que de Darfour à Siouth il y avoit quarante jours de traversée, pendant lesquels ils ne trouvoient de l'eau que tous les huit jours, soit dans des cîternes, soit à leur passage aux Oasis. Il faut que les profits de ces caravanes soient incalculables pour indemniser ceux qui les rassemblent des frais qu'ils ont à faire, et les payer de l'excès de leurs fatigues. Lorsque leurs esclaves femelles ne sont pas des captives, et qu'ils les achetent, elles leur coûtent un mauvais fusil ; et les hommes, deux. Il nous raconta qu'il faisoit très froid chez lui pendant un temps de l'année ; n'ayant point de mot pour nous exprimer des *glaces*, il nous dit qu'on mangeoit beaucoup d'une chose qui étoit dure en la prenant dans la main, et qui échappoit des doigts lorsqu'on l'y tenoit quelque temps. Nous lui parlâmes de Tombout, cette fameuse ville dont l'existence est encore un problème en Europe. Nos questions ne le surprirent point : selon lui, Tombout étoit au Sud-Ouest de son pays ; ses habitants venoient commercer avec eux ; il leur falloit six mois de trajet pour arriver ; eux leur vendoient tous les objets qu'ils venoient chercher au Caire, et s'en faisoient payer avec de la poudre d'or : ce pays s'appeloit dans leur langue le *Paradis*; enfin la ville de Tombout étoit sur le bord d'un fleuve qui couloit à l'Ouest ; les habitants étoient fort petits et doux. Nous regrettâmes bien de posséder si peu de temps cet intéressant voyageur, que nous ne pouvions cependant pas questionner jusqu'à l'indiscrétion, mais qui n'eût pas mieux demandé que de nous dire beaucoup de choses, n'ayant rien de la gravité Musulmane, et s'exprimant avec énergie et facilité. Il nous dit encore que dans la famille royale la succession étoit élective, que c'étoient les chefs militaires et civils qui choisissoient parmi les fils du roi mort celui qu'ils jugeoient le plus digne de lui succéder au trône, et qu'il n'y avoit pas encore d'exemple que cela eût produit la

guerre

guerre civile. «Tout ce qu'on vient de lire est mot pour mot le procès-verbal de l'interrogatoire que nous fîmes subir à cet étrange prince : il ajouta que nous avions infiniment de choses à fournir à l'Afrique ; que nous la rendrions très volontairement notre tributaire, sans nuire au commerce qu'ils avoient à faire eux-mêmes; et que nous les attacherions à nos intérêts par tous leurs besoins, et par l'exportation de tout le superflu de nos productions ; que le commerce de l'Inde se feroit de même par la Mekke, en prenant cette ville ou celle de Cosseïr pour entrepôt commun, comme Alep l'étoit pour celui des états Musulmans, malgré la longueur des marches qu'il falloit faire de chaque côté pour arriver à ce point de contact.

## Suite de la Marche dans la Haute Égypte.—Combats avec les Mamelouks.—Voleurs.—Conteurs Arabes.

Nous attendions les barques qui devoient suivre notre marche, et qui portoient nos vivres, nos munitions, et la chaussure de nos soldats : le vent avoit été toujours favorable contre l'ordinaire, en cette saison ; et cependant les barques n'arrivoient point : nous avions dépêché divers exprès pour prendre des informations ; les premiers avoient péri dans la traversée des villages révoltés ; les autres ne reparoissant plus, notre belle saison se perdoit dans l'inaction ; le pays pouvoit croire que nous prenions peur des Mamelouks, et ce préjugé égarer de nouveau les paysans : ils refusoient déjà de payer le miri, et ils disoient pour raison : Il doit y avoir bataille ; nous paierons au vainqueur.

Le 9 Janvier, dixième jour de notre arrivée, le général Desaix se
détermina

détermina à envoyer sa cavalerie jusqu'à Siouth, pour savoir définitivement ce qu'étoit devenu son convoi maritime ; on avoit envoyé en avant de Girgé un bataillon à Bardis pour chercher des vivres ; l'officier qui le commandoit nous fit dire, le 9 au soir, qu'il se répandoit que le 11 les Mamelouks se mettroient en marche de Haü pour arriver le 12, et qu'ils vouloient en venir à une bataille : cette nouvelle étoit confirmée de toutes parts ; et quoique Desaix ne fût pas convaincu de cette bonne fortune, il se trouva dans le cas de reprocher encore à notre marine de les priver de notre cavalerie, qui le laisseroit sans moyen de profiter de la victoire, s'il y en avoit une ; car la simple infanterie ne pouvoit avec les Mamelouks qu'accepter le combat, sans jamais les y forcer ni le prolonger.

Un autre fléau dont nous étions travaillés, c'étoit une volerie perpétuelle, et organisée de telle sorte qu'aucune rigueur militaire ne pouvoit en défendre nos armes et nos chevaux. Chaque nuit les habitants entroient dans nos camps comme des rats, et en sortoient comme des chauve-souris, emportant presque toujours leur proie. On en avoit surpris qui avoient été sacrifiés au premier mouvement de la rage du soldat : on espéra que cette rigueur feroit quelque sensation ; la garde fut doublée ; et le jour même on prit deux des forges de l'artillerie : on saisit les voleurs, qui furent fusillés. Dans la nuit qui suivit cette exécution les chevaux de l'aide-de-camp du général de la cavalerie furent volés : le général gagea qu'on ne le voleroit pas ; le lendemain on lui enleva son cheval, et l'on avoit démoli un mur pour le surprendre lui-même, si le jour ne fût venu à son secours.

Le 10, nous sûmes que Mourat-bey invitoit les cheikhs Arabes des villages soumis à marcher contre nous, leur donnant rendez-vous à Girgé. Le 11, jour où il devoit nous attaquer, plusieurs nous envoyerent leur
lettre,

lettre, en nous faisant dire qu'ils restoient fidèles au traité, et nous dénoncerent ceux qui avoient promis de marcher; mais la rencontre que ceux-ci avoient faite de notre cavalerie avoit déconcerté leurs projets.

Le 11, le temps fut couvert, et nous en souffrîmes comme d'un jour d'hiver assez rude, quoiqu'il eût été un de nos fort beaux jours d'Avril; tant il est vrai que l'absence du bien sur lequel on a compté est déjà un mal! je vis cependant dans cette effroyable journée une treille de vigne verte comme au mois de Juillet; les feuilles ne font ici que se durcir, rougir, et sécher, pendant que le bout de la branche renouvelle perpétuellement sa verdure; les pois-grimpants font la même chose; la tige en devient ligneuse : j'en ai vu qui avoient quarante pieds de haut, et atteignoient au sommet des arbres.

Nous sûmes qu'il étoit arrivé de la Mekke par Cosseïr une quantité innombrable de fantassins pour se joindre à Mourat-bey, et qu'ils étoient en marche pour venir nous attaquer.

Le 13, nous apprîmes que notre cavalerie avoit rencontré un rassemblement à Menshieth, avoit sabré mille de ces égarés, et avoit poursuivi son chemin; leçon rien moins que fraternelle, mais que notre position rendoit peut-être nécessaire : cette province, qui, de tout temps révoltée, avoit la réputation d'être terrible, avoit besoin d'apprendre que ce n'étoit pas lorsqu'elle se mesuroit contre nous; nous avions d'ailleurs à leur cacher que nos moyens étoient petits et disséminés; peut-être falloit-il encore qu'ils nous crûssent aussi vindicatifs que cléments; peut-être enfin, n'ayant pas le temps de les catéchiser, falloit-il, par un malheur de circonstance, punir sévèrement ceux qui s'obstinoient à ne pas croire que tout ce que nous faisions n'étoit que pour leur bien.

Nous nous disposions à partir aussitôt que la cavalerie seroit de retour, soit que les barques arrivassent enfin, soit qu'il fallût y renoncer; car

attendre

attendre ne faisoit qu'aggraver nos maux, et ceux que nous étions obligés de faire aux habitants des environs, en laissant subsister cet état de guerre, d'incertitude, et d'inorganisation.

Le 14, nous n'en avions point encore de nouvelles. Nous nous faisions réciter des contes Arabes pour dévorer le temps et tempérer notre impatience. Les Arabes content lentement, et nous avions des interpretes qui pouvoient suivre ou qui ralentissoient très peu le débit : ils ont conservé pour les contes la même passion que nous leur connoissons depuis le sultan Skeherasade des mille et une nuits; et sur cet article Desaix et moi nous étions presque des sultans : sa mémoire prodigieuse ne perdoit pas une phrase de ce qu'il avoit entendu ; et je n'écrivois rien de ces contes, parcequ'il me promettoit de me les rendre mot pour mot quand je voudrois : mais ce que j'observois, c'est que si les histoires n'étoient pas riches de détails vrais et sentimentals, mérite qui semble appartenir particulierement aux narrateurs du nord, elles abondoient en événements extraordinaires, en situations fortes, produites par des passions toujours exaltées ; les enlévements, les châteaux, les grilles, les poisons, les poignards, les scenes nocturnes, les méprises, les trahisons, tout ce qui embrouille une histoire, et paroît en rendre le dénouement impossible, est employé par ces conteurs avec la plus grande hardiesse ; et cependant l'histoire finit toujours très naturellement et de la maniere la plus claire et la plus satisfaisante. Voilà le mérite de l'inventeur : il reste encore au conteur celui de la précision et de la déclamation, auxquelles les auditeurs mettent beaucoup de prix : aussi arrive-t-il que la même histoire est faite consécutivement par plusieurs narrateurs devant les mêmes auditeurs, avec un égal intérêt et un égal succès ; l'un aura mieux traité et déclamé la partie sensible et amoureuse, un autre aura mieux rendu les combats et les effets terribles, un troisieme aura fait rire ; enfin c'est leur spectacle : et comme chez nous on va

au

au théâtre une fois pour la piece, d'autres fois pour le jeu des acteurs, les répétitions ne les fatiguent point. Ces histoires sont suivies de discussions ; les applaudissements sont disputés, et les talents se perfectionnent ; aussi y en a-t-il en grande réputation qui sont chéris, et font le bonheur d'une famille, de toute une horde. Les Arabes ont aussi leurs poëtes, même leurs improvisateurs, que l'on fait venir dans les festins ; ils en paroissent enchantés : je les ai entendus ; mais quand leurs chansons ne sont pas apologétiques, elles perdent sans doute trop à être traduites ; elles ne m'ont paru que des concetti ou jeux de mots assez insipides : leurs poëtes ont d'ailleurs des manieres extraordinaires, des tics, qui les singularisent aux yeux des gens du pays, mais qui leur donnoient pour nous un air de démence qui m'inspiroit de la pitié et de la répugnance : il n'en étoit pas de même des conteurs, qui me paroissoient avoir un talent plus vrai, plus près de la nature.

Je devois m'affliger moins qu'un autre des retardements, puisqu'ils me laissoient le temps de calmer l'inflammation qui dévoroit mes yeux ; mais je partageois l'impatience de Desaix, qui avoit dû compter sur toutes les ressources du convoi, dont l'absence paralysoit ses opérations sous tous les rapports, et le laissoit dans un dénuement affligeant : heureusement les malades et les blessés étoient peu nombreux ; car les médecins sans remedes n'étoient là que pour dire ceux qu'il auroit fallu leur donner, et ne pouvoient leur en administrer aucun ; on fit cependant établir un hôpital, des fours, un magasin, et une caserne assez bien fortifiée pour se défendre d'une émeute ou d'une attaque de paysans, et pouvoir laisser à cet échelon de l'échelle du Nil trois cents hommes en sécurité.

Ne sachant que faire à mes yeux malades, j'imaginai d'aller prendre les bains du pays, qui me soulagerent. Je renvoie mon lecteur à l'élégante description de M. Savary, dont la riante imagination a fait tout à la fois le

z tableau

tableau des agréments qu'offrent ces bains, et des voluptés dont ils sont susceptibles.

Le 15, il fit assez froid le matin pour désirer de se chauffer ; mais ce froid pourtant ressembloit à celui qu'on éprouve quelquefois chez nous au mois de Mai ; car en mettant la tête à la fenêtre, j'y vis les oiseaux faisant l'amour, ou tout au moins faisant leur nid pour le faire : le soir du même jour il tonna, événement très extraordinaire dans cette contrée ; en effet cela n'arrive qu'une fois dans une génération, par un concours de circonstances peut-être faciles à expliquer. Le vent du nord, le plus constant de tous ceux qui dominent dans cette partie du monde, amene de la mer les nuages d'une région plus froide, les roule dans la vallée de l'Egypte, où le sol ardent les raréfie, et les réduit en vapeur ; cette vapeur poussée jusqu'en Abyssinie, le vent du sud, qui traverse les montagnes élevées et froides de ce pays, en ramene quelquefois de petits nuages, qui, n'éprouvant qu'un léger changement de température en repassant dans la vallée humide du Nil lors de son débordement, restent condensés, et produisent par fois, sans tonnerre ni orage, de petites pluies d'un instant ; mais les vents d'est et d'ouest, qui d'ordinaire enfantent les orages, traversant tous les deux des déserts ardents qui dévorent les nuages, ou élevent les vapeurs à une telle hauteur qu'elles traversent la vallée étroite de la Haute Egypte, sans pouvoir éprouver de détonation par l'impression des eaux du fleuve, le phénomene du tonnerre devient une chose si étrange pour les habitants de ces contrées, que les savants même du pays n'imaginent pas de lui attribuer une cause physique. Le général Desaix questionna un homme de loi sur le tonnerre, il lui répondit avec la sécurité de l'assurance : " On " sait très bien que c'est un ange, mais il est si petit qu'on ne l'apperçoit " point dans les airs ; il a cependant la puissance de promener les nuages " de la Méditerranée en Abyssinie ; et, lorsque la méchanceté des hommes

" arrive

" arrive à son comble, il fait entendre sa voix, qui est celle du reproche
" et de la menace; et, pour preuve que la punition est à sa disposition, il
" entr'ouvre la porte du ciel, d'où sort l'éclair; mais, la clémence de Dieu
" étant toujours infinie, jamais dans la Haute Egypte sa colere ne s'est
" autrement manifestée." On est toujours émerveillé d'entendre un homme sensé, avec une barbe vénérable, faire un conte aussi puéril. Desaix voulut lui expliquer différemment ce phénomene; mais il trouva son explication si inférieure à la sienne, qu'il ne prit pas même la peine de l'écouter: au reste, il avoit plu tout-à-fait la nuit; ce qui rendit les rues fangeuses, glissantes, et presque impraticables. Ici finit l'histoire de notre hiver, et je n'aurai plus à en parler.

Le 15, on fit des fours à l'usage du pays. Le 16, on fit du biscuit. J'aurois voulu dans mon dessin pouvoir exprimer l'adresse et la célérité des ouvriers; on peut dire qu'individuellement l'Egyptien est industrieux et adroit, et que manquant, à l'égal du sauvage, de toute espece d'instrument, on doit s'étonner de ce qu'ils font de leurs doigts auxquels ils sont réduits, et de leurs pieds, dont ils s'aident merveilleusement: ils ont, comme ouvriers, une grande qualité, celle d'être sans présomption, patients, et de recommencer jusqu'à ce qu'ils aient fait à-peu-près ce que vous désirez d'eux. Je ne sais jusqu'à quel point on pourroit les rendre braves; mais nous ne devons pas voir sans effroi toutes les qualités de soldats qu'ils possedent; éminemment sobres, piétons comme des coureurs, écuyers comme des centaures, nageurs comme des tritons; et cependant c'est à une population de plusieurs millions d'individus qui possedent ces qualités que quatre mille Français isolés commandoient impérieusement sur deux cents lieues de pays; tant l'habitude d'obéir est une maniere d'être comme celle de commander, jusqu'à ce que les uns s'endormant dans l'abus du pouvoir, les autres soient réveillés par le bruit de leur chaîne!

Le 18, la cavalerie revint; elle nous annonça l'arrivée des barques, et nous

nous donna les détails d'un combat qu'elle avoit eu à soutenir contre quelques Mamelouks et leurs agents, qui avoient répandu le bruit qu'ils nous avoient détruits ; que ce qu'on voyoit rétrograder étoit le reste des Français qui tâchoient de gagner le Caire. Deux mille Arabes à cheval, et cinq à six mille paysans à pied, avoient cru en venir à bout ; ils s'étoient portés en avant de Tata ; lorsque la cavalerie les découvrit en bataille, elle avoit fait un mouvement pour se former ; ils avoient cru qu'elle déclinoit le combat, et avoient chargé avec le désordre accoutumé, c'est-à-dire quelques braves en avant, le reste au milieu, frappant toujours et ne parant jamais ; à la seconde décharge, étonnés de voir faire à la cavalerie des feux de bataillon, ils avoient commencé à lâcher pied ; et, après avoir perdu quarante des leurs, et avoir eu une centaine de blessés, ils avoient disparu en se dispersant, et abandonnant la pauvre infanterie, qui comme de coutume, avoit été hachée, et eût été détruite, si la nuit ne fût venue à son secours.

Le 20, les barques arrivèrent enfin ; quelques commodités qu'elles nous apportèrent, et sur-tout la musique d'une de nos demi-brigades jouant des airs Français, firent une sensation si étrangement voluptueuse pour Girgé, qu'elle calma tout ce que l'impatience avoit mis d'irascibilité dans notre esprit. C'étoit, hélas ! le chant du cygne : mais n'anticipons pas sur les événements : à la guerre il faut jouir du moment, puisque celui qui suit n'appartient à personne.

Le 21, le prêt, l'eau-de-vie, raviva notre existence ; et le soldat, déjà las de manger six œufs pour un sou, partit avec joie pour aller au-devant du besoin.

Il y avoit vingt-un jours que nous n'étions fatigués que de notre nullité : je savois que j'étois près d'Abidus, où Ossimandué avoit bâti un temple, où Memnon avoit résidé ; je tourmentois Desaix pour pousser une reconnoissance jusqu'à El-Araba, où chaque jour on me disoit qu'il y avoit des ruines ; et chaque jour Desaix me disoit : Je veux vous y conduire moi-même ;

même ; Mourat-bey est à deux journées, il arrivera après-demain, il y aura bataille, nous déferons son armée, l'autre après-demain nous ne penserons plus qu'aux antiquités, et je vous aiderai moi-même à les mesurer. Il avoit raison le bon Desaix ; et quand sa raison n'auroit pas été bonne, il auroit bien fallu que je m'en accommodasse.

Enfin le 22, nous partîmes de Girgé à l'entrée de la nuit ; nous passâmes vis-à-vis les antiquités ; Desaix n'osoit me regarder ; Tremblez, lui dis-je ; si je suis tué demain, mon ombre vous poursuivra, et vous l'entendrez sans cesse autour de vous vous répéter, El-Araba. Il se souvint de ma menace, car cinq mois après il envoya de Siouth l'ordre de me donner un détachement pour m'y accompagner.

Nous arrivâmes devant un village ; nous ne sûmes que le lendemain qu'il s'appeloit El-Besera, car le soir il n'y avoit pas un habitant pour nous le dire : j'aimois assez trouver les villages déménagés, pour ne pas entendre les cris des habitants que l'on étoit forcé de dépouiller : il ne restoit que des murailles dans les déménagements prévus ; les portes et les chambranles même étoient emportés, et un village abandonné depuis deux heures avoit l'air d'être une ruine d'un siecle.

Le 23, à peine en marche, comme le plus désœuvré, je fus le premier qui apperçus les Mamelouks ; ils marchoient à nous sur un front d'une étendue immense : nous nous formâmes en trois quarrés, deux d'infanterie aux ailes, et un de cavalerie au centre, flanqué de huit pieces d'artillerie aux angles ; nous marchions dans cet ordre, en suivant notre route jusqu'à un quart de lieue de Samanhout, village élevé, contre lequel nous cherchions à nous appuyer. Les Mamelouks se développant et nous tournant sur trois points, ils commencerent leur fusillade et leurs cris avant que nous pensassions à tirer le canon. Un corps de volontaires de la Mekke s'étoit posté dans un ravin, entre le village et nous, et tiroit à couvert sur le quarré

de

de la vingt-unième : Desaix envoya un détachement d'infanterie pour les déloger du fossé, et un détachement de cavalerie, qui devoit les poursuivre lorsqu'ils en auroient été chassés. La cavalerie, trop ardente, attaqua trop tôt et avec désavantage ; un des nôtres fut tué, un autre fut blessé ; l'aide-de-camp Rapp reçut un coup de sabre, et auroit succombé, si un volontaire n'eût paré quatre autres coups dont il étoit menacé ; les Mekkains furent cependant repoussés.

Des chasseurs furent envoyés au village pour en déloger ceux qui l'occupoient ; les Mamelouks se mirent en mouvement pour attaquer notre gauche, pendant que d'autres longeoient notre droite : ils eurent un moment favorable pour nous charger ; ils hésiterent, et ne le retrouverent plus ; ils caracôloient autour de nous, faisant briller leurs armes resplendissantes et manœuvrer leurs chevaux ; ils déployoient tout le faste oriental : mais notre boréale austérité présentoit un aspect sévere qui n'étoit pas moins imposant ; le contraste étoit frappant, le fer sembloit braver l'or ; la plaine étinceloit, le spectacle étoit admirable. Notre artillerie tira sur toutes les faces à la fois : ils firent une fausse attaque à notre droite ; plusieurs des leurs y périrent ; un chef, atteint d'un boulet, étoit tombé trop près de nous pour être secouru des siens ; son cheval, étonné de le voir se traînant, sans l'abandonner, ne se laissoit point approcher ; tout brillant d'or, il excitoit la cupidité des tirailleurs, qui tentoient à chaque instant d'aller en faire leur proie ; aux prises avec le sort, traîné çà et là par son cheval, ce malheureux ne périt qu'après avoir essuyé les horreurs de mille morts.

D'autres chasseurs avoient été envoyés à Samanhout pour en déloger ceux qui s'y étoient postés ; ils les eurent bientôt mis en fuite : du nombre de ces fuyards étoit Mourat, qui s'y étoit mis en réserve ; il prit la route de Farshiut. Ce mouvement divisa toute l'armée ennemie : Desaix saisit cette circonstance, fit marcher sur l'espace qu'elle abandonnoit, et ordonna à

la

la cavalerie de charger ceux qui restoient encore sur notre droite ; en un instant, nous les vîmes dans le désert gravir une premiere rampe de la montagne avec une vélocité suprenante : nous pensions qu'arrivés sur le plateau ils en défendroient l'approche aux nôtres ; mais la terreur et le désordre étoient dans leurs rangs, ils ne penserent plus qu'à se réunir dans leur fuite ; quelques traîneurs furent tués, quelques chameaux furent pris ; un petit corps séparé s'enfuit par la gauche : le feu finit à midi, à une heure nous ne vîmes plus d'ennemis. Nous marchâmes sur Farshiut, que Mourat-bey avoit déjà abandonné.

Cette malheureuse ville avoit eté pillée quelques heures auparavant par les Mamelouks. Le cheikh étoit un descendant des cheikhs Ammam, souverains puissants et chéris dans le Saïd, qui, dans le commencement de ce siecle, avoient régné avec équité, et défendu leurs sujets des vexations des Mamelouks. Ce dernier, battu par Mourat, réduit à un état de foiblesse et de misere, avoit vu avec plaisir arriver des vengeurs, et leur avoit préparé du biscuit : Mourat, battu, obligé de fuir, avant de quitter Farshiut envoie chercher ce vieux prince, l'accable de reproches, et, dans sa fureur, lui coupe la tête de sa main. Nous arrivons, nous achevons de piller les magasins ; on bat la générale pour empêcher ce désordre ; il auroit fallu punir toute l'armée : on alloit ordonner une marche forcée ; et, pour éviter les regards de reproche des habitants, nous partons à minuit.

L'obscurité étoit affreuse, et le froid assez vif pour être obligés d'allumer du feu toutes les fois que l'artillerie nous arrêtoit ; abrités contre le mur d'une maison auprès d'un de ces feux, nous nous chauffions, Desaix, ses aides-de-camp, et moi, lorsque tout-à-coup nous recevons une fusillade par-dessus le mur : c'étoient encore des volontaires de la Mekke, car nous étions destinés à en rencontrer par-tout ; ils étoient vingt, on en tua huit ; les autres se sauverent à la faveur des ténebres. Ces volontaires, qui se pré-

tendoient

tendoient nobles, portoient un turban verd, comme descendants de la race d'Hali ; ces chevaliers, à-peu-près vagabonds, volant les caravanes sur la côte de Gidda, et poussés d'un beau zele, profitoient de la saison morte pour venir attaquer une nation Européenne qu'ils croyoient couverte d'or, et avoient bien voulu venir à leurs risques et fortune pour butiner sur nous.

Armés de trois javelots, d'une pique, d'un poignard, de deux pistolets et d'une carabine, ils attaquoient avec audace, résistoient avec opiniâtreté ; et, quoique mortellement frappés, sembloient ne pouvoir cesser de vivre : lors de cette derniere surprise, j'en vis un combattre encore, et blesser deux des nôtres qui le tenoient cloué contre un mur avec leurs baïonnettes.

Nous arrivâmes à une heure de soleil à Haw ; les Mamelouks venoient d'en partir : une partie des beys étoient entrés dans le désert avec les chameaux pour arriver par cette route en un jour et demi à Esneh ; les autres avoient suivi le Nil, route par laquelle il en faut quatre.

Haw, ou l'ancienne Diospolis-Parva, est dans une belle position militaire : elle ne conserve aucune antiquité.

Nous fîmes halte à Haw, et nous en partîmes une heure avant la nuit, qui, comme nous l'avions appris la veille, devoit être sombre, et rendre périlleuse la marche de notre artillerie. Mais la conquête de l'Egypte, qui avoit été commencée si brillamment par la bataille des pyramides, auroit fini de même par la bataille de Thebes, s'il eût été possible de l'obtenir de notre *Fabius* Mourat-bey. Que de marches forcées nous a coûtées le rêve de cette bataille ! mais Desaix n'étoit point l'enfant gâté de la fortune, et son étoile étoit nébuleuse : l'expérience ne pouvoit le convaincre de notre insuffisance pour gagner de vitesse l'ennemi que nous poursuivions ; il ne vouloit rien entendre de ce qui pouvoit affoiblir ses espérances. L'artillerie étoit trop lourde, l'infanterie trop lente, la grosse cavalerie trop pesante ; la

cavalerie

cavalerie légere auroit à peine secondé sa volonté ; et je suis sûr qu'il gémissoit de n'être pas simple capitaine, pour aller, dans sa bouillante ardeur, avec sa compagnie attaquer et combattre Mourat-bey : enfin nous partîmes, et, après avoir été éclairés de la fausse lueur d'une aurore boréale, et avoir attendu la lune jusqu'à dix heures et demie, nous arrivâmes à onze heures à un grand village, dont je n'ai jamais su le nom, et où, malheureusement pour lui et au grand préjudice de ses habitants, nos soldats s'égarerent....

Le 25, nous partîmes à la premiere pointe du jour. La langue de terre cultivée se resserroit peu-à-peu à la rive gauche où nous étions, et s'augmentoit en même proportion à l'autre rive.

Enfin nous entrâmes dans le désert ; nous y vîmes d'assez près une bête sauvage, qu'à sa grosseur et à forme remarquable nous jugeâmes tous être une hyene ; nous courûmes dessus, mais le galop de nos chevaux ne put que la suivre sans rien gagner sur elle. Nous approchions de Tintyra : j'osai parler d'une halte ; mais le héros me répondit avec humeur : cette défaveur ne dura qu'un moment ; bientôt, rappelé à son naturel sensible, il vint me rechercher, et partageant mon amour pour les arts, il se montra leur ami, et peut-être plus ardent que moi. Doué d'une délicatesse d'esprit vraiment extraordinaire, il avoit uni l'amour de tout ce qui est aimable à une violente passion pour la gloire, et à un nombre de connoissances acquises, les moyens et la volonté d'ajouter celles qu'il n'avoit pas eu le temps de perfectionner ; on trouvoit en lui une curiosité active qui rendoit sa société toujours agréable, sa conversation continuellement intéressante.

*Tintyra.*

## Tintyra.

Nous arrivâmes à Tintyra : le premier objet que je vis fut un petit temple à gauche du chemin, d'un si mauvais style et dans de si mauvaises proportions, que je le jugeai de loin n'être que les ruines d'une mosquée. En me retournant à droite, je trouvai enfouie dans les plus tristes décombres une porte construite de masses énormes couvertes d'hiéroglyphes ; à travers de cette porte j'apperçus le temple. Je voudrois pouvoir faire passer dans l'âme de mes lecteurs la sensation que j'éprouvai. J'étois trop étonné pour juger ; tout ce que j'avois vu jusqu'alors en architecture ne pouvoit servir à régler ici mon admiration. Ce monument me sembla porter un caractere primitif, avoir par excellence celui d'un temple. Tout encombré qu'il étoit, le sentiment du respect silencieux qu'il m'imprima m'en parut une preuve ; et, sans partialité pour l'antique, ce fut celui qu'il imposa à toute l'armée.

Avant d'entrer dans aucun détail, tâchons de faire connoître par les plans et les vues l'étendue et l'ordonnance de cet édifice, son état actuel, et son effet pittoresque. J'ai essayé par mes dessins de donner une idée générale de la situation de la ville antique, de l'emplacement qu'elle occupoit, et de la situation respective des édifices, de leur état actuel, et de la richesse de leurs détails. Ces monuments étoient situés sur le bord du désert, sur le dernier plateau de la chaîne Libyque au pied duquel arrive l'inondation du fleuve, à une lieue de son lit.

Rien de plus simple et de mieux calculé que le peu de lignes qui composent cette architecture. Les Egyptiens n'ayant rien emprunté des autres, ils n'ont ajouté aucun ornement étranger, aucune superfluité à ce

qui

qui étoit dicté par la nécessité : ordonnance et simplicité ont été leurs principes ; et ils ont élevé ces principes jusqu'à la sublimité : parvenus à ce point, ils ont mis une telle importance à ne pas l'altérer, que, bien qu'ils aient surchargé leurs édifices de bas-reliefs, d'inscriptions, de tableaux historiques et scientifiques, aucune de ces richesses ne coupe une seule ligne ; elles sont respectées ; elles semblent sacrées ; tout ce qui est ornement, richesse, somptuosité de près, disparoît de loin pour ne laisser voir que le principe, qui est toujours grand et toujours dicté par une raison puissante. Il ne pleut pas dans ce climat ; il n'a donc fallu que des plates-bandes pour couvrir et pour donner de l'ombre ; dès-lors plus de toits, dès-lors plus de frontons : le talus est le principe de la solidité ; ils l'ont adopté pour tout ce qui porte, estimant sans doute que la confiance est le premier sentiment que doit inspirer l'architecture, et que c'en est une beauté constituante. Chez eux l'idée de l'immortalité de Dieu est présentée par l'éternité de son temple ; leurs ornements, toujours raisonnés, toujours d'accord, toujours significatifs, prouvent également des principes sûrs, un goût fondé sur le vrai, une suite profonde de raisonnements ; et quand nous n'aurions pas acquis la conviction du degré éminent où ils étoient parvenus dans les sciences abstraites, leur seule architecture, dans l'état où nous l'avons trouvée, nous auroit donné l'idée de l'ancienneté de ce peuple, de sa culture, de son caractere, de sa gravité.

Je n'aurois point d'expression, comme je l'ai dit, pour rendre tout ce que j'éprouvai lorsque je fus sous le portique de Tintyra ; je crus être, j'étois réellement dans le sanctuaire des arts et des sciences. Que d'époques se présenterent à mon imagination, à la vue d'un tel édifice ! que de siecles il a fallu pour amener une nation créatrice à de pareils résultats, à ce degré de perfection et de sublimité dans les arts ! combien d'autres siecles pour produire l'oubli de tant de choses, et ramener l'homme sur le même sol à l'état de nature où nous l'avons trouvé ! jamais tant d'espace dans un seul point ; jamais les pas du temps plus prononcés et mieux suivis. Quelle constante puissance, quelle richesse, quelle abondance, quelle superfluité de moyens dans le gouvernement qui peut faire élever un tel édifice, et qui trouve dans la nation des hommes capables de le concevoir, de l'exécuter, de le décorer, de l'enrichir de tout ce qui parle aux yeux et à l'esprit ! jamais d'une maniere plus rapprochée: le travail des hommes ne me les avoit présentés si anciens et si grands : dans les ruines de Tintyra les Egyptiens me parurent des géants.

J'aurois voulu tout dessiner, et je n'osois mettre la main à l'œuvre ; je sentois que, ne pouvant m'élever à la hauteur de ce que j'admirois, j'allois rapetisser ce que je voudrois imiter ; nulle part je n'avois été environné de tant d'objets propres à exalter mon imagination. Ces monuments, qui imprimoient le respect dû au sanctuaire de la divinité, étoient les livres ouverts où la science étoit développée, où la morale étoit dictée, où les arts utiles étoient professés ; tout parloit, tout étoit animé, et toujours dans le même esprit: L'embrasure des portes, les angles, le retour le plus secret, présentoient encore une leçon, un précepte, et tout cela dans une harmonie admirable ; l'ornement le plus léger sur le membre d'architecture le plus grave déployoit d'une maniere vivante ce que l'astronomie avoit de plus abstrait à exprimer. La peinture ajoutoit encore un charme à la sculpture et à l'architecture, et produisoit tout à la fois une richesse agréable, qui ne nuisoit ni à la simplicité ni à la gravité de l'ensemble. La peinture en Egypte n'étoit encore qu'un ornement de plus ; suivant toute apparence, elle n'étoit point un art particulier : la sculpture étoit emblématique, et, pour ainsi dire, architecturale. L'architecture étoit donc l'art par excellence, dicté par l'utilité ; elle pourroit donc à elle seule lever le doute, sinon sur la primogéniture, au moins sur la supériorité de l'architecture des Egyptiens comparée à celle des Indiens, puisque né participant en rien de celle de ces derniers, elle est devenue le principe de tout ce que

nous

nous avons admiré depuis, de tout ce que nous avons cru être exclusivement de l'architecture, les trois ordres Grecs, le Dorique, l'Ionique, et le Corinthien. Il faut donc bien se garder de penser, comme on le croit abusivement, que l'architecture Egyptienne est l'enfance de l'art, mais il faut dire qu'elle en est le type.

Je fus frappé de la beauté de la porte qui fermoit le sanctuaire du temple ; tout ce que l'architecture a ajouté depuis d'ornements à ce genre de décoration n'a fait qu'en rapetisser le style.

Je ne devois pas espérer de rien trouver en Egypte de plus complet, de plus parfait que Tintyra ; j'étois agité de la multiplicité des objets, émerveillé de leur nouveauté, tourmenté de la crainte de ne pas les revoir. J'avois apperçu sur des plafonds des systêmes planétaires, des zodiaques, des planispheres célestes, présentés dans une ordonnance pleine de goût ; j'avois vû que les murailles étoient couvertes de la représentation des rites de leur culte, de leurs procédés dans l'agriculture et les arts, de leurs préceptes moraux et religieux ; que l'Etre suprême, le premier principe, étoit par-tout représenté par les emblêmes de ses qualités : tout étoit également important à rassembler ; et je n'avois que quelques heures pour observer, pour réfléchir, pour dessiner ce qui avoit coûté des siecles à concevoir, à construire, à décorer. Notre impatience Françoise étoit épouvantée de la constante volonté du peuple qui avoit exécuté ces monuments : par-tout même égalité de recherches et de soins ; ce qui pourroit faire penser que css édifices n'étoient point l'ouvrage des rois, mais qu'ils étoient construits aux frais de la nation, sous la direction de colléges de prêtres, et par des artistes auxquels il étoit imposé des regles invariables. Un laps de temps avoit pu chez eux apporter quelques perfections dans l'art ; mais chaque temple est d'une telle égalité dans toutes ses parties, qu'ils semblent tous avoir été sculptés de la même main ; rien de mieux, rien de plus mal ;

point

point de négligence, point d'élans à part d'un génie plus distingué ; l'ensemble et l'harmonie régnoient par-tout. L'art de la sculpture, enchaîné à l'architecture, étoit circonscrit dans le principe, dans la méthode, dans le mode : une figure n'exprimoit rien par le sentiment ; elle devoit avoir telle pose pour signifier telle chose ; le sculpteur en avoit le poncif, et ne devoit se permettre aucune altération qui auroit pu en changer le vrai sens : il en étoit de ces figures comme de nos cartes à jouer, dont nous avons respecté les imperfections, pour ne rien ôter à la facilité avec laquelle nous les savons reconnoître. La perfection qu'ils ont donnée à leurs animaux prouve assez qu'ils avoient l'idée du style, dont ils ont indiqué le caractere avec si peu de lignes dans un principe si grand, et un système qui tendoit au grave et au beau idéal, comme nous en avions déjà la preuve dans les deux sphinx du capitole, et dont on retrouve ici le style dans ceux qui sont sur le flanc du grand temple.

Quant au caractere de leur figure humaine, n'empruntant rien des autres nations, ils ont copié leur propre nature, qui étoit plus gracieuse que belle. Celle des femmes ressemble encore à la figure des jolies femmes d'aujourd'hui : de la rondeur, de la volupté ; le nez petit ; les yeux longs, peu ouverts, et relevés à l'angle extérieur, comme tous les peuples dont cet organe est fatigué par l'ardeur du soleil ou la blancheur de la neige ; les pommettes des joues un peu grosses, les levres bordées, la bouche grande, mais riante et gracieuse : en tout, le caractere Africain, dont le Negre est la charge, et peut-être le principe.

Les hiéroglyphes, exécutés de trois manieres, sont aussi de trois genres, et peuvent avoir aussi trois époques : par l'examen des différens édifices que j'ai été dans le cas d'observer, j'ai pu juger que ceux qui devoient être les plus anciens n'ont qu'un simple contour, creusé sans relief, et très profondément ; les seconds, ceux qui font le moins d'effet, sont simplement

en

en relief très bas; et les troisiemes, qui me paroissent du meilleur temps, et qui sont à Tintyra d'une exécution plus parfaite qu'en aucun autre lieu de l'Egypte, sont en relief au fond du contour creusé. A travers les figures qui composent les tableaux, il y a de petits hiéroglyphes, qui paroissent n'être que l'explication des tableaux, et qui, avec des formes simplifiées, sembleroient une maniere plus rapide de s'exprimer, une espece d'écriture *cursive*, si l'on peut dire ainsi en parlant de sculpture.

Un quatrieme genre sembloit être consacré à l'ornement; nous l'avons appelé improprement, et je ne sais pourquoi, *Arabesque* : adopté par les Grecs, au temps d'Auguste il fut admis chez les Romains, et dans le quinzieme siecle, lors de la renaissance des arts, il nous fut transmis par eux comme une décoration fantastique, dont le goût étoit tout le mérite. Chez les Egyptiens, employé avec le même goût, chaque objet avoit un sens ou une moralité, décoroit en même temps les frises, les corniches, les soubassements de leur architecture. J'ai retrouvé à Tintyra des représentations de péristyles de temples en cariatides, exécutées en peinture aux bains de Titus, copiées par Raphaël, et que nous singeons tous les jours dans nos boudoirs, sans imaginer que les Egyptiens nous en ont donné les premiers modeles. Le crayon à la main, je passois d'objets en objets; distrait de l'un par l'intérêt de l'autre, toujours attiré, toujours arraché, il me manquoit des yeux, des mains, et une tête assez vaste pour voir, dessiner, et mettre quelque ordre à tout ce dont j'étois frappé. J'avois honte des dessins insuffisants que je faisois de choses si sublimes : mais je voulois des souvenirs des sensations que je venois d'éprouver; je craignois que Tintyra ne m'échappât pour toujours, et mes regrets égaloient mes jouissances. Je venois de découvrir dans un petit appartement un planisphere céleste, lorsque les derniers rayons du jour me firent appercevoir que j'étois seul avec le constamment bon et complaisant général Belliard, qui, après avoir vu pour lui, n'avoit pas voulu m'abandonner dans un lieu si désert.

Nous

Nous rattrapâmes au galop la division, déjà à Dindera, à trois quarts de lieue de Tintyra, où nous vînmes coucher : sans ordre donné, sans ordre reçu, chaque officier, chaque soldat s'étoit détourné de la route, avoit accouru à Tintyra, et spontanément l'armée y étoit restée le reste de la journée. Quelle journée ! qu'on est heureux d'avoir tout bravé pour obtenir de telles jouissances !

Le soir, Latournerie, officier d'un courage brillant, d'un esprit et d'un goût délicat, vint me trouver, et me dit : " Depuis que je suis en Egypte, trompé sur tout, j'ai toujours été mélancolique et malade : Tintyra m'a guéri ; ce que j'ai vu aujourd'hui m'a payé de toutes mes fatigues ; quoi qu'il puisse en être pour moi de la suite de cette expédition, je m'applaudirai toute ma vie de l'avoir faite par les souvenirs que me laissera éternellement cette journée."

### Crocodiles.

LE 26, une nature nouvelle se développa sous nos yeux : des palmiers-doum, beaucoup plus grands que ceux que nous avions vus, des tamarisques gigantesques, des villages d'une demi-lieue de long, et cependant des terres qui avoient été inondées, et qui étoient restées incultes. Les habitants ne vouloient-ils cultiver que ce qui devoit suffire à leur nourriture, et priver ainsi leurs tyrans du superflu de leurs travaux ? Dans l'après-midi, causant avec Desaix, il me parloit des crocodiles : nous étions dans la partie du Nil qu'ils habitent ; devant nous étoient des isles basses de sable, comme celles où ils se montrent ; nous vîmes quelque chose de long et brun à travers nombre de canards ; c'étoit un crocodile ; il avoit quinze à dix-huit pieds ;

il

il dormoit : on lui tira un coup de fusil, il entra doucement dans l'eau, et en ressortit quelques minutes après ; un second coup de fusil l'y fit rentrer, il en ressortit de même : je lui trouvai le ventre beaucoup plus gros que ceux des animaux de même espece que j'avois vus empaillés.

Nous apprîmes qu'une partie des Mamelouks avoit passé à la rive droite du fleuve, et que l'autre suivoit la route d'Esnê et de Syene. Desaix fit partir sa cavalerie à minuit pour tâcher d'atteindre ces derniers.

Le 27, nous partîmes à deux heures du matin ; à huit, nous trouvâmes un crocodile mort sur les bords du fleuve : il étoit encore frais ; il avoit huit pieds de long : la mâchoire de dessus, la seule mouvante, s'ajuste assez mal avec celle de dessous ; mais son gosier y supplée, il se plisse comme une bourse, et son élasticité fait l'office de la langue, dont il manque absolument : ses narines et ses oreilles se ferment comme les ouïes d'un poisson ; ses yeux, petits et rapprochés, ajoutent beaucoup à l'horreur de sa physionomie.

### Thebes.

A NEUF heures, en détournant la pointe d'une chaîne de montagnes qui forme un promontoire, nous découvrîmes tout-à-coup l'emplacement de l'antique Thebes dans tout son développement ; cette ville dont une seule expression d'Homere nous a peint l'étendue, cette Thebes *aux cent portes ;* phrase poétique et vaine que l'on répete avec confiance depuis tant de siecles. Décrite dans quelques pages dictées à Hérodote par des prêtres Egyptiens, et copiées depuis par tous les autres historiens ; célebre par ce nombre de rois que leur sagesse a mis au rang des dieux, par des lois que l'on a révérées sans jamais les connoître, par des sciences confiées à de

fastueuses

fastueuses et énigmatiques inscriptions, doctes et premiers monuments des arts, respectés par le temps ; ce sanctuaire abandonné, isolé par la barbarie, et rendu au désert sur lequel il avoit été conquis ; cette cité enfin toujours enveloppée du voile du mystere par lequel les colosses même sont agrandis ; cette cité reléguée, que l'imagination n'entrevoit plus qu'à travers l'obscurité des temps, étoit encore un fantôme si gigantesque pour notre imagination, que l'armée, à l'aspect de ses ruines éparses, s'arrêta d'elle-même, et, par un mouvement spontané, battit des mains, comme si l'occupation des restes de cette capitale eût été le but de ses glorieux travaux, eût complété la conquête de l'Egypte. Je fis un dessin de ce premier aspect comme si j'eusse pu craindre que Thebes m'échappât ; et je trouvai dans le complaisant enthousiasme des soldats des genoux pour me servir de table, des corps pour me donner de l'ombre, le soleil éclairant de rayons trop ardents une scene que je voudrois peindre à mes lecteurs, pour leur faire partager le sentiment que me firent éprouver la présence de si grands objets; et le spectacle de l'émotion électrique d'une armée composée de soldats, dont la délicate susceptibilité me rendoit heureux d'être leur compagnon, glorieux d'être François.

La situation de cette ville est aussi belle qu'on peut se la figurer ; l'étendue de ses ruines ne permet pas de douter qu'elle ne fût aussi vaste que la renommée l'a publié : le diametre de l'Egypte n'étant pas assez grand pour la contenir, ses monuments s'appuient sur les deux chaînes qui la bordent, et ses tombeaux occupent les vallées de l'ouest jusque bien avant dans le désert. Je fis une vue de sa situation dès l'instant où je pus distinguer ses obélisques, et ses portiques si fameux : je pensois bien que, tout aussi empressés que moi, mes lecteurs verroient avec intérêt l'image d'un objet aussi curieux d'aussi loin qu'on peut l'appercevoir, et qu'en général le premier devoir d'un voyageur est de rendre compte de toutes ses sensations, sans se permettre de les juger et de les dénaturer. C'est pourquoi je je me suis fait une loi de donner à la gravure mes dessins tels que je les ai faits d'après nature : et j'ai tâché de conserver à mon journal la même naïveté que j'ai mise dans mes dessins.

Quatre bourgades se disputent les restes des antiques monuments de Thebes; et le fleuve, par la sinuosité de son cours, semble encore fier de traverser ses ruines.

Entre midi et une heure, nous arrivâmes à un désert qui étoit le champ des morts : la roche, taillée dans son plan incliné, présente dans les trois faces d'un quarré des ouvertures régulieres, derriere lesquelles de doubles et triples galeries et des chambres servoient de sépultures. J'y entrai à cheval avec Desaix, croyant que ces retraites sombres ne pouvoient être que l'asyle de la paix et du silence ; mais à peine fûmes-nous engagés dans l'obscurité de ces galeries que nous fûmes assaillis de javelots et de pierres par des ennemis que nous ne pouvions distinguer ; ce qui mit fin à nos observations. Nous avons appris depuis qu'une population considérable habitoit ces retraites obscures ; qu'y contractant apparemment des habitudes farouches, elle étoit presque toujours en rébellion avec l'autorité, et devenoit la terreur de ses voisins : trop pressés pour faire plus ample connoissance avec les habitants, nous rétrogradâmes avec précipitation ; et pour cette fois nous ne vîmes Thebes qu'au galop.

Mon sort étoit de séjourner des mois à Zaoïé, à Bénisouef, à Girgé, et de passer sans m'arrêter sur les grands objets que j'étois venu chercher. Nous arrivâmes un moment après à un temple, que je dus juger des plus anciens à son délâbrement, à sa couleur de vétusté plus prononcée, à sa construction moins perfectionnée, à l'excessive simplicité de ses ornements, à l'irrégularité de ses lignes, de ses dimensions, et sur-tout à la grossiereté de sa sculpture. Je me mis bien vîte à en faire un dessin, puis, galopant après les troupes qui marchoient toujours, j'arrivai à un second édifice beaucoup plus considérable et bien mieux conservé. Je trouvai en chemin une statue de granit noir, je dis granit, en attendant qu'il soit décidé quelle est cette matiere que l'on a long-temps appelée basalte, et dont sont faits les magnifiques lions Egyptiens qui sont au bas de la rampe du Capitole.

A son entrée deux môles quarrés flanquent une porte immense : contre le mur de l'intérieur sont sculptés en deux bas-reliefs les combats victorieux d'un héros ; cette sculpture est de la composition la plus baroque, sans perspective, sans plan, sans distribution, et comme les premieres conceptions de l'esprit humain qui a toujours la même marche. J'ai vu à Pompéia des dessins faits par des soldats Romains sur le stuc des murailles ; ils ressembloient entièrement aux dessins des nôtres, à ceux de tout enfant qui veut rendre ses premieres idées, lorsqu'il n'a encore ni vu, ni comparé, ni réfléchi. Ici le héros est gigantesque, et les ennemis qu'il combat sont vingt-cinq fois plus petits : si c'étoit déjà une flatterie des arts, elle étoit sans doute mal entendue, puisqu'il devoit être honteux pour ce héros de n'avoir à combattre que des pygmées.

C'est à quelques pas de cette porte que sont les restes d'un colosse énorme ; il a été méchamment brisé, car les parties épargnées ont tellement conservé leur poli, et les fractures leurs arrêtes, qu'il est évident que si l'esprit dévastateur des hommes leur eût permis de confier au temps seul le soin de ruiner ce monument, nous en jouirions encore dans tout son entier ; il suffit de dire, pour donner une idée de sa grandeur, que la largeur des épaules est de vingt-cinq pieds, ce qui donneroit à-peu-près soixante-quinze à la figure entiere ; exacte dans ses proportions, le style en est médiocre, mais l'exécution parfaite ; dans sa chûte il est tombé sur le visage, ce qui empêche de voir cette partie intéressante ; la coiffure étant brisée, on n'est plus dans le cas de juger par ses attributs si c'étoit la figure d'un roi ou d'une divinité : c'étoit-ce la statue de Memnon ou celle d'Ossimandue ?..... Les descriptions faites jusqu'à présent, comparées sur les lieux

lieux aux monuments, jettent plutôt de la confusion dans les idées qu'elles ne les éclaircissent. Si c'étoit celle de Memnon, ce qui est le plus probable, tous les voyageurs depuis deux mille ans se seroient trompés dans l'objet de leur curiosité, comme on le voit par l'inscription de leur nom sur un autre colosse, dont j'aurai à parler tout-à-l'heure.

Il reste un pied de cette premiere statue, qui est détaché et bien conservé, très susceptible d'être transporté, qui pourroit donner en Europe une échelle de comparaison des monuments de ce genre, et faire pendant aux pieds colossals qui sont dans la cour du Capitole à Rome. L'enceinte dans laquelle est cette figure étoit, ou un temple, ou un palais, ou peut-être tous les deux à la fois ; car si le bas-relief convenoit à un palais de souverain, huit figures de prêtres devant deux portiques de l'intérieur convenoient aussi à un temple, à moins qu'elles ne fussent là pour rappeler au souverain que, conformément aux lois, les prêtres devoient toujours servir et assister Sa Majesté. Au reste cette ruine, située sur le penchant de la montagne, et n'ayant jamais été habitée dans les temps postérieurs, est si bien conservée dans ses parties encore debout, qu'elle a moins l'aspect d'une ruine que d'un édifice que l'on bâtit, et dont les travaux sont suspendus : on y voit nombre de colonnes jusqu'à leurs bases ; les proportions en sont grandes, mais le style, quoique plus pur que celui du premier temple, n'est cependant pas comparable à celui de Tintyra, ni pour la majesté de l'ensemble, ni pour la délicatesse de l'exécution des détails. Il auroit fallu le temps de la réflexion pour en concevoir le plan ; mais on avoit pris le mouvement du galop, et il falloit suivre de près pour n'être pas arrêté pour toujours dans ses observations.

On fut attiré dans la plaine par deux grandes figures assises, entre lesquelles, selon les descriptions d'Hérodote, de Strabon, et de ceux qui ont copié ces écrivains, étoit la fameuse statue d'Ossimandue, le plus

grand

grand de tous les colosses : Ossimandue lui-même avoit été si glorieux de l'exécution d'une entreprise si hardie, qu'il avoit fait graver une inscription sur le piédestal de cette statue, dans laquelle il défioit la puissance des hommes d'attenter à ce monument ainsi qu'à celui de son tombeau, dont la fastueuse description ne paroît qu'un rêve fantastique. Les deux statues encore debout sont sans doute celles de la mere et du fils de ce prince, dont Hérodote fait mention ; celle du roi a disparu ; le temps et la jalousie s'étant disputé à l'envi sa destruction, il n'en reste plus qu'un rocher informe de granit ; il faut le regard obstiné de l'observateur accoutumé à voir pour distinguer quelques parties de ces figures échappées à la destruction, et encore sont-elles si insignifiantes, qu'elles ne peuvent donner aucune idée de sa dimension : les deux qui sont encore existantes ont cinquante à cinquante-cinq pieds de proportion ; elles sont assises, les deux mains sur leurs genoux : ce qui en reste conservé fait voir que le style en étoit aussi sévere que la pose en est droite. Les bas-reliefs et les petites figures qui composent le fauteuil de celle qui est plus au sud ne manquent cependant ni de charme ni de délicatesse dans l'exécution ; c'est contre la jambe de celle du nord que sont écrits en Grec les noms des illustres et anciens voyageurs qui sont venus entendre les sons de la statue de Memnon. C'est ici que l'on peut se convaincre de l'empire de la célébrité sur l'esprit des hommes, puisque, dans des temps où l'ancien gouvernement Egyptien et la jalousie des prêtres ne défendoient plus aux étrangers d'approcher de ces monuments, l'amour du merveilleux agissoit encore sur ceux qui venoient les visiter ; qu'au siecle d'Adrien, éclairé des lumieres de la philosophie, Sabine, la femme de cet empereur, qui elle-même étoit lettrée, voulut bien, ainsi que les savants qui l'accompagnoient, avoir entendu des sons, qu'aucune raison physique ni politique ne pouvoient plus produire : mais l'orgueil de monumenter son nom en l'inscri-

vant

vant sur de telles antiquités aura fort bien pu faire écrire les premiers noms, et le désir bien naturel d'associer le sien à cette espece de gloire y aura fait ajouter les autres ; telle est sans doute la cause de ces innombrables inscriptions de noms de toutes dates et en toutes langues.

J'avois à peine commencé à dessiner ces colosses que je m'apperçus que j'étois resté seul avec mes fastueux originaux, et les pensées que leur dénuement m'inspiroit ; effrayé de celui où je me trouvois, je me remis au galop pour ratrapper mes curieux compagnons, déjà arrivés à un grand temple, près du village de Medinet-Abou. J'observai en courant que l'emplacement du tombeau d'Ossimandue étoit cultivé, que par conséquent l'inondation y arrivoit ; ce qui prouvoit, ou que le lit du Nil étoit exhaussé, ou qu'anciennement il y avoit eu quelque quai ou digue pour empêcher les eaux d'inonder cette partie de la ville, qui, dans le moment où nous la traversions, étoit un vaste champ de bled bien verd, et qui promettoit une abondante récolte.

A droite et attenant au village de Medinet-Abou, au bas de la montagne, est un vaste palais bâti et agrandi à diverses époques.

Ce que j'ai pu observer de positif dans la rapidité de ce premier examen, que nous faisions à cheval, c'est que le fond de ce palais, qui est adossé à la montagne, et qui me parut la partie la plus anciennement construite, étoit couvert d'hiéroglyphes, très profondément creusés, et sans aucun relief ; que la catholicité, dans le quatrieme siecle, s'est emparée de ce temple, et en a fait une église, en y ajoutant deux rangs de colonnes dans le style du temps, pour pouvoir soutenir une couverture. Au sud de ce monument, il y a des appartements Egyptiens avec des fenêtres quarrées, et des escaliers ; c'étoit le seul édifice que j'eusse vu encore qui ne fût pas un temple ; à côté, des fabriques reconstruites avec des matériaux plus anciens, devant lesquelles sont une façade et une cour qui n'ont jamais été achevées.

C'étoit

C'étoit plutôt là un coup-d'œil, une reconnoissance faite à la hâte qu'un véritable examen. La premiere soif de curiosité satisfaite, Desaix s'étoit remis au galop comme s'il eût vu les Mamelouks dans la plaine ; il nous mena encore à deux grandes lieues de là coucher à Hermontis, où pour ma part je fus logé dans un temple.

### *Hermontis—Arbre à Miracles.*

JE pouvois enfin descendre de cheval : il y avoit encore un moment de jour ; j'en profitai pour en faire bien vîte une vue. La figure de Typhon ou d'un Anubis est si souvent répétée dans l'intérieur de ce temple qu'on peut croire que ce monument lui étoit consacré ; il est représenté debout avec un ventre de cochon surmonté de mamelles semblables à celles des Egyptiennes d'à présent ; j'en fis un dessin. A l'orient, à cent toises du temple est un réservoir assez grand, revêtu en belle pierre, dans lequel on descendoit par quatre escaliers.

A deux cents toises plus loin dans la même direction sont les ruines d'une église, bâtie dans le quatrieme ou cinquieme siecle, des plus beaux débris Egyptiens ; des colonnes de granit superbes décoroient la nef : mais tout est renversé ; il ne reste debout que le cu-de-four du chœur et l'arrachement des murs de l'enceinte : cette destruction est de mains d'hommes ; l'édifice étoit trop bien construit pour qu'il n'eût pas résisté au temps.

Le jour cessa, et je rentrai, la tête étourdie de la profusion d'objets qui avoient passé sous mes yeux dans un si court espace de temps ; je croyois avoir rêvé durant toute cette journée si abondante ; et en effet je

me

me serois alimenté délicieusement un mois entier de ce qu'il m'avoit fallu dévorer dans douze heures, sans que je pusse me promettre seulement de trouver le lendemain un moment pour y réfléchir.

Le 28 au matin, je vis un tamarisque d'une grosseur énorme, planté sur le bord du Nil ; il avoit été déraciné par les inondations progressives, et enfin renversé ; la plus grande partie de ses racines dressées avoit produit des feuilles ; les anciennes branches qui l'avoient reçu à terre, et qui s'y étoient fichées, lui servoient de pied ; de sorte que son énorme tronc, resté suspendu horizontalement par une confusion dans le système de la circulation, végétoit dans tous les sens, et lui donnoit un si étrange aspect, que les Turcs n'avoient pas manqué d'en faire un arbre à miracle : je l'aurois dessiné, si dans ce moment je ne m'étois pas trouvé un peu en arriere de la division, et s'il n'eût pas fallu le détailler scrupuleusement pour faire bien concevoir ce phénomene végétal.

A notre halte nous trouvâmes un autre *étranglement* du Nil, dont je fis le dessin. La chaîne Libyque, tournant tout-à-coup à l'orient, vient serrer le Nil contre la chaîne Arabique ; pressé entre ces deux obstacles, le fleuve a triomphé de celui qui lui offroit le moins de résistance ; le courant a dans ses accroissements miné et dégradé un lit de gravier qu'il a trouvé sous le plateau du rivage Libyque ; la partie supérieure, manquant de base, a fait la bascule, et de sa déchirure a formé les deux pointes de rocher que l'on voit dans l'estampe, où j'ai représenté la halte que nous y fîmes. Ce rocher, appelé Gibelin ou les deux Montagnes, sert de limite à une subdivision de la Haute Egypte, et, sous le dernier gouvernement, étoit devenu une barriere pour les beys rebelles qui étoient relégués dans le haut Saïd, barriere que les exilés ne pouvoient franchir sans être hors la loi. C'est ainsi que dans les dernieres années Osman-bey, après avoir été envoyé à Cosséir accompagné d'hommes qui étoient secretement chargés de le tuer, au lieu de l'embarquer pour la Mekke où il étoit sensé être exilé, prévint ses assassins, vola le bâtiment richement chargé, se sauva dans la Haute Egypte, rassembla assez de Mamelouks pour obliger Mourat de traiter, et de lui céder la souveraineté de tout l'espace entre Gibelin et Syene.

Après cet étranglement du cours du Nil la vallée s'élargit sans que la culture y gagne rien ; de vastes champs gercés par le séjour des eaux avoient attendu en vain qu'on leur prêtât ce qu'ils auroient rendu à si gros intérêts.

### Esné, l'ancienne Latopolis.

Le 29, nous arrivâmes le matin d'assez bonne heure à Esné, la derniere ville un peu considérable de l'Egypte ; Mourat avoit été obligé de l'abandonner la veille quelques heures avant l'arrivée de notre cavalerie, d'y brûler une partie de ses tentes, et du gros bagage qui auroit pu ralentir sa marche. Nous dûmes donc juger qu'il étoit déterminé à quitter l'Egypte et à s'enfoncer dans la Nubie, dans l'espoir de nous fatiguer et de nous disséminer ; le pays n'offrant point le moyen de nourrir en masse notre armée, il pouvoit espérer de rassembler des forces, et de venir par le désert attaquer nos détachements.

Esné est l'ancienne Latopolis; on voit encore sur le bord du Nil quelques débris de son port ou quai, qui a été souvent rétabli, et qui, bien qu'on y fasse quelques réparations, est dans un état déplorable. Il y a aussi dans la ville le portique d'un temple, que je crois le monument le plus parfait de l'antique architecture : il est situé près du bazard, sur la grande place, et en feroit un ornement incomparable, si les habitants pouvoient soupçonner son mérite; au lieu de cela, ils l'ont masqué de méchantes

masures

masures en ruine, et l'ont livré aux usages les plus abjects : le portique est très bien conservé et d'une grande richesse de sculpture ; il est composé de dix-huit colonnes à chapiteaux évasés ; ces colonnes sont élancées, et me parurent aussi élégantes que nobles, quoiqu'on ne puisse juger de leur effet que de la maniere la plus désavantageuse à l'architecture ; il faudroit déblayer, pour savoir s'il reste quelque partie de la *Cella :* je fis le mieux que je pus la vue pittoresque et un plan de ce monument ; les hiéroglyphes en reliefs, dont il est couvert en dedans comme en dehors, sont d'une exécution soignée ; on y remarque un zodiaque, de grandes figures d'hommes à têtes de crocodiles ; les chapiteaux, quoique presque tous différents, sont d'un bel effet, et, ce qui pourroit ajouter à la preuve que les Egyptiens n'ont rien emprunté des autres nations, c'est qu'ils ont pris tous les ornements dont ces chapiteaux sont composés, des productions de leur pays, telles que le lotus, le palmier, la vigne, le jonc, etc., etc. Je ne sortis de ce temple que lorsqu'il fallut se remettre en route : nous laissâmes la moitié de notre infanterie et de notre artillerie à Esné, pour marcher plus lestement dans un pays dont les ressources diminuoient à chaque lieue, et devenoient presque à rien ; nous vînmes coucher à trois lieues et demie d'Esné.

Le 30, après trois heures de marche, à trois quarts de lieue du fleuve, sur le bord du désert, nous trouvâmes une petite pyramide de cinquante à soixante pieds de base, bâtie en moëllons, trop petits pour avoir conservé leur assise ; aussi le revêtissement en est-il dégradé du haut jusqu'en bas.

*Hiéraconpolis.*

A deux heures et demie, en avant d'Edfu, nous trouvâmes les ruines d'Hiéraconpolis, qui consistent dans les restes d'une porte d'un édifice considérable, à en juger par la grosseur des pierres, l'étendue des débris, et le diametre des chapiteaux frustes que l'on trouve épars çà et là sur le sol ; la nature du grès dont étoit bâti le temple d'Hiéraconpolis est si friable, que l'édifice n'a conservé aucune forme, et que les détails sont tout-à-fait perdus. A quelques toises plus loin, on en distingue avec peine un autre encore plus dégradé : les restes de la ville ne sont plus que des monceaux de briques très cuites, et quelques fragments de granit. Je dessinai ce que je pus de ces ruines presque effacées ; je m'y suis représenté avec toute ma suite et dans le délâbrement où m'avoient réduit les fatigues de la route.

*Etfu, ou Apollinopolis la grande ; son magnifique Temple.*

Nous vîmes de l'autre côté du fleuve descendre deux cents Mamelouks avec leurs équipages ; nous sûmes depuis que c'étoit Elfy-bey, qui, blessé à Samanhout, n'avoit pas voulu passer les cataractes avec les autres beys. En approchant, nous admirions la superbe et avantageuse situation d'Apollinopolis la grande ; elle dominoit le fleuve et toute la vallée de l'Egypte, et son superbe temple pyramidoit encore sur le tout comme une citadelle qui auroit pu commander le pays : cette idée dérive si naturelle-

ment

ment de sa situation, que ce temple n'est connu dans le pays que sous le nom de *la forteresse.* Je prévoyois avec chagrin que nous arriverions tard et que nous partirions le lendemain de grand matin. Je me mis au galop pour devancer les premiers soldats, et avant que les derniers rayons du jour cessassent d'éclairer le pays. Je n'eus que le temps cette fois de parcourir à cheval cet édifice, dont la grandeur, la noblesse, la magnificence et la conservation surpassent tout ce que j'avois encore vu en Egypte et ailleurs; il me fit une impression gigantesque comme ses dimensions. Cet édifice est une longue suite de portes pyramidales, de cours décorées de galeries, de portiques, de nefs couvertes, construites, non pas avec des pierres, mais avec des rochers tout entiers. La nuit étoit venue avant que j'eusse eu le temps de faire le tour de ce surprenant monument; et je recommençai à gémir sur le sort qui m'obligeoit de voir si rapidement ce qui méritoit tant d'admiration. La conservation de cet édifice antique contraste merveilleusement avec les ruines grisâtres des habitations modernes construites dans son intérieur; une partie de la population du village habite le temple dans des huttes, bâties dans les cours et sur les combles, et qui, semblables aux nids des hirondelles dans nos maisons, les salissent sans les masquer ni les dégrader. Au reste, ce mélange, fâcheux au premier coup-d'œil, produit un contraste pittoresque qui donne tout à la fois une échelle, et des hommes et des temps : d'ailleurs, avons-nous le droit de trouver ridicule que des peuples ignorants appuyent leurs foibles constructions, et ne craignent pas de masquer des beautés sur lesquelles ils n'ont jamais arrêté leurs regards, tandis que nous laissons les arenes de Nîmes encombrées de masures?

*Suite*

*Suite de la Marche dans la Haute-Egypte.—Détresse de l'Armée.— Ruines de Silsilis.—Anecdotes.—Gazelles.—Arrivée à Syenne.*

Au-delà d'Etfu le pays se resserre ; il n'y a plus qu'un quart de lieue entre le désert et le fleuve. A midi, nous fîmes halte sur le bord du Nil : la cavalerie nous avoit dévancés ; au moment de nous mettre en route, elle nous fit dire que nous allions avoir à traverser un désert de sept lieues : la journée étant trop avancée pour nous engager dans une marche aussi longue, nous couchâmes dans un village abandonné, où heureusement il y avoit du bois.

Le 30, nous partîmes à trois heures : après avoir marché une heure dans le pays cultivé, nous entrâmes dans la montagne composée d'ardoise pourrie, de grès, de quartz blanc et rose, de cailloux bruns, avec quelques cornalines blanches. Après cinq heures de marche dans le désert, les souliers étoient déchirés, les soldats attachoient ce qu'ils avoient de linge à leurs pieds, une soif ardente les dévoroit ; on ne pouvoit trouver de l'eau que dans le Nil, dont les rives étoient aussi arides que le désert : la division étoit harassée, et pour arriver au fleuve il falloit se détourner d'une lieue ; mais la soif commanda, on y arriva excédé ; les équipages, dont les animaux n'avoient eu aucun pâcage la veille, affoiblis par la faim, n'avoient pu suivre que partiellement. Quelle fut la détresse, lorsqu'il fallut annoncer à la troupe qu'il n'y avoit rien à manger ! nous nous regardions tristement ; on n'entendoit aucun murmure : mais un morne silence, mais les larmes, triste avant-coureur du désespoir, étoient bien autrement terribles. Après quelques instans de cette affreuse situation, un chameau qui portoit

une

une légère petite charge de beurre nous joignit avec quelques-uns de ceux dont les provisions étoient mangées; on chercha au fond des sacs, on les secoua, on parvint à ramasser de quoi faire une distribution d'une poignée de farine: on proposa de faire des beignets; un arbre nous donna du feu; l'occupation chassa les idées mélancoliques, et la gaieté Françoise ramena parmi nous le courage accoutumé. Nous partîmes bien vîte sur notre lest; mais à peine en route, nos pauvres chevaux qui n'avoient pas mangé de beignets rouloient sous nous d'inanition; il falloit les mener en main, il falloit les soutenir ou les abandonner; il falloit marcher, ce que j'aurois cru impossible sans la nécessité: mais *il y avoit urgence;* et nous avions appris l'étendue des ressources que ce mot fait trouver.

Une demi-heure après avoir passé le premier désert, nous trouvâmes les ruines de Silsilis, qui consistent en débris, en briques, et dans les restes d'un temple, dont les murs les plus élevés n'excedent pas maintenant trois pieds au-dessus du sol. On peut reconnoître encore que la nef du temple, couverte d'hiéroglyphes, étoit entourée d'une galerie, à laquelle, dans un temps postérieur, on avoit ajouté un portique sans hiéroglyphes: nous rentrâmes une troisieme fois dans le désert; une hyene suivit la colonne pendant assez long-temps.

Le rocher devient graniteux, avec des cailloux de toute couleur et de toute espece, que leur dureté rendoit susceptibles d'un poli brillant; j'en trouvai de cornaline, de jaspe, et de serpentine; le sable n'est formé que des débris de toutes les matieres primitives et constituantes du granit. Nous arrivâmes à un plateau élevé, d'où on découvre une vaste étendue dans laquelle on voit serpenter le Nil; après avoir coulé le long du Mokatam, il revient au nord-ouest pour courir de nouveau au nord. A cet angle, on distingue les ruines d'un phare, qui servoit peut-être à éclairer cette partie tortueuse

tortueuse de la navigation; à l'autre angle, on voit les hauteurs d'Ombos, déployant de beaux monuments; au coude du fleuve, une de ses branches forme une isle inondée, et qui vaut à elle seule vingt lieues quarrées de tout le pays qui l'avoisine: sa position la sauva des incursions de la cavalerie Mamelouke et de notre visite; les habitants de terre ferme s'y retirerent, nous abandonnant le grand village de Binban, accoudé au désert et aussi triste que lui. C'est-là que nous arrivâmes après onze heures de marche. Le troupeau de bœufs qui nous suivoit s'étoit égaré; il falloit l'attendre avec la peur qu'il n'eût été enlevé: le village ne nous offroit que quelques murailles; elles furent fouillées jusqu'à leur fondation. Je fus témoin dans cet instant d'une scene qui offroit un contraste frappant de la brutalité la plus farouche et de la sensibilité la plus hospitaliere. Dans le moment où j'observois que si l'avarice est ingénieuse à trouver une cachette, le besoin l'est peut-être plus encore pour la découvrir, un soldat sort d'un trou, traînant après lui une chevre qu'il en avoit arrachée: il étoit suivi d'un vieillard portant deux enfants à la mamelle; il les laisse sur la terre, tombe à genoux, et, sans proférer une parole, il montre, en versant un torrent de larmes, que ces enfants vont mourir si la chevre leur est enlevée. L'aveugle et sourd besoin n'est point arrêté par ce tableau déchirant, et la chevre est déjà égorgée: dans le même instant arrive un autre soldat, tenant dans ses bras un autre enfant, qu'une mere, en fuyant devant nous, avoit sans doute été obligée d'abandonner dans le désert; malgré le poids dont étoit chargé ce brave homme, son sac, son fusil, ses cartouches, la lassitude de quatre jours de marche forcée, le besoin de sauver cette malheureuse petite créature la lui avoit fait ramasser soigneusement; il l'apportoit depuis deux lieues dans ses bras: ne sachant plus qu'en faire dans ce village abandonné, il apperçoit un seul habitant, i voit deux enfants, et, sans prendre d'autres informations, il lui laisse encore l'objet de sa sollicitude avec l'enthousiasme d'un être sensible qui fait une bonne action.

Si j'avois eu horreur de voir que la faim rendoit un individu de mon espece aussi féroce qu'une bête farouche, cet autre soldat m'avoit soulagé, m'avoit rattaché à l'humanité. Quelles sensations que celles produites par les vertus douces au milieu des horreurs de la guerre! l'âme flétrie en est ravivée; c'est un verre d'eau douce et fraîche présenté au milieu du désert. Je pus donner de l'argent, du biscuit au malheureux vieillard; mais ne pouvant rien pour les enfants, je me sauvai pour échapper au spectacle d'un malheur auquel il n'étoit pas en mon pouvoir d'apporter aucun secours.

Le 31, nouveaux déserts à traverser: nous trouvons le rocher alternativement de granit et de grès décomposé, formant une croûte friable et déchirante à la superficie, semblable à des scories. Dans les vallées où abonde le sable, sa surface y est unie et tendre comme la neige, de sorte que les traces des animaux s'y impriment avec la même facilité, et que l'on peut reconnoître ceux qui les ont traversées depuis le dernier vent; le plus souvent ce sont des traces de gazelles qui les sillonnent: ce joli petit animal, plus timide que farouche, après avoir pris sa nourriture sur le bord du fleuve, va cacher sa peur dans le silence du désert. Je remarquai avec une réflexion triste qu'un animal de proie accompagne presque toujours les pas de ce joli et frêle individu; la vîtesse de sa course n'assure point sa liberté, et l'espace n'est point encore pour lui un asyle contre la tyrannie: nous vîmes dans la journée deux de ces animaux, les plus élégants, les plus délicats de tous ceux de cette grande famille. Nous marchions aussi lentement que péniblement, nous arrêtant à chaque instant pour raccommoder nos chaussures, et reprendre haleine: dans l'après-midi, je trouvai en plein désert la trace d'un grand chemin antique, revêtu de chaque côté de grosses masses de pierres alignées, et qui conduisoit en droiture à Syene. L'après-midi, la troupe étoit tellement fatiguée, qu'au sortir du désert on la laissa s'arrêter au premier endroit qui pût fournir de l'herbe à nos chevaux ; je crois qu'il eût été impossible de les en arracher, ni de faire relever les soldats : pour moi, j'étois au terme de mes forces, et je restai comme attaché au sol où je m'assis, et j'y passai la nuit. Le lendemain nous n'eumes que trois quarts de lieue à faire pour rejoindre la cavalerie, qui ne nous avoit devancés que pour manger le pays devant nous ; enfin nous touchions à Eçouan ou Syene, le terme de notre marche. Le soldat oublia ses fatigues, comme s'il fût arrivé à la terre promise ; comme si, pour retrouver un pays qui pût le nourrir, il n'eût pas dû refaire le même chemin qu'il venoit de parcourir si péniblement ; mais le passé n'est déjà plus rien, et la jouissance présente laisse à peine entrevoir l'avenir incertain. Je ne voyois cependant guere que moi qui fusse dans le cas de se réjouir, puisque j'allois pour la premiere fois respirer et m'asseoir dans un pays où tout alloit être intéressant.

La premiere bonne nouvelle que nous apprîmes fut que les Mamelouks n'avoient pas brûlé les barques auxquelles ils n'avoient pu faire franchir les cataractes : nous bivouacquâmes à Contre-Eçouan. Le matin, je montai au couvent de S. Laurent, qui est une mauvaise ruine. Au-dessus, est la tour des vents, qui est une vedette d'où on a la vue la plus étrange : c'est le bout du monde, ou plutôt c'est le chaos, dont l'air s'est déjà dégagé, et dont l'eau par filons, commençant aussi à se séparer de la terre, promet à la nature de la rendre féconde ; en effet ses premiers bienfaits se manifestent sur les rochers de granit, où du sable et du limon déposés dans des creux organisent une base pour les végétations, qui se multiplient en s'agrandissant par gradation. A Eléphantine, la culture,

les

les arbres, les habitations, offrent déjà l'image de la nature perfectionnée ; c'est sans doute ce qui lui a fait donner en Arabe le nom de Qeziret-êl-Sag ou d'Isle-Fleurie. Je fis un dessin de ce pays, qu'il faudroit peindre, et dont je ne puis offrir qu'une carte à vol d'oiseau.

Le 2 février, nous traversâmes le fleuve pour aller à la rive droite occuper Eçouan ou Syene. Mourat-bey avoit passé les cataractes, et s'étendoit dans un long espace pour pouvoir faire subsister ses Mamelouks et ses chevaux : nous nous trouvions dans le même cas pour les nôtres.

Le 4, Desaix partit avec la cavalerie pour aller chercher Elfy-bey, que nous avions laissé derriere nous à la droite du fleuve. Je n'avois pas encore quitté Desaix depuis que j'étois sorti du Caire : j'ose dire avec quelque orgueil que ce fut un chagrin pour tous deux; nous avions passé ensemble des moments si doux et si répétés, marchant au pas côte-à-côte pendant douze à quinze heures de suite ; nous ne causions pas, nous rêvions tout haut ; et souvent, après ces séances si longues, nous nous disions : Combien nous aurons de choses à nous dire le reste de notre vie ! Que d'idées administratives, sages, philanthropiques, arrivoient à son âme quand le son de la trompette ou le roulement du tambour cessoient de lui donner la fievre guerriere. Que de notes intéressantes me fourniroit aujourd'hui son étonnante mémoire ! avec quel avantage je le consulterois ! avec quel intérêt il verroit mon ouvrage, qu'il auroit regardé comme le sien ! En s'éloignant de moi pour quelques moments, il sembloit qu'il voulût par dégrés m'accoutumer à le quitter.

## Syene.—L'Isle d'Eléphantine.

J'ALLAI avec le général Belliard prendre possession du gouvernement de Syene. Pendant mon séjour dans cette ville, mes dessins vont suppléer à mon journal et le remplacer.

Je fis d'abord la vue que je viens de décrire, qui est une espece de carte à vol d'oiseau, dans laquelle on peut voir d'un coup-d'œil le tableau général du pays, l'entrée du Nil dans l'Egypte traversant le banc de granit qui forme ses dernieres cataractes, l'isle Eléphantine entre Contra-Syene et Syene, les monuments de cette ville, dans lesquelles on peut distinguer les diverses époques, ou plutôt les périodes de son existence. Les ruines de sa premiere antiquité se font facilement reconnoître ; ce devoit être alors une cité bien considérable, si les édifices de droite et de gauche du Nil et ceux d'Eléphantine ne formoient qu'une même ville, comme on doit le croire, puisqu'ils ne sont séparés que par le fleuve, qui en cet endroit est plus profond que large : les ruines Arabes sont groupées sur un rocher à l'est ; au bas, sont des monuments Romains, que l'on retrouve aussi dans des fabriques dans l'isle Eléphantine : à tout cela a succédé un grand village, mieux bâti, avec des rues plus droites que les villages ordinaires ; ce que l'on doit attribuer à la présence de la pierre et à la quantité des anciens matériaux. Au milieu, est un château Turc masqué de tous côtés, et qui ne peut être d'aucune défense.

Dans mes premieres promenades, je dessinai les profils des objets dont j'avois fait la carte ; et me rapprochant du rocher sur lequel étoit l'ancienne ville Arabe, je fis celui de l'isle Eléphantine et de ses monuments dont on peut voir le gisement avant d'en connoître les détails.

Nous

Nous employâmes nos premiers moments à nous établir : nous avions un assez beau quartier ; c'étoit la maison du kiachef, bâtie en pierre, avec un étage, des terrasses, et des appartements voûtés : nous fîmes des lits, des tables, des bancs ; se déshabiller, s'asseoir et se coucher me parut de la mollesse, une véritable volupté : les soldats en firent de même. Le second jour de notre établissement il y avoit déjà dans les rues de Syene des tailleurs, des cordonniers, des orfevres, des barbiers Français avec leur enseigne, des traiteurs et des restaurateurs à prix fixe. La station d'une armée offre le tableau du développement le plus rapide des ressources de l'industrie ; chaque individu met en œuvre tous ses moyens pour le bien de la société : mais ce qui caractérise particulierement une armée Française, c'est d'établir le superflu en même temps et avec le même soin que le nécessaire ; il y avoit jardins, cafés, et jeux publics, avec des cartes faites à Syene. Au sortir du village une allée d'arbres alignés se dirigeoit au nord ; les soldats y mirent une colonne milliaire avec l'inscription, *Route de Paris, n° onze cent soixante-sept mille trois cents quarante :* c'étoit quelques jours après avoir reçu une distribution de dattes pour toute ration qu'ils avoient des idées si plaisantes ou si philosophiques. La mort seule peut mettre un terme à tant de bravoure et de gaieté ; les plus grands malheurs n'y peuvent rien.

De ce côté du fleuve il n'y a d'autre reste de la ville Egyptienne qu'un petit temple quarré entouré d'une galerie, mais si détruite et si informe, qu'on n'y voit plus que l'embrasure de deux entrecolonnements, avec les chapiteaux, et une petite partie de l'entablement : ce fragment est ce que Savari, qui confesse n'être pas venu à Syene, indique sur parole comme pouvant être les restes de l'observatoire, dans lequel il faut, selon lui, chercher le nilometre. J'ai fait le dessin particulier de cette petite ruine, pour détruire une erreur dont on ne peut accuser notre ardent et élégant voyageur,

voyageur, qui a tout cherché, tout indiqué, et qui souvent a peint merveilleusement même ce qu'il n'avoit pas vu.

Près de cette ruine, parmi les palmiers, sont des fragments d'un édifice qu'il faut, je crois, donner à la catholicité Grecque; on voit encore debout deux colonnes de granit, deux chambranles de même matiere, et des colonnes groupées contre deux faces d'un seul pilastre; ces deux derniers morceaux sont renversés.

L'isle d'Eléphantine devint tout à la fois ma maison de campagne, mon lieu de délices, d'observation, et de recherches; je crois y avoir retourné toutes les pierres, et questionné tous les rochers qui la composent: c'étoit à sa partie sud qu'étoit la ville Egyptienne et les habitations Romaines et Arabes qui lui ont succédé. On ne reconnoît l'occupation Romaine qu'aux briques, aux tessons de poterie, aux petites déités de terre cuite et de bronze qu'on y trouve encore: on ne reconnoît celle des Arabes qu'aux ordures dont elle a couvert le sol, et qui forment d'ordinaire les ruines de leurs édifices. Tous ceux des temps postérieurs ont à peine laissé des traces de leur existence; tout a péri devant ces monuments Egyptiens, voués à la postérité, et qui ont résisté aux hommes et aux temps. Au milieu du vaste champ de briques et de terres cuites, dont je viens de parler, s'élève encore un très ancien temple quarré, entouré d'une galerie en pilastres, avec deux colonnes au portique; il ne manque que deux pilastres à l'angle gauche de cette ruine: on y avoit ajouté postérieurement d'autres édifices, dont il ne reste que quelques arrachements, qui ne peuvent rien indiquer de la forme qu'ils avoient, mais attester seulement que les accessoires étoient plus grands que le sanctuaire; ce dernier est couvert en dehors et en dedans d'hiéroglyphes en reliefs assez bien conservés et fort bien sculptés: j'ai dessiné tout un côté de la partie intérieure; celle qui lui fait face n'en est presque qu'une répétition. Cette espece de tableau est d'autant

tant plus intéressant à offrir à la discussion, qu'il est d'une unité que je n'avois pas encore rencontrée dans ces sortes de décorations, ordinairement partagées en compartiments: j'ai dessiné aussi tout un côté de l'extérieur, et un seul pilastre; tous les autres lui ressemblent à peu de chose près: la vue pittoresque de la totalité de ce petit édifice donnera une idée de son importance et de l'état de sa conservation.

Etoit-ce là le temple de Cneph, le bon génie, le dieu Egyptien, qui se rapproche le plus de nos idées de l'Etre Suprême? ou bien ce temple, cité par les historiens, étoit-il celui que l'on voit à six cents pas plus au nord, qui est plus ruiné, de même forme, de même grandeur, et dont tous les ornements sont accompagnés du serpent, emblême de la sagesse et de l'éternité, et particulierement du dieu Cneph. A en juger par tout ce que j'ai vu d'édifices Egyptiens, ce dernier est de l'ordre le plus anciennement employé, il est absolument du genre du temple de Kournou à Thebes, celui qui m'a paru le plus ancien de cette ville. Ce que j'ai trouvé de particulier à la sculpture de ce temple-ci, c'est plus de mouvement dans les figures, des robes plus alongées et se composant davantage: les trois figures de ce dernier bas-relief semblent remercier un héros de les avoir délivrées d'un cinquieme personnage presque effacé, mais que l'on reconnoît être renversé. Cette sculpture, où il semble qu'il y ait une espece de composition groupée, avec de la perspective, est-elle antérieure ou postérieure à celle où les Egyptiens avoient arrêté un rhythme pour leurs figures, afin d'en faire, comme de l'écriture, des caracteres, dont à la premiere vue on reconnût la signification, que l'on expliquât sans presque avoir besoin de les regarder? Il n'y a de conservé de ce dernier édifice qu'une colonne du portique, et tout un côté de la galerie en pilastres; le reste est absolument détruit.

Au

Au milieu de l'isle, il y a deux chambranles d'une grande porte extérieure, en blocs de granit, ornés d'hiéroglyphes : ce débris a sans doute appartenu à quelques monuments d'une grande magnificence, dont quelque foible fouille pourroit faire connoître l'étendue. A l'orient est encore un fragment d'édifice très petit et très soigné ; ce que l'on en voit est le côté occidental d'une chambre étroite ou d'un très petit temple, et ce qui reste des hiéroglyphes est parfaitement sculpté ; les ornements en sont surchargés du lotus, et entr'autres des fleurs de cette plante, dont la tige penchée semble être ranimée par une figure qui l'arrose comme dans le tableau que j'ai trouvé à Lolopolis. Cette chambre ou temple communiquoit à un couloir plus étroit, qui, à en juger par une suite de fabriques, aboutissoit à une galerie ouverte sur le Nil, et posant sur un grand revêtissement qui défendoit la partie orientale de l'isle d'être dégradée par le remous du courant du fleuve : il reste encore trois portiques de cette galerie, et un escalier en granit qui descend jusque dans le fleuve ; cette galerie, cette chambre décorée, et cet escalier, ne seroient-ils pas cet observatoire et ce nilometre que les voyageurs cherchent en vain à Syene ? Préoccupé de cette idée, j'ai bien regardé et n'ai pu découvrir aucune marque sur le revêtissement de l'escalier qui indiquât aucune graduation ; mais au reste les marches mêmes de l'escalier en eussent pu servir, et la partie supérieure de cet escalier étant encombrée, il est possible que les mesures soient marquées dans cette partie que je n'ai pu voir *.

Toutes ces fabriques posent sur des masses de rochers, couverts d'hiéroglyphes gravés avec plus ou moins de soin. Plus loin, en s'avançant vers le nord, on trouve deux portions de parapet, qui laissent entre elles une

* Strabon qui avoit observé Syene avec soin, et qui l'a décrit avec détail, dit que ce nilometre étoit un puits qui recevoit les eaux du Nil, et que les marques d'après lesquelles on évaluoit l'inondation étoient gravées sur les côtés de ce puits.

ouverture pour descendre au fleuve : sur le flanc intérieur de droite est un bas-relief en marbre, représentant la figure du Nil, de quatre pieds de proportion, dans l'attitude d'un colosse qui est à Rome, et qui représente ce même fleuve. Cette copie de la même idée prouve tout à la fois que l'édifice est Romain, qu'il est postérieur au temps où ce chef-d'œuvre Grec a été apporté à Rome, et que les Romains dans leur établissement à Syene, ayant pu ajouter les ornements de luxe et de superflu aux constructions de première nécessité, y avoient eu plus qu'une station militaire, mais une colonie puissante : les bains et ustensiles précieux en bronze que l'on y trouve encore journellement viennent à l'appui de cette opinion sur la richesse et la durée de cette colonie.

L'isle d'Eléphantine, défendue au sud par des brisants, s'est sans doute fort augmentée au nord par des alluvions ; ces alluvions deviennent journellement des terres labourées et des jardins assez agréables, qui, arrosés perpétuellement par des roues à chapelet, y produisent quatre ou cinq récoltes par an ; aussi les habitants en sont-ils nombreux, aisés, et très accorts. Je les appelois de l'autre bord ; ils venoient me chercher avec leurs barques ; j'étois bientôt accompagné de tous les enfans, qui m'apportoient et me vendoient des fragments d'antiquité, et des cornalines brutes : avec quelques écus, je faisois nombre de petits heureux, et leurs parents devenoient mes amis ; ils m'invitoient, me préparoient à déjeûner dans les temples où je devois venir dessiner ; enfin j'étois comme le propriétaire bénévole d'un jardin, où tout ce que l'on cherche ailleurs à imiter étoit là en réalité, islots, rochers, désert, champs, prés, jardins, bocage, hameaux, bois sombre, plantes extraordinaires et variées, fleuve, canaux et moulins, ruines sublimes : lieu d'autant plus enchanté que, comme les jardins d'Armide, il étoit environné des horreurs de la nature, de celles de la Thébaïde enfin, dont le contraste faisoit sentir le bonheur. Les sens, l'imagination l'imagination également en activité, je n'ai jamais passé d'heures plus délicieusement occupées que celles que j'ai données à mes promenades solitaires dans Eléphantine : cette isle vaut à elle seule tout le territoire de terre-ferme qui avoisine la ville.

La population de Syene est nombreuse ; le commerce se réduit cependant au séné et aux dattes, et ces deux articles payoient tous les autres besoins des habitants, l'entretien d'un kiachef, d'un gouverneur, et d'une garnison Turque : le séné qui croît aux environs de Syene est médiocre ; on ne le vend qu'en le mêlant frauduleusement avec celui du désert qu'apportent les Barabra, et qu'ils vendent à-peu-près la centième partie de ce que nous le payons en Europe ; il est vrai qu'il est imposé à nombre de droits avant d'y arriver, et que c'est un des articles les plus importants de la douane du Caire et d'Alexandrie. Le second article de l'exportation est celui des dattes ; elles sont seches et petites, mais si abondantes, qu'outre qu'elles font la nourriture principale des habitants, il en descend tous les jours des bateaux chargés dans la Basse-Egypte.

### Combat de Cavalerie contre les Mamelouks.

Nous apprenions par nos espions que les Mamelouks remontoient le moins qu'il leur étoit possible au-delà des cataractes, qu'ils ravageoient les deux rives du Nil qui leur fournissoient encore quelques fourrages. Ils avoient fait venir de Deir et de Bribes des provisions en farine et en dattes ; mais l'aga qui y réside leur signifioit que ce secours alloit tarir. Ils occupoient dix lieues d'espace sur l'une et l'autre rive ; leur arriere-garde n'étoit qu'à quatre lieues de nous, d'où ils savoient tout ce que nous faisions,

comme

comme nous étions instruits de tous leurs mouvements par les mêmes moyens, et peut-être par les mêmes émissaires, qui fidelement servoient les deux partis avec la même exactitude.

Le général Daoust avoit rencontré Assan-bey sur la rive droite, vis-à-vis d'Edfu, au moment où il s'approchoit du Nil pour faire de l'eau : le danger éminent de perdre ses équipages le fit charger avec fureur ; l'empressement des nôtres de s'en emparer, et un peu de mépris qu'ils avoient pris à la bataille de Samanhout, les firent attaquer avec trop de négligence. Ce combat de deux cents cavaliers contre deux cents cavaliers fut plutôt une mêlée qu'une bataille ; les deux partis firent preuve d'une valeur inouie. La charge dura une demi-heure : le champ de bataille resta aux François ; mais Assan-bey obtint ce qu'il avoit voulu, c'étoit de sauver ses équipages : il resta trente à quarante morts de notre côté et autant de blessés ; il y eut douze Mamelouks de tués et beaucoup de blessés : Assan le fut à la jambe : de sorte que personne n'eut à s'applaudir de cette rencontre.

*Carrieres.*

Nous allâmes à la recherche des barques que les Mamelouks avoient essayé de remonter ; notre projet étoit en même temps de voir les cataractes ; nous rencontrâmes à travers les rochers de granit les carrieres d'où l'on détachoit les blocs qui servoient à faire ces statues colossales qui ont été l'objet de l'admiration de tant de siecles, et dont les ruines nous frappent encore d'étonnement ; il semble que l'on ait voulu illustrer les masses qui les ont produites, en laissant sur la place des inscriptions hiéroglyphiques qui en font peut-être mémoire. L'opération par laquelle on

détachoit

détachoit ces blocs devoit être la même que celle que l'on emploie de nos jours, c'est-à-dire, que l'on préparoit une fente, et que l'on faisoit éclater la masse par une suite de coins frappés tous à la fois. Les arrêtes de ces premieres opérations sont conservées si vives dans cette matiere inaltérable, qu'il semble encore que les travaux n'en ont été suspendus que d'hier. J'en fis un dessin. La qualité de ce granit est si dure et si compacte, que les rochers qui se trouvent dans le courant, au lieu de se dégrader en se décomposant, ont acquis du lustre par le frottement de l'eau. Le plus beau granit, le plus abondant, est le granit rose; le gris est souvent trop micacé : entre ces blocs on trouve des veines de quartz très brillant, des couches d'une pierre rouge qui tient de la nature et de la dureté des porphyres, et d'autres lits de cette pierre noire et dure, que nous avons prise long-temps pour du basalte, et que les Egyptiens ont souvent employée pour leurs statues de moyenne grandeur.

### Cataractes—Isle et Monumens de Philée.

A UNE lieue et demie au-delà des carrieres les rochers se multiplient, et forment une barre, où nous trouvâmes les barques des Mamelouks fixées entre les rochers jusqu'à la premiere crue du fleuve ; les paysans des environs en avoient pris les agrès et les provisions. Nous quittâmes là le petit bateau dans lequel nous étions venus, et, remontant à pied un quart-d'heure, nous vîmes c e qu'onest convenu d'appeler la *cataracte*. Ce n'est qu'un brisant du fleuve qui s'écoule à travers les roches, en formant dans quelques endroits des cascades de quelques pouces de hauteur ; elles sont si peu sensibles qu'on pourroit à peine les exprimer dans un dessin : j'en

fis

fis seulement deux de la barre où finit la navigation, afin de détruire l'idée qu'on s'est faite de la chûte de ces fameuses cataractes; au reste, elles feroient un beau tableau en les peignant avec la couleur qui les caractérise. Ces montagnes, toutes hérissées d'aspérités noires et aiguës, sont réfléchies d'une maniere sombre dans le miroir des eaux du fleuve, contraint et retréci par nombre de pointes de granit qui le partagent en déchirant sa surface, et le sillonnent de longues traces blanches; ces formes et ces couleurs austéres sont contrastées par le verd tendre des grouppes de palmiers jetés çà et là à travers les rochers et la voûte azurée du plus beau ciel du monde : ce tableau bien fait auroit le singulier avantage d'offrir tout à la fois l'image d'une nature vraie et tout-à-fait nouvelle. Lorsque l'on a passé les cataractes, les rochers s'élevent, et à leurs sommets s'amoncelent des blocs de granit, qui semblent pyramider et s'équilibrer pour produire des effets pittoresques. C'est à travers cette nature âpre et austere que l'on découvre tout-à-coup les superbes monuments de l'isle de Philée, qui forment un brillant contraste et une des plus merveilleuses surprises qu'un voyageur puisse éprouver. Le Nil fait un détour comme pour venir chercher et enceindre cette isle enchantée, où les monuments ne sont séparés que par quelques bouquets de palmiers, ou des rochers, qui ne semblent conservés que pour grouper les richesses de la nature avec les magnificences de l'art, et faire un faisceau de tout ce qu'elles peuvent rassembler de plus pittoresque et de plus imposant. L'enthousiasme qu'éprouve à tout moment le voyageur à la vue des monuments de la Haute-Egypte peut paroître au lecteur une perpétuelle emphase, une monotone exagération, et n'est cependant que la naïve expression du sentiment qu'impose la sublimité de leur caractere ; c'est la défiance que j'ai de l'insuffisance de mes dessins pour donner l'idée de ce grand caractere, qui fait que je cherche, par mes

expressions,

expressions, à rendre à ces édifices le degré de surprise qu'ils inspirent, et celui d'admiration qui leur est dû.

Il n'y avoit point d'habitants sur la terre-ferme, ils avoient même quitté Philée, et s'étoient retirés sur une seconde isle plus grande, où ils faisoient des cris de sauvages, que l'on nous assura être des cris de frayeur; nous fîmes ce que nous pûmes pour leur persuader de nous envoyer une barque qui étoit aprouée à leur bord; nous ne pûmes rien en obtenir. Au reste, comme cette branche du Nil est étroite, cela ne m'empêcha pas de faire des vues de l'isle sous les trois aspects qu'elle pouvoit nous offrir.

Nous revînmes fort contents de notre journée; mais cet apperçu ne me paroissoit pas suffisant pour des objets d'antiquité aussi importants, pour des monuments aussi considérables, aussi conservés, et dont les détails devoient être si intéressants.

Quelques jours après nous apprîmes que les Mamelouks de la rive droite venoient fourrager jusqu'à deux lieues de nous; nous nous mîmes en devoir de les repousser; nous partîmes avec quatre cents hommes, et nous avançâmes sur Philée par la route de terre à travers le désert : ce que cette route a de particulier, c'est qu'on voit qu'elle a été tracée, relevée en chaussée, et très pratiquée autrefois; cet espace étoit le seul en Egypte où un grand chemin fût d'une absolue nécessité; le Nil cessant d'être praticable à cause des cataractes, toutes les marchandises du commerce de l'Ethiopie qui venoient aborder à Philée, devoient être transportées par terre à Syene, où on les embarquoit de nouveau. Tous les blocs que l'on rencontre sur cette route sont couverts d'hiéroglyphes, et sembloient être là pour entretenir les passagers. Je fis des dessins de plusieurs de ces rochers; un plus étrange présente la forme d'un siége que l'on a achevé de façonner en fabriquant dans le massif un escalier pour arriver à la foulée

du

du fauteuil ; le tout couvert d'hiéroglyphes, dont la plupart sont fort soignés ; j'ai fait le dessin de ce bloc, et celui de l'inscription.

Une autre particularité de cette route, ce sont les ruines de lignes construites en briques de terre cuites au soleil, dont la base à quinze à vingt pieds d'épaisseur : ce retranchement longeoit la vallée en bordant la route, et aboutissoit à des rochers et à des forts à près de trois lieues de Syene. Quoique ces murailles fussent construites de matériaux peu précieux, elles ont été d'une dépense de fabrication qui atteste l'importance qu'on avoit mise à la défense de ce point : seroient-ce les restes de la fameuse muraille élevée par une reine d'Egypte appelée Zuleikha, fille de Ziba, l'un des Pharaons, et qui s'étendoit de l'ancienne Syene jusqu'où est à présent El-Arych, et dont les Arabes appellent les fragments Haïf-el-adjouz, ou la muraille de la vieille ?

Nous trouvâmes les habitants de Philée revenus à leur habitation, mais bien décidés à ne point nous recevoir ; nous attribuâmes encore cette mauvaise volonté à la peur que nous leur causions, et nous continuâmes notre route : au-delà de Philée le fleuve est absolument libre et navigable ; après avoir dépassé un fort Arabe et une mosquée du même temps, le rivage du Nil devient peu-à-peu impraticable ; au lieu de cette profusion de monuments et d'inscriptions, nous ne vîmes plus qu'une nature pauvre, livrée à elle-même, et sur des rochers quelques habitations qui ressembloient à des huttes de sauvages ; nous entrâmes dans un désert coupant un angle du Nil pour raccourcir le chemin ; et après avoir gravi et descendu pendant plusieurs heures des vallées aussi creuses que si nous eussions été dans une région sujette aux orages et aux torrents, nous débouchâmes sur le Nil par un ravin qui nous amena à Taudi, mauvais village sur le bord du fleuve ; à notre approche les Mamelouks venoient d'abandonner ce village, laissant leurs plats, leurs marmites, et jusqu'à la soupe qu'ils avoient pré-

parée

parée, et qu'ils devoient manger sitôt le soleil couché ; car c'étoit le mois du ramadan, espece de carême, pendant lequel les Musulmans, les soldats même ne mangent point, tant que le soleil est sur l'horizon.

## Les Goublis.

Nous envoyâmes un espion pendant la nuit ; nous sûmes à la pointe du jour qu'à Démiet, quatre lieues plus haut que Taudi, les Mamelouks se trouvant encore trop près de nous, après avoir fait rafraîchir leurs chevaux, étoient repartis à minuit. Notre but de les éloigner étant rempli, nous reprîmes la route de Syene. J'avois déjà assez de l'Ethiopie, des Goublis, et de leurs femmes, dont l'extrême laideur ne peut être comparée qu'à l'atroce jalousie de leurs maris : j'en vis quelques-unes ; comme j'inspirois aux maris moins de peur que les soldats, ils en mirent un certain nombre sous ma sauve-garde dans une cabane, devant la porte de laquelle je m'étois établi pour passer la nuit. Surprises par notre marche détournée, à la chûte du jour, elles n'avoient pas eu le temps de fuir et de se cacher dans les rochers, ou de passer le fleuve à la nage : elles avoient absolument la farouche stupidité des sauvages. Un sol âpre, la fatigue, et une nourriture insuffisante alterent sans doute en elles tous les charmes de la nature, et donnent même à leur jeunesse l'empreinte et la dégradation de la décrépitude. Il semble que les hommes soient d'une autre espece, car leurs traits sont délicats, leur peau fine, leur physionomie animée et spirituelle, et leurs yeux et leurs dents admirables. Vifs et intelligents, ils mettent dans leur langage tant de clarté et de concision, qu'une phrase courte est toujours la réponse complete à la question qu'on leur a faite : leur caractere de vivacité est plus analogue au nôtre que celui des autres orientaux ; ils entendent et servent vite, dérobent encore plus lestement, et sont d'une avidité pour l'argent, qui ne peut être justifiée que par leur excessive pauvreté, et comparée qu'à leur frugalité. C'est à toutes ces raisons que doit être attribuée leur maigreur, qui ne tient point à leur mauvaise santé, car leur couleur, quoique noire, est pleine de vie et de sang, mais leurs muscles ne sont que des tendons : je n'en ai pas vu un seul gras, pas même charnu.

### *Prise de l'Isle de Philée.*

IL falloit affamer le pays pour tenir l'ennemi éloigné ; nous achetâmes le bétail, nous payâmes la récolte en herbes, les habitants nous aiderent eux-mêmes à arracher ce qu'elle leur promettoit de provision, et nous suivirent avec ce qu'ils avoient d'animaux. Emmenant ainsi toute la population, nous ne laissâmes derriere nous qu'un désert. En revenant, je fus de nouveau frappé de la somptuosité des édifices de Philée ; je suis persuadé que c'est pour produire cet effet que les Egyptiens avoient porté à leur frontiere cette splendeur de monuments. Philée étoit l'entrepôt d'un commerce d'échange entre l'Ethiopie et l'Egypte ; et voulant donner aux Ethiopiens une grande idée de leurs moyens et de leur magnificence, les Egyptiens avoient élevé nombre de somptueux édifices jusques aux confins de leur empire, à leur frontiere naturelle, qui étoit Syene et les cataractes. Nous eumes encore un pourparler avec les habitants de l'isle ; il fut plus explicatif : ils nous signifierent que deux mois de suite nous viendrions tous les jours sans qu'il nous fût jamais permis d'arriver jusqu'à eux. Il fallut encore pour cette fois nous le tenir pour dit, car nous n'avions pas de moyens de rien

F f            changer

changer à leur décision : mais comme il eût été d'un mauvais exemple qu'une poignée de paysans pût être insolente à quatre pas de nos établissemens, on remit au lendemain à leur faire des observations qui pussent changer quelque chose à leur détermination. On y retourna effectivement avec deux cents hommes ; ils ne les virent pas plutôt qu'ils se mirent en état de guerre : elle fut déclarée à la maniere des sauvages, avec des cris répétés par les femmes. Les habitans de l'isle voisine accoururent avec des armes qu'ils faisoient briller comme des lutteurs ; il y en avoit de tout nus, tenant d'une main un grand sabre, de l'autre un bouclier, d'autres avec des fusils de rempart à meches et de longues piques ; en un moment tout le rocher de l'est fut couvert de groupes d'ennemis. Nous leur criâmes encore que nous n'étions pas venus pour leur faire du mal, que nous ne leur demandions qu'à entrer amicalement dans l'isle : ils répondirent qu'ils ne nous en donneroient jamais les moyens, que leurs barques ne viendroient point nous chercher, et qu'enfin ils n'étoient pas des Mamelouks pour reculer devant nous : cette fanfaronnade fut couverte des cris d'unanimité qui retentirent de toutes parts : ils vouloient batailler ; ils s'étoient défendus contre les Mamelouks ; ils avoient battu leurs voisins ; ils vouloient avoir la gloire de nous résister, et même de nous braver. Aussitôt l'ordre fut donné à nos sapeurs d'abattre les toits des huttes de terre ferme qui pouvoient nous fournir du bois pour faire un radeau : cet acte fut la déclaration de guerre : ils tirerent sur nous ; postés et cachés dans les fentes des rochers, ils nous couvroient de balles fort bien ajustées. Dans ce moment arriva une piece de canon dont la seule vue porta leur rage au dernier degré ; dès lors il n'y eut plus de communication entre la grande isle et l'isle de Philée ; ceux de la grande emmenerent leurs troupeaux, leur firent passer le bras du fleuve, et allerent les perdre dans le désert.

On s'apperçut que le bois de palmier étoit trop lourd et prenoit l'eau, il fallut remettre au lendemain la descente : la troupe resta ; on fit venir tout ce qu'il falloit pour la fabrication d'un radeau de grandeur à porter quarante soldats. Ce travail occupa tout le lendemain ; ce retard augmenta l'insolence de ces malheureux, qui oserent proposer au général de payer cent piastres pour passer seul et désarmé dans l'isle : mais la scene changea quand tout-à-coup ils virent la grande isle inondée de nos volontaires dont la descente avoit été protégée par du canon à mitraille ; la terreur succéda, comme de coutume, à l'insuffisante audace ; hommes, femmes, enfants, tout se jeta dans le fleuve pour se sauver à la nage ; conservant le caractere de la férocité, on vit des meres noyer les enfants qu'elles ne pouvoient emporter, et mutiler les filles pour les soustraire aux violences des vainqueurs. Lorsque j'entrai le lendemain dans l'isle, je trouvai une petite fille de sept à huit ans, à laquelle une couture faite avec autant de brutalité que de cruauté avoit ôté tous les moyens de satisfaire au plus pressant besoin, et lui causoit des convulsions horribles : ce ne fut qu'avec une contre-opération et un bain que je sauvai la vie à cette malheureuse petite créature qui étoit tout-à-fait jolie. D'autres, d'un âge plus avancé, se montrerent moins austeres, et se choisirent elles-mêmes des vainqueurs. Enfin cette colonie insulaire se trouva en quelques instants dispersée, ayant fait, relativement à ses moyens, une perte immense et irréparable.

Ils avoient pillé les barques que les Mamelouks n'avoient pu faire remonter, et avoient fait des magasins de ce butin, qui, par comparaison avec leurs voisins, les rendoient d'une richesse sans exemple, et pouvoient assurer leur aisance et leur repos pour nombre d'années ; en quelques heures ils se trouverent privés du présent et de l'avenir, ils passerent de l'aisance au besoin, et furent obligés d'aller demander asyle à ceux chez lesquels ils avoient porté la guerre quelques jours auparavant. L'évacuation

cuation des magasins situés dans la grande isle occupa les soldats tout le reste du jour; et j'employai ce temps à faire les dessins des rochers et des antiquités qui s'y trouvent.

### Description des Ruines de Philée.

CES ruines consistent en un petit sanctuaire, précédé d'un portique de quatre colonnes avec des chapiteaux très élégants, auquel on avoit ajouté postérieurement un autre portique qui tenoit sans doute à la circonvallation du temple. La partie la plus ancienne, travaillée avec plus de soin, étoit beaucoup plus décorée ; l'usage qu'en a fait la catholicité en a dénaturé le caractere, en ajoutant des arcs aux formes quarrées des portes. Dans le sanctuaire, tout auprès des figures d'Isis et d'Osiris, on voit encore l'impression miraculeuse des pieds de S. Antoine ou de S. Paul, hermite.

Le lendemain fut le plus beau jour de mon voyage : j'étois possesseur de sept à huit monuments dans l'espace de trois cents toises, et sur-tout je n'avois point à mes côtés de ces curieux impatients qui croient toujours avoir assez vu, et qui vous pressent sans relâche d'aller voir autre chose ; point de tambours battant le rassemblement ou le départ, point d'Arabes, point de paysans ; seul enfin, et jouissant à mon aise, je me mis à faire la carte de l'isle et le plan des édifices dont elle est couverte.

J'étois à mon sixieme voyage à Philée ; j'avois employé les cinq premiers à faire les vues du dehors et des environs.

Cette fois-ci, qui étoit la première où je touchois au sol de l'isle, je commençai d'abord par parcourir tout son intérieur, pour prendre connoissance de ses divers monuments, et m'en former une idée générale, une espece de carte topographique, contenant l'isle, le cours du fleuve, et les particularités adjacentes. Je pus me convaincre que ce groupe de monuments avoit été construit à des époques différentes, par diverses nations, et avoit appartenu à divers cultes, enfin que la réunion de ces édifices, dont chacun étoit régulier, offroit un ensemble irrégulier aussi magnifique que pittoresque. Je distinguai huit sanctuaires au temple particulier, plus ou moins grands ; bâtis à différentes époques, on avoit respecté les uns dans la construction des autres, ce qui avoit nui à la régularité de l'ensemble. Une partie des augmentations n'avoit été faite que pour raccorder ce qui avoit été construit antérieurement, sauvant le plus adroitement possible les fausses équerres et les irrégularités générales. Cette espece de confusion des lignes architecturales, qui paroissent des erreurs dans le plan, produit dans l'élévation des effets pittoresques que ne peut avoir la rectitude géométrale, multiplie les objets, forme des groupes, et offre à l'œil plus de richesse que la froide symétrie. Je pus me convaincre là de ce que j'avois déjà remarqué à Tyntira et à Thebes, que le système de construction étoit d'élever des masses, dans lesquelles on travailloit pendant des siecles aux détails de la décoration, à commencer par les lignes architecturales, passant ensuite à la sculpture des figures hiéroglyphiques, et enfin aux stucs et à la peinture. Toutes ces différentes époques dans les travaux sont très sensibles ici, où il n'y a de fini que ce qui est de la plus haute antiquité ; une partie des constructions qui servoient à rattacher les divers monuments n'avoit été ni ragréée, ni sculptée, ni même achevée de bâtir ; le grand et magnifique monument quarré long est de ce nombre : il seroit difficile d'assigner un usage à cet édifice, si les détails des ornements représentant des offrandes n'indiquoient qu'il devoit encore être un temple. Il n'a cependant ni la forme d'un portique ni celle d'un sanctuaire ; les colonnes qui composent son pourtour, et qui ne sont engagées

que

que jusqu'à la moitié de leur hauteur, ne portent qu'un entablement et une corniche sans toit ni plate-forme ; il n'étoit ouvert que par deux portes sans simaises qui le traversoient dans sa longueur. Elevé sans doute à la derniere époque de la puissance Egyptienne, l'art s'y manifeste dans sa derniere pureté ; les chapiteaux y sont d'une beauté et d'une exécution admirables, les volutes et les feuilles, fouillées comme au beau temps de la Grece, symétriquement diversifiés comme à Apollinopolis, c'est-à-dire, variés entre eux et semblables dans leurs correspondants, et tous assujettis à la même parallele.

Je n'eus pas peu de peine à déblayer dans mon imagination ces longues galeries encombrées de ruines, à suivre les lignes des quais, à relever les sphinx et les obélisques, à rattacher les communications des rampes et des escaliers : attiré par les peintures, par les sculptures, j'étois assailli à la fois par tous les genres de curiosité, et, dans la crainte de faire partager mes erreurs à ceux auxquels je me proposois de rendre compte de mes sensations et de mes opérations, j'aurois desiré pouvoir tracer sur mon plan l'état des ruines et le mélange des décombres, et sur ce plan leur communiquer mes doutes et mes incertitudes, et les discuter avec eux. Que pouvoit signifier ce grand nombre de sanctuaires si rapprochés et si distincts ? étoient-ils consacrés à différentes divinités ? étoient-ce des chapelles votives, ou des lieux de station pour les cérémonies du culte ? Les sanctuaires les plus secrets contenoient encore de plus mystérieux sanctuaires, des temples monolites, qui étoient des tabernacles qui contenoient ce qu'il y avoit de plus précieux, ce qu'il avoit de plus sacré, et peut-être même l'oiseau sacré qui représentoit le dieu du temple, l'épervier, par exemple, qui étoit l'emblême du soleil, auquel précisément ce temple étoit consacré. Sous le même portique étoient peints dans les plafonds des tableaux astronomiques, des théories des élements, et sur les murs, des cérémonies religieuses, des

images

images des prêtres et des dieux ; à côté des portes, les portraits gigantesque de quelques souverains, ou des figures emblématiques de la force et de la puissance menaçant un groupe de personnages suppliants, qu'elles tiennent d'une main par leurs cheveux rassemblés. Sont-ce des sujets rebelles? sont-ce des ennemis vaincus ? je pencherois pour cette derniere opinion, parceque les figures représentant des Egyptiens n'ont jamais de longs cheveux.

Outre cette grande enceinte, où ce nombre de temples étoit rattaché et groupé par les logements des prêtres, il y avoit deux temples isolés; le grand, dont j'ai déjà parlé, et un second, le plus joli que l'on puisse imaginer, d'une conservation parfaite, et d'une dimension si petite, qu'il donne envie de l'emporter. Je trouvai dedans les restes d'un ménage, qui me sembla être celui de Joseph et Marie, et me fit venir en pensée le tableau d'une fuite en Egypte du style le plus vrai et le plus intéressant. Si jamais on vouloit transporter un temple d'Afrique en Europe, il faudroit choisir celui-ci, outre qu'il en offre toutes les possibilités par la petitesse de sa dimension, il donneroit un témoignage palpable de la noble simplicité de l'architecture Egyptienne, et deviendroit un exemple frappant que le caractere et non l'étendue fait la majesté d'un édifice.

Outre les monuments Egyptiens, on trouve au sud-est de l'isle des ruines Grecques ou Romaines, qui m'ont paru être les restes d'un petit port, et d'une douane, dont le mur de la façade est décoré de pilastres et d'arcades d'ordre dorique ; quelques arrachements de colonnes formoient devant une galerie ouverte, une espece de portique : entre ces ruines et les monuments Egyptiens, on peut remarquer le soubassement d'une église Catholique, construite de fragments antiques, mêlés de croix et d'ornements Grecs du bas temps ; car l'humble catholicité paroît n'avoir jamais été assez opulente dans ces contrées pour séparer tout-à-fait son culte du faste des temples idolâtres. Après avoir établi ses saints à travers les
divinités

divinités Egyptiennes, elle a peint souvent S. Jean ou S. Paul à côté de la déesse Isis, et déguisé Osiris en S. Athanase ; lorsqu'elle a quitté les temples, elle les a dégradés emportant les pierres toutes façonnées pour en bâtir ses églises.

Que d'objets à questionner ! et le temps s'écouloit ; j'aurois voulu retenir le soleil : j'avois employé bien des heures à observer, je me mis à dessiner, à mesurer : je voyois se terminer l'enlevement des magasins, je ne pouvois plus espérer de revenir à Philée : ce n'étoient pas ici mes bonnes gens de l'Eléphantine, et les troupes avoient été déjà trop fatiguées du siége de cette petite isle. Je la quittai les yeux fatigués de tant d'objets, et l'âme remplie des souvenirs qui y étoient attachés ; j'en partis à la nuit fermée, chargé de mon butin, et de ma petite fille, que je remis au cheikh d'Eléphantine, qui la rendit à ses parents.

On avoit eu le projet de mettre Syene en état de défense : l'ingénieur Garbé avoit choisi pour élever un fort une plate-forme sur une éminence, au sud de la ville, qui en commandoit toutes les approches, et d'où on découvroit tout le pays d'alentour. Il nous manquoit pelles, pioches, marteaux et truelles ; on forgea tout : nous n'avions pas de bois pour faire des briques ; on rassembla toutes celles des vieilles fabriques Arabes. Semblable aux cohortes Romaines qui avoient déjà habité le même lieu, la brave vingt-unieme ne connut point de difficultés, ou les surmonta toutes. Chaque individu étoit taxé à deux voyages par jour pour le transport des matériaux ; beaucoup avoient peine à se porter eux-mêmes, et personne ne se dispensa d'un seul voyage : les bastions furent tracés, et les travaux conduits avec une telle célérité, qu'en peu de jours l'on vit la forteresse sortir de ses fondements ; en même temps l'on bastionna et crenela une fabrique Romaine, bien bâtie et assez bien conservée, qui avoit été un

bain,

bain, et qui, par sa situation, avoit le double avantage de protéger le cours du fleuve.

Le terme de la marche des François en Egypte fut inscrit sur un rocher de granit au-delà des cataractes. Je profitai de l'occasion d'une reconnoissance qui étoit portée dans le désert de la rive gauche, pour aller chercher les carrieres dont parle Pococke, et un ancien couvent de cénobites ; après une heure de marche nous découvrîmes ce monument dans une petite vallée, entourée de roches décrépites, et des sables que produit leur décomposition. Le détachement, en poursuivant sa route, me laissa à mes recherches dans ce lieu.

A peine le détachement fut-il parti que je fus épouvanté de mon isolement. Perdu dans de longs corridors, le bruit prolongé que faisoient mes pas sous leurs tristes voûtes étoit peut-être le seul qui depuis plusieurs siecles en eût troublé le silence. Les cellules des moines ressembloient aux cases des animaux d'une ménagerie ; un carré de sept pieds n'étoit éclairé que par une lucarne à six de hauteur : ce raffinement d'austérité ne déroboit cependant aux reclus que la vue d'une vaste étendue du ciel, d'un aussi vaste horizon de sable, d'une immense lumiere aussi triste et plus atténuante que la nuit, et qui les eût pénétrés peut-être encore davantage du sentiment affligeant de leur solitude : dans ce cachot une couche de brique, un enfoncement servant d'armoire étoient tout ce que l'art avoit ajouté au lissé des quatre murailles : un tour placé à côté de la porte prouve encore que c'étoit isolément que ces solitaires prenoient leur austere repas. Quelques sentences tronquées, écrites sur les murs, attestent seules que des humains habitoient ces repaires : je crus voir dans ces inscriptions leurs derniers sentiments, une derniere communication avec les êtres qui devoient leur survivre, espoir dont le temps, qui efface tout, les a encore frustrés. Je me les peignois expirants et voulant dire quelques mots qu'ils n'avoient pas eu la force d'articuler. Oppressé du sentiment que m'inspiroit cette suite de mélancoliques objets, je courus chercher l'espace dans la cour: entourée de hautes murailles crenelées, de chemins couverts, et d'embrasures de canons, tout y annonçoit que les orages de la guerre avoient, dans ce lieu funeste, succédé à l'horreur du silence ; que cet édifice, enlevé aux cénobites qui l'avoient construit avec tant de zele et de constance, avoit à diverses époques servi de retraite à des partis vaincus, ou de poste avancé à des partis vainqueurs. Les différents caracteres de sa construction peuvent encore servir d'époques à l'histoire de ce monument : commencé dans les premiers siecles de la catholicité, tout ce qui a été construit par elle conserve encore de la grandeur et de la magnificence ; ce que la guerre y a ajouté a été fait à la hâte, et se trouve plus ruiné que les premieres constructions. Dans la cour une petite église bâtie en briques non cuites atteste encore qu'un plus petit nombre de solitaires sont revenus dans un temps postérieur en reprendre possession ; enfin une dévastation plus récente laisse penser qu'il n'y a que quelques siecles que ce lieu a été rendu tout-à-fait à l'abandon et au silence auxquels la nature l'avoit condamné.

Le détachement qui m'y avoit laissé vint me reprendre ; et il me sembla en m'en allant sortir d'un tombeau. J'avois fait le dessin de ce triste lieu en attendant le détachement. A l'égard des carrieres que je trouvai près de là, ce ne sont point celles où se tailloient les obélisques ; les obélisques sont toujours de granit ; les roches de granit sont éloignées de ce lieu-ci, et ces roches sont de grès ; ce qui en reste de curieux ce sont les fragments de routes inclinées, sur lesquelles on faisoit glisser les masses, qui étoient ainsi conduites au fleuve pour y être embarquées et servir à la fabrication des différents édifices.

Nous apprîmes que les Mamelouks, qui avoient fui devant nous à Démiet, avoient pris le désert de droite, et étoient descendus pour aller rejoindre

rejoindre Assan-bey ; que Mourat, après de vives discussions, avoit rassemblé tout ce que le pays supérieur pouvoit lui fournir de vivres, et qu'il rétrogradoit par le désert de gauche, ne laissant derriere lui que le vieux Soliman, qui tenoit Bribe avec quatre-vingts Mamelouks. N'ayant plus rien à faire à Syene, nous en partîmes le 25 Février : j'y serois resté volontiers encore deux semaines ; mais j'aurois redouté d'y voir arriver les vents brûlants du printemps : j'en avois déjà éprouvé douloureusement la secousse ; trois jours de vent d'est en Janvier avoient enflammé l'atmosphere comme elle l'est dans notre canicule ; ensuite avoit succédé un vent de nord si froid, qu'en quatre heures il m'avoit donné la fievre. Espérant me reposer, je me mis sur les barques ; elles devoient marcher à la même hauteur que les troupes qui reprenoient la route que j'avois déjà faite ; et j'espérai par celle du fleuve voir Ombos, et les carrieres de Gebel Silsilis, que j'avois laissées à gauche en montant.

A peine embarqué, j'éprouvai tous les inconvénients de cette maniere de voyager ; le vent, l'impossibilité de faire manœuvrer les gens du pays, les cris vains de nos Provençaux, tout se réunissoit pour notre supplice. Embarqués le 25, nous n'arrivâmes que le 27 à Com-Ombos, au moment où le vent devenoit favorable pour passer outre : on étoit trop pressé d'en profiter pour que j'osasse proposer de mettre une heure à terre ; je n'eus que le temps d'observer un instant, et de faire bien vîte une esquisse du site et de la position avantageuse des monuments. L'antique Ombos, où étoit révéré le crocodile, s'appelle encore Com-Ombos (montagne d'Ombos) ; elle est effectivement posée sur une éminence qui domine le pays, et s'avance jusque sur le bord du fleuve. Si tous les fragments qu'on y voit encore appartenoient, comme il paroît, à un seul édifice, il étoit immense. Au centre, est un grand portique en colonnes à chapiteaux évasés, de la plus grande proportion : à la partie sud, une porte est conservée servéé dans son entier; elle tenoit à un mur de circonvallation qui est détruit : à l'ouest et sur le bord du Nil, s'élevoit un môle énorme, ruiné à présent dans sa partie supérieure; les débordements du fleuve en ont déchaussé des fondations de quarante pieds de profondeur, elles étoient construites avec la même solidité et la même magnificence que ce qui servoit de décoration. Au nord, dans la même direction, on voit les restes d'un temple ou galerie, de proportion plus petite, avec des colonnes à chapiteaux à tête. Dans l'espace entre ces deux derniers édifices étoit un parapet en pierres de taille, qui laissoit voir le grand temple au milieu, et devoit produire un effet aussi théâtral que magnifique. Il est bien prouvé que les Egyptiens tenoient plus au grandiose, même à l'effet pittoresque, qu'à la régularité symétrique ; ils la remplaçoient par de belles masses, par de la richesse, par de grands partis, et par des effets imposants. Avoient-ils tort ? c'est une grande question. Quoi qu'il en soit, et quel que fût le reste de ce qui composoit la ville antique d'Ombos, elle ne pouvoit offrir qu'un aspect très majestueux, puisque dans l'état de dégradation où elle est, et malgré les méchantes huttes dont ces monuments sont encombrés, ses formes offrent encore le tableau de ruine le plus magique qu'il fût possible d'imaginer.

Le lendemain je fus plus heureux ; nous engravâmes vis-à-vis les grandes carrieres de grès, taillées dans les montagnes qui aboutissent au Nil des deux côtés de ce fleuve ; ce lieu est appelé *Gebel Silsilis*, il est situé entre Etfu et Ombos : le grès de ces carrieres étant d'un grain égal et d'une masse entiere, on pouvoit y couper les quartiers de la grandeur dont on avoit besoin qu'ils fussent ; c'est sans doute à la beauté et à l'égalité de cette matiere que l'on doit la grandeur et la conservation des monuments qui font après tant de siecles l'objet de notre admiration. Aux immenses excavations et à la quantité de débris que l'on voit encore dans ces car-

rieres

rieres on peut juger que les travaux en ont été suivis pendant des milliers d'années, et qu'elles ont pu fournir les matériaux employés à la plus grande partie des monuments de l'Egypte : l'éloignement ne devoit effectivement apporter aucun obstacle à l'exploitation de ces carrieres, puisque le Nil dans ses accroissements venoit tout naturellement soulever et conduire à leur destination les batardeaux chargés dans l'autre saison des masses à transporter.

La manie monumentale des Egyptiens se manifeste de toutes parts dans ces carrieres ; après avoir fourni à l'érection des temples, elles étoient elles-mêmes consacrées par des monuments : les carrieres mêmes étoient décorées par des temples. Sur la rive du Nil, on trouve des portiques avec des colonnes, des entablements, et des corniches couvertes d'hiéroglyphes taillés et pris dans la masse, et un grand nombre de tombeaux creusés aussi dans le rocher ; ces tombeaux sont encore très curieux, quoique tous fouillés et méchamment défigurés.

Dans ce tombeau et dans nombre de plus petits qui sont auprès on trouve, dans de petites chambres particulieres, de grandes figures assises ; ces chambres sont ornées d'hiéroglyphes tracés sur la roche, et terminés en stuc, colorié, représentant toujours des offrandes de pains, de fruits, de liqueurs, de volailles, etc. Les plafonds, aussi en stuc, sont ornés d'enroulements peints et d'un goût exquis ; le sol est entaillé de plusieurs tombes de dimension juste, et de la même forme que les caisses des momies, et en même nombre que les figures sculptées : celles qui représentent des hommes ont de petites barbes quarrées, avec des coiffures pendantes derriere les épaules ; celles des femmes ont les mêmes coiffures, mais pendantes en avant sur leurs gorges nues.

Ces dernieres ont d'ordinaire un bras passé sous celui de la figure qui est près d'elles, de l'autre elles tiennent une fleur de lotus, plante de
l'Achéron,

l'Achéron, emblême de la mort. Les tombeaux où il n'y a qu'une figure sont apparemment ceux des hommes morts célibataires; ceux où il y en a trois, étoient peut-être des maris qui avoient eu deux femmes à la fois, ou l'une après l'autre; peut-être aussi lorsque deux freres mariés tous deux ne s'étoient fait préparer qu'un tombeau, se faisoient-ils représenter ensemble. L'ouverture toujours brisée de ces tombeaux ne m'a pas laissé observer comment ces monuments s'ouvroient ou se fermoient; ce que j'ai pu distinguer dans les parties restantes, c'est que les portes sont toutes décorées d'un chambranle, couvert d'hiéroglyphes, surmonté d'un couronnement à gorge formant une corniche, et d'un entablement sur lequel est toujours sculpté un globe aîlé.

Sur le côté des portes j'ai rencontré plusieurs fois la figure d'une femme dans l'attitude de la douleur; c'étoit peut-être celle d'une veuve qui avoit survécu à son époux : j'en ai dessiné une.

Le choix de ce site pour placer des tombeaux prouve que de tout temps, en Egypte, le silence du désert a été l'asyle de la mort, puisqu'aujourd'hui encore, pour trouver un sol perpétuellement sec et conservateur, les Egyptiens portent leurs morts dans le désert, jusqu'à trois lieues de leur habitation, et vont cependant chaque semaine faire des prieres sur leurs sépultures. A peine eus-je dessiné ce qui étoit le plus intéressant dans ces carrieres que le vent nous rappela à bord.

En nous rapprochant d'Esnê nous retrouvâmes des crocodiles : on n'en voit point à Syene, et ils reparoissent au-dessus des cataractes; il semble qu'ils affectent de préférence certains parages, et particulierement depuis Tintyra jusqu'à Ombos, et que le lieu où ils sont le plus abondants, c'est près d'Hermontis. Nous en vîmes trois ici, dont un, beaucoup plus gros que les deux autres, avoit au moins vingt-cinq pieds de long; ils étoient tous trois endormis : nous en approchâmes jusqu'à vingt pas; nous eûmes

tout

tout le temps de distinguer leur triste allure ; ils ressembloient à des canons sur leurs affûts. Je tirai sur le plus gros avec une charge et un fusil de munition ; la balle frappa et glissa sur les écailles ; il fit un saut de dix pieds de longeur, et se perdit dans le Nil.

A quatre lieues avant Esnê je vis un quai revêtu, sur le bord du Nil ; à cent toises de là, une porte pyramidale fort détruite, et six colonnes du portique et de la galerie d'un temple, qui doit être celui de Chnubis. Nous avions bon vent : demander une demi-heure eût été un crime de lese-service militaire ; il fallut prendre en passant une petite vue pittoresque, que j'ai recommencée depuis d'une maniere un peu moins incommode.

A une demi-lieue plus bas, nous trouvâmes quatre autres crocodiles.

A la pointe du jour, nous arrivâmes à Esnê. En abordant, nous entendîmes battre un rassemblement : j'avois déjà bien assez de la marine ; je me sauvai plutôt que je ne descendis du bateau, et dix minutes après avoir mis pied à terre j'étois déjà à cheval tournant le dos à Apollinopolis et à Latopolis, auxquelles j'avois bien encore quelques questions à faire : mais tel étoit le sort de la guerre ; et je devois me compter bien heureux que l'opiniâtreté de Mourat-bey m'eût fait voir Syene. Il avoit fallu pour cela que, sans autre plan qu'une constante obstination, il eût suivi chaque jour l'impulsion du moment et de la circonstance.

La coalition des beys étoit déjà rompue ; Soliman étoit resté à Déir ; Assan, avec quarante Mamelouks, s'étoit séparé de Mourat à la hauteur d'Esnê, et étoit remonté à Etfu ; tous les cheikhs de gauche devoient se séparer plus bas : et Mourat, seul avec ses trois cent Mamelouks, devoit descendre jusqu'au-delà de Siouth ; mais rencontré à Souhama, au-dessous de Girgé, par le général Friand, qui avoit détruit tous les rassemblements qu'il avoit formés, il prit la route d'Elouah, l'une des Oasis, où il alla

attendre

attendre ce que le sort ordonneroit de lui et de nous. Il y avoit eu deux affaires entre les Mekkains et la division du général Friand, sur la rive gauche entre Thèbes et Kous; six cents de ces aventuriers y avoient péri : on attendoit, disoit-on, le schérif de la Mekke lui-même, qui, avec six mille des siens, devoit se joindre aux huit à neuf cents qui restoient de la premiere croisade.

Le 4 Mars, au matin, nous arrivâmes à Hermontis; nous nous y arrêtâmes pour attendre des nouvelles des Mamelouks, des Mekkains, et du reste de notre armée, disséminée dans ce moment sur nombre de points.

Réduit au temple dont j'avois déjà fait la vue, j'allai de nouveau en questionner les hiéroglyphes, et dessiner tout ce qui me paroissoit plus utile à présenter aux observations des curieux et des savants.

Je fus dans le cas de mieux observer l'emplacement de la ville antique, qui avoit eu une circonvallation et possédé plusieurs temples. Mais toujours des temples ! pas un édifice public, pas une maison qui eût eu assez de consistance pour résister au temps, pas un palais de roi ! qu'étoit donc la nation ? qu'étoient donc les souverains ? Il me semble que la premiere étoit composée d'esclaves; les seconds, de pieux capitaines; et les prêtres, d'humbles et hypocrites despotes, cachant leur tyrannie à l'ombre d'un vain monarque, possédant toutes les sciences et les enveloppant de l'emblême et du mystere, pour mettre ainsi une barriere entre eux et le peuple. Le roi étoit servi par des prêtres, conseillé par des prêtres, nourri par eux, prêché par eux; chaque matin, après l'avoir habillé, ils lui lisoient les devoirs du souverain envers son peuple, envers sa religion; ils le menoient au temple; le reste du jour, comme le doge de Venise, il n'étoit jamais sans six conseillers, qui étoient encore six prêtres. Avec de telles précautions il ne pouvoit peut-être pas y avoir de mauvais rois; mais qu'y gagnoit le peuple, si les prêtres les remplaçoient? Les deux seuls souverains qui, selon l'histoire, aient osé secouer le joug, qui fermerent les temples pendant trente ans, Chéphrenes et Chéops, furent regardés et consignés dans les annales que les prêtres écrivoient, comme des princes rebelles et impies.

Le palais des cent chambres, le seul palais cité dans l'histoire de l'Egypte, fut l'ouvrage d'une nouvelle forme de gouvernement où les prêtres ne pouvoient avoir la même influence. Ces fameux canaux, dont l'histoire nous parle si fastueusement, n'ont conservé aucune magnificence, aucune digue, aucune écluse, aucun empêlement : ce que j'ai rencontré d'épaulements et de quais sur le bord du Nil sont de petits ouvrages en comparaison de ces temples colossales et immortels dont les circonvallations occupoient une grande partie de l'emplacement des villes. Les Jésuites du Paraguay auroient peut-être pu nous donner le secret ou l'exemple du système de cette domination théocratique ; et, dans ce cas, je ne verrois dans ce riche pays de l'Egypte qu'un gouvernement mystérieux et sombre, des rois foibles, un peuple triste et malheureux.

Le 6, nous nous mîmes en route pour aller à la rencontre d'Osmanbey, que l'on disoit devoir passer le Nil à Kéné. J'eus la douleur de traverser l'emplacement de Thebes, et d'y éprouver encore plus de privations que la première fois : sans mesurer une colonne, sans dessiner une vue, sans approcher d'un seul monument, nous suivîmes les bords du Nil, également éloignés des temples de Médinet-a-Bou, du Memnonium, des temples de Kournou, que je laissois à ma gauche, des temples de Luxor et de Karnaq, que je laissois à ma droite ; des temples ! encore des temples ! toujours des temples ! et pas un vestige de ces cent portes si vaines et si fameuses, point de murailles, point de quais ni de ponts, point de thermes, point de théâtres, pas un édifice d'utilité ou de commodité publique : j'ob-

servois

servois avec soin, je cherchois même, et je ne voyois que des temples, des murailles couvertes d'emblêmes obscurs, d'hiéroglyphes qui attestoient l'ascendant des prêtres qui sembloient dominer encore sur toutes ces ruines, et dont l'empire obsédoit encore mon imagination.

Quatre villages et autant de hameaux, au milieu de vastes champs, remplacent maintenant cette ville incompréhensible, comme quelques rejetons sauvages rappellent l'existence d'un arbre célebre par la majesté de son ombre ou la douceur de ses fruits. Quittant à regret ce sol fameux, nous fîmes halte dans le faubourg de l'ouest, le quartier de la Nécropolis, où je retrouvai les habitants de Kournou, qui nous disputerent encore une fois l'entrée des tombeaux, devenus leur asyle ; il eût fallu les tuer pour leur apprendre que nous ne voulions pas leur faire de mal, et nous n'avions pas le temps d'entamer la discussion : nous nous contentâmes de les bloquer pendant un petit repas que nous fîmes sur l'emplacement de leur retraite ; je profitai de ce moment pour dessiner le désert et les dehors de ces habitacles de la mort. Vers le soir un de nos espions nous rapporta que les Mekkains, unis à Osman-bey, nous attendoient retranchés à Benhoute, à trois lieues en avant de Kéné ; qu'ils avoient du canon, et étoient résolus à faire la guerre et à tenter une bataille ; ils ajouterent qu'ils avoient arrêté plusieurs de nos barques sur le Nil, et qu'après un combat opiniâtre, où beaucoup de paysans et de Mekkains avoient été tués, les François avoient succombé sous le nombre et avoient été tous massacrés. Nous vinmes coucher sur les bords du fleuve : il falloit le traverser pour rencontrer l'ennemi ; nous attendions nos barques qui suivoient. Nous vîmes, à n'en pouvoir douter, que nous étions observés de l'autre rive ; à chaque instant des cavaliers armés arrivoient et repartoient : nous fîmes une marche rétrograde pour rencontrer notre convoi, que nous rejoignimes bientôt ; tout le

reste

reste de la journée fut employé à notre passage, que nous effectuâmes à el-Kamontéh. Le 8 Mars, nous nous mîmes en marche ; à notre arrivée à Kous on nous confirma le récit de la veille.

Kous, placé à l'entrée de l'embouchure du désert qui conduit à Bérénice et à Cosséir, a encore quelque apparence du côté du sud ; ses immenses plantations de melons, ses jardins, assez abondants, doivent la faire paroître délicieuse aux habitants des bords de la Mer-Rouge, et aux voyageurs altérés qui viennent de traverser le désert ; elle a succédé à Copthos par son commerce et par sa catholicité : car les Copthes en sont encore les plus nombreux habitants. Leur zele vint nous donner tous les renseignements qu'ils avoient pu recueillir ; ils nous accompagnerent de leurs personnes et de leurs vœux jusqu'aux confins de leur territoire. Je fus frappé de l'intérêt sincere du cheikh, qui, croyant que nous marchions à une mort assurée, nous donna les avis les plus circonstanciés, sans nous cacher aucun de nos dangers, nous prévint avec la plus parfaite intelligence sur tout ce qui pouvoit nous les rendre moins funestes, nous suivit aussi loin qu'il put, et nous quitta les larmes aux yeux. Desaix avoit été huit jours à Kous ; il avoit beaucoup vu le cheikh ; et ce tendre intérêt que l'on nous témoignoit étoit un résultat bien naturel de l'idée avantageuse qu'il avoit donnée de son caractere loyal et communicatif, de cette équité douce et constante qui lui valut dans la suite le surnom de *juste*, le plus beau titre qu'ait jamais obtenu un vainqueur, un étranger arrivé dans un pays pour y porter la guerre.

Nous ne concevions rien à ces barques, à ce combat ; nous étions bien éloignés de deviner l'importance du rapport qu'on nous avoit fait : nous n'étions plus qu'à quatre lieues de l'ennemi ; une heure après avoir dépassé Kous nous vîmes à notre droite, au pied du désert, les ruines de Copthos, fameuse dans le quatrieme siecle par son commerce d'orient ; on ne reconnoît son ancienne splendeur qu'à la hauteur de la montagne de décombres dont elle est entourée, et qui indique encore combien étoit grand l'emplacement qu'elle occupoit. La ville antique est à présent aussi seche et aussi déshabitée que le désert sur le bord duquel elle est située.

A peine avions-nous dépassé Copthos qu'on vint nous dire que l'ennemi étoit en marche : nous fîmes halte, et après un léger repas nous nous remîmes en mouvement pour joindre l'ennemi. Nous apperçumes bientôt ses drapeaux ; leur développement occupoit une ligne de plus d'une lieue : nous continuâmes à marcher dans l'ordre que nous avions pris, c'est-à-dire, en bataillon quarré, flanqué d'une seule piece de canon de trois, et quinze hommes de cavalerie; nous avions l'air d'un point qui va toucher une ligne : nous entendîmes bientôt des cris, et nous nous rencontrâmes à un village que l'extrémité de leur développement étoit venue occuper; on détacha des tirailleurs qui au même instant se trouverent mêlés corps à corps avec eux : malgré quelques décharges efficaces de notre piece, ils ne reculoient point ; leur valeur et leur dévouement suppléoient chez eux à la pénurie des armes.

Après que cet avant-poste eut été détruit plutôt que repoussé, on trouva plus de résistance dans les villages, où les murailles et quelques armes à feu leur donnoient quelque égalité dans le combat ; nous les repoussâmes cependant jusque sous un autre village à un quart de lieue plus loin : à cet instant, les Mamelouks commencerent à parader, et à paroître vouloir charger notre droite pour faire diversion à l'avantage que nous prenions sur leur coalisé ; nous marchâmes droit à eux, sans cesser ni même affoiblir le combat que les chasseurs livroient aux Mekkains ; notre marche fiere et quelques coups de canon nous délivrerent du voisinage des Mamelouks, qui n'y alloient pas d'aussi bonne foi que les Mekkains, et vouloient seulement essayer si le nombre de ces derniers et leur bravoure détacheroient assez de soldats du grand quarré pour qu'il pût être attaqué avec avantage. Après avoir délogé l'infanterie du second village, nous nous

trouvâmes

trouvâmes dans une petite plaine qui précédoit Benhoute, où nous savions qu'étoit retranché le grand corps ennemi, et où s'étoient encore réunis tous ceux que nous avions déjà battus. Nous nous attendions bien à un combat sanglant; mais non à être canonnés par une batterie en ordre, qui nous envoyoit tout à la fois et mitraille et boulets, qui arrivoient à notre quarré et même le dépassoient. La mort planoit autour de moi; je la voyois à tout moment; dans l'espace de dix minutes que nous fûmes arrêtés, trois personnes furent tuées pendant que je leur parlois : je n'osois plus adresser la parole à personne; le dernier fut atteint par un boulet que nous voyions tous deux arriver labourant le sol et paroissant au terme de son movement; il leva le pied pour le laisser passer, un dernier ressaut du boulet l'atteignit au talon et lui déchira tous les muscles de la jambe; blessure dont mourut le lendemain ce jeune officier, parceque nous manquions d'outils pour faire les amputations.

Nous crûmes que, selon l'usage du pays, leurs pieces sans affût n'avoient qu'une direction; mais nous ne fûmes pas peu surpris de voir leurs coups suivre nos mouvements, et nous obliger de hâter le pas pour aller occuper la tête du village, et y maintenir le combat, tandis que les carabiniers et les chasseurs étoient allés tourner leur batterie et l'enlever à la baïonnette. Au moment où l'on battoit la charge, les Mamelouks se précipiterent sur nos carabiniers, qui les reçurent avec un feu de mousqueterie qui leur fit tourner bride; puis, tombant sur la batterie, ils firent un massacre général de ceux qui la servoient : les pieces se trouverent Françoises, et on reconnut que c'étoient celles de *l'Italie*, barque amirale de notre flotille. Nous espérions qu'après cette prise importante le combat alloit finir par la dispersion ou la fuite de l'armée des Mekkains; une partie tint cependant encore assez long-temps dans un petit bois de palmiers, tandis que l'autre, et la plus considérable, faisoit une espece de retraite, que nous ne pouvions
troubler,

troubler, parceque, toutes les fois que nous dépassions les lieux couverts pour faire un mouvement rapide, les Mamelouks, que nous avions toujours en flanc, pouvoient nous attaquer et nous culbuter ; il falloit donc marcher en ordre de bataille et toujours formés pour les recevoir. Il y avoit déjà six heures que nous combattions sans relâche un ennemi inexpérimenté, mais brave, fanatique, et en nombre décuple, qui attaquoit avec fureur et résistoit avec obstination : il ne se replioit qu'en masse ; il falloit tuer tout ce qui avoit avancé en détachements. Harassés, haletants de chaleur, nous nous arrêtâmes un instant pour prendre haleine : nous manquions absolument d'eau, et jamais nous n'en avions eu autant de besoin. Je me rappelle qu'au fort de l'action je trouvai une cruche à l'angle d'une muraille, et que, n'ayant pas le temps de boire, tout en marchant je m'en versai l'eau dans le sein pour étancher l'ardeur dont j'étois dévoré.

Tant que l'ennemi eut ses batteries il se replioit avec confiance, parce qu'il se rabattoit sur des forces nouvelles : nous dûmes même penser que son dessein avoit été de nous attirer sur elles, mais qu'après les avoir perdues, le petit bois où il s'étoit retiré devenant son dernier point de défense, il tenteroit le sort d'un dernier combat, se jeteroit à l'eau, passeroit le Nil, ou se joindroit aux Mamelouks, et disparoîtroit avec eux ; ce qu'il nous étoit impossible d'empêcher : mais, en approchant de ce bois, nous apperçumes qu'il contenoit un gros village avec une maison de Mamelouks, fortifiée, crenelée, bastionnée, et d'une approche d'autant plus difficile que l'ennemi étoit fourni de toutes sortes d'armes et de munitions, que nous reconnûmes être des nôtres, tant par la portée des fusils que par les balles qu'il nous envoyoit. Il y avoit déjà plus de deux heures que nous attaquions cette maison de tous côtés, sans en trouver un qui ne fût meurtrier ; nous avions perdu soixante hommes et nous en avions eu autant de blessés : la nuit venue, on mit le feu aux maisons adjacentes, on s'empara d'une

mosquée,

mosquée, on sépara l'ennemi du Nil, et on travailla à rétablir les pieces reprises. De leur côté les assiégés s'occupoient à augmenter le nombre de leurs creneaux, à faire des batteries basses, et à pointer des canons qu'ils n'avoient point encore employés. Des paysans, qui s'échapperent du feu des assiégeants et de celui des assiégés, vinrent nous dire que le lendemain du jour du départ du général Desaix pour aller poursuivre Mourat, les Mekkains, nouvellement descendus du désert, étoient venus attaquer *l'Italie* et la flotille qu'elle commandoit; qu'après un combat de vingt-quatre heures, ceux qui la montoient engraverent, et, craignant l'abordage, avoient brûlé la grande barque et monté sur les petites; mais qu'un grand vent ayant constamment contrarié leur manœuvre, fatigués par le nombre et l'acharnement des assaillants, ces malheureux avoient tous été tués; que depuis ce temps les Mekkains n'avoient pensé qu'à rassembler tout ce que cette défaite leur fournissoit de moyens d'attaque et de défense; qu'ils avoient échoué un de nos bâtiments, afin de forcer tout ce qui navigueroit sur le fleuve à passer sous leur batterie, et s'étoient ainsi rendus maîtres du Nil; que, malgré tout ce qu'ils avoient perdu de monde, ils étoient encore très nombreux et très déterminés.

A la pointe du jour, nous commençâmes à battre la maison en brêche: construite en briques non cuites, chaque boulet ne faisoit point de progrès à cause des cours qui séparoient le corps-de-logis de la circonvallation. A neuf heures du matin, les Mamelouks s'avancerent avec des chameaux comme pour porter des secours à la place; on marcha sur eux, et ils se retirerent sans une véritable résistance: le général Belliard, voyant que les moyens conservatifs usoient et les hommes et le temps, ordonna un assaut, qui fut donné et reçu avec une valeur inouie; on ouvrit sous le feu de l'ennemi la premiere circonvallation, et, à travers les fusillades et la sortie des assiégés, on introduisit des combustibles qui commencerent à

rendre

rendre leur retraite douloureuse : un de leurs magasins sauta ; dès lors le feu les atteignoit de toutes parts ; ils manquoient d'eau, ils éteignoient le feu avec les pieds, avec les mains, ils l'étouffoient avec leurs corps. Noirs et nus, on les voyoit courir à travers les flammes ; c'étoit l'image des diables dans l'enfer : je ne les regardois point sans un sentiment d'horreur et d'admiration. Il y avoit des moments de silence dans lesquels une voix se faisoit entendre ; on lui répondoit par des hymnes sacrés, par des cris de combat ; ils se jetoient ensuite sur nous de toutes parts malgré la certitude de la mort.

Vers la tombée du jour on donna un assaut ; il fut long et terrible ; deux fois on pénétra dans l'enceinte, deux fois on fut obligé d'en sortir : je n'étois pas tant effrayé de nos pertes que de la pensée qu'il faudroit recommencer de nouveaux efforts contre des ennemis toujours plus rassurés ; je savois d'ailleurs que nous étions réduits à la derniere caisse de cartouches. Le capitaine Bulliot, officier d'une bravoure distingué, périt dans la dernière tentative : cet homme, connu par une insouciante imprudence, ému d'un sentiment de prédestination, me serra la main en m'entraînant avec lui, et me dit un adieu sinistre ; l'instant d'après je le vis se traînant sur les mains, et cherchant à se dérober à la mort.

Quand la nuit fut venue on fit halte : il y avoit deux jours que nous nous battions.

Au danger succédoient de tristes soins ; nous entendions les cris de nos blessés, auxquels nous n'avions point de remèdes à donner, auxquels, faute d'instruments, on ne pouvoit faire les plus urgentes opérations ; nous avions perdu bien du monde, et nous avions encore bien des ennemis à vaincre : le besoin d'épargner de braves gens fit rétablir l'incendie à la place des assauts ; on alluma des feux ; à toutes les avenues on posa des postes ; on se relayoit pour prendre du repos ; le carré reposa en bataille ; le

danger

danger commandoit l'exactitude du service : au milieu de la nuit, un âne, poursuivant une ânesse, entra au galop dans le quartier ; chacun se trouva debout et à son poste avec un silence et un ordre aussi augustes que la cause en étoit ridicule.

Un malheureux évêque Copte, prisonnier dans le château, à la faveur des ténebres se sauve avec quelques compagnons, et n'arrive jusqu'à nous qu'à travers le feu de nos postes, couvert de blessures et de contusions : après avoir pris quelque nourriture, il nous conta les détails des horreurs auxquelles il venoit d'échapper. Les assiégés n'avoient plus d'eau depuis douze heures ; leurs murailles ardoient ; leurs langues épaissies les étouffoient ; enfin leur situation étoit affreuse. Effectivement peu de moments après, une heure avant le jour, trente des assiégés les mieux armés, avec deux chameaux, forcerent un de nos postes et passerent. A la pointe du jour, on entra par les breches de l'incendie, et l'on acheva d'assommer ceux qui, à moitié grillés, opposoient encore quelque résistance. On en amene un au général ; il paroissoit être un des chefs ; il étoit tellement enflé, qu'en pliant pour s'asseoir, sa peau éclata de toute part : sa premiere phrase fut : Si c'est pour me tuer qu'on me conduit ici, qu'on se dépêche de terminer mes douleurs. Un esclave l'avoit suivi ; il regardoit son maître avec une expression si profonde, qu'elle m'inspira de l'estime pour l'un et pour l'autre : les dangers qui l'environnoient ne pouvoient distraire un moment sa sensibilité ; il n'existoit que pour son maître ; il regardoit, il ne voyoit que lui. Quels regards ! quelle tendre et profonde mélancolie ! qu'il devoit être bon celui qui s'étoit fait chérir ainsi de son esclave ! quelque affreux que fût son sort, je l'enviois : comme il étoit aimé ! et moi, par un retour sur moi-même, je me disois : Pour satisfaire une orgueilleuse curiosité, me voilà à mille lieues de mon pays ; j'accompagne des braves, et je cherche un ami ; tandis que je m'afflige sur les vaincus, sur les vainqueurs, je vois

frapper

frapper la mort autour de moi ; c'est toujours sa faux que je rencontre par-tout : hier j'étois avec des guerriers dont j'estimois la loyauté, dont j'admirois la bravoure brillante ; aujourd'hui j'accompagne leur convoi ; demain j'abandonnerai leurs restes sur une terre étrangère qui ne peut plus être que funeste pour moi : tout à l'heure un jeune homme brillant de santé et d'audace bravoit l'ennemi qu'il alloit combattre ; je le vois attaquer une porte meurtrière, il tombe ; aux expressions du courage succèdent les accents de la douleur ; il appelle en vain ; il se traîne, le feu le gagne, se communique aux cartouches dont il est chargé ; il n'a déjà plus de forme, et cependant j'entends encore sa voix ; et demain . . . demain son emploi consolera de sa perte le compagnon qui le remplacera. O homme, où puiserez-vous donc des vertus, si le métier le plus noble cache encore de si petites passions ? Egoïsme cruel, que le malheur ne corrige point, et qui devient atroce, parceque le danger ne permet plus de le cacher ! c'est à la guerre qu'on peut vraiment le connoître et éprouver ses terribles effets. Mais tournons nos regards vers le beau côté du métier.

Le 9 au matin, le général Belliard eut le bonheur d'avoir à pardonner à ce qu'il avoit fait de prisonniers, de pouvoir les renvoyer en leur faisant connoître notre générosité et la différence de nos coutumes. Plusieurs d'entre eux, émus de reconnoissance, les larmes aux yeux, demandoient à nous suivre : les Mamelouks parurent encore ; nous marchâmes à eux : c'étoit une fausse attaque, pour donner à leurs chameaux le temps de faire de l'eau. Débarrassés du siége de la veille, nous les chassâmes jusqu'au désert : ce fut alors que nous vîmes toutes leurs forces rassemblées ; elles consistoient en mille chevaux, autant de chameaux, et environ deux mille serviteurs à pied ; le reste étoit composé des Mekkains, qu'ils avoient si perfidement engagés dans leur querelle, et si lâchement abandonnés. Nous crûmes d'abord qu'ils alloient s'enfoncer dans le désert ; mais ils resterent à mi-côte, mesurant leurs

mouve-

mouvements sur les nôtres, ayant en arriere des gens à cheval, qui les avertissoient par un coup de fusil, des haltes et des mouvements en avant que nous faisions. Nous sentîmes mieux que jamais combien il étoit inutile de les poursuivre quand ils ne vouloient pas se battre, et l'impossibilité de les surprendre dans un pays où il leur restoit de chaque côté du fleuve une retraite toujours ouverte et toujours assurée, tant qu'ils conserveroient la supériorité de la cavalerie et qu'ils sauroient protéger leurs chameaux. Nous abandonnâmes donc une poursuite inutile, et retournâmes sagement à la garde de nos barques : le général Belliard passa le reste du jour à rassembler et faire charger ce qu'on avoit repris d'artillerie, munitions et ustensiles de guerre.

C'est après l'accès que le malade sent ce que la fievre lui a enlevé de forces. Tant que l'on avoit tiré sur nous avec notre poudre et nos boulets, nous n'avions pas calculé ce qu'il falloit en dépenser pour épuiser ou reprendre celle qu'on nous avoit enlevée ; mais, plus calmes, nous comptâmes cent cinquante hommes hors de combat, c'est-à-dire que nous avions joué à une loterie où chaque septieme billet étoit un billet rouge, et qu'ayant fait en munitions la dépense des deux côtés, il nous en restoit à peine de quoi fournir à un combat ; enfin que le convoi qui devoit les remplacer étoit détruit avec tous ceux qui devoient le défendre ; que nous étions à cent cinquante lieues du Caire où on ne nous croyoit aucun besoin. J'avois admiré le courage tranquille du général Belliard pendant un combat de trois jours et deux nuits ; je ne fus pas moins édifié de son intelligence administrative dans les heures qui suivirent cette action moins brillante que périlleuse : la moindre imprudence auroit mis le comble au malheur d'avoir perdu notre flotte ; désastre que sa prudente intelligence n'avoit pu réparer, mais dont au moins elle avoit arrêté ce que les suites de cette perte auroient pu avoir de désastreux.

Pendant

Pendant que l'on traitoit du sort des habitants qui étoient restés à Ben-houth, et de celui de ceux qui avoient fui, je ne fus pas peu surpris de trouver dans les postes que nous avions dans le village toutes les femmes établies avec une gaieté et une aisance qui me faisoient illusion ; je ne pouvois pas me persuader qu'elles ne nous entendissent pas : elles avoient chacune fait librement leur choix, et en paroissoient très satisfaites : il y en avoit de harmantes ; il leur sembloit si nouveau d'être nourries, servies et bien traitées par des vainqueurs, que je crois qu'elles auroient volontiers suivi l'armée. Appartenir est tellement leur destin, que ce ne fut que par le sentiment de l'obéissance qu'elles rentrerent au pouvoir de leurs peres et de leurs maris ; et, dans ces cas désastreux, elles ne sont point reçues avec cette jalousie scrupuleusement inexorable qui caractérise les Orientaux. C'est la guerre, disent-ils, nous n'avons pu les défendre ; c'est la loi des vainqueurs qu'elles ont subie ; elles n'en sont pas plus flétries que nous déshonorés des blessures qu'ils nous ont faites : elles rentrent dans le harem, et il n'est jamais question de tout ce qui s'est passé. Par des distinctions aussi délicates, la jalousie épurée ne devient-elle pas une passion noble dont on peut même s'enorgueillir ?

Nous apprîmes que le cheikh qui commandoit ou plutôt exhortoit les Mekkains s'étoit sauvé vers la fin de la derniere nuit ; que pendant le siége il avoit prié sans combattre ; que de temps à autre il sortoit de sa retraite, et disoit aux siens : Je prie le ciel pour vous ; c'est à vous de combattre pour lui. C'étoit après ces exhortations que nous avions entendu ces chants pieux, suivis de cris de guerre, de sorties, et de décharges générales.

*Conti-*

*Continuation de la Campagne de la Haute-Egypte.—Kéné.*

Le 10, nous nous remîmes en marche sur Kéné pour aller savoir s'il y restoit des Mekkains, et où pouvoit être le général Desaix ; cette marche fut troublée par ces vents qui, sans nuages, remplissent l'air de tant de sable qu'il ne fait ni jour ni nuit : nos barques ne pouvant marcher, nous fûmes obligés de nous arrêter à un quart de lieue de ce fatal Benhouth de sinistre mémoire. Le lendemain, nous arrivâmes à Kéné à neuf heures du matin, où nous trouvâmes des lettres du général Desaix, qui ignoroit les événements de la flotte et notre position. La ville étoit débarrassée d'ennemis, et les habitants vinrent au-devant de nous.

Kéné a succédé à Kous, comme Kous avoit succédé à Copthos : sa situation a cet avantage qu'elle est immédiatement au débouché du désert, et sur le bord du Nil : elle n'a jamais été aussi florissante que les deux autres, parcequ'elle n'a existé que depuis que le commerce de l'Inde a été détourné et presque anéanti, soit par la découverte de la route du Cap de Bonne-Espérance, soit par la tyrannie du gouvernement Egyptien. Réduit au passage des pélerins, son commerce n'avoit quelque activité qu'au moment de la marche de la grande caravane. C'est à Kéné que s'approvisionnent les pélerins des Oasis, ainsi que ceux de la Haute Egypte, et quelques Nubiens ; ils y prennent non seulement ce qui est nécessaire pour la traversée du désert jusqu'à Cosséir, mais encore pour le voyage de Gedda, de Médine, et de la Mekke, et pour le retour ; car ces villes n'ont pour territoire qu'un désert pierreux *, où l'on n'existe qu'à force d'or ;

de

---

* Le pain coûte à la Mekke de huit à dix sous la livre, ce qui est énorme en Orient.

de sorte que si, grâces au fanatisme, la Mekke est restée un point de contact entre l'Inde, l'Afrique, et l'Europe, elle est aussi devenue un abyme dans lequel une population de cent vingt mille habitants absorbe l'or de l'Inde, de l'Asie mineure, et de toute l'Afrique.

Nos mouvements sur la Syrie, et notre guerre d'Egypte ayant ruiné la caravane de l'an six, et dissous pour l'an sept toutes celles d'Europe et d'Afrique, et les Indiens ne trouvant point d'échange aux marchandises qu'ils avoient apportées à la Mekke, son commerce, qui depuis long-temps diminue, dût éprouver à cette derniere époque un échec peut-être irréparable. En certains cas, lorsqu'un ressort d'une vieille machine se rompt, la machine s'écroule ; il ne faut donc pas s'étonner si, l'intérêt se joignant au fanatisme, la croisade de la Mekke fut organisée avec autant de rapidité, et apporta contre nous toute la rage qu'inspirent les passions les plus violentes.

Le général Belliard eût poursuivi les Mamelouks effrayés et les Mekkains vaincus ; mais il falloit des munitions pour rentrer en campagne, et nous en manquions absolument. Nous fûmes obligés de fortifier la maison où nous nous étions logés à Kéné, et qui nous servoit de quartier : nous ne recevions aucune nouvelle de personne, pas même de Desaix : le pays étoit couvert d'ennemis dispersés, qui arrêtoient et tuoient nos émissaires, ou les empêchoient de se mettre en route, et nous tenoient isolés d'une maniere inquiétante. L'infatigable Desaix avoit poursuivi les Mamelouks jusqu'à Siouth, avoit forcé Mourat-bey à se jeter dans les Oasis ; il avoit fait passer le général Friand à la rive droite, pour faire parallélement à lui la chasse à Elfi-bey et aux corps dispersés des Mamelouks. Desaix vint nous trouver à Kéné ; et nous nous remîmes en campagne.

Nous nous dirigeâmes vers Kous, où étoient les Mekkains, et d'où ils faisoient des incursions dans les villages de l'une et l'autre rive, volant et

massacrant

massacrant les chrétiens et les Copthes, et les emmenant, afin de leur faire payer une rançon. Nous sortîmes de Kéné dans le silence et les ténebres de la nuit pour tâcher de les surprendre : nous marchâmes le long du désert pour tromper leurs avant-postes. Lorsque nous arrivâmes au village où étoit leur camp, nous ne les trouvâmes plus ; ils en étoient partis à la même heure que nous nous étions mis en marche de Kéné : ils avoient pris le désert avec les Mamelouks, et s'étoient rendus à la Kittah.

*Prendre le désert*, en terme militaire, dans la Haute Egypte, n'est pas seulement sortir des terres cultivées pour passer sur les sables qui les bordent de droite et de gauche, mais s'enfoncer dans les gorges qui traversent les deux chaînes, et qui ont des embouchures, qui deviennent des positions, des especes de postes, qu'il est important d'occuper et de défendre. Les Mamelouks avoient sur nous l'avantage de les connoître tous, de savoir le nombre de fontaines qu'on pouvoit y rencontrer. Dans la vallée qui conduit de Cosséir au Nil il y a quatre de ces fontaines ; une à demi-journée de Cosséir (l'eau de celle-ci n'est bonne que pour les chameaux) ; la seconde à une journée et demie de la premiere ; puis celle de la Kittah, à une autre journée et demie : cette derniere est très importante lorsqu'on veut occuper le désert, parcequ'elle se trouve placée à un point de dirimation de trois chemins ; dont l'un, se dirigeant au sud-ouest, débouche sur Rédisi ; un autre, portant plus à l'ouest, aboutit à Nagadi ; et le troisieme, au nord-ouest, amene à Birambar, où il y a une quatrieme fontaine ; et de Birambar on arrive par trois routes d'égale longueur à Kous, à Kefth ou Coptos, et à Kéné.

Desaix résolut de bloquer les Mamelouks dans le désert, ou du moins de leur barrer le Nil, de gêner leurs mouvements, de les empêcher de pouvoir se séparer sans risquer d'être détruits, et enfin de les réduire par la faim : il avoit laissé trois cents hommes et du canon à Kéné ; il alla se poster à

Birambar

Birambar avec de l'infanterie, de la cavalerie, et de l'artillerie ; et nous, avec la vingt-unieme légere, nous allâmes occuper le passage de Nagadi : on eut l'imprudence de négliger Rédisi, ou bien l'on craignit de trop se disséminer. Si la gorge de Rédisi avoit pu être occupée, tous les beys de la rive droite étoient obligés de se rendre ; il ne restoit plus que Mourat-bey à poursuivre, et plus de diversion à craindre.

L'espérance de voir Thebes en marchant de ce côté me fit encore avec joie tourner le dos au Caire ; mon destin étoit de marcher avec ceux qui remontoient le plus haut ; je suivis donc le général Belliard ; je devois rejoindre bientôt Desaix ; nous avions fait la veille mille projets pour l'avenir : nos adieux furent cependant mélancoliques ; cette fois, notre séparation me parut plus douloureuse : devois-je penser que, si jeune, ce seroit lui qui me laisseroit dans la carriere, que ce seroit moi qui le regretterois ? nous nous séparâmes, et je ne l'ai plus revu. J'étois déjà à une lieue, lorsque je fus rejoint au galop par le brave Latournerie ; il étoit revenu pour me dire adieu ; nous nous aimions beaucoup ; touché de ce témoignage de tendresse, je fus cependant frappé de son émotion : nous versâmes quelques larmes en nous embrassant. Le métier de la guerre peut endurcir les êtres froids, mais ses horreurs ne flétrissent point la sensibilité des âmes tendres ; les liaisons formées au milieu des peines et des dangers d'une expédition de la nature de celle d'Egypte deviennent inaltérables ; c'est une espece de confraternité ; et lorsque des rapports de caractere viennent encore resserrer ces liens, le sort ne peut les briser sans troubler le reste de la vie.

*Antiquités*

*Antiquités à Koûs.—Nagadi.—Tableau des Excès de l'Armée Française.*

En traversant Koûs, dans lequel je n'étois pas entré lorsque j'avois descendu le Nil, je trouvai au milieu de la place le couronnement d'une porte de belle et grande proportion enfouie jusqu'à la simaise ; ce seul vestige, qui n'avoit pu appartenir qu'à un grand édifice, atteste que Koûs a été bâti sur l'emplacement d'Appollinopolis parva. La gravité de cette ruine offre un contraste avec tout ce qui l'environne qui en dit plus sur l'architecture Egyptienne que vingt pages d'éloges et de dissertations ; ce fragment paroît à lui seul plus grand que tout le reste de la ville : à une demi-lieue de Kous dans le village de Elmécié je trouvai le soubassement de quelques édifices en grès avec des hiéroglyphes. Etoit-ce une petite ville dont on ignore l'existence ? étoit-ce un temple isolé ? la dégradation de ce monument étoit trop entiere pour que je pusse en donner une idée par un dessin, et il étoit impossible de faire le plan d'aucune de ses parties. A une autre demi-lieue de là, sur une petite éminence, on voit plus distinctement le soubassement d'un temple absolument isolé de toute autre espece de ruines ; on distingue encore trois assises de grosses pierres de grès qui servoient de stylobate, et arrivoient au sol du temple, devant lequel étoit un portique de six colonnes engagées dans le bas de leur fût. Ce monument conservant encore quelque forme dans la saillie, j'en fis un petit dessin. Nous marchâmes encore une heure et nous arrivâmes à Nagadi, gros et triste village assis sur le désert ; un parti de Mamelouks l'avoit dépouillé il y avoit douze heures. Avant d'entrer dans le désert, nous envoyâmes des reconnoissances en avant, qui prirent quelques chameaux, et tuerent une trentaine de Mekkains traîneurs. Nous nous portâmes

jusqu'à

jusqu'à une enceinte qui avoit été d'abord un couvent retranché, habité par des Coptes, qui étoit ensuite devenu une mosquée, et définitivement ne servoit plus qu'aux sépultures ; nous nous y logeâmes en en chassant les chauves-souris, et en bouleversant les tombes. Un fort, un désert, des tombeaux ! nous étions entourés de tout ce qu'il y a de triste au monde ; et si, pour échapper à l'impression que de semblables objets pouvoient apporter à notre âme, nous sortions quelquefois la nuit pour respirer quelques instants : notre respiration étoit le seul bruit qui troublât le calme du néant qui nous épouvantoit ; le vent parcourant ce vaste horizon, sans rencontrer d'autres objets que nous, silencieux, nous rappeloit encore, au milieu des ténèbres, l'immense et triste espace dont nous étions environnés.

Quelques marchands qui avoient eu le bonheur de sauver leurs pacotilles des Mamelouks, n'étoient pas très rassurés sur notre compte. Dénoncés par les cheikhs de Nagadi, ils nous apporterent des présents : nous les refusâmes ; ils en furent encore plus effrayés : accoutumés à voir des gens couverts d'or qui les mettoient à contribution, et nous voyant faits à-peu-près comme des bandits, ils crurent que nous allions les dévaliser ; il n'y avoit pas moyen de cacher leurs richesses. Nos porte-manteaux avoient été pris sur les barques ; nous avions besoin de linge, nous leur fîmes donc ouvrir leurs ballots : tout espoir finit pour eux ; nous choisîmes ce qui nous convenoit, nous leur demandâmes ce que coûteroit ce dont nous avions besoin ; ils nous dirent que ce seroit ce que nous voudrions ; nous demandâmes le prix juste, et nous payâmes : ils furent si surpris, qu'ils touchoient leur argent pour savoir si cela étoit bien vrai ; des gens armés et en force qui payoient ! ils avoient parcouru toute l'Asie et toute l'Afrique, et n'avoient rien vu de si extraordinaire. Dès-lors nous eûmes toute leur estime et toute leur confiance ; ils venoient faire nos déjeuners, nous apportoient des confitures de l'Inde et de l'Arabie, des cocos, et nous faisoient le meilleur café qu'il fût possible de boire : ce mélange de dénuement et de recherche avoit quelque chose de piquant ; il n'y a pas de situation au monde qui n'ait ses jouissances, j'en appelle de cette vérité aux tombeaux de Nagadi.

Nagadi est un point important à occuper ; il doit naturellement devenir la route la plus fréquentée du désert, puisqu'elle est la plus courte d'un jour ; un commissionnaire peut venir de Cosséir à Nagadi en deux journées avec un dromadaire, et en trois à pied. Comme on ne trouve rien à Cosséir, le négociant qui y débarque en revenant de Gidda est très pressé d'arriver sur le bord du Nil ; les moyens les plus courts lui paroissent donc les meilleurs ; il demande des chameaux à Nagadi qui peuvent arriver le sixieme jour. Le prix dans le moment où nous y étions, étoit d'une gourde forte, c'est-à-dire, cinq fr. le quintal ; chaque chameau en porte quatre : ce prix doit augmenter en raison du commerce plus ou moins considérable, ainsi que le prix des chameaux qui n'étoit alors que de vingt piastres, au lieu de soixante qu'ils valoient avant notre arrivée ; ce qui peut donner la mesure du malheur des circonstances, et combien la Mekke, Médine, et Gidda, ont dû souffrir des troubles de l'Egypte. Nous, qui nous vantions d'être plus justes que les Mamelouks, nous commettions journellement et presque nécessairement nombre d'iniquités ; la difficulté de distinguer nos ennemis à la forme et à la couleur nous faisoit tuer tous les jours d'innocents paysans ; les soldats chargés d'aller à la découverte ne manquoient pas de prendre pour des Mekkains les pauvres négociants qui arrivoient en caravane ; et avant que justice leur fût rendue (quand on avoit le temps de la leur rendre), il y en avoit eu deux ou trois de fusillés, une partie de leur cargaison avoit été pillée ou gaspillée, leurs chameaux changés contre ceux des nôtres qui étoient blessés ; et le profit de tout cela en dernière analyse passoit aux employés, aux Copthes, et aux interprêtes, les sang-sues de l'armée, le soldat ayant sans cesse l'envie de s'enrichir, et le tambour du rassemblement ou la trompette du boute-selle lui faisait toujours abandonner et oublier ce projet. Le sort des habitants, pour le bonheur desquels sans doute nous étions venus en Egypte, n'étoit pas préférable : si à notre approche, la frayeur leur faisoit quitter leur maison, lorsqu'ils y rentroient après notre passage, ils n'en retrouvoient que la boue dont sont composées les murailles. Ustensiles, charrues, portes, toits, tout avoit servi à faire du feu pour la soupe ; leurs pots étoient cassés, leurs graines étoient mangées, les poules et les pigeons rôtis ; il ne restoit que les cadavres de leurs chiens, lorsqu'ils avoient voulu défendre la propriété de leurs maîtres. Si nous séjournions dans leur village, on sommoit ces malheureux de rentrer, sous peine d'être traités comme rebelles associés à nos ennemis, et en conséquence imposés au double de contribution ; et lorsqu'ils se rendoient à ces menaces, et venoient payer le miri, il arrivoit quelquefois que l'on prenoit leur grand nombre pour un rassemblement, leurs bâtons pour des armes, et ils essuyoient toujours quelques décharges des tirailleurs ou des patrouilles avant d'avoir pu s'expliquer : les morts étoient enterrés ; et on restoit amis, jusqu'à ce qu'une occasion offrît à la vengeance une revanche assurée. Il est vrai que s'ils restoient chez eux, qu'ils payassent le miri, et fournissent à tous les besoins de l'armée, cela leur épargnoit la peine du voyage et le séjour du désert ; ils voyoient manger leurs provisions avec ordre, et pouvoient en manger leur part, conservoient une partie de leurs portes, vendoient leurs œufs aux soldats, et n'avoient que peu de leurs femmes ou de leurs filles de violées : mais aussi ils se trouvoient coupables pour l'attachement qu'ils nous avoient montré ; de sorte que quand les Mamelouks nous succédoient, ils ne leur laissoient pas un écu, pas un

cheval,

cheval, pas un chameau ; et souvent le cheikh payoit de sa tête la prétendue partialité qu'on lui imputoit. Il étoit bien urgent pour ces malheureux qu'un pareil état de choses finît, et qu'on pût en organiser un autre : mais comment y parvenir tant que les Mamelouks ne voudroient pas se battre, et que des bandes fanatisées et affamées comme les Mekkains se joindroient à eux ?

Nous apprîmes le troisieme jour de notre séjour à Nagadi, que trois cents Mekkains avoient résolu, évitant par-tout les Français, de pousser tout-à-travers le désert jusqu'au Caire, de se perdre dans la population immense de cette ville, jusqu'à ce qu'ils pussent retourner dans leur patrie avec les caravanes, ou que quelque occasion leur fût ouverte de se venger de nous : on nous dit qu'au moment de mourir, leur chef leur avoit suggéré ce parti, et leur avoit conseillé de ne plus tenter de nous combattre ; mais le neveu de l'émir, qui lui avoit succédé dans le commandement, voulant conserver de l'autorité, et hériter de ce qui restoit de butin fait sur les barques Françaises, leur avoit fait croire que les trésors qu'il en avoit tiré étoit resté dans le château de Benhouth, et que, dès que nous serions éloignés, il les rameneroit pour les reprendre ; mais comme en attendant il falloit vivre, il les détachoit par pelotons, et les envoyoit marauder dans les villages ; ce qu'ils exécutoient avec plus ou moins de succès ; et par suite les paysans, dont ils étoient devenus le fléau, les traquoient, et en faisoient comme une chasse au loup : rencontrés par nos patrouilles, ils étoient ramassés, fusillés, et détruits comme des animaux nuisibles à la société ; c'étoit ainsi qu'on leur démontroit que Mahomet n'avoit point approuvé leur croisade, et que ce n'étoit point le ciel qui l'avoit ordonnée : c'est ce qui fait le sujet d'un de mes tableaux ; j'y ai représenté le moment où les paysans catholiques nous les amenoient au milieu de la nuit dans les tombeaux où nous étions logés.

*Combat*

## Combat désavantageux de Birambar.

Le 2 Avril, le général Desaix envoya chercher trois cents hommes de notre demi-brigade, et cinquante cavaliers de ceux qui étoient avec nous, afin de remplacer à Birambar ceux qu'il emmenoit pour renforcer le poste de Kéné : nous avions appris le même jour par nos espions que les Mamelouks et les Mekkains avoient quitté la Kittah, et que leurs traces annonçoient qu'ils avoient descendu au nord pour aller déboucher à Kéné ou à Samata. Les dispositions étoient bien prises de ce côté pour les tenir dans le désert, ou les surprendre s'ils vouloient en sortir ; mais toutes ces mesures furent déjouées par l'ardeur de nos soldats, et la confiance de leurs officiers : les éclaireurs du corps que le général Desaix conduisoit à Kéné rencontrerent l'arriere-garde des Mamelouks, et les chargerent. Le corps de cavalerie voulut soutenir les éclaireurs ; mais s'étant imprudemment trop écarté de l'infanterie pour en être lui-même soutenu, il fut en quelques minutes chargé et sabré ; deux chefs de bataillon payerent de leur vie leur imprudence, vingt dragons furent tués : l'artillerie auroit été d'un grand secours, mais elle étoit trop en avant ; les Mamelouks, qui craignoient de la voir revenir, continuerent leur route, contents d'avoir échappé à nos embûches, d'avoir sauvé leur convoi, et confirmé à nos cavaliers qu'ils manœuvroient plus rapidement et savoient mieux espadonner. Deux cents hommes d'infanterie et une piece de canon eussent changé cette échauffourée en une victoire bien importante dans la détresse où se trouvoient les beys et les kiachefs, déjà dispersés et abandonnés par une partie de leurs Mamelouks : mais une négligente confiance, un défaut d'ensemble dans la marche, mirent un défaut d'ensemble dans l'attaque ;

les

les ordres de Desaix mal entendus et arrivés trop tard coûtèrent la vie à plusieurs braves officiers. Le chef de brigade Duplessis, militaire distingué, qui avoit commandé dans l'Inde, et avoit servi utilement et glorieusement sa patrie, atteint de l'inculpation de ne s'être jamais signalé dans la derniere guerre, en saisit avec fureur la premiere occasion ; il oublie les ordres qu'il a reçus de se tenir sur une hauteur dans le poste inattaquable qu'il occupoit ; il se porte en avant, devance ceux qu'il commande, et se précipite de sa personne au milieu des ennemis ; choisissant celui qui lui semble le plus apparent, il pousse à lui : c'étoit Osman, le plus vaillant des beys ; leurs deux chevaux se heurtent ; celui de Duplessis s'accule : il saute sur sa selle, saisit Osman au corps, et l'étouffoit dans ses bras ; mais pendant cette lutte digne de l'ancienne chevalerie, le malheureux Duplessis, qui n'avoit pas été suivi, se trouva environné, et fut percé d'un coup de lance sur le corps même de son adversaire : j'en ai fait le dessin d'après les détails qui m'ont été donnés depuis par un kiachef, tout à la fois spectateur et acteur de ce combat, et qui ne parloit qu'avec enthousiasme de l'intrépidité de notre officier.

Le combat de Birambar, quoiqu'imprudemment combiné, eut cependant des suites presque décisives pour la dissolution du reste de la coalition des beys : nous apprîmes par des espions envoyés sur le champ de bataille que de quatre morts, deux avoient de la barbe, par conséquent que c'étoient tout au moins des kiachefs : les Mamelouks ordinaires sont rasés ; ce n'est qu'en recevant quelques dignités, et par conséquent la liberté, qu'il leur est permis de se marier et de se laisser croître la barbe. Nous apprîmes depuis que l'un d'eux étoit Mustapha kiachef abou-diabe, c'est-à-dire, pere de la barbe ; chacun des beys et des kiachefs a un nom de guerre, soit sobriquet, soit titre honorable, qu'il change d'après les circonstances, et qui devient alternativement glorieux ou ridicule : nous sûmes aussi

que

que Assan-bey avoit reçu une balle au cou, et un coup de sabre au bras; qu'Osman-bey eut presque tous les doigts coupés ; que douze des plus braves de ses Mamelouks avoient été mis hors de combat ; et, ce qui étoit encore plus important, c'est qu'après avoir eu l'avantage dans cette rencontre, la crainte de trouver l'infanterie dans leur route, et de perdre leur équipage, leur avoit fait rebrousser chemin et les avoit fait rentrer dans le désert. Nous apprîmes par ceux que nous avions envoyés à la Kittah, qu'ils y étoient revenus faire de l'eau, et avoient pris la route de Redisi, dirigeant leur marche sur la Haute-Egypte. J'avoue que toutes les dispositions militaires qui me reportoient sur Thebes et la rive droite du Nil me paroissoient les meilleures ; aussi je crois que je fus le seul à me réjouir de l'ordre que nous reçûmes d'aller les atteindre, ou les pousser plus loin que Redisi. Nous partîmes de Nagadi, suivant le revers des montagnes, derriere lesquelles marchoient les Mamelouks : nous sûmes par quelques domestiques qui les avoient quittés à la Kittah, qu'ils étoient dans une détresse pitoyable, et qu'ils périroient tous, si dans trois jours ils n'atteignoient à Redisi.

## Retour à Thebes.

Nous arrivâmes vers midi sur le sol de Thebes : nous vîmes à trois quarts de lieue du Nil les ruines d'un grand temple, dont aucun voyageur n'a parlé, et qui peut donner la mesure de l'immensité de cette ville, puisqu'à supposer que ce fut le dernier édifice de sa partie orientale, il se trouve à plus de deux lieues et demie de Médinet-Abou, où est le temple le plus occidental. C'étoit la troisieme fois que je traversois Thebes;

mais

mais, comme si le sort eût arrêté que ce fût toujours en hâte que je verrois ce qui devoit autant m'intéresser, je me bornai encore cette fois à tâcher de me rendre compte de ce que je voyois, et à noter ce que j'aurois à prendre à mon retour, si j'étois plus heureux. Je cherchois à démêler si à Thebes les arts avoient eu des époques et une chronologie : s'il avoit existé un palais en Egypte, ce devoit être à Thebes qu'il falloit en chercher les restes, puisque Thebes en avoit été la capitale ; s'il y avoit des époques dans les arts, les résultats de ses premiers essais devoient être aussi dans la capitale, le luxe et la magnificence ne s'éloignant que progressivement de ce premier point, puisqu'ils ne marchent qu'avec l'opulence et le superflu. Enfin nous arrivâmes à Karnak, village bâti dans une petite partie de l'emplacement d'un seul temple, qui, comme on l'a dit, a effectivement de tour une demi-heure de marche : Hérodote, qui ne l'avoit pas vu, a donné une juste idée de sa grandeur et de sa magnificence ; Diodore et Strabon, qui n'en virent que les ruines, semblent avoir donné la description de son état actuel ; tous les voyageurs, qui tout naturellement ont dû paroître les copier, ont pris l'étendue des masses pour la mesure de la beauté, et, se laissant plutôt surprendre que charmer, en voyant la plus grande de toutes les ruines, n'ont pas osé leur préférer le temple d'Apollinopolis à Etfu, celui de Tintyra, et le seul portique d'Esné ; il faut peut-être renvoyer les temples de Karnak et de Luxor au temps de Sésostris, où la fortune venoit d'enfanter les arts en Egypte, et peut-être les montroit au monde pour la premiere fois. L'orgueil d'élever des colosses fut la premiere pensée de l'opulence : on ne savoit point encore que la perfection dans les arts donne à leurs productions une grandeur indépendante de la proportion ; que la petite rotonde de Vicence est un plus bel édifice que S. Pierre de Rome ; que l'Ecole de chirurgie de Paris est aussi grandiose que le Panthéon de la même ville ;

qu'un camée peut être préférable à une statue colossale. C'est donc la somptuosité des Egyptiens qu'il faut voir à Karnak, où sont entassés, non seulement des carrieres, mais des montagnes façonnées avec des proportions massives, une exécution molle dans le trait, et grossiere dans l'appareil, des bas-reliefs barbares, des hiéroglyphes sans goût et sans couleurs dans la maniere dont la sculpture en est fouillée. Il n'y a de sublime pour la dimension et la perfection du travail que les obélisques, et quelques paremens des portes extérieures, qui sont d'une pureté vraiment admirable ; si les Egyptiens dans le reste de cet édifice nous paroissent des géants, dans cette derniere production ce sont des génies : aussi suis-je persuadé que ces sublimes embellissemens ont été postérieurement ajoutés à ces colossales monumens. On ne peut nier que le plan du temple de Karnak ne soit noble et grand ; mais l'art des beaux plans a toujours devancé en architecture celui de la belle exécution des détails, et lui a toujours survécu plusieurs siecles après sa corruption, comme l'attestent à la fois les monumens de Thebes comparés à ceux d'Esné et de Tintyra, et les édifices du regne de Dioclétien comparés à ceux du temps d'Auguste.

Il faut ajouter aux descriptions connues de ce grand édifice de Karnak que ce n'étoit encore qu'un temple, et que ce ne pouvoit être autre chose ; que tout ce qui y existe est relatif à un très petit sanctuaire, et avoit été ainsi disposé pour inspirer la vénération dont il étoit l'objet, et en faire une espece de tabernacle. A la vue de l'ensemble de toute cette ruine l'imagination est fatiguée de la seule pensée de le décrire : étant dans l'impossibilité d'en faire un plan, j'en traçai seulement une image pour m'assurer un jour que ce que j'avois vu existoit ; il faut que le lecteur jette les yeux sur cette esquisse, et qu'il se dise que des cent-colonnes du seul portique de ce temple, les plus petites ont sept pieds de diametre, et

les

les plus grandes en ont onze ; que l'enceinte de sa circonvallation contenoit des lacs et des montagnes ; que des avenues de sphinxs amenoient aux portes de cette circonvallation ; enfin que, pour prendre une idée vraie de tant de magnificence, il faut croire rêver en lisant, parce que l'on croit rêver en voyant : mais en même temps il faut se dire relativement à l'état présent de cet édifice que sa destruction défigure une grande partie de son ensemble ; tous les sphinxs sont tronqués méchamment : fatiguée de détruire, la barbarie en a cependant négligé quelques-uns ; ce qui a pu faire voir qu'il y en avoit qui étoient à tête de femme, d'autres à tête de lion, de belier, et de taureau : l'avenue qui se dirigeoit de Karnak à Luxor étoit de cette derniere espece ; cet espace, qui est d'à-peu-près une demi-lieue, offre une suite continuelle de ces figures parsemées à droite et à gauche, d'arrachements de murs en pierres, de petites colonnes, et de fragments de statues. Ce point étant le centre de la ville, le quartier le plus avantageusement situé, on doit croire que c'étoit-là qu'étoit le palais des grands ou des rois ; mais si quelques vestiges peuvent le faire présumer, aucune magnificence ne le prouve.

Luxor, le plus beau village des environs, est aussi bâti sur l'emplacement, et à travers les ruines d'un temple moins grand que celui de Karnak, mais plus conservé, le temps n'ayant point écrasé les masses de leur propre poids. Ce qu'il y a de plus colossal ce sont quatorze colonnes de dix pieds de diametre, et, à sa premiere porte, deux figures en granit enterrées jusqu'à la moitié des bras, devant lesquelles sont les deux plus grands obélisques connus et les mieux conservés. Il est sans doute glorieux pour les fastes de Thebes que la plus grande et la plus riche des républiques ne se soit pas crue assez de superflu, non pour faire tailler, mais seulement pour tenter de transporter ces deux monuments, qui ne sont qu'un fragment d'un seul des nombreux édifices de cette étonnante ville.

Une particularité du temple de Luxor, c'est qu'un quai, revêtu avec un épaulement, garantissoit la partie orientale qui avoisinoit le fleuve, des dégradations qu'auroient pu y causer les débordements : cet épaulement, réparé et augmenté en briques dans un temps postérieur, prouve que le lit du fleuve n'a jamais changé, et la conservation de cet édifice, que le Nil n'a jamais été bordé d'autres quais, puisque dans toutes les autres parties de la ville on ne trouve pas d'autres vestiges de cette espece de construction.

Je fis, malgré l'ardeur excessive d'un soleil du midi, un dessin de la porte du temple, qui est devenue celle du village de Luxor ; rien de plus grand et de plus simple que le peu d'objets qui composent cette entrée ; aucune ville connue n'est annoncée aussi fastueusement que ce misérable village, composé de deux à trois mille habitants, nichés sur les combles ou tapis sous les plate-formes de ce temple, sans cependant que cela lui donne l'air d'être habité.

Pendant que je dessinois, notre cavalerie étoit aux prises avec quelques Mamelouks égarés, dont ils tuerent deux, et prirent les armes et les chevaux de ceux qui trouverent leur salut en gagnant l'autre rive à la nage.

Nous partîmes à deux heures, et arrivâmes à Salamiéh après treize heures de route, comme si ce nombre d'heures de marche eût été un réglement pour toutes les journées où nous avions Thebes à traverser. Le lendemain nous rentrâmes dans le désert, et arrivâmes d'assez bonne heure devant Esné. Le jour d'après, en nous mettant en route, nous trouvâmes un petit temple très fruste, mais cependant très pittoresque, et remarquable par son plan, et par quelques uns de ses détails : il est composé d'un portique de quatre colonnes de face, de deux pilastres, et de deux colonnes de profondeur ; le sanctuaire au milieu, et deux pieces latérales, dont celle de droite est détruite ; dans le portique il y a une porte prise dans l'épais-

seur

seur du mur latéral de droite, dont l'usage ne pouvoit être que celui d'un petit sanctuaire à déposer les offrandes. Une autre singularité dans l'élévation de l'édifice, c'est que les chapiteaux des deux colonnes du milieu du portique sont avec des têtes en relief, et que les deux autres sont à chapiteaux évasés : cet édifice est un des plus frustes que j'aie vus en Egypte : cette grande dégradation tient sans doute à la nature du grès dont il est construit ; les accessoires sont mieux conservés que dans les autres temples, ce que l'on doit attribuer sans doute à l'emploi d'une meilleure nature de brique ; on y peut reconnoître assez distinctement la circonvallation du temple, dans laquelle étoient contenus les logements des prêtres ; toute cette enceinte étoit un peu élevée au-dessus de la très petite ville de Contra-Latopolis, qui étoit bâtie à l'entour de ce monument. Il semble qu'il étoit d'usage que toutes les grandes villes bâties sur le bord du Nil eussent à l'autre rive un autre petite ville ou port, et peut-être cette autre ville étoit située ainsi pour la commodité du commerce. A peine faisoit-il jour, la troupe défiloit ; je n'eus le temps de faire que très rapidement le dessin que je viens de décrire ; je regrettai de n'avoir pas celui d'étudier mieux les détails du plan et des fabriques accessoires au temple.

Nous continuâmes de longer la montagne : à cette hauteur la partie droite de l'Egypte est si étroite, qu'à deux reprises la chaîne s'approche jusqu'au Nil ; notre artillerie eut de la peine à passer, ce qui nous fit perdre une partie considérable de la journée : au-delà de ces passages les rochers changerent de nature ; nous trouvâmes les carrieres de grès d'où sans doute sont sortis la ville et les temples de Chenubis, où nous arrivâmes une heure après. A un quart de lieue en avant de cette ville sont deux tombeaux taillés dans le rocher, et un petit sanctuaire, entouré d'une galerie, avec un portique : ce monument étoit isolé, et placé là comme les chapelles que la catholicité a dans les campagnes ; j'en fis à la hâte un petit dessin, et courus au galop en faire un autre du temple ou des temples de
Chenubis :

Chenubis : car les ruines que l'on trouve dans cette ville sont si morcelées, et dans des proportions si différentes entre elles, qu'il est très difficile de se rendre compte de ce qu'en pouvoit être le plan. Ce qu'il y a de plus considérable et de plus élevé sont six colonnes, dont trois à chapiteaux que je nommerai à renflement, paralleles à trois autres à chapiteaux évasés, unis par un entablement, ainsi que j'avois pu le distinguer en passant sur la barque : je pus voir de plus près qu'elles n'étoient pas bâties du même temps ; que celles à chapiteaux évasés n'avoient jamais été finies, et avoient été ajoutées en galerie aux premieres. Devant ce fragment, au sud, on voit les soubassements d'un portique, que l'on reconnoît aussi n'avoir pas été achevé ; toujours au sud est un morceau de granit qui paroît être les restes d'une statue colossale : à la partie orientale étoit une piece d'eau, revêtue et décorée à son pourtour d'une galerie en colonnes : dans la partie occidentale de la ville, on voit encore la porte d'un sanctuaire, et deux fragments, de proportion très petite, dont il est difficile de se rendre compte ; en avant du tout étoit un revêtissement en forme de quai, sur le Nil. Parmi ces ruines d'architecture on en trouve aussi quelques-unes de sculpture, entre autres celles d'un groupe de deux figures accouplées, de trois pieds de proportion, dont les têtes ont été brisées. Ce que Chenubis a de plus particulier, c'est une enceinte de muraille, bâtie en brique non-cuite ; cette muraille, de forme conique, a plus de vingt-cinq pieds d'épaisseur à sa base : cet ouvrage extraordinaire existe encore en grande partie dans son entier. Est-ce un ouvrage Arabe ? l'histoire n'en fait mention nulle part ; d'ailleurs il n'y a aucuns débris ni décombres de fabriques Arabes dans l'enceinte de Chenubis : si c'étoit un ouvrage de la haute antiquité, il nous apprendroit qu'il n'est pas besoin de faire jamais de fortification d'une autre espece en Egypte, excepté pour les chambranles et embrasures, et toutes les parties où il y a fatigues de mouvement. Ici toutes les grandes masses ont complétement résisté au temps, et pourroient encore servir de défense.

Après

Après avoir fait à toutes voiles un dessin de Chenubis en descendant le fleuve en barque, il m'en fallut faire à toute bride un autre en remontant par terre, maudissant la guerre, les guerriers, et l'importance de leurs opérations, qui me faisoient toujours tout quitter pour courir en vain après des gens qui faisoient en un jour plus de chemin que nous en trois, et auxquels nous avions laissé les passages ouverts. C'étoit pour aller de grand jour coucher à trois quarts de lieue de Chenubis, que cette vaine hâte avoit été ordonnée si impérieusement. Le lendemain, après avoir marché une heure, nous trouvâmes à rase terre les arrachements de deux temples, dont il est impossible de prendre ni plan ni vue ; ils semblent être restés là seulement pour marquer l'emplacement de la ville de Junon-Lucine, que l'infaillible d'Anville a placée à cette hauteur. Nous arrivâmes enfin par le désert à la gorge de Redisi, qui est un quatrieme débouché de la Kittah, mais qui n'est pas pratiqué par le commerce, et dont la route avoit été fatale aux Mamelouks, car ils y avoient presque tous perdu leurs chevaux, une partie de leurs chameaux, nombre de serviteurs, et vingt-six femmes, de vingt-huit que les beys avoient emmenées : leur marche étoit tracée par les désastres qu'ils laissoient derriere eux, les tentes, les armes, les habits, les cadavres de chevaux exténués, les chameaux restés sous le poids de leur charge, des serviteurs, des femmes abandonnées. Qu'on se peigne le sort d'un malheureux, haletant de fatigue et de soif, la gorge desséchée, respirant avec peine un air ardent qui le dévore ; il espere qu'un instant de repos lui rendra quelques forces ; il s'arrête, il voit défiler ceux qui étoient ses compagnons, et dont il sollicite en vain le secours ; le malheur personnel a fermé tous les cœurs ; sans détourner un regard, l'œil fixe, chacun suit en silence la trace de celui qui le précede ; tout passe, tout fuit ; et ses membres engourdis, déjà trop chargés de leur pénible existence, s'affaissent, et ne peuvent être ranimés ni par le danger ni par la terreur :

la caravane a passé, elle n'est déjà pour lui qu'une ligne ondoyante dans l'espace, bientôt elle n'est plus qu'un point, et ce point s'évanouit; c'est la derniere lueur de la lumiere qui s'éteint: ses regards égarés cherchent et ne rencontrent plus rien; il les ramene sur lui-même, et bientôt ferme les yeux pour échapper à l'aspect du vide affreux qui l'environne; il n'entend plus que ses soupirs; ce qui lui reste d'existence appartient à la mort; seul, tout seul au monde, il va mourir sans que l'espoir vienne un instant s'asseoir auprès de son lit de mort; et son cadavre, dévoré par l'aridité du sol, ne laissera bientôt que des os blanchis, qui serviront de guide à la marche incertaine du voyageur qui aura osé braver le même sort.

C'est le tableau que nous offrit la trace du passage des Mamelouks; c'est à ces signes effrayans que nous reconnûmes la direction de leur marche: il y avoit trois jours qu'ils étoient passés; ils avoient remonté vers les cataractes, et étoient allés se rafraîchir dans une isle entre Baban et Ombos. J'ai déjà parlé de l'abondance de cette isle dans ma route de Syene: leur état de détresse nous tranquillisant sur leurs intentions, nous bornâmes là notre poursuite, dans un pays où nous ne pouvions espérer de trouver aucunes ressources, les Mamelouks qui nous précédoient ayant dû achever de les consommer.

Nous vînmes camper, ou, pour mieux dire, nous reposer près du fleuve; nous nous établîmes parmi des tombeaux, et près de deux arides mimosa, qui pouvoient seuls nous indiquer qu'on avoit vécu là, et que la nature y végétoit encore. On renvoya tout ce dont on pouvoit se passer à Etfu; et j'accompagnai ce surplus, dans l'espérance de voir à mon aise le sublime temple d'Apollinopolis, le plus beau de l'Egypte, et le plus grand après ceux de Thebes: bâti à une époque où les arts et les sciences avoient acquis toute leur splendeur, toutes les parties en sont également belles dans leur exécution; le travail des hiéroglyphes également soigné,

les

les figures plus variées, l'architecture plus perfectionnée que dans les édifices de Thebes, qu'il faut reléguer à des temps bien antérieurs. Mon premier soin fut de prendre un plan général de l'édifice. Rien de plus simple que les belles lignes de ce plan, rien de plus pittoresque que l'effet produit dans l'élévation par la variété des dimensions de chaque membre de ce bel ensemble : tout ce superbe édifice est posé sur un sol élevé qui domine non-seulement le pays, mais toute la vallée : sur un plan beaucoup plus bas et tout près de ce grand temple en est un petit, presque enfoui jusqu'à son comble ; ce qui en reste encore d'apparent est dans un creux entouré de décombres, qui laissent voir un petit portique de deux colonnes et de deux pilastres, un péristyle et le sanctuaire du temple, autour une galerie en pilastres. Une colonne avec un chapiteau, qui sort des décombres à quarante pieds en avant du portique, et un angle de mur, à cent pieds au-delà, attestent qu'il y avoit encore une cour devant ce temple : une singularité de ce monument, c'est que dans un édifice d'une exécution aussi recherchée les portes ne sont point régulierement au centre. On doit croire qu'il fut dédié au mauvais génie, car la figure de Typhon est en relief sur les quatre côtés de la dalle qui surmonte chacun des chapiteaux ; toute la frise et tous les tableaux de l'intérieur sont analogues à Isis se défendant des attaques de ce monstre. Je fis une vue du rapprochement de ce petit temple avec le grand ; j'en fis une autre du grand temple en sens contraire, qui peut donner l'idée de sa position dans la vallée ; j'en fis une troisieme de l'intérieur de ce même temple pris à l'angle du portique, qui offre l'aspect de la cour, de ses galeries, et de la porte extérieure, et j'augmentai considérablement ma collection d'hiéroglyphes, particulierement par le dessin de la frise de l'intérieur du portique : je dessinai plusieurs chapiteaux.

Le second jour, le général Belliard arriva, et nous partîmes le lendemain.

main. A quelque distance d'Etfu, je trouvai sur la rive du Nil les restes d'un quai près l'embouchure d'un grand canal ; aucune autre ruine n'accompagne ce fragment : deux escaliers qui viennent à la rencontre l'un de l'autre annoncent cependant que ce n'est pas simplement pour résister au fleuve qu'avoit été construit ce quai ; les escaliers qui servoient à y descendre étoient d'un usage journalier qui suppose la présence antique d'une ville, ou tout au moins d'habitations dont on a perdu le nom et la mémoire : j'en fis le dessin. Nous repassâmes sur les ruines d'Hiéracopolis, dont j'ai déjà parlé, et nous vînmes coucher à quatre lieues d'Etfu : nous nous remîmes en route à une heure du matin, et arrivâmes à Esné le 13 Avril, rendus de fatigue. Je me berçois de l'espoir d'obtenir quelques jours de repos ; mais nous apprîmes à notre arrivée que le reste des Mekkains, unis à quelques Mamelouks, avoient marché sur Girgé ; que, prévenus et battus à Bardis, ils n'en avoient tenu compte, et étoient venus à Girgé pour piller le bazar, où une partie avoit été cernée et battue de nouveau, et que cependant le peu de ceux qui restoient étoient encore à craindre, parcequ'ils ameutoient des fanatiques : nous nous remîmes donc en route pour retourner occuper les bouches du désert. Nous employâmes toute une nuit à passer le fleuve : lorsque nous nous mîmes en route, le soleil étoit élevé et déjà brûlant ; nous fîmes halte sous l'ardeur de ses rayons, et vînmes ensuite coucher à Salamié. Le lendemain, après quelques heures de marche, j'apperçus pour la quatrieme fois les restes de Thebes : j'en fis une vue dans une situation d'où l'on pouvoit découvrir à la fois toutes les ruines de l'un et de l'autre côté du fleuve, depuis Karnak jusqu'à Medinet-a-Bou, c'est-à-dire, l'espace de six milles. Il reste cependant encore hors de cette vue une ruine au nord-est, au village de Guedime, à trois quarts de lieue en arriere, ce qui donne à Thebes plus de deux lieues et demie de traversée, occupées par des monuments : nous nous arrêtâmes

rêtâmes cette fois à Karnak; ce qui fut une premiere bonne fortune pour moi. Ne pouvant à moi seul lever le plan ni faire de grandes vues de cette masse de ruines, qui au premier aspect ressemble à un chantier de carrieres, ou plutôt à des montagnes entassées, mon projet fut d'employer les deux heures que nous devions y passer à dessiner les bas-reliefs historiques, prendre et donner une idée de cette sculpture primitive, du style et de la composition des tableaux de ce temps, et de l'état de cet art, à une époque si reculée, qu'il est possible que c'en soient là les plus anciennes productions.

Je dessinai les fragments les plus conservés, un Pharaon, Memnon, Ossimandue, peut-être Sésostris combattant seul sur un char; il poursuit des nations lointaines portant barbe et de longues tuniques; il les culbute dans un marais; il les oblige à se réfugier dans une forteresse. Dans un fragment, il renverse le chef, déjà atteint d'une fleche: dans un second, il ramene les captifs: dans un troisieme; il les présente enchaînés aux trois divinités de la protection desquelles il tient sans doute la victoire; car il est à remarquer que, dans toutes les actions ci-dessus, ses armes ont toujours été accompagnées et protégées par un ou deux éperviers emblématiques. Les divinités auxquelles il fait ses offrandes sont celles de l'abondance, sous la figure d'un Priape, tenant de sa main droite un fléau; c'étoit à ce dieu qu'étoit consacré le temple de Karnak, le plus grand de Thebes, un des plus anciens et des plus grands qui aient jamais été construits. A prendre depuis le sanctuaire jusqu'aux murs de circonvallation, ce dieu est présenté de la maniere la moins équivoque par le trait qui le caractérise. J'aurois voulu aussi dessiner le bas-relief, représentant un navire conduit par des nautonniers; mais il est trop ruiné, et manque de tout ce qui pourroit éclaircir le sens qu'il renferme. La journée s'avançoit, et nous n'avions encore rien mangé: les voyageurs ne sont pas comme les héros de romans, ils sentent quelquefois le besoin de se restaurer : le soleil nous gagna ; il fut résolu que nous coucherions à Karnak. Je me remis bien vite à l'ouvrage, je parcourus les ruines ; je me convainquis qu'il faudroit huit jours pour lever un plan un peu satisfaisant de ces grouppes d'édifices enceints dans la même circonvallation. Je m'en tins donc encore à la petite image sans mesure que j'en avois faite à l'autre voyage, pensant qu'à l'aide de quelques lignes je ferois encore mieux concevoir quelle est la forme de cet édifice, qu'en en donnant une longue description.

Je n'ai pu mesurer à la toise quelle pouvoit être la surface de ce grouppe d'édifices, mais, à plusieurs reprises, en suivant à cheval les traces de son enceinte, j'ai toujours mis vingt-cinq minutes, allant au trot, pour en faire le tour. Cette circonvallation étoit ouverte par six portes qui existent encore, dont trois étoient précédées d'avenues de sphinxs : elle contenoit non-seulement le grand temple, mais trois autres absolument distincts, ayant tous leurs portes, leurs portiques, leurs cours, leurs avenues, et leur enceinte particuliere. Etoient-ce des temples ? étoient-ce des palais ? les souverains logeoient-ils sous les portiques des temples ? ou leurs palais étoient-ils semblables à ces édifices ? ou enfin n'occupoient-ils que des maisons d'une construction qui n'a pu résister au temps ? ce qu'il y a de certain c'est que, s'ils habitoient ce que nous devons regarder à leur distribution comme des édifices sacrés, ils n'étoient pas commodément logés : de grandes cours avec des galeries ouvertes, des portiques formés d'entrecolonnements étroits ne pouvoient être que désagréables à habiter ; le peu de chambres qui existent, petites, sans air ni lumiere, couvertes de pieuses allégories, ne devoient pas recréer leurs yeux ni leur imagination : j'ai été d'ailleurs dans le cas d'observer qu'une partie de ces chambres obscures contenoient de petits tabernacles, renfermant sans doute ou la figure de la divinité, ou l'animal qui en étoit l'emblême, ou le trésor du temple ; ce qui en faisoit

tout

tout naturellement un lieu sacré, et fermé pour tout autre que pour les prêtres. Il est donc à croire que c'étoient des colléges nombreux de ces prêtres qui occupoient les vastes enceintes de ces édifices, et que, dépositaires des lumieres, ils l'étoient aussi du pouvoir et de ses moyens.

Quelle monotonie ! quelle triste sagesse ! quelle gravité de mœurs ! J'admire encore avec effroi l'organisation d'un pareil gouvernement ; les traces qu'il a laissées me glacent et m'épouvantent encore. La divinité, sacerdotalement vêtue, d'une main tient un crochet, de l'autre un fléau, l'un sans doute pour arrêter, et l'autre pour punir : la loi porte par-tout la chaîne, et la mesure ; je vois les arts se traîner sous le poids de cette chaîne, et son génie m'en paroît accablé : ce signe de la génération tracé sans pudeur jusqu'au sanctuaire des temples m'annonce que pour détruire la volupté ils en avoient encore fait un devoir : pas un cirque, pas une arêne, pas un théâtre ! des temples, des mysteres, des initiations, des prêtres, des victimes ! pour plaisirs, des cérémonies ! pour luxe, des tombeaux ! Le mauvais génie de la France évoqua sans doute l'ame d'un prêtre Egyptien, lorsqu'il anima le monstre qui imagina, pour faire notre bonheur, de nous rendre tristes et atrabilaires comme lui.

Après avoir parcouru l'espace qu'il falloit observer pour avoir les détails de l'édifice, je me trouvai à la partie sud-ouest de cette enceinte, où sont compris d'autres temples particuliers : je fis la vue d'un de ces temples. L'intérieur du monument me fit éprouver une sensation nouvelle : derriere les deux môles que l'on voit dans l'estampe est un portique ouvert de vingt-huit colonnes ; ce portique, lourd dans ses proportions, a un caractere dont l'austérité fait la noblesse ; tant il est vrai qu'en architecture, quand les lignes sont longues, qu'il y en a peu, et que rien ne les coupe, l'effet est toujours grand et imposant ! Au fond de ce premier portique, une large porte en laisse voir un second, porté par huit colonnes sur deux rangs,

rangs, de proportion encore plus grave et d'un caractere que l'obscurité rend encore plus terrible ; c'est le temple des Euménides: une piece longue et étroite suivie de deux autres plus obscures précede un sanctuaire, absolument enfoui ; un mur de circonvallation isole ce monument, qui semble être l'asyle de la terreur. J'avois fait un dessin de la vue extérieure de cet édifice ; je voulois en faire un de l'intérieur avec le sentiment qu'il m'inspiroit, mais j'éprouvai à cet instant un tel degré de lassitude physique et morale, que je ne trouvai plus de faculté pour exécuter ; j'étois épuisé, j'étois incapable de rendre ce que je concevois : j'avois dessiné des bas-reliefs, des hiéroglyphes ; j'avois pris connoissance de toutes les localités ; j'avois fait une vue générale du temple, prise de la porte de l'est, qui est le point d'où on découvre quelques formes à ce chantier de carrieres, qu'ont laissé les écroulements de ces édifices gigantesques, et dont chaque débris ne se distingue que par la réflexion et dans l'éloignement ; et enfin j'avois fait encore une autre vue de la partie sud de ces édifices.

Il avoit fait si chaud que le sol m'avoit brûlé les pieds à travers ma chaussure ; je n'avois pu me fixer pour dessiner qu'en faisant promener mon serviteur entre le soleil et moi, pour rompre les rayons et me faire un peu d'ombre de son corps ; les pierres avoient acquis un tel degré de chaleur, qu'ayant voulu ramasser des agates-cornalines, que l'on trouve en grand nombre dans l'enceinte même de la ville, elles me brûloient au point que, pour en emporter j'avois été obligé de les jeter sur mon mouchoir, comme on toucheroit à des charbons ardents. Harassé, j'allai me jeter dans un petit tombeau Arabe, qu'on nous avoit préparé pour la nuit, et qui me parut un boudoir délicieux, jusqu'au moment où l'on me dit que, lors de notre dernier passage, on y avoit égorgé un des nôtres qui étoit resté en arriere de la colonne : les marques de cet assassinat, empreintes encore contre les murs, me firent horreur ; mais j'étois couché, je m'endormis ; .

j'étois

j'étois si las, que je crois que je ne me serois pas relevé de dessus le cadavre même de cette malheureuse victime.

Nous partîmes le lendemain avant le jour : j'emportois cette fois plus de dessins et moins de regrets ; je soupirois cependant dans la pensée que je quittois peut-être Thebes pour toujours : sa situation éloignée de tout établissement, la férocité de ses habitants, le miri payé, tout me démontroit qu'il falloit renoncer à l'espoir d'y revenir : je n'avois pas vu les tombeaux des rois ; mais il falloit des soldats pour les aller chercher, et les troupes étoient fatiguées outre mesure par les marches forcées et répétées qu'elles venoient de faire ; je me recommandai aux événements, et dans la suite ils secondèrent mes désirs.

A la pointe du jour, je m'approchai assez près de Guédime pour voir la ruine qui y existe : quatre colonnes portent encore trois pierres de leur entablement, et en avant on voit la base de deux môles, absolument ruinés et sans forme ; ce sont les seuls fragments qui restent d'un monument, qui aujourd'hui a du moins le grand avantage de servir comme de jalons pour mesurer monumentalement l'extension de Thebes.

A midi, nous arrivâmes à Kous, où nous apprîmes que les Mekkains avoient passé par les mains de tous nos détachements, et en fuyant avoient passé à Tata sous le sabre de notre cavalerie, qui, pour la tranquillité du pays, avoit exterminé tout ce qui en restoit ; leurs besoins les avoient rendus un véritable fléau, et les propriétaires les poursuivoient comme des bêtes féroces.

Les habitants de Kous, toujours bien intentionnés, et qui nous avoient accueillis lors même qu'ils croyoient que nous marchions à une perte certaine, vinrent au-devant de nous, et nous reçurent comme des triomphateurs.

Le chérif de la Mekke avoit envoyé au général Desaix pour protester

contre

contre l'expédition de ses compatriotes, et pour proposer alliance et amitié; les villes de Gidda et de Tor demandoient aussi la paix, et Cosséir offrit de se soumettre. Nous sûmes que Soliman et un autre bey étoient allés avec leurs femmes aux Oasis; nous pûmes juger de la détresse des autres à la soumission des habitants, au paiement volontaire du miri, au rapprochement des chefs d'Arabes, et à une hilarité répandue dans le pays, que je n'avois pas encore vue, et qui me fit espérer qu'à l'avenir nous pourrions faire en même temps le bonheur des naturels du pays, et la fortune des colons.

Desaix fit annoncer que les terres ensemencées qui avoient été mangées en herbe par les Mamelouks et par les François ne paieroient pas le miri; ce premier règlement d'équité charma les habitants autant qu'il les surprit; mais ils furent entièrement conquis lorsqu'on leur déclara qu'ils pouvoient se vêtir sans distinction, comme le leur permettroient leurs moyens, sans que cela compromît leurs propriétés. Des négociants de Cosséir, qui s'étoient tenus cachés, sortirent de leur village, et vinrent acheter du blé à Kéné; ceux de Gidda arrivèrent sur leurs vaisseaux chargés de café, et vinrent avec ceux de Cosséir offrir de payer un droit qui n'étoit plus arbitraire. Enfin nous commençâmes à voir de l'argent arriver sans baïonnettes, la paille, l'orge, et les bœufs, garnir nos magasins et nos parcs; et les chefs de village nous promirent au nom des cultivateurs que la campagne, alors ridée et seche, seroit l'année prochaine verdoyante, et couverte de moissons, dont le seul miri surpasseroit la totalité de la récolte de cette année.

Les caravanes députoient aussi vers nous et nous demandoient des passe-ports; les Mamelouks abandonnés par leurs maîtres venoient nous apporter leurs armes, nous demander à servir dans l'armée : nous avions
donc

donc le spectacle satisfaisant de l'écroulement d'un gouvernement odieux à tous, sans ressource dans sa détresse, et ne conservant pas une seule base sur laquelle il pût fonder son rétablissement.

## *Apollinopolis parva—Inscription Grecque.*

EGALEMENT éloignés d'Elfi-bey, qui avoit descendu le fleuve, et d'Osman, qui l'avoit remonté jusqu'à Syene, nous nous reposâmes quelques jours à Kous : je fis le dessin du couronnement d'une porte, le seul morceau d'antiquité qui reste de l'ancienne Apollinopolis parva. Ce seul fragment semble plus grand que tout le reste de la ville ; il offre un tableau frappant du caractere monumental de l'architecture des Egyptiens ; le reste de cet édifice est sans doute enfoui sous la montagne d'ordures, sur laquelle est bâtie la ville moderne. Je copiai aussi ce qui restoit d'une inscription écrite sur le listel de la gorge du couronnement de cette porte : cette inscription étoit postérieure au monument ; je crus voir une adroite flatterie d'un préfet de la Haute Egypte au temps des Ptolémées, qui, après vingt ou trente siecles, s'est avisé, à la suite de quelques réparations, de dédier ce temple à ses maîtres, d'écrire leurs noms sur cette porte, et de charger ce monument de les porter à la postérité : en effet la gloire des rois ne traverse la nuit des temps qu'inscrite sur les monuments qu'élevent les arts ; privés de leur éclat, certains siecles sourds et muets dévorent les événements, ne laissent échapper que des noms ternes dont la mémoire ne veut pas se charger, et que l'histoire répete en vain. Que seroit Achille sans le poëme d'Homere, qui est aussi un monument ? C'est par les monuments qu'on connoît Sésostris ; les arts chaque jour nous répetent le nom de Périclès ; ils font toute la gloire du beau siecle d'Auguste ; celui de Médicis illustre la Toscane, et le tombeau de Laurent rayonne de lumieres, tandis qu'on cherche en vain ceux des Genseric, des Attila, des Tamerlan, ces ouragans, ces fléaux de la terre qui renversent, ravagent, passent, et se perdent dans la poussiere du tourbillon qu'ils avoient élevé.

Je trouvai dans les champs, près la partie basse de la ville, un fragment d'un tabernacle ou d'un temple monolite, qui, avant d'être brisé, avoit servi d'abreuvoir près d'une citerne ; un des chambranles, conservé dans son entier, laisse voir encore une inscription en hiéroglyphes, aussi complete que précieusement exécutée : je la copiai ; un petit fragment de cette espece est à lui seul un monument, une irrévocable attestation des lumieres et de la culture de la nation à laquelle il a appartenu.

*Caravanes—Destruction de Bénéadi.*

Nous partîmes de Kous et vînmes à Kéné, où nous trouvâmes nombre de négocians de toutes les nations. En se mettant en communication avec les gens des contrées les plus étrangeres, les points éloignés se rapprochent ; en comptant les jours de marche, et quand on voit les moyens de les franchir, les espaces diminuent, ils cessent d'être immenses, ils disparoissent, pour ainsi dire, lorsqu'on s'y trouve engagé ; la mer Rouge, Gidda, la Mekke, devenoient des lieux voisins du point que nous habitions ; et l'Inde semble leur être, pour ainsi dire, contiguë : de l'autre côté, les Oasis n'étoient plus qu'à trois journées de nous ; elles cessoient d'être un pays perdu pour notre imagination ; d'Oasis en Oasis, par des marches d'une journée ou de deux au plus, on s'approche de Sennar, qui est une

des

des capitales de la Nubie, qui sépare l'Egypte de l'Abyssinie, ainsi que de Darfour, qui est sur la route, et fait le commerce avec les Tomboutyns, le peuple qui est maintenant l'objet de notre curiosité en Afrique, et dont, il y a peu de mois, l'existence étoit encore problématique : il est vrai que s'il ne faut que quarante jours pour aller à Darfour, il en faut cent de plus pour arriver à Tombout. Mais enfin voici la route de Darfour, où arrivent les habitants de Tombout ; un négociant, que je trouvai à Kéné, et qui avoit fait souvent ce voyage, me donna l'itinéraire que je joins ici *.

* ROUTE DE SIUT A DARFOUR ET SENNAR, PAR DONGOLA.

De Siut par le désert, en se dirigeant au sud-ouest, quatre journées pour arriver à Korg-Elouah, l'Oasis le plus peuplé et le plus cultivé : on y trouve de l'eau douce et courante, qui sort de terre et y rentre de nouveau ; il y a une forteresse, et un gros village.

De Korg-Elouah à Boulague, qui est un autre Oasis, une demi-journée ; il y a un petit village, de l'eau d'un bon goût, mais qui donne quelquefois la fievre à ceux qui n'y sont pas accoutumés.

De Boulague à êl-Bsactah une journée ; de l'eau saumâtre.

De êl-Bsactah à Beris une demi-journée ; il y a un grand village et de l'eau assez bonne.

De Beris à êl-Mekh deux heures ; encore de l'eau, dont il faut faire provision, parcequ'à êl-Mekh les Oasis cessent, et qu'on ne trouve plus que de l'eau salée tout le reste de la route. Marchant toujours dans la même direction, après six jours de marche, on arrive à Desir.

De Desir à Selima trois jours ; eau salée, mais moins mauvaise.

De Selima à Dongola, où on retrouve le Nil, quatre jours ; il faut renouveler les provisions.

De Dongola, se dirigeant plus à l'ouest, à êl-Goyah, quatre jours.

De êl-Goyah à Zagaoné six jours ; eau salée, mais fraîche.

De Zagaoné à Darfour, dix journées, sans trouver ni eau ni village.

Arrivé à Dongola, il y a dix-sept journées de marche pour aller à Sennar, en se dirigeant au sud ; et de Sennar à Darfour douze journées de traversée marchant de l'est à l'ouest.

Il faut penser que, dans une telle route, celui qui ne peut suivre est abandonné, parceque l'attendre seroit compromettre le salut de toute la caravane.

Nous trouvâmes aussi nombre de marchands turcs, maures, et mekkains, apportant du café, des toiles des Indes, venant acheter du bled.

Malgré ces bonnes dispositions et le calcul des gens sensés, la masse de la nation, ceux qui n'avoient rien à perdre, accoutumés à appartenir à des maîtres cruels, prenant pour foiblesse ce que nous leur montrions d'équité, continuoient de se laisser séduire par les beys, qui, profitant du préjugé de la religion, de l'avantage que leur donnoit le langage auquel ces malheureux avoient coutume d'obéir, organisoient encore des rassemblements à huit à dix lieues de nous.

Bénéadi, village de deux milles de longueur, appuyé sur le désert, composé de douze mille habitants toujours rebelles à tout gouvernement, avoit appelé les Arabes : une caravane de Darfour venoit d'y arriver ; Mourat-bey avoit saisi cette circonstance ; il avoit trouvé le moyen, par ses intelligences de soulever les uns, de fanatiser les autres, et de leur faire prendre tout-à-coup les armes. Le général Davoust fut envoyé avec la cavalerie à Bénéadi ; la tranquillité générale exigeoit la destruction de ce volcan qui menaçoit sans cesse : livré un instant à l'ardeur qu'inspiroit le butin que le soldat pouvoit y faire, le village disparut ; les habitants dispersés se joignirent à ce qui restoit de Mekkains, marcherent sur Miniet, et furent encore battus dans un second combat.

Dans le butin de Bénéadi, il se trouva une quantité immense de femmes, de filles du pays, et d'esclaves de la caravane : les premiers à qui les femmes échurent en partage les négocierent à grand marché ; mais, comme il arrive en certaines villes de l'Europe à certaines femmes que nous pourrions citer, à chaque mutation elles doubloient de prix ; toute la différence qu'il y avoit avec celles-ci, qu'au lieu d'en devenir plus insolentes, modestement elles suivoient avec une impassible résignation tous ceux à qui l'un après l'autre elles étoient adjugées, jusqu'à ce qu'enfin leur pere, leur mari, ou leur ancien maître, sans prendre d'autres informations, vinssent les racheter de derniers enchérisseurs beaucoup plus cher qu'elles ne leur avoient coûté. Cela paroît tout d'abord ne pouvoir s'accorder avec les mœurs et la jalousie musulmanes ; mais, ainsi que nous l'avons déjà observé, ils disent à cela très sensément : Est-ce leur faute si nous n'avons pas su les défendre ?

Mourat-bey, qui par le désert étoit venu nous couper la communication avec le Caire, vit attaquer et détruire ses alliés sans oser venir à leur secours ; il se contenta de se mettre en mesure pour nous tenir en échec sans se compromettre ; il temporisoit en attendant les circonstances : ce n'étoit point encore pour lui le moment d'accepter ou de demander des conditions ; rien ne pouvoit baser un traité entre nous : quel intérêt politique ou commercial eût pu alors garantir respectivement une mutuelle bonne foi ? accoutumé d'ailleurs à voir sa fortune se relever par des événements imprévus, il rêvoit des chances favorables ; l'absence du général en chef, l'expédition de Syrie qui avoit éloigné une partie de nos forces, quelques conspirations ourdies, tout servoit à lui rendre de l'espoir ; aussi employoit-il toute espèce de moyens pour réchauffer les esprits et organiser des partis : il parvint à persuader l'émir Adgi, qui étoit au Caire, et qui devoit aller rejoindre le général en chef en Syrie, de se composer un cortége assez considérable pour tenter un coup de main dans la route, s'emparer de Belbéis, fermer le retour à l'armée, et soulever l'Egypte contre nos forces partagées, nous obliger à nous réunir, et à abandonner l'Egypte supérieure. Ce plan assez beau en apparence ne produisit, faute de base solide, que la ruine de l'Adgi ; des mouvements suspects découvrirent ses desseins ; au moment d'être arrêté par la garnison de Belbéis, il n'eut que le temps de se sauver par le désert avec quelques uns des siens : cette mine éventée, le massacre de Bénéadi, et la seconde défaite à Miniet de ceux qui s'en étoient échappés, déjouerent encore les projets de Mourat-bey, et l'obligerent à se retirer aux Oasis.

*Nouveaux Détails sur les Crocodiles.*

En arrivant à Kéné, j'eus à regretter la mort d'un crocodile, que des paysans avoient surpris endormi, qu'ils avoient lié et apporté vivant à celui qui commandoit en l'absence du général Belliard ; encore jeune, cet animal ne pouvoit être bien redoutable, on l'eût enchaîné avec un cercle de fer entre les épaules et le ventre, et alors nous eussions pu l'observer, et connoître ses habitudes, ignorées dans le pays même qu'il habite, tant il y inspire de peur ! et cette peur s'augmentant et se perpétuant par tous les contes qu'elle-même enfante, il eût été si curieux de voir comment cet amphibie mangeoit, ce qu'il mangeoit, si la mastication lui est nécessaire, comment elle s'effectue avec des dents qui sont toutes incisives, quelle est l'action de son gosier qui lui sert de langue, si sa voracité pourroit être un moyen de l'apprivoiser, ou bien, en lui laissant son caractere, de tenter de le faire arriver vivant à Paris, de le livrer aux observations des naturalistes, à la curiosité des Parisiens, enfin d'en faire un hommage à la nation comme un trophée de la conquête du Nil. Errant perpétuellement sur les rives de ce fleuve, j'en ai vu un grand nombre de toutes grandeurs, depuis trois jusqu'à vingt-six ou vingt-huit pieds de longueur ; plusieurs officiers dignes de foi m'ont assuré en avoir vu un de quarante : ils ne sont pas aussi farouches qu'on le prétend ; ils affectent certains parages de préférence, ce qui prouve qu'ils vivent en famille ; c'est sur les isles basses qu'ils se montrent au soleil, dont ils paroissent chercher la chaleur ; on y en voit plusieurs à la fois, toujours immobiles, et le plus souvent endormis, souvent au milieu des oiseaux, qui ne s'en inquiètent pas. De quoi peuvent

peuvent vivre de si grands animaux? On conte d'eux bien des histoires; mais nous n'avons pas été témoins d'un seul fait; hardis jusqu'à l'imprudence, nos soldats les bravoient; moi-même je me baignois tous les jours dans le Nil; les nuits plus tranquilles que me procuroient les bains me faisoient passer sur de prétendus dangers qu'aucun événement ne rendoit vraisemblables: s'ils ont mangé quelques cadavres que la guerre leur aura procurés, ce mets ne devoit qu'exciter leur appétit, et les engager à une chasse qui pouvoit leur promettre une proie aussi friande; et cependant nous n'avons jamais été attaqués, jamais nous n'avons rencontré un seul crocodile éloigné du fleuve; il faut apparemment que le Nil leur fournisse assez abondamment des proies faciles, qu'ils digerent lentement, ayant, comme le lézard et le serpent, le sang froid et l'estomac peu actif; au reste, n'ayant à combattre dans la partie du Nil qui nous est connue qu'eux-mêmes et les hommes, ils deviendroient bien redoutables pour ces derniers, si, couverts comme ils le sont d'une arme défensive presque à l'épreuve de toutes les nôtres, ils étoient adroits à se servir de celles que la nature leur a données pour attaquer. Lorsque je partis de Kené, le général Belliard en avoit un petit qui avoit six pouces; il étoit déjà méchant: ce général m'a dit depuis qu'il avoit vécu quatre mois sans manger, sans paroître souffrir, sans maigrir ni croître, et sans s'apprivoiser.

Ammien-Marcellin écrivoit au temps de Julien que de toute antiquité les Egyptiens se regardoient comme dupes lorsqu'ils payoient ce qu'ils devoient, sans y être contraints par la force, ou tout au moins par la peur: heureusement pour moi les habitants de Dendera étoient de race antique.

*Second*

## Second Voyage à Tyntira.

A Kéné je voyois de ma fenêtre les ruines de Tyntira, à deux lieues de l'autre côté du Nil: ces ruines de Tyntira, dont je me souvenois avec tant d'intérêt, et dont je regrettois particulièrement un zodiaque qui prouvoit d'une maniere si positive les hautes connoissances des Egyptiens en astronomie!

On ne payoit point le miri à Dendera; on y envoya cent hommes; je les suivis; il n'y avoit que vingt minutes de chemin de Dendera aux ruines de Tyntira, qui s'appellent maintenant Berbé, qui est le nom que les Arabes donnent à tous les monuments antiques. Nous arrivâmes le soir au village; le lendemain, avec trente hommes, je me rendis aux ruines, que je possédai cette fois dans toute la plénitude du repos et de la quiétude: ma premiere jouissance fut de me convaincre que mon enthousiasme pour le grand temple n'avoit point été une illusion de la nouveauté, puisqu'après avoir vu tous les autres monuments de l'Egypte, celui-ce me paroissoit encore le plus parfait d'exécution, et construit à l'époque la plus heureuse des sciences et des arts; tout en est soigné, tout en est intéressant, important même: il faudroit y dessiner tout pour avoir tout ce qu'on doit désirer d'en rapporter; rien n'y a été fait sans objet: mon temps ne pouvoit être que très limité; je commençai donc par ce qui étoit en quelque sorte l'objet de mon voyage, le planisphere céleste, qui occupe une partie du plafond du petit appartement bâti sur le comble de la nef du grand temple. Le plancher très bas, l'obscurité de la chambre qui ne me laissoit travailler que quelques heures dans la journée, la multiplicité des détails, la difficulté de ne pas les confondre en les regardant d'une maniere si incommode, rien né m'arrêta;

m'arrêta ; la pensée d'apporter aux savants de mon pays l'image d'un bas-relief Egyptien d'une telle importance me fit un devoir de souffrir patiemment le torticolis qu'il me falloit prendre pour le dessiner, en songeant toutefois que je ne donne cette explication que comme une hypothese. Je dessinai le reste du plafond, qui est partagé en deux parties égales par une grande figure, que je crois celle d'Isis ; elle a les pieds appuyés sur la terre, les bras étendus vers le ciel, et semble occuper tout l'espace qui les sépare. Dans l'autre partie du plafond est une autre grande figure, que je crois ou le ciel, ou l'année, touchant des pieds et des mains à la même base, et couvrant de la courbure de son corps quatorze globes posés sur quatorze bateaux, distribués sur sept bandes ou zones, séparés par des hiéroglyphes sans nombre, et trop couverts de stalactites enfumées pour pouvoir être copiés ; j'ai pris aussi une esquisse de cette partie du plafond, pour donner une idée de la forme de ce tableau, et le plan général de ce petit appartement, où sont représentés les objets comme ils sont situés sur les plafonds.

Derriere cette premiere chambre il y en a une seconde qui ne reçoit de jour que par la porte ; elle est de même couverte de tableaux hiéroglyphiques les plus intéressants et les mieux exécutés. Malgré l'obscurité, la difficulté de faire éclairer tout à la fois le bas-relief et mon papier, je dessinai cependant presque tout ce que contenoient le plafond et les murailles de cette seconde piece. Il est bien difficile d'arrêter une pensée sur ce que pouvoit être ce petit édifice si bien soigné dans ses détails, orné de tableaux si évidemment scientifiques ; il paroît que ceux des plafonds sont relatifs au mouvement du ciel, et ceux des murailles à celui de la terre, aux influences de l'air, et à celles de l'eau. La terre est représentée par-tout par la figure d'Isis ; c'étoit la divinité de tous les temples de Tyntira, car on en trouve l'emblème de toutes parts : sa tête sert de chapiteau aux colonnes du portique et de la premiere chambre du grand temple :

O o                                                    elle

elle est au centre de l'astragale : elle est gigantesquement sculptée au mur extérieur du fond : elle est l'objet des ornements de la frise et de la corniche : elle est dans tous les tableaux avec ses attributs : c'est elle à qui l'on fait toutes les offrandes, lorsque ce n'est pas elle qui les fait elle-même à Osiris son époux : elle est aux portes qui servoient d'entrée à l'enceinte : c'est à elle que sont dédiés les petits temples qui y sont inscrits ; dans celui qui est à droite en entrant, elle est triomphante des deux mauvais génies ; dans celui qui est derriere le grand, elle y est à tout moment représentée tenant Horus dans ses bras, le défendant contre tout attentat, ne le confiant qu'à des figures de vaches, l'allaitant à tous les âges, depuis l'enfance jusqu'à la puberté, le tenant dans ses bras comme l'enfant qui vient de naître, d'autres fois lui présentant le sein, qu'il reçoit debout étant déjà presque de la taille de sa mere.

Je consacrois tous les moments où je manquois de lumiere pour travailler au planisphere, à mesurer les chapiteaux, les colonnes, à lever les plans, quelques élévations, à dessiner les portes ; il ne reste aucun gond ni battants de ces portes qui renfermoient des mysteres dont les prêtres étoient si jaloux, qui renfermoient peut-être aussi les trésors de l'état, cachés avec le même soin, car ces sanctuaires ressembloient à des coffres-forts par leur double enceinte précédée de tant de portes, ces chambres consacrées à une nuit éternelle, ce mystere répandu sur le culte, aussi obscur que les temples ; ces initiations, si difficiles à obtenir, auxquelles jamais un étranger ne pouvoit être admis, dont on n'avoit de notions que sur des rapports mystiques : ce gouvernement et cette religion qui perdit toute sa force et tout son empire dès que Cambyse en eut violé les sanctuaires, renversé les divinités, et enlevé les trésors ; tout annonce que ces temples contenoient, pour ainsi dire, *l'essence* de tout, que tout en émanoit.

Mes recherches, mes observations, et mes travaux, furent arrêtés par l'empressel'empressement du cheikh du village à débarrasser le pays de notre présence ; dès le premier jour, il étoit allé porter sa contribution : le général rappela les troupes ; et mon expédition fut terminée.

Je pris encore, en m'en allant, une vue générale du site de Tyntira, du grouppe de monuments qui dominent les ruines de la ville, et des montagnes qui s'élevent derriere. J'avois pris aussi copie d'une inscription sculptée en beaux et grands caracteres Grecs, placée, ainsi que celle de Kous, sur les listels de droite et de gauche du couronnement d'une des portes de circonvallation, au sud du grand temple : voici l'inscription, sauf quelques erreurs produites par des lettres dégradées :

ΥΡΙΕΡΑΥΤΟΚΙΑΤΟΡΣΚΑΙΣΑΡΘΣΘΕΟΥΥΙΟΥΔΙΟΣΕΛΕΥ ⌣L : : ⌣ : : : ΡΑΣΡΟΤΕΡΙΙΙ
ΟΠΛΙΟΤΟΚΤΑΙΟΥΗΓΕΜΟΝΟΣΚΑΙ
ΜΑΡΚΟΥΚΛΩΔΙΟΥΠΟΣΤΟΜΟΤΕΠΙΣΤΡΑΤΗΓΟΥΤΡΥΦΩΝΟΣΣΤΡΑΤΗΓΟΥΝΤΟΣ
ΟΙΑΠΟΤΗΣΜΗΤΡΟΠΟΛΕΩΣ
: : : ᴖΧΝΟΜΟΥΤΟΠΡΟΠΥΛΟΝΙΣΙΛΘΕΑΙΜΕΓΙΣΤΗΙΚΑΙΤΟΙΣΣΥΝΝΟΙΣ ΙΘΕΟΙΣ ΙΕΤΟΥΣ
ΛΑΚΑΙΣΑΡΟΣΟΩΤΘΣΕΒΑΣΤΗΙ

. Voici la même inscription avec les mots séparés, et les lettres restituées par les personnes que j'ai consultées, et la traduction qu'ils en ont faite.

ΥΠΕΡ ΑΥΤΟΚΡΑΤΟΡΟΣ ΚΑΙΣΑΡΟΣ ΘΕΟΥ ΥΙΟΥ ΔΙΟΣ ΕΛΕΥΘΕΡΙΟΥ ΣΩΤΗΡΙΑΣ ϜΟΥ
ΕΠΙ ΠΟΠΛΙΟΥ ΟΚΤΑΟΥΙΟΥ ΗΓΕΜΟΝΟΣ ΚΑΙ
ΜΑΡΚΟΥ ΚΛΩΔΙΟΥ ΠΟΣΤΟΤΜΟΥ ΕΠΙΣΤΡΑΤΗΓΟΥ ΤΡΥΦΩΝΟΣ ΣΤΡΑΤΗΓΟΥΝΤΟΣ
ΟΙ ΑΠΟ ΤΗΣ ΜΗΤΡΟΠΟΛΕΩΣ
ΙΕΡΩΣΑΝ ΕΚ ΝΟΜΟΥ ΤΟ ΠΡΟΠΥΛΟΝ ΙΣΙΔΙ ΘΕΑΙ ΜΕΓΙΣΤΗΙ ΚΑΙ ΤΟΙΣ ΣΥΝΝΑΟΙΣ
ΘΕΟΙΣ ΕΤΟΥΣ ΛΑ ΚΑΙΣΑΡΟΣ ΘΩΥΘ ΣΕΒΑΣΤΗΙ

POUR LA CONSERVATION DE L'EMPEREUR CÉSAR, DIEU, FILS DE JUPITER
AUTEUR DE NOTRE LIBERTÉ;
LORSQUE, PUBLIUS OCTAVIUS ÉTANT GOUVERNEUR, MARCUS CLAUDIUS
POSTHUMUS, COMMANDANT GÉNÉRAL,
ET TRYPHON, COMMANDANT PARTICULIER DES TROUPES, LES ENVOYÉS DE
LA MÉTROPOLE CONSACRERENT,
EN VERTU D'UNE LOI, LE PROPYLÉE A ISIS, TRÈS-GRANDE DÉESSE, ET AUX
DIEUX HONORÉS DANS CE MÊME TEMPLE : EN L'AN XXXI DE
CÉSAR, LE COLLEGE DES PRÊTRES A L'IMPÉRATRICE.

Il y a une autre inscription sur le listel de la corniche du grand temple, mais je n'ai jamais pu en distinguer assez bien les caracteres pour pouvoir les copier ; ce peu de caracteres Grecs au milieu de ces innombrables inscriptions Egyptiennes paroît extraordinaire et contrastant.

## *Keft ou Copthos.*

QUELQUES jours après mon retour de Tyntira on envoya la cavalerie au-devant d'un payeur qui rapportoit sa caisse d'Esné ; j'en profitai pour aller visiter Keft ou Copthos, devant lequel j'avois passé trois fois sans qu'il m'eût été possible de le traverser ni même d'en approcher. J'ignorois si cette ville, célebre par ses malheurs au temps des persécutions de Dioclétien, possédoit quelques vestiges d'une existence plus antique. Je fus frappé, en y entrant, de la conservation de ses divers monuments : la partie antique est encore dans l'état où l'a laissée l'embrâsement qui termina le long siége qui la détruisit dans le troisieme siecle ; à cette antique enceinte, qui a été abandonnée, a succédé une ville Arabe, avec une circonvallation en brique non cuite, au-delà de laquelle, tirant toujours à l'ouest, on a bâti Keft, village existant encore. Copthos étoit-il le nom antique de cette ville ? et les Copthes ont-ils pris leur nom de Copthos où leur zele les avoit rassemblés, et leur avoit fait soutenir un siége si opiniâtre et si désastreux lors de la persécution de Dioclétien ? Au reste on distingue évidemment les différentes ruines de deux temples de la haute antiquité, et ceux d'une église catholique, où le goût et l'art se faisoient sans doute moins remarquer que la magnificence et la richesse des matériaux employés à la construire : les fragments de colonnes et de pilastres en porphyre et en granit répandus

sur

sur un emplacement immense attestent l'opulence et le luxe de ces premiers croyants; mais les sculptures des frises doriques, dont on voit encore quelques restes, prouvent que l'art à cette époque ne faisoit qu'appauvrir la somptuosité des matieres les plus précieuses; tous ces monuments, réduits à quelques assises au-dessus du sol, restent sans forme, et ne purent me fournir un dessin.

## Le Kamsin.

J'AVOIS souvent ouï parler du *kamsin*, que l'on peut nommer l'ouragan de l'Egypte et du désert; il est aussi terrible par le spectacle qu'il présente que par ses résultats. Nous étions déjà à-peu-près à la moitié de la saison où il se manifeste, lorsque, le 18 Mai au soir, je me sentis comme anéanti par une chaleur étouffante; la fluctuation de l'air me paroissoit suspendue. Au moment où j'allois me baigner pour remédier à cette sensation pénible, je fus frappé, à mon arrivée sur le bord du Nil, du spectacle d'une nature nouvelle : c'étoient une lumiere et des couleurs que je n'avois point encore vues; le soleil, sans être caché, avoit perdu ses rayons; plus terne que la lune, il ne donnoit qu'un jour blanc et sans ombre; l'eau ne réfléchissoit plus ses rayons et paroissoit troublée : tout avoit changé d'aspect; c'étoit la plage qui étoit lumineuse; l'air étoit terne et sembloit opaque; un horizon jaune faisoit paroître les arbres d'un bleu décoloré; des bandes d'oiseaux voloient devant le nuage; les animaux effrayés erroient dans la campagne, et les habitants, qui les suivoient en criant, ne pouvoient les rassembler : le vent qui avoit élevé cette masse immense, et qui la faisoit avancer, n'étoit pas encore arrivé jusqu'à nous

nous

nous crûmes qu'en nous mettant dans l'eau, qui étoit calme alors, ce seroit un moyen de prévenir les effets de cette masse de poussiere qui nous arrivoit du sud-ouest; mais à peine fûmes-nous entrés dans le fleuve qu'il se gonfla tout-à-coup comme s'il eût voulu sortir de son lit, les ondes passoient sur nos têtes, le fond étoit remué sous nos pieds, nos habits fuyoient avec le rivage, qui sembloit être emporté par le tourbillon qui nous avoit atteints : nous fûmes obligés de sortir de l'eau ; alors nos corps mouillés et fouettés par la poussiere furent bientôt enduits d'une boue noire qui ne nous permit plus de mettre nos vêtements ; éclairés seulement par une lueur roussâtre et sombre, les yeux déchirés, le nez obstrué, notre gorge ne pouvoit suffire à humecter ce que la respiration nous faisoit absorber de poussiere ; nous nous perdîmes les uns les autres, nous perdîmes notre route, et nous n'arrivâmes au logis qu'à tâtons, et seulement dirigés par les murs qui servoient à nous retracer le chemin : c'est dans ces moments que nous sentîmes vivement quel devoit être le malheur de ceux qui sont surpris dans le désert par un pareil phénomene ; j'ai essayé d'en donner l'image.

Accoutumés comme nous l'étions à la constante sérénité du ciel d'Egypte, cette transition si prononcée nous parut une injustice de la providence.

Le lendemain, la même masse de poussiere marcha avec les mêmes circonstances le long du désert de la Libye : elle suivoit la chaîne des montagnes, et lorsque nous pouvions croire en être débarrassés, le vent d'ouest nous la ramena, et nous submergea encore de ce torrent aride ; les éclairs sillonnoient avec peine ces nuages opaques : tous les éléments parurent être encore dans le désordre, la pluie se mêla aux tourbillons de feu, de vent, et de poussiere ; et dans ce moment les arbres et toutes les autres productionss de la nature organisée semblerent replongés dans les horreurs du chaos.

Si

Si le désert de la Libye nous avoit envoyé ces tourbillons de poussiere, ceux de l'est avoient été inondés : le lendemain, des marchands qui arrivoient des bords de la Mer rouge nous dirent que dans les vallées ils avoient eu de l'eau jusqu'à mi-jambe.

### Sauterelles.

Deux jours après ce désastre, on vint nous avertir que la plaine étoit couverte d'oiseaux qui passoient comme des phalanges serrées, et descendoient de l'est à l'ouest ; nous vîmes effectivement de loin que les champs paroissoient se mouvoir, ou du moins qu'un long torrent s'écouloit dans la plaine, en suivant la direction qu'on nous avoit indiquée. Croyant que c'étoient des oiseaux étrangers qui passoient ainsi en très grand nombre, nous nous hâtâmes de sortir pour aller les reconnoître ; mais, au lieu d'oiseaux, nous trouvâmes une nuée de sauterelles, qui ne faisoient que raser le sol, s'arrêtant à chaque brin d'herbe pour le dévorer, puis s'envoloient vers une nouvelle proie. Dans une saison où le bled auroit été tendre, c'eût été une vraie plaie ; aussi maigres, aussi actives, aussi vigoureuses que les Arabes Bédouins, elles sont de même une production du désert : il seroit intéressant de savoir comment elles vivent et se reproduisent dans une région aussi aride ; c'étoit peut-être la pluie qui étoit tombée dans les vallées qui les avoit fait éclore, et avoit produit cette émigration, comme certains vents font naître les cousins. Le vent ayant changé en sens contraire de la direction de leur marche, il les refoula dans le désert : j'en dessinai une de grandeur naturelle, Elles sont couleur de rose, tachetées de noir, sauvages, fortes, et très difficiles à prendre.

*Continu-*

## Continuation de la Campagne de la Haute-Égypte.

Nous apprîmes qu'un détachement de deux cents hommes de la garnison d'Esné, commandée par le capitaine Renaud, étoit parti d'Etfu, et avoit marché vers Syene pour en déloger Osman et Assan-bey, qui y étoient revenus; enhardis par le petit nombre des nôtres qui marchoient sans canons, ils vinrent à leur rencontre, et les attaquerent avec leur impétuosité ordinaire: Selim-bey tomba sous les baïonnettes; trois cheikhs, un casnadar, et quarante-deux Mamelouks resterent sur le champ de bataille, ou allerent mourir à Syene dans la même journée; quarante autres blessés, et le reste des fuyards passerent les cataractes, et allerent jusqu'auprès de Bribes. Ce combat acheva de détruire le parti des Mamelouks; les cheikhs Arabes de la tribu des Ababdes reconnurent l'insuffisance de leurs moyens, s'en détacherent, et vinrent à Kéné faire paix et alliance avec nous.

Desaix, pour chasser Mourat de sa retraite, préparoit à Siouth une expédition pour les Oasis; elle devoit être commandée par son aide-de-camp Savari, tandis que le général Belliard organisoit celle que nous devions faire à Cosséir. J'aurois bien voulu être par-tout; mais il falloit choisir: tandis que je balançois, Mourat quitta Hellouah : les Anglois avoient paru à Cosséir; tous les soins se tournerent de ce côté: le général Douzelot arriva à Kéné, il avoit ordre d'y tracer le plan d'un fort à tenir six cents hommes, et d'aller former un établissement à Cosséir. On fit toutes les provisions nécessaires pour l'un et l'autre projet; et tout fut bientôt prêt pour entrer dans le désert.

*Départ*

*Départ d'un Détachement pour Cosséir, sur la Mer-Rouge.—*
*Chameaux.—Fontaine de la Kittah.*

Nous rassemblâmes une grande quantité de chameaux : je dis *nous*, parceque peu-à-peu on s'identifie à ceux avec qui l'on vit, et que ce qui arrivoit à la division Desaix, et plus particulièrement à la demi-brigade, la vingt-unieme, me devenoit personnel ; je partageois ses périls, ses succès, ses malheurs, et croyois partager sa gloire. Trois cent soixante-six des nôtres devoient composer la caravane ; nous avions un chameau pour chacun de nous, portant de plus le bagage et l'eau nécessaire à chaque individu ; deux cents chameaux étoient chargés des choses de premiere nécessité pour notre établissement à Cosséir. A notre caravane s'étoient joints les chefs d'Arabes, qui venoient de faire alliance, et qui profitoient de cette occasion de nous faire leur cour en nous servant de guides, d'éclaireurs, d'escorte, et d'arriere-garde : en tout la troupe pouvoit être portée à mille ou onze cents hommes, et autant de chameaux. Le boute-selle fut très plaisant ; le chameau, si lent dans ses actions, leve très brusquement les jambes de derriere dès l'instant qu'on pose sur la selle pour le monter, jette son cavalier d'abord en avant, puis en arriere, et ce n'est enfin qu'au quatrieme mouvement, lorsqu'il est tout-à-fait debout, que celui qui le monte peut se trouver d'à-plomb : personne n'avoit résisté à la premiere secousse ; chacun de se moquer de son voisin : on recommença, et nous partîmes.

Nous sortîmes de Kéné, le 26 Mai, à dix heures du matin, et arrivâmes à quatre heures de l'après-midi à Birambar ou Biralbarr, le *Puits-des Puits*, village sur le bord du désert, à la hauteur de Copthos, et vis-à-vis le défilé qui mene à la Kittah, fontaine dont j'ai parlé plus haut, et qui est le centre de l'étoile qui communique à tous les chemins qui conduisent à Cosséir : nous fîmes halte à Birambar ; après que les chameaux eurent bu et mangé suffisamment, on les força d'avaler une seconde ration d'orge ou de feves en la leur mettant dans la bouche.

Le nom de Biralbarr ou Puits-des-Puits vient sans doute des deux fontaines qui sont la seule ressource qu'offre ce village ; l'eau en est souffrée, mais douce et rafraîchie par le nître qu'elle contient. J'avois redouté le balancement de l'allure du chameau ; la vivacité du dromadaire m'avoit fait craindre de sauter par-dessus sa tête : mais je fus bientôt détrompé. Une fois en selle, il n'y a plus qu'à céder au mouvement, et l'on éprouve tout de suite qu'il n'y a pas de meilleure monture pour faire une longue route, d'autant qu'on n'a à s'en occuper que lorsqu'on veut la diriger dans un autre sens, ce qui arrive rarement dans le désert et en marche de caravane : le chameau bronche peu, et ne tombe jamais où il n'y a pas d'eau ; les dromadaires sont parmi les chameaux ce que sont les lévriers parmi les chiens ; ils ne servent que pour la selle ; ils ont une boucle infibulée dans la narine, à travers laquelle on passe une ficelle qui sert de bride pour l'arrêter, le tourner et le faire agenouiller lorsque l'on veut en descendre ; l'allure du dromadaire est leste ; l'ouverture des angles que forment ses longues jambes, et le ressort assoupli de son pied charnu rend son trot plus doux, et cependant aussi rapide que celui du cheval le plus léger.

En sortant de Biralbarr nous tournâmes à l'est, et entrâmes dans une vallée large et prolongée, qui forme une longue plaine, aux extrémités de laquelle quelques pointes de rochers avertissent cependant qu'on traverse une chaîne. Je regrettois Dolomieu dans ce voyage ; mais le citoyen Rosiere le remplaçoit. Nous marchâmes ainsi jusqu'à deux heures de nuit avec un ordre assez bien conservé pour qu'en nous arrêtant nous nous trou-

vassions

vassions postés militairement : chacun auprès de nos chameaux nous étendîmes nos tapis, soupâmes, et dormîmes. A une heure du matin la lune se leva ; on battit le tambour, et cinq minutes après nous fûmes en marche sans trouble ni désordre. C'est dans le désert qu'on redouble de respect pour le chameau, pour ce vénérable animal ; quelque dure que soit sa condition, il la connoît et s'y conforme sans impatience ; vrai don de la providence, la nature l'a placé sur le globe dans une région où pour l'utilité des hommes il ne pourroit être remplacé par aucun autre agent ; le sable est son élément, dès qu'il en sort et qu'il touche à la boue, à peine il peut se soutenir, ses fréquentes chûtes et son embarras font trembler pour lui, pour sa charge, ou pour son cavalier ; mais on peut dire que le chameau dans le désert est comme le poisson dans l'eau.

A la pointe du jour nous arrivâmes à la Kittah, fontaine assez étrange, puisqu'elle est située sur un plateau plus élevé que tout ce qui l'entoure ; cette fontaine consiste en trois puits de six pieds de profondeur, creusés d'abord dans un lit de sable, ensuite dans un rocher de grès, à travers duquel filtre l'eau, et remplit doucement les trous que l'on y fait : il y a une petite mosquée ou caravanserail qui abrite les voyageurs quand ils sont peu nombreux.

C'est ici qu'on apprend à connoître l'importance de ces puits si souvent nommés dans l'Ancien Testament, et dans l'histoire des Arabes, que l'on voit combien il est difficile et coûteux d'élever le plus petit monument dans des points si isolés, si dénués de secours et de moyens : il sera cependant absolument nécessaire, en s'établissant en Egypte, d'élever une tour et d'avoir une garnison à la Kittah, pour s'assurer de la libre communication de Cosséir au Nil, et contenir les Arabes de ces contrées, pour lesquels cette fontaine est un poste qui les rend maîtres d'un grand pays, à cause de l'eau qui y est permanente et inépuisable, et peut seule en approvisionner l'ennemi que l'on auroit chassé dans le désert. Je fis un dessin de cette halte, dans lequel je représentai une partie de notre caravane défilant tandis que l'autre acheve de décamper. Nous marchâmes le reste du jour sans que le sol changeât de nature ; il s'élevoit insensiblement, et les montagnes s'approcherent de droite et de gauche : nous bivouacquâmes, et nous nous remîmes en marche comme la veille.

A la pointe du jour la scene avoit changé ; les montagnes que nous avions rencontrée le jour d'avant étoient des rochers de grès, celles-ci étoient des roches de poudingue dans lesquelles les pierres roulées étoient mêlées de granit, de porphyre, de serpentin, de toutes les matieres primitives contenues dans une agrégation de schiste verd ; la vallée alloit toujours se retrécissant, et les rochers s'élevant de toutes parts. A midi nous nous trouvâmes à la moitié de notre chemin, au milieu de beaux rochers de breche, qui n'offrent de difficulté pour leur exploitation que l'éloignement des subsistances : les parties de granit qui composent cette breche annoncent que les montagnes primitives ne sont pas éloignées : après avoir passé ces rochers si riches, nous commençâmes à redescendre jusqu'à une fontaine permanente appelée *él-More*, qui n'est qu'un petit trou sous une roche ; l'eau en est excellente : elle n'étoit pas assez abondante pour notre nombreuse caravane, nous passâmes à une seconde composée de plusieurs puits, sous un rocher de très beau schiste verd, mêlé de quartz blanc, qui fait ressembler cette substance au marbre verd antique : c'est ici seulement que pendant quarante pas la route est étroite et embarrassée, et donna quelque peine à notre artillerie : tout le reste avoit été une allée de jardin bien sablée : la base du rocher est balayée par le torrent lorsqu'il pleut ; et ces laves d'eau, qui ne durent que quelques heures, étendent les éboulements, et sans faire de ravin applanissent la vallée.

Les formes et les couleurs variées des rochers ôtoient déjà au désert cet
aspect

aspect triste et monotone, et en formoient presque un paysage : le pays devint sonore, le bruit répercuté dans les vallées nous parut le réveil de la nature : nos soldats avoient traversé la plaine sablonneuse dans le silence de la taciturnité; à peine dans les vallons ils commencèrent à parler; arrivés au milieu des rochers ils firent répéter aux échos les chants de sa gaieté, et le désert disparut. Cette seconde fontaine, quoiqu'abondante, étoit trop resserrée pour satisfaire aux besoins de tous ; une partie seulement y remplit ses outres, et nous poussâmes jusqu'à celle de èl-Adoute, où la vallée est plus spacieuse, et où l'eau, quoiqu'un peu moins fraîche, est encore fort bonne : nous creusâmes un puits qui nous en donna à l'instant d'excellente ; c'étoit la dernière supportable que nous dussions rencontrer; ainsi que les chameaux nous en bûmes pour le passé et pour l'avenir; on renouvela celle de toutes les outres, et on s'en approvisionna pour la route et pour Cosséir, où nous savions qu'elle devoit être rare et mauvaise : je fis un dessin de ce second point important. Il faudroit avoir encore ici une tour, une grande cîterne, et un caravanserail ; et avec un tel établissement la traversée de Cosséir au Nil deviendroit aussi commode que toute autre route.

A mesure que nous descendions, les montagnes s'abaissoient; elles avoient cessé d'être riches de ces magnifiques breches, elles étoient redevenues siliceuses, tranchées de quartz. Nous nous arrêtâmes pour dormir quelques heures, après en avoir marché dix huit. A la pointe du jour nous trouvâmes la vallée très élargie, et bientôt elle fut tout-à-coup traversée par une montagne calcaire roussâtre, précédée de quelques rochers de grès; nous longeâmes cette montagne, qui se trouva à son tour tranchée par une roche schisteuse très obscure, au détour de laquelle nous ne trouvâmes plus que matière calcaire : c'est là qu'on rencontre la fontaine appelée l'Ambagi; celle-ci ne réjouit que les chameaux, car il n'y a qu'eux qui en
boivent:

boivent : si elle est très abondante elle est aussi très minérale, et ne seroit peut-être pas moins propre à la guérison de plusieurs maux que celles de Spa et de Barege ; mais ici où, grâce à la stérilité du sol et la sobriété des habitants, il n'y a que peu de malades et point de médecins, elle croupit sans gloire sur sa fange méphitique et noire ; et comme elle purge ceux qui peuvent supporter son arriere-goût, et qu'elle augmente leur soif au lieu de les désaltérer, elle passe pour l'hamadryade la plus mal-faisante du pays ; au reste elle a fait croître sept à huit palmiers, qui forment le seul bocage qu'il y ait à cinquante lieues à la ronde.

## Description de Cosséir.

Je m'apperçus, à la légèreté de l'air, que nous approchions de la mer ; effectivement, en suivant un large ravin, bientôt nous la vîmes se briser contre les ressifs qui bordent la côte ; à l'horizon un brouillard nous indiqua celle d'Asie, trop éloignée cependant pour pouvoir jamais être apperçue. Les Arabes Ababdes, qui nous avoient précédés, avoient été en avant avertir les habitants de Cosséir ; et nous les vîmes revenir avec les cheikhs de la ville et leur suite, précédés d'un troupeau de moutons, premier présent de paix et d'hommage ; le costume Cosséirien, qui est celui de la Mekke, celui des Ababdes, dont une partie étoit nue avec une seule draperie autour des reins, une lance à la main, et une dague attachée au bras gauche, assis les jambes croisées sur la selle élevée des dromadaires élancés, tout cela formoit un ensemble qui avoit de la singularité et de l'intérêt ; les Mekkains, d'un maintien plus grave, coiffés comme des augures, vêtus d'habits longs à larges raies, étoient montés sur de grands chameaux.

A la

A la rencontre des différents corps tout le monde mit pied à terre; nos troupes se mirent en bataille, et après une conférence amicale de quelques minutes, nous allâmes tout d'un temps prendre possession du château, au-dessus duquel flottoit déjà l'étendard blanc de la paix. Je m'étois figuré la ville de Cosséir si affreuse, le château tellement en ruine, que je trouvai la premiere presque fastueuse, et l'autre un fort; celui-ci est un édifice Arabe bâti du temps des califes, dans le style des fortifications d'Alexandrie, formant un quarré de quatre courtines, flanquées de quatre bastions, sans fossés; mais en ajoutant une contr'escarpe à ce qui existe, on en pourroit faire un château à résister aux batteries flottantes et aux forces qu'on peut débarquer au fond de la Mer-Rouge: je fis un dessin dans lequel je rendis compte du port, de la rade, de la ville, du phare, et du château, avec le tableau portrait de notre rencontre avec les habitants: le lendemain j'en fis un autre au revers, où l'on voit les brisants et les doubles ressifs qui forment le port, le mettent à l'abri contre les vents du nord, et le laissent ouvert à ceux de l'est et du sud-est; dans ce second dessin on voit la chaîne des montagnes qui bordent la côte escarpée, sans port, sans eaux, et déserte, dit-on, jusqu'à Babel-Mandel. Il seroit intéressant d'aller y reconnoître la rade de Bérénice, faite à grands frais par les Ptolomées à quarante lieues au sud, et abandonnée pour celle de Cosséir, qui ne peut cependant contenir qu'un petit nombre de petits vaisseaux marchands, la rade n'ayant seulement que deux brasses à deux brasses et demie à sa plus grande profondeur; on est obligé pour les chargements de faire porter les marchandises à bras à cent cinquante pas de la rive, de les déposer dans des chaloupes qui les conduisent enfin jusqu'au bâtiment sur lequel elles doivent être chargées: avec tous ces inconvénients on est d'abord tout étonné de trouver encore quelques agitations commerciales sous les masures du chétif village de Cosséir: mais lorsqu'on pense que c'est encore le meilleur port connu

de

de la Mer Rouge ; que c'est celui qui fournit le bled à la Mekke, et qui reçoit le café de l'Yémen ; qu'il est le point de contact de l'Asie et de l'Afrique, et pourroit devenir l'entrepôt des marchandises de ces deux parties du monde, on s'étonne encore bien davantage qu'un gouvernement puisse être si aveuglément dévorateur, de n'avoir pensé qu'à imposer et vexer un commerce qui eût payé un si gros intérêt des avances qu'on lui auroit faites, et de ne trouver à Cosséir ni douanes, ni magasins, ni même une seule cîterne. Lorsque nous arrivâmes dans ce port, il n'y avoit d'eau que celle apportée d'Asie, et dont chaque gobelet coûtoit un sou : l'activité de nos soldats leur fit trouver des sources en vingt-quatre heures ; nous eûmes pour rien de l'eau meilleure que celle que l'on vendoit si cher: à la vérité elle ne pouvoit être gardée ou chauffée sans prendre une amertume presque insupportable ; mais, comme il est sûr que l'eau existe aux environs de Cosséir, nous laissâmes à la garnison qui y restoit, et à l'infatigable Douzelot qui alloit y commander, l'espoir d'en trouver dans des lits de glaise qui ne seroit imprégnée d'aucune substance âcre et malfaisante.

La côte aux environs de Cosséir est d'une pauvreté hideuse ; mais la mer y est riche en poissons, en coquillages et en coraux ; ces derniers sont si nombreux, qu'il est possible que ce soient eux qui aient donné le nom de *rouge* à cette mer, tandis que le sable en est blanc ; les ressifs ne sont que coraux et madrepores, ainsi que tous les rochers qui avoisinent les parages jusqu'à une demi-lieue de la rive actuelle ; ce qui indiqueroit encore qu'à cette rive la mer se retire ou que ses bords s'élevent. J'aurois eu grand plaisir à faire une collection de coquilles qui, au premier aspect, me parurent aussi nombreuses que variées ; mais quelques dessins à faire, et des soins à prendre pour le retour, ne me laisserent de libre que le temps d'aller faire une course sur la côte avec les Arabes Ababdes, nos nouveaux alliés ; je montai de leurs dromadaires avec la selle à leur

usage

usage, je fus ravi de la légèreté de l'un, et de la commodité de l'autre : nous gagnâmes toute leur estime en faisant avec eux des simulacres de charge, leur montrant assez de confiance pour nous éloigner et ne revenir que de nuit à Cosséir, en courant enfin comme eux jusqu'à faire une lieue en moins d'un quart-d'heure.

### Retour de Cosséir.

Deux jours après notre arrivée, pour ne point affamer la garnison que nous laissions, nous nous remîmes en route ; nous étions toujours précédés par nos Arabes, auxquels il semble que le désert appartienne ; ils ne négligeoient, chemin faisant, aucun des produits de leur empire : nous apperçumes deux gazelles fuyant dans le désert ; quatre des leurs se détacherent avec de méchants fusils à meches ; quelques minutes après nous entendîmes tirer deux seuls coups, et nous les vîmes revenir rapportant les deux gazelles, grasses comme si elles eussent habité le pâturage le plus abondant : on m'invita à manger cette chasse ; curieux de voir comment ils s'y prendroient pour l'apprêter, j'allai à leur quartier ; le chef, fier comme un souverain, n'avoit de décoration que la beniche que nous lui avions donnée ; il trouvoit son palais par-tout où il étendoit son tapis ; sa batterie de cuisine consistoit en deux plaques de cuivre et un pot de même métal : du beurre, de la farine, et quelques brins de bois formoient toutes les provisions ; du vieux crotin de chameaux ramassé, le briquet battu, et de la farine délayée, en quelques minutes il y eut des galettes cuites (elles me parurent assez bonnes tant qu'elles furent chaudes) ; de la soupe, de la viande bouillie, et de la viande grillée,

grillée, acheverent de composer un repas fort passable à qui eût eu appétit, mais il me manquoit absolument dans le désert, j'y vivois de limonade, que je faisois le plus souvent sur mon chameau, mettant des tranches de citron dans ma bouche avec du sucre, buvant de l'eau par-là-dessus. Nos Arabes connoissoient jusqu'aux moindres recoins qui produisoient quelque pâture ; ils savoient à quel degré de croissance devoient être arrivées telles plantes à une lieue de l'endroit où nous passions, ils envoyoient leurs chameaux s'en repaître : du reste ces pauvres animaux mangent une seule fois dans le jour une petite ration de feves qu'ils ruminent le reste des vingt-quatre heures ou en marchant, ou couchés sur un sable brûlant, sans montrer un instant d'impatience ; l'amour seul leur donne quelques mouvements de violence, sur-tout aux femelles, dans lesquelles les passions me parurent plus vives : j'ai remarqué une chose extraordinaire, c'est que la fatigue irrite leur tempérament au lieu de l'atténuer, je me suis cru obligé de faire un dessin des suites de cette irritation pour lever les doutes que des formes étranges peuvent donner sur quelques circonstances des amours des chameaux, et pour prouver que le désir redresse en eux la direction rétrograde qui nous avoit surpris d'abord dans la conformation du mâle.

Notre retour fut encore plus rapide ; débarrassés de l'artillerie, et de toute charge, nous marchions plus lestement, prenant encore sur les haltes et sur notre sommeil : nous revînmes en deux journées et demie ; mais à la derniere demi-journée nous ne pouvions plus aller ; j'étois exténué de fatigue et desséché ; ce ne fut qu'en mangeant des pasteques et en me plongeant dans le Nil que je pus me désaltérer. Après huit jours de séjour dans le silence du désert, les sens sont réveillés par les moindres sensations ; je ne puis exprimer celle que j'éprouvai lorsque, la nuit, couché sur le bord du Nil, j'entendis le vent frissonner

dans

dans les branches des arbres, se rafraîchir en se tamisant à travers les feuilles déliées des palmiers qu'il agitoit ; tout se réveilloit, s'animoit ; la vie étoit dans l'air, et la nature me sembloit la respirer. Au reste, je me convainquis dans cette traversée, faite dans le temps le plus chaud de l'année, dont on nous avoit exagéré tous les périls, que le courage est d'entreprendre, et que le danger fuit devant ceux qui le bravent. Je joins ici une note des heures de marche de notre route, qui sont invariables, parceque le pas du chameau chargé est toujours le même ; il ne peut donc y avoir de variété dans ce compte que par les accidents, et par le plus ou moins de temps donné aux haltes et aux stations ; cependant toutes les autres saisons de l'année sont préférables à celle que nous fûmes obligés de prendre pour cette expédition : dans l'hiver, on peut dans les montagnes être rafraîchi par une pluie de plusieurs heures, ce qui donne de l'eau par-tout, et ne fait plus du voyage qu'une promenade sur un grand chemin sablé ; mais pendant le temps du kamcin on peut y éprouver des ouragans, dont à la vérité nous n'avons pas été assaillis.

NOTE DES HEURES DE MARCHE.

| | Heures. | Minutes. |
|---|---|---|
| De Kéné à Byr-al-Baar | 3 | 50 |
| Au coucher dans le désert | 4 | 45 |
| Pour arriver à la Kittah | 3 | 30 |
| Au coucher | 4 | 30 |
| A la premiere fontaine | 9 | 35 |
| A la seconde, appelée El-ad-Houte | 0 | 45 |
| Au coucher | 4 | 30 |
| A la fontaine de l'Ambagi | 8 | 45 |
| A Cosséir | 1 | 45 |
| Total des heures de marche | 41 | 55 |

Il ne manque au Mockatam que des rochers de granit et de porphyre pour qu'il ait toutes les conditions d'une chaîne primitive ; encore doit-on croire que dans d'autres points on trouveroit ces rochers, puisque dans la breche de celui-ci on y en voit des fragments roulés. On observe sur l'une et l'autre inclinaison les mêmes circonstances, c'est-à-dire les sables provenants de la décomposition de la pierre calcaire, les rochers calcaires, les grès, le schiste et la breche, le schiste, le grès, la pierre calcaire et le sable ; la dégradation des rochers, réduits souvent à un noyau, offre l'image de la décrépitude des montagnes de la Chine. Cette vallée qui a la réputation de posséder des mines d'émeraudes n'en a laissé voir aucun indice au citoyen Rosiere.

Isolés et relégués comme nous l'étions, nous attendions toujours des nouvelles ; au retour de chaque expédition, nous étions encore plus empressés d'apprendre les détails des travaux et des succès de nos chefs : mais cette jouissance étoit souvent troublée par la douleur que nous ressentions de la perte de quelques uns de nos braves compagnons. Ces fatigues de l'ame, jointes aux fatigues du corps, reportoient mélancoliquement nos pensées vers notre patrie, et nous faisoient sentir notre dénuement et le besoin de nous rapprocher d'êtres qui nous fussent chers. Nous eûmes à regretter à cette époque le général Caffarelli, qui joignoit aux talents les plus distingués le zèle d'un patriotisme vraiment philanthropique ; il mêloit à l'ardeur des entreprises hasardeuses l'amour de l'humanité, veilloit sans cesse au bonheur des hommes et à leur conservation : chaque être instruit ou sensible crut perdre en lui un pere, un ami : en faisant mes dessins, j'avois souvent pensé au plaisir que j'aurois à les lui montrer, à la considération que mon zele obtiendroit de lui : est-il une récompense comparable à l'approbation d'un être qu'on estime ?

*Arrivée*

### Arrivée de Cosséir sur les Bords du Nil—Domestiques Egyptiens.

Nous étions revenus altérés des faveurs du Nil; nous aspirions à l'instant d'imbiber notre peau desséchée de son eau salutaire, lorsque nous la trouvâmes toute dénaturée : les derniers jours du kamcin, le cours du Nil se ralentit; il perd sa salubrité ordinaire, sa transparence ; ses eaux deviennent vertes, et il charie des flaques fangeuses qui exhalent une odeur marécageuse ; ce n'est plus enfin ce Nil créateur et restaurateur de l'Egypte; il languit, et sa décrépitude effraieroit les habitants de ses bords, si sa régénération périodique n'étoit un phénomene aussi rassurant pour eux que surprenant pour l'étranger observateur : il diminue jusqu'au 17 Juin, reste deux jours en stagnation, et le 19, il commence à croître. C'est à cette époque que le séjour de la Haute Egypte est presque insupportable ; les vents sont variables ; ils passent sans cesse de l'est au sud, ou au sud-ouest : ce dernier est terrible ; il trouble l'atmosphere, voile le soleil d'une vapeur blanche, seche, et brûlante ; il altere, il desseche, il enflamme le sang, irrite les nerfs, et rend l'existence douloureuse ; il opprime tellement les poumons, qu'on cherche involontairement un autre lieu pour respirer, se croyant toujours à la bouche de quelque four ardent ; si l'on aspire l'air par le nez; le cerveau en est affecté, et lorsqu'on renvoie la respiration, on croit rendre des flots de sang ; tout ce que l'on touche est brûlant, et le fer même dans la nuit acquiert le degré de chaleur qu'il a en France dans la canicule, exposé à midi aux rayons du soleil. Nous fîmes pendant ces derniers jours une tournée à Sahmatah et à Aboumanah, confins du gouvernement de la Thébaïde, pour régler avec les habitants les travaux des digues et des canaux. Notre général fut reçu en gouverneur de province ;

vince ; le kaïmakam ou général de la gendarmerie, homme riche, nous avoit préparé, dans une de ses propriétés, une grande cour bien arrosée, où nombre de pastèques et de vases qui répandoient la fraîcheur calmoient un peu l'intempérie de la saison : le soir, il nous servit un souper pour nous, pour les cheikhs de la province, pour le détachement qui nous accompagnoit, et enfin pour les innombrables serviteurs qui s'étoient mis à notre suite ; car, dans l'Orient, c'est une espece de vermine qui s'engendre et vous mange sans qu'on puisse ni s'en défendre ni s'en préserver. A peine a-t-on un domestique qu'on est servi par un autre, qui n'a jamais tant de zele que lorsqu'il n'a point de salaire, et ne vous donne de véritable soin que lorsqu'il est le serviteur de votre serviteur ; mais à peine a-t-il un habit, qu'il lui faut un cheval, et bientôt un autre officieux en troisieme ordre, et de suite : ce nombre de sangsues, dont l'armée se grossissoit insensiblement, étoit plus à charge au pays, et plus barbarement destructif pour les habitants que l'armée elle-même ; ils voloient avec une audace atroce et proportionnée au grade ou au pouvoir de leurs maîtres, avec lesquels ils devenoient insolents dès qu'ils pouvoient passer à un autre plus puissant, près duquel ils croyoient trouver plus d'impunité ; ils exerçoient toujours leurs brigandages aux dépens du cultivateur, du manufacturier, de toutes les classes utiles et respectables de la société ; il est vrai que chaque combat en faisoit partir un grand nombre ; mais ils revenoient pour le pillage, et ne faisoient que changer de division : j'en ai vu qui, au commencement de la campagne, avoient été palefreniers, commander au retour trois domestiques, et, par des promotions qu'impudemment ils faisoient eux-mêmes entre eux, ne conserver de service que celui de tenir l'étrier lorsque leurs maîtres montoient à cheval, encore dans ce cas y avoit-il là un de ses satellites pour recevoir sa pipe, ou plutôt pour être un témoignage à tous les yeux de la dignité à laquelle il étoit parvenu.

Il faut convenir que peu-à-peu nous devenions complices de cette corruption, que nous nous imprégnions de l'esprit des Orientaux en respirant le même air, et que nous en étions venus à ne savoir plus comment on pouvoit se passer d'une suite.

Je fis un dessin de notre souper : le lendemain, j'en fis un autre d'une assemblée des cheikhs des villages, où il fut discuté des intérêts du gouvernement et des avantages des cultivateurs, des primes à accorder à ceux qui se distingueroient dans l'année qui alloit commencer (car on pourroit commencer l'année en Egypte à l'époque de la préparation des canaux pour recevoir et distribuer les eaux de l'inondation ; alors tout est fini pour le passé, et tout va recommencer pour l'avenir). Ce que j'ai recueilli de plus clair sur les délibérations de ce conseil, c'est qu'on n'y proposa pas de nouveautés sans avoir pris l'avis des habitants, qu'on leur promit toutes sortes d'encouragements, et qu'à l'honneur de ces braves gens, en terminant la séance, ils dirent : " Ceci ressemble à une assemblée du temps du cheikh prince Ammam, où on ne traitoit pas d'impositions arbitraires, mais de ce qui pouvoit être le plus utile à tous." Ce prince Ammam étoit un Arabe puissant, qui, dans les troubles de l'Egypte, s'étoit rendu indépendant, et régnoit depuis Djirgeh sur toute la Thébaïde supérieure. Les Mamelouks qu'il avoit reçus dans leurs disgraces, dès qu'ils eurent eux-mêmes secoué l'autorité de la Porte, ne virent plus en lui qu'un rebelle toujours protecteur des mécontents, l'attaquerent, l'affoiblirent, le détruisirent : nous avons vu la fin malheureuse du dernier prince de cette maison après la bataille de Samahouth.

Le lendemain, les villages d'Aboumanah nous donnerent à dîner avec même abondance, quoiqu'avec des manieres plus sauvages : par exemple, quoiqu'eux-mêmes eussent fourni à cet abondant repas, ils attendoient avec impatience que nous eussions fini de manger pour s'arracher nos restes, et en faire une espece de cocagne.

*Nouveaux Détails sur la Sculpture et l'Architecture des anciens Egyptiens.—Zodiaques, Hiéroglyphes, &c. &c.*

LE citoyen Gerard et huit membres de la commission des arts remontoient le Nil avec ordre d'en prendre les nivelements : cette circonstance me dit dans le cas de recommencer mes courses ; ce fut alors que je dessinai le zodiaque qui est au plafond du portique de Tyntira, que j'enrichis ma collection de ces nouveaux développements des connoissances astronomiques des Egyptiens, de nombre de tableaux, et d'inscriptions hiéroglyphiques, qui, rapprochés, examinés, et discutés dans la tranquillité du cabinet, doivent en dévoiler les mysteres, ou y faire renoncer à jamais. Je pris encore beaucoup de détails relativement à l'art : c'est à cette occasion que je fis la découverte du tracé au crayon rouge d'une figure dont *les repentirs* avoient été couverts par un stuc léger ; moyen que les Egyptiens employoient sans doute pour terminer davantage leurs bas-reliefs, et les peindre d'une maniere indestructible. Je fis un dessin du contour du bas-relief et des lignes tracées pour la division des proportions de la figure ; ce dessin peut faire connoître les principes qu'ils avoient adoptés, leur méthode de les employer, leur mode enfin, qui joignoit à l'avantage de prévenir tout à la fois les erreurs, les défauts d'ensemble, et les proportions ignobles, celui d'obtenir cette constante égalité que l'on remarque dans leurs ouvrages, et qui, si elle est nuisible à l'élan du génie et à l'expression d'un sentiment délicat, tend à une perfection uniforme, fait de l'art un métier, de la sculpture un accessoire propre à décorer et enrichir l'architecture, une maniere de s'exprimer, une écriture enfin ; et c'est à quoi en Egypte cet art a été le plus souvent réduit. On peut

remarquer

remarquer que dans les principes Egyptiens la figure étoit divisée en vingt-deux parties et demie, que la tête en a deux et deux tiers, c'est-à-dire la huitieme partie du tout, et que ces proportions sont celles des Grecs pour le style héroïque. J'ai joint à ce dessin ce que le zele catholique, deux mille ans après, mettoit en remplacement de ce qu'il dégradoit; j'ai tâché de copier aussi fidèlement les deux figures d'évêques, que celle d'Horus offrant à Osiris un emblême de la tête d'Isis.

Je remarquai aussi dans les bas-reliefs un petit temple votif, avec un fronton qui n'est jamais employé dans l'architecture Egyptienne; une petite figure tenant un lievre démontre que, dans les figures de genre trivial, les artistes Egyptiens pouvoient se laisser aller à la gaieté, lorsqu'ils n'étoient pas comprimés par le rite ou le mode; cette figure exécutée en statue feroit un faune Grec. Je complétai aussi, d'après des enseignes militaires, la collection des animaux, genre dans lequel on peut dire qu'ils excelloient, et où la grandeur et la simplicité des lignes arrivent souvent au beau idéal; c'est toujours dans des coins oubliés, dans des pieces condamnées à une obscurité éternelle que j'ai trouvé les morceaux les plus soignés et les plus conservés, et par conséquent que j'ai éprouvé pour les copier les difficultés les plus contrariantes. On est toujours étonné de cette égalité de soin dans toutes les parties d'un si grand tout, de cette exécution minutieuse, de ce fini, fruit de l'opiniâtreté, de cette constance tenace, qui tient à l'esprit monastique, dont le zele ne meurt ni ne se refroidit, dont l'orgueil est celui de tout un corps, et non celui d'un seul individu: peut-être les artistes même faisoient-ils partie constituante de ces colléges de prêtres; en effet ils n'ont pas dû souffrir que les arts, qui élevent l'esprit humain, fussent confiés à une autre caste que la leur.

Le Nil commença à croître le 26 Juin : il s'éleva d'un pouce chacun des jours 26, 27 et 28; ensuite il s'éleva de deux pouces, puis de trois l'eau commença à se renouveler, et, sans devenir trouble, elle cessa d'être verte.

Il fut question de faire une tournée pour reconnoître les canaux, les améliorations à faire, pour arrêter le plan de toutes sortes d'opérations d'utilité et de bienfaisance qui prouvent un soin paternel, et annoncent enfin un gouvernement. Les chaleurs étoient insupportables; le vent d'ouest nous oppressoit, nous causoit des saignements de nez, nous donnoit des ébullitions douloureuses qui couvroient alternativement toutes les parties du corps, séchoient et durcissoient la peau, et rendoient la transpiration difficile; les rayons du soleil, principale ou plutôt unique cause de tous ces maux, faisoient éprouver dans tous les pores des piquures à-peu-près semblables à celles que produit la petite vérole, et qui devenoient insupportables lorsque, pour se coucher, il falloit appuyer sur tous ces points douloureux. J'étois aussi tourmenté que les autres : mais je regrettois les tombeaux des rois à Thebes; je bravai encore l'inflammation que je redoutois, et je me mis en route avec le détachement.

Le 23 Juin, la chaleur étoit extrême ; le soleil, au solstice, allumoit notre sang : deux soldats s'évanouirent en sortant de Kéné; le lendemain, 15 autres furent hors d'état de suivre : je suis assuré que si nous n'eussions pas déjà été un peu acclimatés aucun de nous n'eût pu résister. Il fallut faire des journées plus courtes, et marcher le matin. Cependant la campagne étoit ravivée ; toute la population, présidée par les cheikhs, étoit occupée à nettoyer les canaux, à en ouvrir les embouchures aux approches du Nil. La confiance avoit ramené les troupeaux des gorges du désert, et les campagnes, désertes quatre mois auparavant, se trouvoient couvertes alors d'animaux qui paissoient tranquillement.

*Nou-*

## Nouveaux Détails sur le grand Temple de Karnak.

Nous séjournâmes un jour à Kous ; le troisieme jour, nous arrivâmes au soleil levé à Karnak, dont je fis les honneurs aux nouveaux arrivés : je vérifiai en même temps l'exactitude de mes premieres opérations. Parmi les nouvelles découvertes que je fis à travers les décombres du temple, je citerai une figure que j'apperçus sur les murs extérieurs des petits édifices qui sont à côté du sanctuaire ; c'étoit celle d'un personnage faisant l'offrande de deux obélisques : je remarquai aussi la représentation d'une porte de temple, laquelle avoit deux battants, et se fermoit avec la même serrure en bois dont on se sert encore actuellement ; l'excessive chaleur ne me permit pas de m'arrêter un seul instant aux endroits où étoient situés ces deux bas-reliefs, et par conséquent de les dessiner : mais on peut inférer de ces sculptures que les monuments du genre des obélisques étoient votifs, et offerts par les princes ou autres grands personnages ; que les choses moins capitales, comme les portes, étoient aussi des offrandes pieuses ; enfin que les inventions simples et d'une utilité générale se transmettent par une tradition qui traverse toutes les révolutions des nations. L'image que je donne de la serrure moderne peut absolument suppléer au dessin de celle antique, puisque je n'y ai remarqué aucune différence.

J'ajouterai aux diverses descriptions que j'ai déjà faites de ce gigantesque monument qu'à la partie sud de la premiere cour il y a un édifice particulier, compris dans la circonvallation générale, composé d'un mur d'enceinte, d'une porte donnant l'entrée à une cour entourée d'une galerie en pilastres, devant lesquels étoient des figures les bras croisés, et tenant

d'une

d'une main un fléau, de l'autre une espece de crochet; deux secondes galeries latérales, cinq anti-chambres dans la partie du fond, et cinq chambres derriere; le tout terminé par une autre galerie avec des couloirs aboutissant aux cours latérales du grand temple. Etoit-ce-là enfin le palais des rois, ou plutôt leur noble prison? ce qui pourroit le faire croire, ce sont les figures sculptées sur les parties latérales de la porte, représentant des héros tenant par les cheveux des figures subjuguées; des divinités leur montrent de nouvelles armes, comme pour leur promettre de nouvelles victoires tant qu'ils auront recours à elles pour les obtenir. N'y auroit-il point en ceci quelque analogie avec ce qu'Hérodote nous transmet du régime des rois, de l'obligation où ils étoient d'être servis, conseillés, et toujours accompagnés par des prêtres, contraints chaque matin d'écouter la lecture qu'ils leur faisoient de leurs devoirs, d'aller ensuite au temple faire hommage de leur autorité à la divinité, et reconnoître qu'ils ne la tenoient que d'elle, et ne pouvoient la conserver que par elle? de telles obligations pourroient amener à croire que, pour ne pas leur laisser la pensée de pouvoir s'y soustraire, ils logeoient encore dans l'enceinte des temples ces esclaves couronnés.

A Luxor, où nous allâmes dîner, on apporta au général un petit crocodile de cinq pouces de longueur. La terreur qu'inspire cet animal aux Egyptiens avoit fait tuer celui-ci par l'homme qui l'avoit pris: son âge et l'impossibilité où il étoit de nuire n'avoient pu trouver grâce devant la peur; et nous perdîmes encore cette occasion de connoître les mœurs de cet amphibie.

Le lendemain, nous vînmes à Salamier; le jour d'après, nous arrivâmes de bonne heure à Esné. Le général Belliard faisoit monter ses reconnoissances plus en avant; nous ne nous étions pas encore quittés: il me restoit à faire une vue latérale du temple d'Apollinopolis, et j'allai la

chercher

chercher malgré la fatigue d'un pareil voyage dans cette brûlante saison. Nous allâmes coucher à Bassalier, maison de compagne d'Assan-bey, située sur le bord escarpé du Nil, sans un seul arbre pour rafraîchir les yeux, vis-à-vis la roche ardente et pelée de la chaîne du Mokatam. On ne peut imaginer ce qui a pu faire choisir cette situation pour y bâtir une maison de plaisance. L'intérieur n'offre aucun dédommagement de tous les inconvéniens de l'extérieur ; de mauvaises murailles ouvertes par de mauvaises portes, voilà tout ce que l'architecture prête de charmes à ce palais, où l'on n'entre qu'en se courbant, où chaque escalier est un précipice, où la vue des fenêtres n'offre d'incidens que l'apparition de crocodiles, aussi gros que nombreux dans cette partie du Nil. A notre arrivée il y en avoit un sur la plage qui étoit si grand, que je l'avois pris d'abord pour le tronc d'un palmier, et que je ne le reconnus que lorsque je le vis remuer et fuir.

Entre Bassalier et êl-Moécat, en suivant un canal, nous fûmes attirés par un monticule de briques appelé Com-êl-Acmart ; à son extrémité sud, on trouve la substruction d'un temple Egyptien, et quelques assises des bases de son portique, le tout couvert d'hiéroglyphes : cette ruine inconnue a échappé aux géographes et aux voyageurs anciens et modernes. Sont-ce les ruines de Silsilis, la ville qui auroit donné son nom aux carrieres qui sont près de là ?

*Troisieme Visite à Etfu, ou Apollinopolis.—Nouveaux Détails sur le Temple d'Harment et le Portique d'Esné.*

J'arrivai pour la troisieme fois à Etfu : son temple me parut toujours
plus

plus magnifique; je me convainquis que si celui de Tintiris est plus savant dans ses détails, celui d'Etfu a plus de majesté dans son ensemble : on m'avoit promis un jour de séjour, et je n'eus qu'une après-midi; encore l'air étoit-il si brûlant, que je pouvois à peine me tenir dehors pour faire le dessin qui avoit déterminé mon voyage; mais accoutumé à suivre les mouvements des autres et à me conformer aux circonstances, je fis, comme je pus, la vue que j'étois venu chercher; j'augmentai mon alphabet hiéroglyphique de plus de trente figures : je découvris aussi dans les masures élevées sur le temple une violation de la plate-forme qui permettoit d'entrer dans une des chambres de l'intérieur; ce devoit être la seconde après le portique, et celle qui précédoit le sanctuaire. Ce que les ordures entassées me laisserent voir de sculpture étoit d'un grand fini et d'un excellent goût ; le grés employé dans cet édifice étant plus fin que dans aucun autre, tout le travail qu'on lui a confié a conservé la franchise, la finesse, et la fermeté du marbre.

Nous partîmes dans la nuit, et revînmes tout d'une traite à Esné, très fatigués de notre course ; nous pûmes cependant nous appercevoir que, quoique nous fussions presque perpendiculairement sous le soleil, les chaleurs insupportables avoient fini avec le kamcin, et que si le vent du nord devient brûlant en longeant l'Egypte dépouillée de productions, il ne causoit point l'oppression des bourasques de l'est, et des tourbillons dévorants de l'ouest. Je n'appaisois la piquure de mes boutons, et la démangeaison de mes ampoules, qu'en me baignant sans relâche, même en présence des crocodiles, que j'avois appris à braver; j'ajoutois à ces bains multipliés un régime végétal ; je ne mangeois plus de viande et très peu d'autre chose, et cependant, malgré cette diete austere, je ne pouvois encore obtenir qu'avec peine quelques heures d'un sommeil inquiet.

Le

Le Nil, après avoir crû pendant plusieurs jours de deux pouces, arriva par progression à grandir d'un pied ; alors ses eaux se troublerent, ce qui pourroit indiquer que dans son cours il traverse quelques grands lacs dont il pousse d'abord les eaux limpides devant lui, et que ces eaux arrivent claires en Egypte jusqu'à ce que celles des pluies de l'Abyssinie viennent successivement y manifester leur couleur.

De retour à Esné j'allai visiter le temple qui est dans la plaine à droite de la route d'Harment ; un sol mouvant ou des fondations mal faites ont causé des affaissements qui ont dérangé l'à-plomb d'une partie de ses colonnes, et hâté la destruction du plafond du portique. Je fis le plan de l'édifice pour avoir une idée de sa distribution, de l'état de la ruine, et de quelques particularités, telles qu'un double parement, dont étoient formés les murs latéraux des portiques, qui laissoient entre eux un espace vide dont il est difficile de deviner l'utilité.

Les pieces qui sont derriere le portique sont petites et négligées quant à la décoration ; le sanctuaire est absolument détruit ; on voit, par les arrachements de ses substructions, et par ce qui reste du mur qui enceint les deux pieces qui restent debout, qu'il y avoit une galerie extérieure tout à l'entour du temple. Des fouilles faites récemment par Assan-bey ont mis à découvert des substructions qui font voir que cet édifice se prolongeoit en avant du portique ; sa ruine consiste en huit colonnes à chapiteaux évasés, tous variés dans l'ornement qui les décore, tels que la vigne, le lierre, la feuille de palmier et son régime. Des briques énormes et parfaitement faites annoncent que les édifices qui environnoient ce temple avoient été soignés. Etoit-ce Aphroditopolis, que Strabon place à-peu-près ici, ce qui me paroîtroit trop près de Latopolis, qui est Esné ? d'ailleurs, les décombres qui restent ont si peu d'extension, qu'on peut croire que tout ce qui avoit été bâti autour de

ce

ce monument en dépendoit. Aucune éminence, un sol dur, nu, désert, balayé par le vent, ne laissent même pas soupçonner qu'il ait existé d'autre édifice ; rien d'aussi facile cependant que de reconnoître les emplacements qui ont été occupés par une population plus ou moins nombreuse : on pourroit donc croire qu'il y avoit en Egypte des couvents, des sanctuaires, des especes de chapelles isolées près des villes ; comme chez nous, les madones, les saints, les grottes miraculeuses, où le zele religieux étoit ravivé par le silence et le mystere. Le petit temple près Chnubis, celui que l'on trouve encore à la rive droite vis-à-vis d'Esné, sont d'autres exemples de l'existence de ces especes de temples ; les hiéroglyphes qui couvrent ce qui reste des murs extérieurs et l'intérieur du portique de celui-ci sont d'un style mesquin et d'une exécution molle ; il y a quelques figures astronomiques dans le plafond du portique, assez grossièrement exécutées, mais qui attestent que les parties extérieures de ces temples étoient consacrées à l'astronomie, à l'histoire du ciel et des temps, et à celle des époques données par le mouvement des astres.

On nous avoit dit qu'à l'ouest d'Esné un couvent Copthe renfermoit des choses merveilleuses ; j'y courus : un sol arrosé du sang de nombre de martyrs est devenu un sanctuaire révéré de toute la catholicité Egyptienne, dont le zele infatigable répare chaque jour à grands frais les dévastations faites par les Mamelouks chaque fois qu'ils ont à punir les chrétiens des retards du paiement de leurs impositions. Toute cette immense fabrique se ressent des diverses époques de ces dévastations, et de l'impéritie de ceux qui les réparent. Au moment où j'y allai, on achevoit des restaurations immenses occasionnées par la rage des beys au moment où ils avoient été obligés de quitter Esné ; l'argent nécessaire à cette opération, employé à cet usage dans le temps de crise où nous

étions

étions encore fut ce qui me parut le plus merveilleux, et ce qui peut donner une idée de l'enthousiasme et des ressources de cette secte qui affecte un extérieur si humble et si pauvre.

J'allai prendre congé du portique d'Esné, du fragment le plus pur de l'architecture Egyptienne, et, j'ose le dire, d'un des monuments les plus parfaits de l'antiquité ; je dessinai les variétés de ses chapiteaux, et une partie des signes de son plafond ; je cherchai avec soin, et fus surpris de n'y trouver aucune représentation du poisson Latus, dont la ville portoit le nom.

Nous partîmes le 9 Juin à la pointe du jour ; nous passâmes devant Asfun, à deux lieues et demie d'Esné : ce village est élevé sur de vastes décombres ; il paroît plus naturel d'y chercher les ruines d'Aphrodilopolis, Asphinis ou Asphunis, que de les trouver dans celles du temple que je viens de décrire. Ce que Strabon dit de cette ville convient davantage à l'éloignement de Latopolis, et l'affinité du nom d'Asfun à Asphunis, affinité dont il y a nombre d'exemples en Egypte, me feroit encore pencher pour cette opinion ; au reste Sofinis, à une demi-lieue plus loin, a aussi ses éminences, mais moins considérables : ces deux villages sont dépourvus de monuments. Quelques fouilles découvriront peut-être un jour auquel des deux appartient l'honneur d'avoir été la ville de Vénus. Après avoir marché tout le jour au soleil, nous arrivâmes rôtis à Hermontis ; la chaleur de l'air étoit devenue moins étouffante, mais les rayons du soleil n'étoient pas moins brûlants : on peut dire cependant que l'époque de la croissance du Nil, où soufflent les vents du nord, est celle où la chaleur de l'été en Egypte cesse d'être insupportable : il suffit de se garder des rayons du soleil pendant six heures, c'est-à-dire depuis neuf heures jusqu'à trois ; le reste du jour l'air est léger, et les nuits sont transparentes et fraîches : mais l'objet de notre voyage avoit été une reconnoissance

des

des canaux et l'établissement de l'organisation des travaux de la campagne ; par conséquent nous étions obligés de voyager aux heures les plus brûlantes du jour pour y trouver les travailleurs. Plusieurs des nôtres moururent de chaud dans cette traversée : rien n'est affreux comme cette mort ; on est surpris tout-à-coup d'un mal de cœur, et aucuns secours ne peuvent prévenir des défaillances qui se succedent, et dans lesquelles expirent les malheureux qui en sont atteints : des chevaux même éprouverent le même sort.

Nous vîmes avec quelque satisfaction que l'espoir de jouir des fruits de ses travaux avoit fait anticiper sur nos volontés : les champs étoient couverts de cultivateurs occupés à défricher les canaux, déjà plus qu'à demi creusés ; et les paysans ne se détournoient de leurs occupations que pour apporter de l'eau et des pasteques à nos soldats, dont la contenance pacifique ne les effrayoit plus. Une autre circonstance consolante pour le pays et pour nous, c'est que les villages avoient arrêté entre eux que *le rachat du sang* étoit aboli, et la punition des nouveaux crimes renvoyée à notre équité. Le rachat du sang est un de ces fléaux, fils du préjugé et de la barbarie, qui élevoient des barrieres entre chaque pays, et en interceptoient la communication : si une querelle particuliere, un accident, avoit causé la mort de quelqu'un, le défaut de justice, la vengeance, un honneur mal entendu, accumuloient représailles sur représailles, et dès-lors une guerre éternelle. On ne marchoit plus qu'en nombre et armés ; les visites d'affaires étoient des expéditions ; les chemins cessoient d'être pratiqués ; on n'y rencontroit plus que les piétons de la classe la plus abjecte, ce qui ne pouvoit qu'ajouter au peu de sûreté des routes. L'oubli des erreurs passées fut donc la premiere influence heureuse de la justice de notre gouvernement. Un autre bonheur pour les habitants aisés fut de pouvoir impunément se parer de leurs richesses, venir chez nous tous les jours mieux vêtus, manger ensemble

sans

sans essuyer une avanie ou un surcroît d'impositions. Nous fûmes nous-mêmes invités, traités avec magnificence par des gens bien vêtus que nous n'avions jamais apperçus, qui, pleins de sens et d'esprit, parloient avec sagacité de nos intérêts et des leurs, de nos erreurs, de leurs besoins, parloient de Desaix avec respect et confiance : j'entrevoyois enfin l'époque où le bonheur alloit doubler la population, déjà suffisante à la culture, où les manufactures et les arts deviendroient utiles au repos politique; celle enfin où le gouvernement seroit peut-être obligé, pour occuper la multitude, de faire élever comme autrefois des pyramides.

### Nouvelle Visite à Thebes.—Tombeaux des Rois.

Nous approchions de Thebes, je devois voir cette fois les tombeaux des rois, la derniere curiosité qui me restât à satisfaire sur ce territoire si intéressant; mais, comme si le sort m'eût envié des satisfactions completes en ce genre, je vis le moment où ces monuments dont je venois d'acheter la vue par une marche pénible de plus de cinquante lieues alloient encore m'échapper. Usant de la sécurité qui s'établissoit, j'avois galopé en avant pour prendre quelques traits des ruines des temples de Medinet-a-Bou, où la troupe devoit me reprendre en passant : j'arrivai une heure avant elle ; je fis une vue du temple qui touche au village : je vis qu'à droite de ce temple il y avoit un monument quarré, qui étoit un palais attenant au temple, fort petit à la vérité, mais dont les portiques voisins pouvoient servir de prolongements dans un climat où des galeries de colonnes et des terrasses sont des appartements. Je fis un dessin du petit palais, qui a un caractere tout différent des autres édifices, par son plan et par son double étage de croisées quarrées, par les especes de balcons soutenus par quatre

têtes

têtes en attitudes de cariatides. On a à regretter que ce monument particulier soit si dégradé, sur-tout dans son intérieur, et que ce qui reste de la décoration de son extérieur soit aussi fruste : les sculptures qui décorent les murailles extérieures, comme dans la partie du temple de Karnak que j'ai soupçonné être un palais, représentent des figures de rois menaçant des grouppes de captifs prosternés.

Toujours précédant la troupe et pressé par sa marche, je courus aux deux colosses, dont je fis une vue avec l'effet du soleil levant à la même heure où l'on avoit coutume de venir pour entendre parler celui de Memnon; ensuite j'allai au palais isolé, appelé le Memnonium, dont je fis la vue. Pendant que je m'oubliois à observer, on oublioit de m'avertir, et je m'apperçus que le détachement étoit déjà à une demi-lieue en avant ; je me remis au galop pour le rejoindre. La troupe étoit fatiguée, et l'on remettoit en question si l'expédition des tombeaux auroit lieu : je dévorois en silence la rage dont j'étois animé ; et je crois que ce silence obtint plus que ce que m'auroit dicté le mécontentement que j'éprouvois, car on se mit enfin en route sans autre discussion. Nous traversâmes d'abord le village de Kournou, l'ancienne Nécropolis : en approchant de ces demeures souterraines, pour la troisieme fois les incorrigibles habitants nous saluerent encore de plusieurs coups de fusils. C'étoit le seul point de la Haute Egypte qui refusât de reconnoître notre gouvernement ; forts de leurs demeures sépulcrales, comme des larves, ils n'en sortoient que pour effrayer les humains; coupables de nombre d'autres crimes, ils cachoient leurs remords, et fortifioient leur désobéissance de l'obscurité de ces excavations, qui sont si nombreuses, qu'à elles seules elles attesteroient l'innombrable population de l'antique Thebes. C'étoit en traversant ces humbles tombeaux que les rois étoient portés à deux lieues de leur palais, dans la silencieuse vallée, qui alloit devenir leur paisible et derniere demeure : cette vallée, au nord-ouest de Thebes, se rétrécit insensiblement ; flanquée

de

de rochers escarpés, les siecles n'ont pu apporter que de légers changemens à ses antiques formes, puisque vers son extrémité l'ouverture du rocher offre à peine encore l'espace qu'il a fallu pour passer les tombes, ainsi que les somptueux corteges qui accompagnoient sans doute de telles cérémonies, et qui devoient produire un contraste bien frappant avec l'austere aspérité de ces rochers sauvages : cependant il est à croire qu'on n'avoit pris cette route que pour obtenir de plus grands développemens, car la vallée depuis son entrée dérivant toujours au sud, le point où sont les tombeaux ne doit être que très peu éloigné du Memnonium ; et ce ne fut cependant qu'après trois quarts d'heure de marche dans cette vallée déserte qu'au milieu des rochers nous rencontrâmes tout-à-coup des ouvertures paralleles au sol, ces ouvertures n'offrent d'abord d'ornemens architecturals qu'une porte à simples chambranles de forme quarrée, ornée à sa partie supérieure d'un ovale applâti, sur lequel sont inscrits en hiéroglyphes un scarabée, une figure d'homme à tête d'épervier, et hors du cercle deux figures à genoux en acte d'adoration : dès que l'on a passé le seuil de la premiere porte on trouve de longues galeries de douze pieds de large, sur vingt d'élévation, revêtues en stuc sculpté et peint ; des voussures, d'un trait élégant et surbaissé, sont couvertes d'innombrables hiéroglyphes, disposés avec tant de goût, que, malgré la bizarrerie de leurs formes, et quoiqu'il n'y ait ni demi-teinte ni perspective aérienne dans ces peintures, ces plafonds offrent cependant un ensémble agréable, et un assortiment de couleurs dont l'effet est riche et gracieux. Il auroit fallu un séjour de quelques semaines pour chercher et établir quelque système sur des sujets de tableaux aussi nombreux et encore plus mystérieux, et l'on ne m'accordoit que quelques minutes, encore étoit-ce d'assez mauvaise grâce ; je questionnois tout avec impatience ; précédé de flambeaux, je ne faisois que passer d'un tombeau à un autre : au fond des galeries les sarcophages,

isolés,

isolés, d'une seule pierre de granit de douze pieds de long sur huit de large, étoient ornés d'hiéroglyphes en dedans et en dehors ; rondes à un bout, quarrées à l'autre, comme celle de la mosquée de S.-Athanase à Alexandrie, ces tombes étoient surmontées d'un couvercle de même matiere, et d'une masse proportionnée, fermant avec une rainure : ni ces précautions ni ces masses énormes amenées de si loin et à si grands frais n'ont pu sauver les restes des souverains qui y étoient renfermés des attentats de l'avarice ; toutes ces tombes sont violées : à la premiere que l'on rencontre, la figure du roi ou celle de quelque divinité protectrice, est sculptée sur le couvercle du sarcophage ; cette figure est si fruste que l'on ne peut distinguer au costume si c'est celle d'un roi, d'un prêtre, ou d'une divinité : dans d'autres tombeaux la chambre sépulcrale est entourée d'un portique en pilastres ; les galeries, bordées de loges soutenues de même maniere, et de chambres latérales creusées dans une roche inégale, sont revêtues d'un stuc blanc et fin, sur lequel sont sculptés des hiéroglyphes colorés, et d'une conservation surprenante ; car, à l'exception de deux des huit tombeaux que j'ai visités, où l'eau est entrée, et qu'elle a dégradés jusqu'à hauteur d'appui, tous les ornements des autres sont d'une parfaite conservation, et les peintures aussi fraîches que si elles venoient d'être achevées ; les couleurs des plafonds, en fond bleu avec des figures en jaune, sont d'un goût qui décoreroit nos plus élégants salons.

On avoit sonné le boute-selle, lorsque je découvris de petites chambres, sur les murs desquelles étoit peinte la représentation de toutes les armes, telles que masse d'armes, cotte de mailles, peau de tigre, arcs, flèches, carquois, piques, javelots, sabres, casques, cravaches et fouets ; dans une autre une collection des ustensiles d'usage, tels que coffre à tiroir, commode, chaise, fauteuil, tabouret, lit de repos et pliant, d'une forme exquise, et tels que nous les admirons depuis quelques années chez nos ébénistes

lorsqu'ils

lorsqu'ils sont dirigés par des architectes habiles : comme la peinture ne copie que ce qui existe, on doit rester convaincu que les Égyptiens employoient pour leurs meubles les bois des Indes sculptés et dorés, et qu'ils les recouvroient d'étoffes brochées ; à cela étoit jointe la représentation d'ustensiles, comme vases, cafetieres, aiguiere avec sa soucoupe, théiere et corbeille ; une autre chambre étoit consacrée à l'agriculture avec les outils aratoires, une charrue telle que celles d'à présent, un homme qui seme le grain sur le bord d'un canal des rives duquel l'inondation se retire, une moisson faite à la faucille, des champs de riz que l'on soigne ; dans une quatrieme une figure vêtue de blanc, jouant d'une harpe à onze cordes ; la harpe sculptée avec des ornements de la même teinte et du même bois que celui dont on se sert actuellement pour fabriquer les nôtres. Comment pouvoir laisser de si précieuses curiosités avant de les avoir dessinées ! comment revenir sans les montrer ! je demandai à hauts cris un quart d'heure ; on m'accorda vingt minutes la montre à la main ; une personne m'éclairoit tandis qu'une autre promenoit une bougie sur chaque objet que je lui indiquois ; et je fis ma tâche dans le temps prescrit avec autant de naïveté que de fidélité : je remarquai beaucoup de figures sans tête ; j'en trouvai même avec la tête coupée ; elles étoient toutes d'hommes noirs ; et ceux qui les coupoient et qui tenoient encore le glaive instrument du supplice étoient rouges : étoient-ce des sacrifices humains ? sacrifioit-on des esclaves dans les tombeaux ? ou étoit-ce le résultat d'un acte de justice, et la punition du coupable ?.... J'observois tout ce que je rencontrois, et je mettois dans mes poches tout ce que je trouvois de fragments portatifs : à l'inventaire que j'en fis depuis je trouvai la charmante petite patere en terre cuite que j'ai dessinée, morceau digne du plus beau temps des arts chez toutes les nations qui s'en sont le plus occupées ; des figures de divinités en bois de sycomore, ébauchées avec une franchise extraordinaire ;

des

des cheveux, fins, lisses et blonds; un petit pied de momie, qui ne fait pas moins d'honneur à la nature que les autres morceaux en font à l'art ; c'étoit sans doute le pied d'une jeune femme, d'une princesse, d'un être charmant, dont la chaussure n'avoit jamais altéré les formes, et dont les formes étoient parfaites; il me sembla en obtenir une faveur, et faire un amoureux larcin dans la lignée des Pharaons ! Enfin on m'arracha de ces tombeaux, où j'étois resté trois heures, où j'aurois pu être tout autant occupé pendant trois jours! le mystere et la magnificence intérieure de ces excavations, le nombre de portes qui les défendoient, tout me fit voir que le culte religieux qui avoit creusé et décoré ces grottes étoit le même que celui qui avoit élevé les pyramides. Enfin nous quittâmes bien vîte ces retraites où tant d'objets intéressants devoient nous retenir, pour arriver de bonne heure à Alicate, où personne n'avoit rien à faire. J'éprouvai, comme toutes les autres fois, que la traversée de Thebes étoit pour moi comme un accès de fievre, comme une espece de crise qui me laissoit une impression égale d'impatience, d'enthousiasme, d'irritation et de fatigue.

### *Jarres de Terre à mettre l'Eau.*

LE lendemain matin nous arrivâmes de bonne heure à Nagadi, riche bourg peuplé de chrétiens; l'évêque Copthe, la crosse à la main, à la tête de tous ses fideles, vint au-devant de nous, et nous conduisit à une maison où étoit préparé un déjeûné pour l'état-major et tout le détachement, c'étoit sans doute en actions de grâces d'avoir délivré le pays des courses des Mekkains, et particulièrement d'avoir tiré l'évêque de la captivité où nous l'avions trouvé au château de Benhoute. Nous vînmes coucher à Balasse,
qui

qui a donné son nom aux jarres de terre, dont ses manufactures fournissent non seulement toute l'Egypte, mais la Syrie et les isles de l'Archipel ; elles ont la qualité de laisser transsuder l'eau, et par-là de l'éclaircir, et de la rafraîchir ; fabriquées à peu de frais, elles peuvent être vendues à si bon marché, qu'on s'en sert souvent pour construire les murailles des maisons, et que l'habitant le plus pauvre peut s'en procurer en abondance : la nature en donne la matiere toute préparée dans le désert voisin ; c'est une marne grasse, fine, savonneuse, et compacte, qui n'a besoin que d'être humectée et maniée pour être malléable et tenace : et les vases que l'on en fait, tournés, séchés et cuits à moitié au soleil, sont achevés en peu d'heures par l'action d'un seul feu de paille ; on en forme des radeaux, que tous les voyageurs en Egypte ont décrits : ils se transportent ainsi le long des bords du Nil ; on en débite une partie dans le chemin ; le reste s'embarque à Rosette et à Damiette pour le faire passer en pays étrangers : j'ai trouvé les mêmes jarres, dans les mêmes formes, employées aux mêmes usages, montées sur les mêmes trépieds, dans des tableaux hiéroglyphiques, et dans des peintures sur des manuscrits.

*Insurrection et Massacre à Demenhour.*

LE lendemain, nous arrivâmes de bonne heure vis-à-vis Kéné, où nous trouvâmes le Nil six pieds plus élevé que nous ne l'avions laissé.

Nous apprenons que Mourat-bey a quitté les Oasis, qu'il est descendu par la route de Siouth dans les environs de Miniet, qu'il a ouvert des intelligences dans la Basse-Egypte, et jusqu'au nord de l'Afrique, qu'il

T t en

en a fait arriver un émissaire qui a débarqué à Derne. Cet émissaire n'est rien moins que l'ange êl-Mahdi, annoncé et promis dans le koran ; il est réconnu par un adgi conduisant deux cents Mongrabins ; le drapeau du prophete est déployé, les prodiges sont annoncés ; les fusils, les canons même des François ne pourront atteindre ceux qui suivront cette enseigne sacrée ; nombre d'Arabes joignent ce premier rassemblement : il arrive tout-à-coup dans la province de Bahiré, s'empare de Demenhour gardé par soixante François ; à ce premier succès, les partisans de cette nouveauté accourent, les Bédouins arrivent de toutes parts, la tourbe devient innombrable, semblable aux tourbillons qui traversent le désert, élevant dans leur marche des trombes de sable et de poussiere, semblent en même temps menacer le ciel et la terre ; mais au premier objet dont leur base est atteinte, penchent, vacillent, et s'évanouissent dans l'espace. Un détachement est envoyé ; Demenhour est repris, quinze cents hommes des révoltés sont tués, le reste se disperse ; l'ange êl-Mahdi blessé n'échappe qu'avec peine ; l'illusion cesse, et le fantôme et l'armée n'existent déjà plus.

Les nouvelles de Syrie annonçoient le retour de notre armée : je calculois que, l'Egypte Supérieure conquise et occupée par nous, l'époque approchoit où la Basse Egypte, couverte d'eau, alloit être pour long-temps à l'abri des descentes ; que Bonaparte alloit se trouver sans opérations d'une grande utilité : je n'avois pas oublié qu'en m'amenant il m'avoit promis de me ramener avec lui ; je n'avois pas encore tourné mes regards du côté de l'Europe, et cette pensée fut une sensation qui devint un mouvement de trouble et d'impatience.

*Septieme*

## Septieme Visite à Thebes, Siége des Tombeaux.

Cependant le bruit des coups de fusils que nous avoient tirés les habitants de Kournou retentissoient encore dans le souvenir du général Belliard; le temps de les en punir étoit arrivé. A peine de retour à Kéné, il s'occupa d'organiser une expédition contre eux, pour les surprendre, s'emparer de leurs troupeaux, miner leur repaire, les faire sauter, et emmener leur cheikh. Cette expédition alloit nécessiter quelque séjour à Thebes; à Thebes! j'étois en proie à des volontés contradictoires; mon incertitude cessa en faveur de ce que ma passion appeloit mon devoir. Je me remis donc en route (c'étoit mon septieme voyage) pour cette grande Diospolis, que j'avois toujours vue avec une telle hâte, qu'un regret avoit été pour ainsi dire attaché à chacune de mes jouissances; j'espérai cette fois, sinon compléter, au moins augmenter encore ma collection sur ce point si important de mon voyage, et m'assurer de la valeur et de la vérité du résultat de mes premieres sensations sur cette capitale du monde ancien, ce foyer de lumieres pendant tant de siecles pour tous les peuples qui avoient voulu s'éclairer.

Arrivés dans ces parages, nous nous vîmes signalés; nous prîmes le parti de passer outre, comme si notre destination eût été d'aller à Esné: la feinte réussit; nous mouillâmes à Luxor, et le lendemain avant le jour nous revînmes sur nos pas: mais cette manœuvre n'aboutit qu'à une méprise; l'officier qui commandoit s'obstina à penser que nous devions trouver les habitants dans un petit bois de palmiers au sud des grottes; il le fit cerner, on le battit: on n'y trouva qu'un malheureux passager, qui y étoit resté la nuit: réveillé par des soldats, il voulut fuir; il étoit armé, on courut dessus.

dessus, on ne l'atteignit que d'un coup de sabre qui lui coupa le poignet : le malheureux n'en accusa que la fatalité, et passa son chemin : je lui donnai deux piastres ; ô comble de la misere ! il crut qu'il étoit mon obligé !

Les chiens nous avoient dépisté, et les premiers rayons du jour éclairerent notre erreur, et nous laisserent voir les habitants en fuite dans le désert, précédés de leur cheikh à cheval, et suivis de leurs troupeaux ; une partie de ces derniers fut interceptée, quelques femmes furent arrêtées ; et nous commençâmes à former le siége de chaque tombeau. Nous rassemblâmes toutes les matieres combustibles, nous en allumâmes des feux devant les grôttes, pour obliger par la fumée ceux qui étoient dedans d'en sortir ; on nous repoussoit à coups de pierres et à coups de javelots ; la plupart de ces retraites, communiquant les unes aux autres, avoient de doubles issues : une surprise auroit terminé heureusement notre opération ; mais commencée par une mal-adresse, elle devint cruelle, et n'aboutit qu'à la prise de trois cents bêtes à cornes, quatre hommes, autant de femmes, et huit enfants. Ceux qui avoient fui dans le désert étoient sans provisions, et n'en pouvoient obtenir des villages voisins avec lesquels ils étoient en guerre ; ceux qui étoient restés dans les grottes manquoient d'eau. Nous prîmes position pour former un double blocus, et nous fîmes jouer la mine ; elle produisit peu d'effet, mais elle effraya : les pourparlers commencerent ; c'étoit une guerre avec les gnomes, et nos propositions d'accommodements et nos articles étoient communiqués à travers les masses de rochers : nous demandions les cheikhs ; ils ne vouloient pas les livrer ; ils s'informoient de leurs prisonniers, de leurs femmes, de leurs enfants, et de leurs troupeaux, pour lesquels leurs sollicitudes étoient égales : on leur permit d'envoyer un député dans le désert ; la guerre fut suspendue pendant ce temps.

Accompagné de quelques soldats volontaires je commençai mes perquisitions :

quisitions : j'observai les grottes que nous avions prises d'assaut; elles étoient sans magnificence; derrière une double galerie régulière, soutenue par des piliers, étoit une file de chambres, souvent doubles et assez régulieres ; si l'on n'y eût pas trouvé des sépultures, et même encore des restes de momies, on auroit pu croire que c'étoit là la premiere demeure des premiers habitants de l'Egypte, ou bien même qu'après avoir servi d'abord à cet usage, ces souterrains étoient devenus des tombeaux, et que définitivement les habitants de Kournou (nouveaux Troglodytes) les avoient rendus à leur premiere destination.

A mesure que ces grottes s'élevent sur la côte elles deviennent plus décorées; et bientôt je ne pus pas douter, non seulement à la magnificence des peintures et des sculptures, mais aux sujets qu'elles représentent, que j'étois dans les tombeaux des grands ou des héros. Les tombeaux que l'on croit avoir été ceux des rois, et que j'étois allé chercher à mon dernier voyage à trois-quarts de lieue dans le désert, n'avoient d'avantage sur celles-ci que la magnificence des sarcophages, et de particularité que l'isolement mystérieux de leur situation ; les autres dominoient immédiatement les grands édifices de la ville : les sculptures en étoient incomparablement plus soignées que tout ce que j'avois vu dans les temples; c'étoit de la ciselure : j'étois émerveillé que la perfection de l'art fût réservée à des tombeaux, à des lieux condamnés au silence et à l'obscurité. Ces galeries ont quelquefois traversé des bancs d'une glaise calcaire, d'un grain très fin ; alors les détails des hiéroglyphes y ont été travaillés avec une fermeté de touche et une précision que le marbre n'offre presque nulle part, les figures rendues par des contours d'une souplesse et d'une pureté dont je n'aurois jamais cru la sculpture Egyptienne susceptible : ici j'ai pu la juger dans des sujets qui n'étoient plus hiéroglyphiques, ni historiques, ni scientifiques, mais dans la représentation de petites scenes prises de la nature, où

les

les attitudes profilantes et roides étoient remplacées par des mouvements souples et naturels, par des grouppes de personnages en perspective, et d'un relief si bas, que jusqu'alors j'avois cru le métal seul susceptible d'un travail aussi surbaissé. J'ai rapporté quelques fragments de ces bas-reliefs, comme un témoignage que j'ai cru nécessaire pour persuader aux autres ce qui m'avoit moi-même tant surpris, je les ai dessinés, de retour en France, de grandeur naturelle, et avec autant de vérité que d'exactitude, pour donner une idée juste du caractere et de la précision de ce travail. On est bien étonné du peu d'analogie de la plupart des sujets de ces sculptures avec le lieu où elles sont placées; il faut la présence des momies pour se persuader que ce sont-là des tombeaux : j'y ai trouvé des bas-reliefs représentant des jeux, comme de sauteurs sur la corde, des ânes auxquels on fait faire des tours, que l'on élève sur les pattes de derriere, etc. : ces ânes sont sculptés avec la même naïveté que le Bassan les a peints dans ses tableaux.

Le plan de ces excavations n'est pas moins étrange ; il y en a de si vastes et de si compliquées, qu'on les prendroit pour des labyrinthes, pour des temples souterrains. Quelques uns des mêmes habitants avec lesquels nous faisions la guerre, me servoient de güides, et le son de l'argent, cette langue universelle, ce moyen contre lequel toute haine cede, sur-tout chez les Arabes, m'avoit fait des amis parmi les habitants fugitifs de Kournou ; quelques uns étoient venus me trouver en secret lorsque j'étois éloigné du camp, et me servoient de bonne foi : nous pénétrâmes avec eux dans ces dédales souterrains, qui véritablement ressemblent, par leurs distributions mystérieuses, à des temples construits pour servir aux épreuves des initiations. Après les pieces si bien décorées que je viens de décrire, on entre dans de longues et sombres galeries, qui, par plusieurs angles, vont et reviennent, et paroissent occuper de grands espaces ; elles sont tristes, séveres, et sans décoration ; on rencontre de temps à autre des chambres

couvertes

couvertes d'hiéroglyphes, des chemins étroits à côté de précipices, des puits profonds, où l'on ne peut descendre qu'en s'aidant contre les parois de l'excavation, et mettant les pieds dans des trous pratiqués dans le rocher; au fond de ces puits on trouve de nouvelles chambres décorées, et ensuite de nouveaux puits et d'autres chambres, et, par une longue rampe ascendante, on arrive enfin à une piece ouverte, et qui se trouve être tout à côté de celle où on a commencé son voyage. Il eût fallu des journées pour prendre une idée et lever les plans de pareils dédales : si la magnificence de l'intérieur des maisons étoit analogue au faste de ces habitations ultérieures, comme on le doit croire d'après les beaux meubles peints dans les tombeaux des rois, qu'il est à regretter de n'en retrouver aucun vestige ! Que sont devenues ces maisons qui renfermoient ces richesses ? comment ont-elles disparu ? elles ne peuvent être sous le limon du Nil, puisque le quai qui est devant Luxor atteste que le sol n'a éprouvé qu'une élévation peu considérable. Étoient-elles en briques non cuites ? les grands comme les prêtres habitoient-ils les temples ? et le peuple n'avoit-il que des tentes ?....

Pendant toute l'expédition nous avions été suivis d'une bande de milans et de petits vautours, qui étoient devenus aussi familiers qu'ils étoient naturellement voraces ; ils se nourrissoient de ce que nous laissions après nous, et nous rejoignoient toujours à la première station ; les jours de combats, au lieu d'être éloignés par le canon, ils accouroient de toutes parts : cette fois-ci notre expédition faite en bateau avoit trompé nos habitués ; mais aux premiers coups de fusils, sur-tout à l'explosion de la mine, ils furent avertis et vinrent nous rejoindre ; leur adresse et leur familiarité devenoient un spectacle et un divertissement pour nous ; des berges élevées du Nil nous leur jetions de la viande qu'ils ne laissoient jamais tomber jusque dans l'eau ; ils enlevoient quelquefois les rations qu'on envoyoit

aux

aux postes avancés, et que nos serviteurs portoient sur leur tête : j'ai vu des soldats vidant des volailles, les milans leur enlever délicatement de la main les foies et les entrailles qu'ils étoient occupés d'en séparer ; les petits vautours n'avoient pas la même dextérité, mais leur impudence égaloit leur voracité, ils mangeoient tout ce qu'il y avoit de plus abject et de plus corrompu ; et leur nature participoit de l'infection de leur nourriture, car à plusieurs reprises il m'a été impossible de supporter l'odeur de la chair de ces oiseaux, que j'essayois d'écorcher au moment où je venois de les tuer, soit à coup de fusil, soit même à coup de pistolet, et pendant qu'ils étoient encore chauds.

Le soir, après quelques ouvertures de négociations, nous nous quittions mes guides et moi, contents les uns des autres, avec rendez-vous pour le lendemain, et nous étions également empressés d'y être exacts. Je fus conduit à de nouvelles sépultures, moins sinistres, et qui auroient pu servir d'habitations agréables par le jour, la salubrité, l'air, et le beau point de vue dont on jouit dans leur situation ; elles n'ont au reste rien qui les distingue des autres, c'est ce qu'attestent les peintures dont elles sont couvertes. Le rocher, d'une nature graveleuse, est enduit d'un stuc uni, sur lequel sont peintes en toutes couleurs des pompes funebres d'un travail infiniment moins recherché que celui des bas-reliefs, mais non moins curieux pour les sujets qui y sont représentés : on regrette que l'enduit dégradé ne laisse pas suivre la marche des cérémonies ; on voit par les fragments qui en sont conservés que ces fonctions funebres étoient d'une extrême magnificence.

Les figures des dieux y sont portées par des prêtres sur des brancards et sous des bannieres, suivies de personnages portant des vases d'or de toutes les formes, des calumets, des armes, des provisions de pain, des victuailles, des coffres de différentes formes : je ne pus dans aucun grouppe distinguer

le

le corps du mort; peut-être étoit-il enfermé dans quelque sarcophage, et surmonté des figures des dieux ; des femmes marchoient en ordre jouant des instruments : j'y trouvai un grouppe de trois chanteuses s'accompagnant, l'une de la harpe, l'autre d'une espéce de guitare ; une troisieme jouoit sans doute d'un instrument à vent dont une destruction nous a dérobé la connoissance.

Si j'avois eu le temps de dessiner tous les méandres qui décorent les plafonds, j'aurois emporté tous ceux qui font ornement dans l'architecture Grecque, et tous ceux qui rendent les décorations dites Arabesques, si riches et si élégantes.

A travers ces souterrains il y a un monument bâti en briques non cuites, dont les lignes ont quelque caractere de beauté. Le talus des murailles et les couronnements rappellent le style Egyptien, mais quelques ornements à l'extérieur, ainsi que des voûtes dans les soubassements, ne me laisserent pas douter que le monument ne fût Arabe ; il est considérable, et par sa situation il domine tout le territoire de Thebes,

On m'apportoit des fragments de momie ; je promettois ce qu'on vouloit pour en avoir de completes et d'intactes ; mais l'avarice des Arabes me priva de cette satisfaction : ils vendent au Caire la résine qu'ils trouvent dans les entrailles et dans le crâne de ces momies, et rien ne peut les empêcher de la leur arracher ; ensuite la crainte d'en livrer une qui contînt quelques trésors (et ils n'en ont jamais trouvé dans de semblables fouilles) leur fait toujours casser les enveloppes de bois, et déchirer celles de toile peinte qui couvrent les corps dans les grands embaumements. Le lecteur peut juger quelle journée de délices c'étoit pour moi que celle où je découvrois tant de nouveautés, d'autant que, reprenant mon ancien métier de diplomate, j'étois devenu l'homme de confiance, l'intermédiaire des bons offices, et que c'étoit à moi qu'on recommandoit les femmes et les enfants. Je me gardois bien

bien de dire que les femmes n'avoient jamais été si heureuses ni si bien traitées ; j'insistois sur ce que les cheikhs me fussent livrés ; je leur peignois l'appétit de nos soldats, et conséquemment le danger qui résultoit pour le troupeau d'une longue résistance ; mais, je l'avouerai, je ne hâtois rien, je temporisois, je remettois au lendemain, ne voulant ni brusquer mes négociations, ni tronquer mes opérations.

J'avois découvert, en gravissant les montagnes, que les tombeaux des rois se trouvoient tout près du Memnonium : j'étois bien tenté d'y retourner ; mes guides m'en pressoient, mais je craignois d'y rencontrer la peuplade fugitive, et de devenir à mon tour ôtage ou moyen d'échange pour les moutons.

*Nouvelle Description du Temple de Medinet-a-Bou.—Découverte d'un Manuscrit Egyptien.*

LE troisieme jour, j'allai à Medinet-a-Bou ; je revis ce vaste édifice avec des yeux nouveaux. N'étant plus harcelé par la marche précipitée d'une armée, je me rendis compte du plan de ce grouppe d'édifices ; je me persuadai encore davantage que ces grandes cours, qui se trouvent être en ligne directe du palais à deux étages, que j'ai déjà décrit, pouvoient bien en être des dépendances, ainsi que cette immense circonvallation de deux cents pieds de long, dont on ne voit plus qu'un des côtés. J'avois déjà remarqué dans le second portique, que la catholicité s'y étoit fabriqué une église dont il ne reste plus que le soubassement de la niche du chœur et les colonnes de la nef ; mais je découvris, par nombre de petites portes décorées de croix fleuries, que le corps-de-logis, de deux cents pieds, avoit,

suivant

suivant toute apparence, servi de couvent à quelque ordre de moines des premiers siecles. Dans le portique où étoit l'église j'eus le temps d'observer que les sculptures du mur intérieur représentoient les exploits et le triomphe d'un héros qui avoit porté la guerre dans ces contrées lointaines, de Sésostris peut-être, et ses victoires dans l'Inde, comme tous ces bas-reliefs semblent l'indiquer. On y remarque un vainqueur poursuivant seul une armée qui fuit devant lui, et se jette, pour échapper à ses coups, dans un fleuve, qui est peut-être l'Indus : ce héros, monté sur un petit chariot où il n'y a place que pour lui, conduit deux chevaux dont les rênes aboutissent à sa ceinture : des carquois, des masses d'armes, sont attachés à son char et tout autour de lui ; sa taille est gigantesque ; il tient un arc immense, dont il décoche des traits sur des ennemis barbus et à cheveux longs, qui ne tiennent en rien du caractère connu des têtes Egyptiennes. Plus loin, il est représenté assis au revers de son char, dont les chevaux sont retenus par des pages : on compte devant lui les mains des vaincus morts au combat ; un autre personnage les inscrit ; un troisieme paroît en proclamer le nombre. Quelques voyageurs ont vu un second tas d'une autre espece de mutilation, qui annonceroit que ce n'étoit pas contre des amazones que le héros auroit combattu ; mais les formes de ces mutilations ne m'ont pas frappé, et je ne les ai pas distinguées : des prisonniers sont amenés attachés de diverses manieres ; ils sont vêtus de robes longues et rayées ; leurs cheveux sont longs et nattés ; des panneaux d'hiéroglyphes, de cinquante pieds de diametre, suivent, et expliquent sans doute ces premiers tableaux. Reprenant à gauche sur une autre face de ses galeries, on trouve un long bas-relief représentant sur deux lignes une marche triomphale ; c'est le même héros revenant sans doute de ses conquêtes ; quelques soldats couverts de leurs armes attestent que le triomphe est militaire, car bientôt on ne voit plus que des prêtres ou des personnages de la caste des initiés, sans armes, avec des habits longs et des tuniques transparentes; les armes du héros en sont recouvertes: il est porté sur les épaules et sur un palanquin avec tous les attributs de la divinité; devant et derriere lui marchent des prêtres portant des palmes et des calumets; on lui présente l'encens: il arrive ainsi au temple de la grande divinité de Thebes, que j'ai déjà décrite; il lui offre un sacrifice dont il est le sacrificateur: la marche suit, et le héros devient cortége; c'est le dieu qui est porté par vingt-quatre prêtres; le bœuf Apis avec les attributs de la divinité marche devant le héros; une longue suite de personnages tiennent chacun une enseigne, sur la plupart desquelles sont les images des dieux. Arrivés à un autel, un enfant, les bras attachés derriere le dos, va être sacrifié devant le triomphateur, arrêté pour assister à cet horrible sacrifice, ou recevoir cet exécrable holocauste; un prêtre qui brise la tige d'une fleur, des oiseaux qui s'envolent, sont les emblêmes de la mort et de l'âme qui se sépare du corps: ce que Longus et Apulée nous ont dit des sacrifices humains chez les Egyptiens dans leurs romans de Théagenes et de l'Ane d'or, est donc une vérité; les hommes policés ressemblent donc par-tout aux hommes barbares. Ensuite le héros fait lui-même au bœuf Apis le sacrifice d'une gerbe de bled; un génie protecteur l'accompagne sans cesse; il change d'habits, de coiffures dans la cérémonie, ce qui peut être la marque de ses différentes dignités ou degrés d'initiation, mais la même physionomie est toujours conservée, ce qui prouve qu'elle est portrait; son air est noble, auguste, et doux. Dans un tableau il tient neuf personnages enchaînés du même lacs: sont-ce les passions personnifiées? sont-ce neuf différentes nations vaincues par lui? on lui offre l'encens en l'honneur de l'une ou l'autre de ces victoires; un prêtre écrit ses fastes, et en consacre le souvenir. C'étoit la première fois que j'eusse vu des figures dans l'acte d'écrire: les Egyptiens avoient donc des livres; le fameux Toth étoit donc un livre, et non des panneaux d'in-

scriptions

scriptions sculptées sur des murailles, comme il étoit resté en doute. Je ne pouvois me défendre d'être flatté en songeant que j'étois le premier qui eût fait une découverte si importante ; mais je le fus bien davantage lorsque, quelques heures après, je fus nanti de la preuve de ma découverte par la possession d'un manuscrit même que je trouvai dans la main d'une superbe momie qu'on m'apporta : il faut être curieux, amateur, et voyageur, pour apprécier toute l'étendue d'une telle jouissance. Je sentis que j'en pâlissois ; je voulois quereller ceux qui, malgré mes instantes prieres, avoient violé l'intégrité de cette momie, lorsque j'apperçus dans sa main droite et sous son bras gauche le manuscrit de papyrus en rouleau, que je n'aurois peut-être jamais vu sans cette violation : la voix me manqua ; je bénis l'avarice des Arabes, et sur-tout le hasard qui m'avoit ménagé cette bonne fortune ; je ne savois que faire de mon trésor, tant j'avois peur de le détruire ; je n'osois toucher à ce livre, le plus ancien des livres connus jusqu'à ce jour ; je n'osois le confier à personne, le déposer nulle part ; tout le coton de la couverture qui me servoit de lit ne me parut pas suffisant pour l'emballer assez mollement : étoit-ce l'histoire du personnage ? l'époque de sa vie ? le regne du souverain sous lequel il avoit vécu y étoit-il inscrit ? étoient-ce quelques dogmes, quelques prieres, la consécration de quelque découverte ? Sans penser que l'écriture de mon livre n'étoit pas plus connue que la langue dans laquelle il étoit écrit, je m'imaginai un moment tenir le *compendium* de la littérature Egyptienne, le *toth* enfin. Je regrettois de n'avoir pu dessiner tout ce que j'avois vu dans cette journée si intéressante ; au reste ne devois-je pas être satisfait ? quel autre voyageur avoit vu autant d'objets nouveaux ? quel autre les avoit, comme moi, pu dessiner sur les lieux mêmes ?

La négociation avançoit plus que je ne voulois ; les cheikhs avoient été livrés, mais heureusement le miri n'arrivoit pas. L'officier qui com-

mandoit

mandoit eut la bonté de me consulter : je ne répondis pas à sa bonne foi, et l'égoïsme dicta ma réponse ; au surplus que cent hommes dont on n'avoit que faire à Kéné fussent à Thebes, l'inconvénient n'étoit pas grand ; j'allois irrévocablement quitter la Haute Egypte : les opérations militaires avoient si souvent et si impérieusement contrarié les miennes : je cédai à l'occasion de me venger un peu : je dis qu'on ne pouvoit mettre trop de circonspection dans une circonstance aussi délicate, que je croyois qu'on ne devoit rien hasarder. On envoya un courier dont le voyage m'assuroit quatre jours ; pendant ce temps arriverent des ordres plus pressants ; il fut question d'envoyer réclamer les habitants de Kournou par-tout où on pourroit les avoir recelés. Je me mis en chemin avec le détachement mis en tournée, dans l'espérance de faire quelques nouvelles découvertes dans une contrée aussi fertile en ce genre. En chemin nous apprîmes que les fuyards étoient à Harminte ; je connoissois ce pays ; il y avoit une lieue et demie à faire, autant pour revenir, par un soleil ardent, et j'étois à pied : trois soldats étoient sans souliers ; j'offris de les garder avec moi, et d'aller à Medinet-a-Bou, vis-à-vis duquel nous nous trouvions alors : heureusement l'officier ne calcula pas l'insuffisance d'une si foible escorte ; et tous quatre, bien contents, nous allâmes passer la journée au frais sous les portiques de Medinet. Les habitants, qui me connoissoient par quelques petites générosités, vinrent, au lieu de nous chercher querelle, nous apporter de l'eau fraîche, du pain, des dattes déjà mûres, et des raisins ; et j'eus le temps de dessiner tout ce que la veille je n'avois fait qu'observer : j'avois avec moi des bougies, ce qui me donna la facilité d'aller visiter les endroits les plus obscurs, dans lesquels je n'avois pu pénétrer lors des autres voyages. Je trouvai trois petites chambres couvertes de bas-reliefs, qui avoient été de tout temps privées de lumiere ; au fond de la troisieme il y avoit une espece de buffet en pierre, dont

les

les montants étoient encore conservés ; c'étoit tout ce qu'il y avoit de particulier dans ce petit appartement soigné, et sur-tout fermé de trois portes aussi fortes que des murailles, ce qui pourroit faire croire que c'étoit une espece de trésor. Nous allâmes aussi visiter l'intérieur obscur du petit temple voisin, où il nous arriva une aventure : à côté du sanctuaire étoit une petite piece dont un temple monolite de granit occupoit presque tout l'espace ; il étoit renversé ; nous voulûmes en visiter l'intérieur, il en sortit tout-à-coup une bête assez grosse qui sauta au visage de celui qui portoit la lumiere, et le lui écorcha ; je n'eus que le temps de cacher ma tête dans mes deux mains, et de plier les épaules, sur lesquelles je reçus le premier bond de l'animal, qui du second me jeta par terre en passant entre mes jambes, il renversa mes deux compagnons qui fuyoient du côté de la porte, et en un clin-d'œil nous mit tous hors de combat. Nous sortîmes tous quatre riant de notre frayeur, sans avoir pu nous assurer de ce qui l'avoit causée ; c'étoit, suivant toute apparence, un chacal, qui avoit choisi cette retraite, et qui venoit d'y être troublé pour la premiere fois.

Dans une vérification générale, j'entrai dans une fouille faite sous les fondements de la piece Z, figure IV, que je crois la plus ancienne du monument ; et cependant, dans la bâtisse de la fondation d'un des principaux piliers de l'édifice, je trouvai des matériaux sur lesquels étoient sculptés des hiéroglyphes aussi bien exécutés que ceux qui décoroient la partie extérieure. D'après cela, quelle antiquité ne doit-on pas supposer aux édifices qui en avoient été ornés ! que de siecles de civilisation pour produire de tels édifices ! que de siecles avant qu'ils fussent tombés en ruines ! que d'autres siecles depuis que leurs ruines servoient de fondations ! comme les annales de ces contrées sont mystérieuses, obscures, infinies !

*Colosses.*

*Colosses.*

Au nord de ces temples, nous trouvâmes la ruine de deux figures de granit renversées et brisées ; elles peuvent avoir trente-six pieds de proportion, toujours dans l'attitude ordinaire, le pied droit en avant, les bras contre le corps ; elles ornoient sans doute la porte de quelques grands édifices détruits dont les ruines sont enfouies. Je m'acheminai vers les deux colosses dits de Memnon ; je fis un dessin détaillé de leur état actuel : sans charme, sans grâce, sans mouvement, ces deux statues n'ont rien qui séduise ; mais sans défaut de proportion, cette simplicité de pose, cette nullité d'expression a quelque chose de grave et de grand qui en impose : si pour exprimer quelque passion les membres de ces figures étoient contractés, la sagesse de leurs lignes en seroit altérée, elles conserveroient moins de formes à quatre lieues d'où on les apperçoit, et d'où elles font déjà un grand effet. Pour prononcer sur le caractere de ces statues il faut les avoir vues à plusieurs reprises, il faut y avoir long-temps réfléchi ; après cela, il arrive quelquefois que ce qui avoit paru les premiers efforts de l'art finit par en être une des perfections. Le groupe du Laocoon, qui parle autant à l'ame qu'aux yeux, exécuté de soixante pieds de proportion, placé dans un vaste espace, perdroit toutes ses beautés, et ne présenteroit pas une masse aussi heureuse que celle-ci ; enfin plus agréables, ces statues seroient moins belles ; elles cesseroient d'être ce qu'elles sont, c'est-à-dire éminemment monumentales, caractere qui appartient peut-être exclusivement à la sculpture extérieure, à celle qui doit entrer en harmonie avec l'architecture, à cette sculpture enfin que

les

les Egyptiens ont portée au plus haut degré de perfection. J'appelle à l'appui de ce système l'heureux résultat de l'emploi de ce style sévere toutes les fois que les modernes l'ont employé, et l'espece de partialité que tous les artistes de l'expédition ont prise pour ce genre austere, partialité qui est la preuve la plus évidente de la réalité de sa beauté.

J'examinai de nouveau le bloc de granit qui est entre ces deux statues, et me persuadai davantage qu'il étoit la ruine de ce colosse d'Ossimandue, dont l'inscription bravoit le temps et l'orgueil des hommes; que les deux figures qui sont restées debout sont celles de sa femme et de sa fille, et que, dans un temps bien postérieur, les voyageurs en ont choisi une pour en faire la statue de Memnon, afin de n'être pas venus en Egypte sans avoir vu cette statue, et, selon la progression ordinaire de l'enthousiasme, sans l'avoir entendue rendre des sons au lever de l'aurore.

*Nouvelles Découvertes dans les Tombeaux de Thebes.*

Quelques uns de mes amis de Kournou m'avoient joint: je calculois que la troupe étoit allée à Hermontis et ne pouvoit revenir que tard; nous nous remîmes de nouveau à la recherche des tombeaux, toujours dans l'espérance d'en trouver qui n'eussent pas été fouillés, afin d'y voir une momie vierge, et la maniere dont elles étoient disposées dans les sépultures; c'est ce que les habitants nous cachoient avec obstination, parceque la situation de leur village leur en fait une propriété qui est devenue pour eux une branche de commerce presque exclusive. Après de pénibles et infructueuses recherches, nous arrivâmes cependant à un trou

trou devant lequel étoient épars de nombreux fragments de momies : l'ouverture étoit étroite ; nous nous regardâmes pour savoir si nous risquerions d'y descendre : mes compagnons étoient curieux ; nous réglâmes qu'un des volontaires avec mon serviteur resteroient en dehors, et garderoient les guides, avec la précaution de ne les laisser ni partir ni entrer ; on battit le briquet, et nous nous mîmes en route : ce fut d'abord à plat-ventre, marchant avec les mains et les genoux ; après une minute un des nôtres nous cria qu'il étouffoit ; nous l'envoyâmes à la porte remplacer la sentinelle, avec ordre de la faire entrer avec sa lumiere : après nous être traînés pendant plus de cent pas sur un tas de corps morts et à demi-consumés, la voûte s'éleva, le lieu devint spacieux et décoré d'une maniere recherchée : nous vîmes d'abord que ce tombeau avoit été fouillé, que ceux qui y étoient entrés, n'ayant point de flambeaux, s'étoient servis des fascines qui avoient mis le feu d'abord au linge, et bientôt à la résine des momies, et avoient causé un incendie qui avoit fait éclater les pierres, couler les matieres résineuses, et noirci tout le souterrain : nous pûmes remarquer que le caveau avoit été fait pour la sépulture de deux hommes considérables, dont les figures de rondes bosses de sept pieds de proportion se tenoient par la main ; au-dessus de leurs têtes étoit un bas-relief, où deux chiens en laisse étoient couchés sur un autel, et deux figures à genoux avoient l'air de les adorer ; ce qui pourroit faire présumer que cette sépulture étoit celle de deux amis qui n'avoient pas voulu être séparés par la mort ; des chambres latérales sans ornements étoient remplies de cadavres dont l'embaumement étoit plus ou moins soigné ; ce qui me fit voir avec évidence que si les tombeaux étoient entrepris et décorés pour des chefs de famille, non seulement leurs corps y étoient déposés, mais ceux de leurs enfants, de leurs parents, de leurs amis, de tous les serviteurs de la maison. Des corps emmaillottés

et

et sans caisse, étoient posés sur le sol, et il y en avoit autant que l'espace pouvoit en contenir dans un ordre régulier : je vis là pourquoi on trouvoit si fréquemment des petites figures de terre vernissée, tenant d'une main un fléau, et de l'autre un bâton crochu ; l'enthousiasme religieux alloit jusqu'au point de faire poser les momies sur des lits formés de ces petites divinités ; j'en remplis mes poches en les ramassant à la poignée : nombre de corps qui n'étoient point emmaillottés me laisserent voir que la circoncision étoit connue et d'un usage général, que l'épilation chez les femmes n'étoit point pratiquée, comme à présent, que leurs cheveux étoient longs et lisses, que le caractere de tête de la plupart tenoit du beau style : je rapportai une tête de vieille femme qui étoit aussi belle que celles des Sibylles de Michel-Ange, et leur ressembloit beaucoup. Nous descendîmes assez incommodément dans des puits très profonds, où nous trouvâmes encore des momies, et de grands pots longs de terre cuite, dont le couvercle représentoit des têtes humaines ; il n'y avoit dedans que de la matiere résineuse : j'aurois bien voulu dessiner, mais j'étois trop à l'étroit, l'air manquoit, la lumiere ne pouvoit luire, et sur-tout il étoit tard ; des patrouilles nous avoient cherchés, on avoit battu la générale, on venoit de tirer le canon ; enfin on nous comptoit déjà au nombre de ceux dont nous venions de visiter les asyles, lorsqu'une de nos sentinelles vint nous avertir de l'alarme. A notre retour nous fûmes réprimandés comme des enfants qui viennent de faire une équipée ; nous avions effectivement commis bien des imprudences ; mais j'étois si content du butin que j'avois fait dans ma journée, que je ne sortis de mon enchantement que lorsque j'appris que l'officier commandant, ne me consultant plus, avoit pris sur lui de quitter la rive gauche, et d'aller à Luxor attendre des ordres ultérieurs : on le blâma dans la suite de ce changement de position, mais certainement pas autant que je l'aurois voulu

voulu de m'avoir enlevé à un pays dont je n'avois nullement à me plaindre, et avec les habitants duquel j'aurois continué de vivre en bonne intelligence, eût-on continué la guerre encore un mois. Luxor n'étoit que magnifique et pittoresque ; je passai trois jours à en faire les vues, le plan que je relevai de mon mieux à travers les habitations, et au milieu d'hommes jaloux de la retraite obscure qu'ils avoient assignée à leurs femmes ; je copiai les hiéroglyphes des obélisques, et quelques tableaux hiéroglyphiques représentant des offrandes au dieu de l'abondance.

Pendant mon séjour à Luxor je trouvai quelques belles médailles d'Auguste, d'Adrien, et de Trajan, avec un crocodile au revers, frappées en Egypte en grand bronze, avec une inscription Grecque, et un grand nombre de médailles de Constantin. J'achetai aussi une multitude de petites idoles. Je trouvai dans la cour d'un particulier un torse en granit, de proportion plus grande que nature, représentant les deux signes du lion et de la vierge ; je l'achetai, et le fis embarquer.

Comme je me disposois à passer à Karnak, le détachement eut ordre de se rendre dans d'autres villages où je n'avois que faire ; enfin je quittai pour toujours la grande Diospolis.

### Départ de la Haute-Egypte.

Je repris avec quelques soldats malades la route de Kéné ; en arrivant, je trouvai deux barques prêtes à partir pour le Caire, et des compagnons de voyage qui m'attendoient. J'ignorois absolument quelles étoient ma situation et mes ressources ; je n'avois depuis neuf mois pensé qu'à chercher, qu'à rassembler des objets intéressants ; je n'avois redouté aucuns dangers

pour

pour satisfaire ma curiosité : la crainte de quitter la Haute Egypte avant de l'avoir vue m'en auroit fait braver encore davantage ; mais quand les circonstances au-devant desquelles j'avois marché ne m'auroient procuré que l'avantage d'abréger les mêmes recherches pour ceux qui devoient me succéder dans un temps plus calme, je me serois encore applaudi que mon ardeur m'eût mis dans le cas de rendre ce service aux arts. Ce ne fut pas sans un sensible chagrin que je quittai tous ceux dont j'avois partagé si immédiatement la fortune dans toute l'expédition, notamment le général Belliard, dont l'égalité de caractere m'avoit rendu l'intimité si douce : nous ne nous étions quittés depuis Zaoyeh que deux jours pour aller à Etfu, et huit jours pour ma dernière expédition de Thebes ; et dans ces courtes absences j'avois chaque jour éprouvé le désir de le rejoindre.

Je m'embarquai le 5 Juillet, 1799 : je vis avec regret disparoître Dindera et la Thébaïde, ce sanctuaire où j'avois désespéré si souvent de pénétrer, et que j'avois eu le bonheur de traverser tant de fois dans tous les sens, qui enfin étoit devenu le pays de l'univers que je connusse le plus minutieusement ; les arbres, les pointes de rochers, les canaux, les moindres monuments, tout étoit devenu reconnoissance pour moi ; je pouvois nommer tout ce que je pouvois appercevoir, et, de tous les points où je me trouvois, je savois toujours combien j'étois éloigné de tel ou tel autre lieu.

Nous trouvâmes le Nil plus peuplé que jamais de toutes sortes d'oiseaux d'eau ; les pélicans l'habitoient depuis un mois; les cicognes, les demoiselles de Numidie, toutes les especes de canards, de railles et de butors couvroient les isles que le fleuve n'avoit pas encore submergées. Nous vîmes de très grands crocodiles jusqu'au-dessous de Girgé ; nous mîmes trente-huit heures à arriver jusqu'à cette ville, que nous trouvâmes déjà toute accoutu-

mée

mée à notre domination : nous y passâmes la nuit du 17 au 18 pour faire quelques provisions, et pour y attendre le vent; il vint, et nous eûmes en deux heures atteint Minchiée, l'ancienne Ptolémaïs ; il ne reste de cette grande ville Grecque qu'un quai, dont j'ai déjà parlé, et qui est assez mal conservé, quoiqu'il soit mieux construit que ne le sont les édifices Egyptiens de ce genre ; sur ses ruines est bâti un gros village habité par des catholiques : trois milles plus bas on trouve à droite du fleuve les ruines de Chemnis ou Pannopolis, aujourd'hui Achmin ; on y voit un édifice enfoui, m'a-t-on assuré, jusqu'au comble, et dont on ne peut appercevoir que la plate-forme : c'est sans doute le temple dédié au dieu Pan, autrefois consacré à la prostitution ; on y rencontre encore aujourd'hui, comme à Métubis, nombre d'Almés et de femmes publiques, sinon protégées, au moins reconnues et tolérées par le gouvernement : on m'a assuré que toutes les semaines elles se rassembloient à un jour fixe dans une mosquée près du tombeau du cheikh Harridi, et que, mêlant le sacré au profane, elles y commettoient entre elles toutes sortes de lascivetés.

Achmin est grand, très bien situé snr une langue de terre, dont le Nil fait un promontoire, adossé contre la chaîne du Mokatam, qui se replie en cet endroit et y forme une gorge profonde.

Nous passâmes la nuit devant Antéopolis, qui conserve un portique assez élevé et très fruste : nous arrivâmes le 9 à trois heures de l'après-midi au port de Siuth : le général Desaix n'y étoit pas ; nous ne nous y arrêtâmes que pour renouveler nos provisions : nous ne faisions plus que glisser devant les objets qui nous avoient retenus si souvent.

*Antinoë.*

*Antinoë.*

Nous passâmes de nuit devant Monfalut; à la pointe du jour nous nous trouvâmes sous le Mokatam, dont le Nil vient frôler la base taillée à pic : il y a eu là autrefois des carrieres, dont il reste encore des grottes, qui ressemblent à celles de Siuth, et paroissent avoir de même servi de tombeaux aux anciens Egyptiens, et de retraite aux premiers solitaires. Depuis Girgé, le climat change d'une maniere très sensible ; le soleil y conserve son empire tant qu'il est présent, mais dès qu'il disparoît ce n'est plus cette ardeur desséchante que ne peut tempérer l'étroite vallée de la Thébaïde. Après Maloui, on rencontre sur la rive droite, près le village de Schech-Abade, les ruines d'Antinoë, bâtie par Adrien en l'honneur d'Antinoüs, son favori, qui mourut en Egypte, ayant sacrifié sa vie pour sauver celle de son souverain. Il est sans doute malheureux qu'un héroïsme sublime puisse s'allier avec une sale prostitution, et qu'il autorise un grand homme, sous le titre sacré de la reconnoissance, à afficher des regrets naturellement proscrits et dévolus d'avance au mystere de la honte. Au reste, il est difficile de juger ce qui a fait choisir la situation d'Antinoë au pied du triste Mokatam, entre deux étroits déserts, à moins qne Besa, ville plus antique qu'Antinoë, sur laquelle elle a été élevée, ne fût le lieu où l'empereur eût été arrêté par la maladie qui menaça sa vie, et où les prêtres fameux de cette ville, ayant été consultés, annoncerent que le malade mourroit si quelqu'un ne se dévouoit à sa place.

Depuis le Nil, on apperçoit une des portes de la ville, qui paroît être un arc de triomphe; en effet elle est décorée de huit colonnes d'ordre Corinthien, entre lesquelles sont trois arcs pris dans un massif orné de pilastres : ce groupe de ruines est ce qu'il y a de plus considérable de ce qui reste d'Antinoë. A partir de ce point, il y avoit une rue qui alloit, suivant toute apparence, en traversant toute la ville, joindre la porte opposée ; cette rue étoit décorée de droite et de gauche de colonnes d'ordre Dorique, et formoit un portique où l'on marchoit à l'ombre ; on voit encore quelques uns de leurs fûts, et quelques chapiteaux fort usés, à cause de la nature friable de la pierre calcaire employée à la construction de ses édifices. Les maisons étoient bâties en briques ; l'emplacement d'Antinoë étoit très grand, à moins que les ruines de Besa mêlées aux siennes, n'en aient augmenté l'extension. Nous voulûmes monter sur une éminence pour nous rendre compte de l'ensemble de ces ruines : nous apperçûmes les habitants du village qui se rassembloient derriere un autre monticule ; à peine nous virent-ils vis-à-vis d'eux qu'ils nous crurent postés hostilement, et qu'ils appelerent du secours en jetant de la poussiere en l'air et faisant les cris de rassemblement. Nous n'étions que six, et je n'étois point armé ; un groupe marchoit sur les barques, que nous avions laissées dépourvues de défenses : nous fûmes obligés de faire un mouvement pour empêcher qu'ils ne nous coupassent la retraite ; ce mouvement parut une autre hostilité ; l'alarme se répandit ; on tira sur nous : nous n'étions pas venus pour faire la guerre ; je jetai à la hâte un regard sur la totalité des ruines ; je n'en vis pas une qui me parût se grouper de maniere à faire un dessin pittoresque : je ne regrettai que le plan intéressant qu'on pouvoit faire d'une ville bâtie dans le beau temps de l'architecture, par les ordres et sous les yeux du prince le plus amateur des beaux arts, et le plus puissant qu'il y eût au monde ; et cependant, il faut le dire à la gloire de l'architecture Égyptienne, encore tout imbu de l'impression que venoient de me faire éprouver Latopolis, Apollinopolis, et Tentyra, je trouvai les ruines d'Antinoë maigres et mesquines.

*Mourat-bey.*

*Mourat-bey.*

Nous nous retirâmes sur nos barques, d'où je fis une petite vue de ce que du bord du Nil on apperçoit des ruines et de la situation d'Antinoë; toute la rive droite continue d'être à-peu-près nulle pour la culture jusqu'aux environs de Meinet. Le cœur me battoit en approchant de cette ville où je croyois trouver Desaix, lui montrer mes travaux, l'en faire jouir, en jouir moi-même auprès de lui; mais je ne devois plus revoir ce brave et respectable ami : nous apprîmes qu'il poursuivoit encore cet infatigable Mourat-bey. Calme dans les malheurs, ce Fabius Egyptien, sachant allier à un courage patient toutes les ressources d'une politique active, avoit calculé ses moyens; il avoit apprécié le résultat de l'emploi qu'il en pouvoit faire au milieu des événements d'une guerre désastreuse; quoiqu'il eût à combattre à la fois un ennemi étranger et toutes les rivalités et les prétentions d'une jalouse égalité, il s'étoit immuablement conservé le chef de ceux dont il partageoit les privations, la fuite, et les revers; il étoit resté leur seul point de ralliement, régloit leur sort, leurs mouvements, les commandoit encore comme au temps de sa prospérité : une longue expérience lui avoit appris le grand art de temporiser; il avoit senti cette vérité que heurter l'écueil, c'est se briser contre lui, que le foible doit user le malheur, et ne le combattre qu'avec la faulx du temps, qu'enfin lorsqu'on ne peut plus commander aux circonstances l'art est de savoir céder à celles qui commandent, et leur dérober encore les moyens d'en attendre de nouvelles : c'est par ces ressources que Mourat-bey s'étoit montré le digne adversaire de Desaix, et que l'on ne savoit plus ce qu'il falloit admirer

admirer davantage, ou des ingénieuses et itératives attaques de l'un, ou de la calme et circonspecte résistance de l'autre.

### Couvent de la Poulie.

Nous apprîmes que Mourat-bey avoit ménagé des intelligences dans la Basse Egypte, qu'il avoit fait en conséquence un mouvement avec tout ce qui lui restoit de Mamelouks et d'Arabes, et qu'il avoit traversé le Faïum, et pénétré jusqu'au désert des pyramides, pour y opérer une diversion en cas d'une descente sur la côte. Différents corps commandés par le général Friand, le général Boyer, et le général Jayonchek, après lui avoir pris quelques chameaux, tué quelques Mamelouks, l'avoient forcé de remonter du côté de Méniet, où Desaix l'avoit repris, et le chassoit des positions où il cherchoit à s'établir. On nous prévint que nous pourrions rencontrer, à quelques lieues au-dessous, des barques qu'il avoit armées, et qui suivoient ses mouvements; nous attendîmes la nuit pour les éviter, et passâmes sans voir ni être vus. A la pointe du jour, nous nous trouvâmes au monastere de la Poulie, qui est un couvent posé à pic sur les rochers du Mokatam: les religieux viennent demander à la nage l'aumône aux passants; on dit qu'ils les dévalisent lorsque cela leur paroît sans danger et plus profitable: ce que j'ai pu remarquer, c'est que ce sont plutôt des amphibies que des nageurs; ils remontent le courant du fleuve comme des poissons. Alternativement victimes de trois éléments, ils manquent absolument du quatrieme; en effet, séparés de toute culture par un immense désert, ils sont dévorés de l'air qui l'a traversé, et brûlés de l'ardeur du soleil qui frappe sur le rocher tout nu

qu'ils

qu'ils habitent; ce n'est que péniblement et à la nage qu'ils obtiennent de petites et rares charités. On appelle ce monastere *le Couvent de la Poulie*, parcequ'ils ne s'approvisionnent de l'eau et des autres besoins de la vie que par le secours de cette machine. Il nous parut, à en juger par les groupes des fabriques et par ceux des religieux que nous vîmes sur le rocher, que la clôture du monastere est vaste, et que les moines en sont nombreux; ils ressemblent parfaitement aux solitaires qu'ils auront sans doute remplacés, et l'intérieur de ce couvent doit être le même que ceux de S. Antoine, du mont Kolzim, et des lacs Natron. Je fis rapidement deux vues de ce lieu sauvage; l'une du sud au nord, l'autre du nord au sud. A une demi-lieue plus loin, la chaîne s'éloigne du Nil, et les deux rives du fleuve deviennent basses et cultivées; je revis des nuages qui m'annoncerent que je me rapprochois de la mer et d'un climat plus tempéré.

Nous vînmes coucher près d'Abuseifen, monastere Copthe, premiere position au-delà du Caire, où nos troupes se logerent, et se fortifierent après la bataille des pyramides.

### *Retour au Caire.*

Je repassai de nouveau devant les pyramides de Saccara, devant ce nombre de monuments qui décoroient le champ de mort, ou la Nécropolis de Memphis, et bornoit cette ville au sud, comme les pyramides de Giséh la terminoient au nord. On chercheroit encore le sol de cette cité superbe, qui avoit succédé à Thebes et en avoit fait oublier la magnificence, si ces fastueux tombeaux n'attestoient son existence, et ne fixoient irrévocablement l'étendue de l'emplacement qu'elle occupoit. Toutes les discussions publiées à cet égard, et qui rendent sa situation incertaine, ont été faites par des savants qui ne sont pas venus en Egypte, et qui n'ont pas pu juger combien les descriptions faites par Hérodote et Strabon sont évidemment exactes : si cette discussion n'est pas encore terminée, c'est que jusqu'à notre arrivée en Egypte, quelque près du Caire que soient les pyramides, il avoit toujours été difficile d'y séjourner, parceque les Arabes avoient conservé la possession des environs comme une propriété imprescriptible.

A la pointe du jour, nous nous trouvâmes entre Alter-Anabi et Gisa, et vis-à-vis Roda, ayant à droite le Caire et Boulac, qui forment ensemble un coup-d'œil riche de verdure, qui se detache d'une maniere brillante et fraîche sur le fond lisse et sauvage des deux chaînes qui terminent l'horizon. J'aurois voulu dessiner cette vue qui donne connoissance de la position de l'ensemble de tous ces lieux ; mais je ne sais rien que mes camarades de voyage ne m'eussent accordé plutôt que de retarder notre arrivée de quelques minutes. J'achevai de me persuader dans cette traversée que c'est un mauvais moyen pour observer que de voyager en barques, que les rivages élevés empêchent de voir le pays, que la crainte de perdre le vent, ou celle de l'avoir contraire, changent tous les projets ou les font avorter, que le vent vous fait marcher quand vous voudriez vous arrêter, et vous arrête quand il n'y a plus rien à voir ; mais ce dont je fus encore plus convaincu, c'est que, lorsqu'on a des observations à faire ou des objets à dessiner, il ne faut pas voyager avec des militaires, qui, toujours actifs et inquiets, veulent sans cesse partir et arriver, lors même que rien ne les chasseroit de l'endroit où ils sont, ni ne les appelleroit ailleurs.

*Bataille*

### Bataille d'Aboukir, le 26 Juillet.

J'étois le membre de l'institut qui le premier fût revenu de la Haute Egypte ; mes confreres m'entouroient, me pressoient de questions : ma premiere jouissance fut de me voir ainsi l'objet de leur avide curiosité, et de m'instruire des observations qu'ils me faisoient ; je me proposois de rédiger mon voyage sous leurs yeux, et de les questionner à mon tour ; mais les événements en disposerent autrement. Mourat-bey avoit rassemblé par ses intelligences quelques hordes d'Arabes ; il avoit promis de les joindre près des lacs de Natron, dans la vallée du fleuve sans eau : le général Murat avoit été envoyé contre les Arabes, et avoit empêché cette jonction ; le général en chef étoit allé camper aux pyramides, pour comprimer Mourat-bey entre Desaix et lui, lorsqu'il apprit qu'une flotte Turque de deux cents voiles avoit paru devant Aboukir. Dès-lors Bonaparte quitte les pyramides ; il revient à Giséh, prend des dispositions, donne ses ordres, pourvoit à tout, marche sur Rahmanié, et vient prendre position à Birket, également distant d'Alexandrie et d'Aboukir. Pendant que les différents corps s'y rassemblent, il va à Alexandrie, en prépare la défense, donne les ordres pour tous les cas, envoie à l'armée celui de marcher à l'ennemi, et la rejoint à la pointe du jour, le 26 Juillet. Les Turcs avoient effectué leur descente à Aboukir, et s'étoient emparés des retranchements construits en avant du château ; ils en avoient passé la garnison au fil de l'épée : mille Turcs avec deux canons occupoient un monticule à leur droite ; deux autres mille étoient retranchés sur un autre monticule à gauche, au poste des fontaines ;

un

un troisieme corps étoit en avant du faubourg ; l'armée étoit dans les retranchements flanqués d'une artillerie formidable, et les espaces qui restoient, étoient coupés par des boyaux qui se prolongeoient de chaque côté jusqu'à la mer ; le quartier de réserve et l'état-major du pacha occupoient le terrain entre les retranchements et le château dans lequel étoit une forte garnison.

L'ordre fut donné d'attaquer le premier avant-poste, qui fut culbuté par les demi-brigades commandées par le général Destaing ; la cavalerie leur coupa la retraite ; une partie fut sabrée, l'autre se jeta à la mer, où elle se noya. Bonaparte sentoit l'importance de s'emparer des fontaines et d'en priver l'ennemi ; le camp retranché qui les défendoit fut attaqué, et ne tint pas long-temps ; le corps qui y étoit logé eut le même sort que l'autre, et fut traité de même par la cavalerie : on se forma, et on attaqua le corps d'ennemis qui étoit en avant du faubourg ; il résista un moment, et se retira bientôt à travers les habitations : derriere les murailles et dans des rues étroites il disputa quelque temps le terrain ; mais poussé avec intrépidité, malgré l'avantage du lieu, il fut contraint à se replier de nouveau sur les retranchements, où l'artillerie et le feu de rempart arrêterent ceux qui l'y suivoient : nous nous ralliâmes dans le faubourg ; et après quelques moments nous attaquâmes avec une ardeur égale les boyaux de droite et de gauche.

L'infanterie, commandée par le général Fugiere, faisoit des prodiges de valeur, tandis que la cavalerie à plusieurs reprises venoit se fondre sous le feu croisé des batteries et des chaloupes canonnieres. L'adjudant général le Turcq en voulant précipiter ses compagnies dans les fossés y resta engagé, et y périt. Par des sorties nombreuses et répétées, l'ennemi reprenoit le terrain dont une poignée de nos braves venoit de s'emparer par des prodiges de valeur ; l'acharnement étoit égal, et la victoire incertaine. Il y a toujours

jours un moment dans les batailles où, dans une lutte égale, les deux partis sentent l'inertie de leurs moyens et l'inutilité de leurs efforts, où l'épuisement des forces et le sentiment de la conservation inspirent aux combattants un même penchant vers la retraite ; ce moment de relâchement saisi par l'homme supérieur qui sait profiter de cette disposition morale, pour employer les moyens qu'il a su réserver, détermine toujours la victoire en sa faveur. Le corps de réserve commandé par Lannes eut ordre de charger.

Au moment où les troupes Turques étoient sorties pour couper les têtes de ceux qui étoient restés sur le champ de bataille, le brillant Murat, ranimant le courage des siens, effectue une nouvelle charge; il traverse avec autant de vélocité que d'intrépidité tous les ouvrages de l'ennemi, le prend à dos, et lui coupe toute retraite. Ce mouvement téméraire ranime l'action, qui devient générale : on attaque sur tous les points; ils sont tous emportés; la déroute est entiere ; tout ce qui n'a pas été tué est fait prisonnier : la cavalerie charge les fuyards jusque dans la mer, où ils s'étoient jetés pour regagner leur flotte à la nage. Il y avoit vingt mille Turcs; six mille furent faits prisonniers, quatre mille périrent sur le champ de bataille ; tout le reste fut noyé. De ce moment, plus d'ennemis : jamais bataille ne fut plus nécessaire, plus absolue, jamais victoire plus complete ; c'étoit celle que Bonaparte avoit promise à ses braves en les ramenant de Syrie ; ce fut la derniere qu'il remporta en Egypte. Ce fut sans doute où son bon génie ou le nôtre qui lui fit penser que la France et l'Europe entiere l'appelloient à des opérations aussi glorieuses et plus utiles encore. Kléber, en l'embrassant, lui dit dans un moment d'enthousiasme : Général, vous êtes grand comme le monde, et il n'est pas assez grand pour vous.

Bonaparte m'ordonna de dessiner la bataille; et je me trouvai heureux de pouvoir donner une image vraie du théâtre de sa gloire : je choisis pour le moment de la scene celui où le pacha prisonnier fut amené au général.

De

De retour au Caire, Bonaparte examina attentivement tous les dessins que j'avois rapportés; il jugea que ma mission étoit achevée, et me proposa de partir, et de porter les trophées d'Aboukir à Alexandrie. Le général Berthier, dont j'avois éprouvé l'obligeance dans toutes les occasions, me rendit mon neveu pour mon retour aussi gracieusement que Dufalga me l'avoit donné pour mon voyage. Il n'y avoit que quelques jours que j'avois quitté Thebes, il me sembloit déjà voir Paris; mon départ que je n'entrevoyois que dans l'avenir fut arrêté pour le lendemain; un rêve se réalisoit pour moi; poussé dans le sens de mes désirs je m'y sentois précipité: je ne sais si j'en étois éprouvanté: mais un sentiment dont je ne saurois me rendre compte me faisoit regretter le Caire; je ne l'avois presque jamais habité, et cépendant je l'avois toujours quitté avec peine. Je connus alors combien, tout naturellement et sans qu'on s'en apperçoive, on est sensible à la jouissance douce et égale que donne une température délicieuse, qui, sans besoin d'autres plaisirs, fait sentir à chaque instant le bonheur de l'existence; sensation quotidienne à laquelle il faut attribuer ce qui est arrivé souvent dans ce pays, c'est que des Européens, venus pour quelques mois au Caire, y ont vieilli, sans imaginer la possibilité d'en sortir.

Enfin dans cet étrange voyage, le projet, le départ, le retour, tout fut une suite de surprises et de circonstances précipitées qui, soit pour aller, soit pour revenir, me placèrent toujours à l'avant-garde. Je me trouvai en deux jours embarqué dans un petit bâtiment armé qui nous attendoit à Boulac; je fis dans le chemin le dessin du lieu où le Nil se partage et forme le Delta, et celui de Chebreis, où s'étoit donné le premier combat contre les Mamelouks: le troisieme jour de notre départ, nous arrivâmes à Rah-manie; nous en repartîmes le lendemain accompagnés d'un détachement de dromadaires, et de cinquante hommes, avec lesquels nous nous rendîmes à Demenhour, et, suivant le canal d'Alexandrie, après avoir traversé la

province

province de Garbié, nous arrivâmes à Birket, où nous passâmes la nuit.
Le lendemain, nous vînmes déjeûner à la fontaine de Béda, et dîner
à Alexandrie.

*Retour en France.—Départ d'Alexandrie.—Arrivée à Fréjus.—Conclusion.*

A mon arrivée, le premier objet qui frappa ma vue fut l'équipement de deux de nos frégates ; elles étoient à l'entrée du port neuf, et déjà sur une seule ancre : je ne voyois plus de vaisseaux Anglais en croisiere, et je commençai à croire aux prodiges : les généraux Lannes, Murat, Marmont, étoient dans le trouble et dans l'agitation ; nous nous entendions sans nous parler ; nous ne pouvions nous occuper de rien ; nous nous retrouvions à chaque instant à la même fenêtre, observant la mer, questionnant le mouvement du plus petit bateau, lorsqu'à une heure de nuit, le 24 Août, le général Menou vint nous dire que Bonaparte nous attendoit en rade. Une heure après nous étions hors du port : à la pointe du jour, un vent de nord-est nous mit en route ; ce même vent dura deux jours, et nous sortit des hauteurs de la croisiere Anglaise. Obligés de masquer notre marche, nous serrâmes les parages arides de l'ancienne Cyrénaïque ; contrariés par les courants qui portent à la côte dans ce golfe encore inconnu et toujours évité, ce ne fut qu'avec beaucoup de peine que, dans cette saison de calme et de temps variables, nous pûmes doubler les caps de Derne et Doira ; à cette hauteur nous retrouvâmes le vent d'est, qui nous fit traverser le golfe de la Cidre ; enfin nous doublâmes le cap Bon, et nous nous trouvâmes par le travers des terres d'Europe, sans avoir encore apperçu une barque ; bien convaincus que nous avions une étoile, rien ne troubloit notre joie et notre sécurité : Bonaparte, comme un passager, s'occupoit de géométrie, de chimie, et quelquefois jouoit et rioit avec nous.

Nous passâmes devant le golfe de Carthage, devant le port de Biserte : nous vînmes reconnoître la Lampedouze, habitée par un homme qui y nourrit quelques moutons et des volailles ; hermite et santon tout à la fois, il reçoit également bien tout ce qui aborde chez lui, les catholiques dans une chapelle, les musulmans dans une mosquée.

Le lendemain, nous vîmes d'une lieue le rocher sourcilleux de la Pantellerie ; bientôt après, nous découvrîmes le sommet de la Sardaigne, les bouches de Bonifacio, autre point de croisière que nous devions redouter ; par-tout un égal silence dans l'espace, rien ne troubloit notre sécurité ; nos deux barques portoient César et sa fortune. La Corse enfin nous offrit le premier aspect d'une terre amie : un vent fort nous porta sur Ajaccio ; on envoya un petit bâtiment qui étoit de conserve chercher des nouvelles de France, et prendre connoissance des croisieres ennemies sur nos côtes. Pendant que nous attendions son retour, un coup de vent nous obligea de relâcher dans le golfe, et d'aller mouiller dans la patrie de Bonaparte. On le croyoit perdu ; le hasard l'y faisoit aborder : rien ne fut si touchant que l'accueil qu'on lui fit ; les canons tiroient de toutes parts ; toute la population étoit dans des barques et entouroit nos bâtimens. Je cherchois par-tout madame Bonaparte ; je me peignois l'émotion, le trouble, l'étendue du bonheur d'une mere retrouvant tout-à-coup son fils, et quel fils ! mais lorsque j'appris qu'elle n'étoit pas à Ajaccio, je ne vis plus dans cette réception si brillante que de l'orgueil et que du bruit, et je me contentai de faire un dessin de cette belle scene. L'enthousiasme avoit fait passer sur le danger du contact ; les frégates avoient

été

été plutôt assaillies qu'abordées. C'est nous qui avons la peste, disoient-ils à Bonaparte; c'est à vous de nous guérir. Nous savions nos défaites en Italie; nous en apprîmes les suites à Ajaccio: notre séjour fut employé à la triste lecture de nos désastres dans la collection des papiers publics; tout le fruit de nos belles campagnes d'Italie avoit été dévoré par la perte de deux batailles: les Russes étoient à nos frontieres; le désordre, le trouble, la terreur, alloient bientôt les leur ouvrir.

Le vent devint favorable, et nous partîmes; le surlendemain, vers la fin du jour, poussés par un vent frais, à la vue des côtes de France, lorsque nous nous félicitions de notre fortune, nous découvrons au vent deux voiles, puis cinq, puis sept: nous baissons toutes nos hautes œuvres, et n'invoquons que l'obscurité, qui nous fut encore propice; la lune se voila d'une brume épaisse qui nous sépara les uns des autres: nous entendîmes au vent les signaux à coups de canon de la flotte ennemie tracer à nos côtés une demi-circonférence. On mettoit en question si l'on retourneroit en Corse, dont le cap nous étoit encore ouvert: heureusement Bonaparte reprit le commandement, il eut une volonté; c'étoit la premiere du voyage; elle le rendit à sa fortune. Nous nous portâmes sur la côte de Provence, et à minuit nous en étions si près que nous n'avions plus de flotte à craindre: si un autre avis nous eût remenés en Corse, nous y serions peut-être encore. A la pointe du jour, nous vîmes Fréjus; et nous entrâmes dans ce même port où, huit siecles auparavant, S. Louis s'étoit embarqué pour une expédition dans le même pays que nous venions de quitter.

Rien de plus inopiné que notre arrivée en France; la nouvelle s'en répandit avec la rapidité de l'éclair. A peine la bandiere de commandant en chef fut-elle signalée que la rive fut couverte d'habitants qui nom-

moient

moient Bonaparte avec l'accent qui exprime un besoin ; l'enthousiasme étoit au comble, et produisit le désordre : la contagion fut oubliée ; toutes les barques à la mer couvrirent en un instant nos deux bâtiments de gens qui ne craignant que de s'être trompés dans l'espoir qui les amenoit, nous demandoient Bonaparte plus qu'ils ne s'informoient s'il leur étoit rendu. Elan sublime ! c'étoit la France qui sembloit s'élancer au-devant de celui qui devoit la rendre à sa splendeur, et qui de ses frontieres lui demandoit déjà le 18 Brumaire. Notre héros fut porté à Fréjus ; une heure après, une voiture étoit prête, il en étoit déjà parti.

Ravi de pouvoir faire enfin ma volonté, je laissai aller tout le monde, pour jouir du bonheur de n'être plus pressé, ce qui ne m'étoit pas arrivé depuis mon départ de Paris. Dans un autre temps, me trouvant à Fréjus, je me serois cru un voyageur ; mais arrivant d'Afrique, il me sembla que j'étois chez moi, que j'étois un des bourgeois de cette petite ville, c'est-à-dire que je n'avois plus rien à faire au monde. Je me levai tard ; je déjeûnai méthodiquement ; j'allai me promener, je visitai l'amphithéâtre et les ruines, regardant avec complaisance les frégates qui nous avoient apportés, stationnées dans le port qui nous avoit reçus. Je fis le dernier dessin de mon voyage, le premier que j'eusse fait à mon aise, en rendant grâce au hasard de ce que je pouvois y ajouter encore l'intérêt d'un monument.

Ici se termine mon journal : mais je ne veux point quitter mon lecteur sans lui présenter une derniere observation sur la forme et le but de cet ouvrage.

Lorsque je partis d'Alexandrie les membres de l'Institut étoient encore au Caire : arrivé en France, j'ignorois s'ils avoient pu effectuer dans la Haute Egypte le voyage ordonné par Bonaparte avant son départ ; les

circons-

circonstances de la guerre avoient pu arrêter la marche de cette société savante, ou l'empêcher d'en rapporter en France les précieux résultats : dans ce cas, je me fusse trouvé le seul qui eût été dans le cas d'écrire sur cette contrée, et sur-tout le seul qui eût réuni un grand nombre de dessins, où je n'offrois pas seulement l'image du pays, mais le plus souvent celle des événements d'une des plus intéressantes expéditions de cette guerre ; je ne pouvois donc sans une espece d'injustice ravir à mes concitoyens ces nombreux fruits de mes recherches et de mes pénibles travaux ; et je me déterminai à les publier.

J'avois cru d'abord devoir ajouter à mon journal quelques digressions critiques sur les antiquités, joindre à mes descriptions des discussions sur les voyageurs qui m'avoient précédé ; j'avois consulté des personnes éclairées pour ajouter quelques notes érudites aux objets curieux dont je présentois l'image : mais à peine ai-je été informé que l'Institut du Caire avoit effectué son voyage dans le calme de la paix ; que les membres n'avoient connu de bornes à leur ardeur, à leur émulation, que l'ordre établi par leur chef de division ; qu'ils revenoient chargés de leur immense butin ; que le gouvernement, après avoir protégé leur voyage, faisoit avec magnificence les frais de la mise au jour d'une collection si précieuse sous tous les rapports, je n'ai plus songé à suivre un plan que d'autres devoient nécessairement mieux exécuter. Réduit à mes foibles moyens, comment aurois-je voulu mesurer mes travaux aux travaux de toute une société, émettre des hypotheses, lorsque sans doute on pourra présenter des certitudes, enfin marcher, pour ainsi dire, à tâtons à côté d'un faisceau de lumieres ! J'ai donc dépouillé mon journal de ce que j'y avois hasardé de recherches ; j'ai repris mon uniforme de soldat éclaireur, et mon poste à l'avant-garde, où je n'ai conservé que la prétention d'avoir planté quelques jalons sur la route, pour avertir ceux

qui

qui avoient à me suivre, et, ne fût-ce que par mes erreurs, servir ainsi les rédacteurs du grand ouvrage.

Heureux pour ma part, si, par mon zele et mon enthousiasme, je suis parvenu à donner à mes lecteurs l'idée d'un pays si important par lui-même et par les souvenirs qu'il retrace ; si j'ai pu lui présenter avec vérité ses formes, sa couleur, et le caractere qui lui est particulier ; si enfin, comme témoin oculaire, je lui ai fait connoître les détails d'une grande et singuliere campagne, qui faisoit partie principale de la vaste conception de cette expédition célebre ! Si j'ai atteint ce but, je le devrai sans doute à l'avantage d'avoir tout dessiné et tout décrit d'après nature.

FIN.

TABLE

# TABLE.

|  | Page |
|---|---|
| Avis de l'Editeur | v |
| Préface de l'Auteur | xvii |
| VOYAGE, &c.—Introduction—Départ de Paris, et de Toulon.—Arrivée devant Malte. | 1 |
| Prise de Malte | 11 |
| Départ de Malte.—La Flotte Française échappe dans une Brume à l'Escadre de l'Amiral Nelson.—Arrivée devant Alexandrie | 17 |
| Débarquement au Fort Marabou.—Prise d'Alexandrie | 24 |
| Monuments d'Alexandrie | 29 |
| Marche de l'Armée, d'Alexandrie sur le Caire.—Trait de Jalousie.—Mirage.—Combat de Chebreise | 36 |
| Bataille des Pyramides | 40 |
| Tournée de l'Auteur dans le Delta.—Le Bogaze.—Rosette | 43 |
| Arabes Cultivateurs.—Arabes Bédouins | 48 |
| Insurrections dans le Delta.—Incendie de Salmie.—Repas Egyptien | 50 |
| Bataille Navale d'Aboukir | 54 |
| Bogaze.—Alluvions du Nil.—Fournisseurs.—Tallien.—Correspondances interceptées, &c. | 56 |
| Voyage de Rosette à Alexandrie par Terre.—Caravane.—Plage d'Aboukir, vue après la Bataille Navale.—Ruines de Canope | 61 |
| Célébration de l'Anniversaire de la Naissance de Mahomet | 70 |
| Caractere physique des Cophtes, des Arabes, des Turcs, des Grecs, des Juifs, &c.—Femmes Egyptiennes | 72 |
| Tournée dans le Delta.—Almés | 80 |
| Arrivée au Caire.—Visite aux Pyramides.—Maison de Mourat Bey | 91 |
| Description du Caire.—Palais de Joseph.—Maison des Beys.—Tombeaux des Califes | 100 |
| Insurrection au Caire | 104 |

|   | Page |
|---|---|
| *Caves de Saccara.—Momies d'Ibis.—Psylles* | 109 |
| *Anes* | 114 |
| *Départ du Caire pour la Haute Egypte.—Pyramides de Saccara et de Medoun.—Arbre Sacré.—Desaix.—Mourat-Bey—Bataille de Sédiman* | 115 |
| *Vallée des Chariots.—Villages engloutis par le Sable.—Conjectures sur le Cours du Nil.* | 130 |
| *Suite de la Description de la Haute Egypte.—Beautés de la Nature.—Conjectures sur le Lac Mœris.—Pyramide d'Hilahoun* | 133 |
| *Aventure arrivée à l'Auteur* | 136 |
| *Continuation du Voyage dans la Haute Egypte.—Anecdote.—Canal de Juseph* | 137 |
| *Bénécé, l'antique Oxyrinchus.—Tableau du Désert.—Pillage d'El-sack* | 143 |
| *Suite du Voyage dans la Haute Egypte.—Mynyeh* | 145 |
| *Achmounin.—Portique d'Hermopolis* | 146 |
| *Continuation de la Description de la Haute Egypte.—Melaui.—Bénéadi.—Siouth.—Tombeaux de Licopolis* | 149 |
| *Le Couvent-Blanc.—Ptolemaïs* | 157 |
| *Girgé.—Notices sur le Darfour, et Tombout* | 162 |
| *Suite de la Marche dans la Haute Egypte.—Combats avec les Mamelouks.—Voleurs.—Conteurs Arabes* | 165 |
| *Tintyra* | 178 |
| *Crocodiles* | 184 |
| *Thebes* | 185 |
| *Hermontis—Arbre à Miracles* | 192 |
| *Esné, l'ancienne Latopolis* | 194 |
| *Hiéraconpolis* | 196 |
| *Etfu, ou Apollinopolis la grande; son magnifique Temple* | 196 |
| *Suite de la Marche dans la Haute-Egypte.—Détresse de l'Armée.—Ruines de Silsilis.—Anecdotes.—Gazelles.—Arrivée à Syene* | 198 |
| *Syene.—L'Isle d'Eléphantine* | 204 |
| *Combat de Cavalerie contre les Mamelouks* | 210 |

*Carrieres*

|   |   |
|---|---:|
|   | Page |
| *Carrieres* - - - - - - - - - - - - - - - - - | 211 |
| *Cataractes—Isle et Monumens de Philée* - - - - - - - - - | 212 |
| *Les Goublis* - - - - - - - - - - - - - - - - | 216 |
| *Prise de l'Isle de Philée* - - - - - - - - - - - - | 217 |
| *Description des Ruines de Philée* - - - - - - - - - - | 220 |
| *Continuation de la Campagne de la Haute-Egypte.—Kéné* - - - - | 245 |
| *Antiquités à Kous.—Nagadi.—Tableau des Excès de l'Armée Française* - | 249 |
| *Combat désavantageux de Birambar* - - - - - - - - - - | 254 |
| *Retour à Thebes* - - - - - - - - - - - - - - - | 256 |
| *Apollinopolis parva—Inscription Grecque* - - - - - - - | 273 |
| *Caravanes—Destruction de Bénéadi* - - - - - - - - - | 274 |
| *Nouveaux Détails sur les Crocodiles* - - - - - - - - - | 278 |
| *Second Voyage à Tyntira* - - - - - - - - - - - - | 280 |
| *Keft ou Copthos* - - - - - - - - - - - - - - - | 284 |
| *Le Kamsin* - - - - - - - - - - - - - - - - - | 285 |
| *Sauterelles* - - - - - - - - - - - - - - - - - | 287 |
| *Continuation de la Campagne de la Haute-Egypte* - - - - - - | 288 |
| *Départ d'un Détachement pour Cosséir, sur la Mer-Rouge.—Chameaux.—Fontaine de la Kittah* - - - - - - - - - - - - | 289 |
| *Description de Cosséir* - - - - - - - - - - - - - | 294 |
| *Retour de Cosséir* - - - - - - - - - - - - - - | 297 |
| *Arrivée de Cosséir sur les Bords du Nil—Domestiques Egyptiens* - - | 301 |
| *Nouveaux Détails sur la Sculpture et l'Architecture des Anciens Egyptiens.— Zodiaques, Hiéroglyphes, &c. &c* - - - - - - - - - | 304 |
| *Nouveaux Détails sur le grand Temple de Karnak* - - - - - - | 307 |
| *Troisieme Visite à Etfu, ou Apollinopolis.—Nouveaux Détails sur le Temple d'Harment et le Portique d'Esné* - - - - - - - - - | 309 |
| *Nouvelle Visite à Thebes.—Tombeaux des Rois* - - - - - - - | 315 |
| *Jarres de Terre à mettre l'Eau* - - - - - - - - - - | 320 |
| *Insurrection et Massacre à Demenhour* - - - - - - - - | 321 |

*Septieme*

| | Page |
|---|---|
| Septieme Visite à Thebes.—Siége des Tombeaux | 323 |
| Nouvelle Description du Temple de Medinet-a-Bou.—Découverte d'un Manuscrit Egyptien | 330 |
| Colosses | 336 |
| Nouvelles Découvertes dans les Tombeaux de Thebes | 337 |
| Départ de la Haute-Egypte | 340 |
| Antinoë | 343 |
| Mourat-Bey | 345 |
| Couvent de la Poulie | 346 |
| Retour au Caire | 347 |
| Bataille d'Aboukir, le 26 Juillet | 349 |
| Retour en France.—Départ d'Alexandrie.—Arrivée à Fréjus.—Conclusion | 353 |

### DATES DES PRINCIPAUX ÉVÉNEMENTS DE CE VOYAGE.

**1798.**

| | |
|---|---|
| Départ de Toulon | 15 Mai. |
| Prise de Malte | 13 Juin. |
| Débarquement près d'Alexandrie | 2 Juillet. |
| Bataille des Pyramides | 22 Ditto. |
| Bataille Navale d'Aboukir | 1er Août. |
| M. Denon voyage dans le Delta, du 11 au | 23 Septembre. |
| Son arrivée au Caire | 23 Ditto. |
| Insurrection du Caire | 22 Octobre. |
| Part pour la Haute Egypte | Novembre. |

**1799.**

| | |
|---|---|
| Premiere Visite à Tintyra | 25 Janvier. |
| Premiere Visite à Thebes | 27 |
| A Latopolis | 29 Ditto. |
| A Apollinopolis | 30 Ditto. |
| A Eléphantine et Syene | 4 Février. |
| Aux Cataractes et à Philée | 25 Ditto. |
| Nouvelle Visite à Thebes | 3 Avril. |
| Part pour Cosséir | 26 Mai. |
| Dernier Voyage à Thebes | 29 Juin. |
| Quitte la Haute-Egypte | 5 Juillet. |
| Retourne au Caire | 20 Ditto. |
| Bataille d'Aboukir contre les Turcs | 26 Ditto. |
| Part d'Alexandrie pour retourner en France | 24 Août. |
| Arrive à Fréjus | 1er Octobre. |

FIN.

De l'Imprimerie de Cox, Fils, et Baylis,
75, Great Queen Street, Lincoln's-Inn Fields, à Londres.

www.ingramcontent.com/pod-product-compliance
Lightning Source LLC
Chambersburg PA
CBHW070449170426
43201CB00010B/1272